UPSESSB PGT

स्नातकोत्तर शिक्षक - हिंदी

नवीनतम संस्करण
अभ्यास किट

10 टेस्ट्स
10 मॉक टेस्ट्स

वास्तविक परीक्षा प्रारूप पर आधारित टेस्ट

✓ पूर्णतः संशोधित और अद्यतन

✓ सभी बहुविकल्पीय प्रश्नो का विस्तृत विश्लेषण

शीर्षक	: **UPSESSB PGT स्नातकोत्तर शिक्षक – हिंदी**
लेखक का नाम	: **Mr. Rohit Manglik**
प्रकाशक	: **EduGorilla Community Pvt. Ltd.**
प्रकाशक का पता	: 12/651 प्रथम तल, अरविन्दो पार्क के सामने, निकट जामा मस्जिद, इंदिरा नगर लखनऊ, उत्तर प्रदेश, 226016, भारत।

कॉपीराइट EduGorilla

अस्वीकरण EduGorilla

Compiled and created by EduGorilla Community Pvt. Ltd

EduGorilla Community Pvt. Ltd. द्वारा मुद्रित

रोहित मांगलिक
सीईओ, EduGorilla

प्रिय छात्रों,

एक बहुत ही प्रचलित कहावत है कि "सफलता उन्हीं को मिलती है जो उसके लिए कड़ी मेहनत करते हैं।" लेकिन मैंने लोगों को उनकी परीक्षाओं के लिए दिन-रात एक करके मेहनत करते हुए देखा है, पर फिर भी वे सफल नहीं हो पाते। तो वहीं दूसरी ओर, कुछ लोग बस आधी मेहनत करके परीक्षा में सफलता प्राप्त करते हैं। तो, क्या वे किस्मत वाले हैं? नहीं मेरा मानना है, कि ऐसा इसलिए है क्योंकि वे सिर्फ कड़ी नहीं बल्कि कुशल तरीके से अपनी तैयारी करते हैं। इसी तरह आपको भी अपनी परीक्षाओं की तैयारी के लिए अपनी योजना बनानी चाहिए, ताकि आपकी भी सफलता की संभावना बढ़ सके। तो तैयार हो जाइये EduGorilla के साथ अपनी परीक्षा में चयन होने की संभावना को 16 गुना बढ़ाने के लिए।

EduGorilla आपको न केवल कड़ी मेहनत करने में मदद करता है, बल्कि एक स्मार्ट और योजनाबद्ध तरीके से तैयारी करने में भी सहायता प्रदान करता है। EduGorilla की तैयारी पैकेज के साथ आप अपने परीक्षा में चयन होने के रास्ते को सहज और मनोरंजक बना सकते हैं। अपनी तैयारी के लिए सही रास्ता खोजना मुश्किल हो सकता है, यदि आप ये नहीं जानते कि आपको किस दिशा में जाना है। चिंता न करें हम आपके साथ खड़े हैं! EduGorilla आपकी सफलता में आपका मार्गदर्शक बनेगा। हमारे तैयारी पैकेज के साथ आप रणनीतिक रूप से तैयारी कर, अपनी परीक्षा में सिर्फ एक ही प्रयास में सफल हो सकते हैं।

EduGorilla के तैयारी पैकेज में शामिल हैं-

- टेस्ट सीरीज़
- किताबें

हमारे तैयारी पैकेज को सभी तरह के नये बदलवों, विशेषज्ञों की राय एवं छात्रों के प्रतिक्रिया के अनुसार तैयार किया गया है। जो आपको परीक्षा के प्रत्येक चरण की चयन प्रक्रिया को पार करने के योग्य बनाता है।

हमारी किताबें शिक्षकों और विशेषज्ञों द्वारा आपकी परीक्षा के लिए तैयार की गई हैं, 150+ वर्षों के अनुभव के साथ; ताकि आपको आसान, कुशल और प्रभावी शिक्षण प्रदान किया जा सके। हमारी स्मार्ट किताबें न सिर्फ आपको प्रश्नों के उत्तर देने की समझ देती हैं, अपितु आपके अभ्यास के लिए समान रूप के प्रश्न भी प्रदान करती हैं।

EduGorilla की सक्षम टेस्ट सीरीज आपको वास्तविक अनुभव और आत्मविश्वास प्रदान करती हैं, जिसके माध्यम से आप केवल एक प्रयास में अपनी ऑफलाइन अथवा ऑनलाइन परीक्षा पास कर सकते हैं। वर्तमान में हम 83,000+ मॉक टेस्ट्स और 1,440+ प्रतियोगी एवं शैक्षणिक परीक्षाओं की तैयारी कराते हैं।

अर्थात, EduGorilla आपकी तैयारी में आपकी सहायता करने का कोई भी मौका नहीं छोड़ता है और परीक्षा के सभी चरणों को कवर करता है, ताकि परीक्षा की तैयारी के लिए आपको कहीं और भटकना ना पड़े।

हम आपको डिफेन्स, बैंकिंग, टीचिंग और अन्य राष्ट्रीय एवं राज्य स्तरीय परीक्षाओं के लिए सम्पूर्ण तैयारी पैकेज प्रदान करते हैं। अत: इससे कोई फर्क नहीं पड़ता कि आप किस परीक्षा के लिए तैयारी कर रहे हैं, क्योंकि आप सफलता हासिल करेंगे।

आपको परीक्षा की शुभकामनाएं!

रोहित मांगलिक,
संस्थापक और मुख्य कार्यकारी अधिकारी, EduGorilla

प्रस्तावना

EduGorilla छात्रों को उनकी परीक्षा में सफल होने के लिए मार्गदर्शन प्रदान करता है। जिसको ध्यान में रखते हुए हमारे कुल 150+ वर्षों का अनुभव रखने वाले प्रतिष्ठित विशेषज्ञों ने कड़े प्रयासों के द्वारा "UPSESSB PGT : स्नातकोत्तर शिक्षक - हिंदी" को तैयार किया है। इस किताब के प्रश्नों को हाल ही में परीक्षा के पाठ्यक्रम और पैटर्न में हुए सभी बदलावों को ध्यान में रखकर बनाया गया है। वो प्रश्न जिनकी UPSESSB PGT Hindi परीक्षा में आने कि संभावना काफी प्रबल है, उनको इस किताब मे रखा गया है। आप EduGorilla की "UPSESSB PGT : स्नातकोत्तर शिक्षक - हिंदी" के माध्यम से अपनी सफलता की संभावना को 16 गुना बढ़ा सकते हैं।

EduGorilla ये अपनी संपूर्ण तैयारी पैकेज के माध्यम से साकार करता है। इस किट में आपको प्रश्न अच्छी तरह अवधारित एवं संरचित रूप मे मिलेंगे जिन्हे आपकी जरूरतों के अनुसार बनाया गया है। इसके माध्यम से आपको स्मार्ट तरीके से परीक्षा के लिए अभ्यास करने में मदद मिलेगी। साथ ही आपको सहायक, समाधान और स्मार्ट उत्तर पत्रिका भी प्रदान की जायेंगी। जिससे आप अपना मूल्यांकन स्वयं कर सकते हैं। आप स्वयं की समीक्षा कर, उन सभी बिन्दुओं पर खुद को बेहतर तरीके से तैयार कर सकते हैं।

EduGorilla आपको अपनी परीक्षा में सफलता दिलाने और आपके लक्ष्य को हासिल करने में आपकी सहायता करने का वादा करता हैं। हम अपने प्रतिभागियों पर पूरा भरोसा करते हैं और उन्हें मेरिट सूची के शीर्ष पर देखते हैं। शीर्ष स्थान की ओर आपका पहला कदम है हमारे साथ तैयारी शुरू करना। EduGorilla की "UPSESSB PGT : स्नातकोत्तर शिक्षक - हिंदी" की विशेषताएं कुछ इस प्रकार हैं।

➤ अच्छी तरह से शोध किया हुआ पाठ्यक्रम

➤ उच्च गुणवत्ता

➤ विस्तृत उत्तर और विश्लेषण

➤ स्मार्ट उत्तर पत्रिका

➤ परीक्षा सुसंगत प्रश्न

इस प्रकार EduGorilla आपकी तैयारी को मजबूत और आपको परीक्षा में सफल होने के योग्य बनाता है।

UPSESSB PGT Hindi
परीक्षा की योग्यता, परीक्षा पैटर्न, विषय को जानने
के लिए QR कोड को स्कैन करें।

Book ID: 0745

Q.1 'अधिक समय तक जीवित रहने का इच्छुक' वाक्यांश के लिए उपयुक्त शब्द है:

A. जिगीषु   B. जिजीविषु   C. जिजीविषा   D. जिगीषा

Q.2 'आदि से लेकर अन्त तक' वाक्यांश के लिए उपयुक्त शब्द है-

A. आद्योपान्त   B. सर्वांग   C. अनादि   D. आजीवन

Q.3 किस विकल्प में दिए गए 'वाक्यांश के लिए' गलत शब्द प्रयुक्त हुआ है?

A. माता-पिता का संतति के प्रति प्रेम - वात्सल्य

B. अनायास प्रसन्न होने वाला - आशुतोष

C. अतिथियों की सेवा करने वाला - अभ्यागत

D. समय पर जिसकी बुद्धि ठीक कार्य करे - प्रत्युत्पन्नमति

Q.4 त्रिकालदर्शी किसे कहते हैं?

A. जो तीनों कालों के बारे में जानता हो

B. जो तीनों कालों में जीवित रहे

C. जो तीनों लोकों के बारे में जानता हो

D. जो तीनों कालों में न हो

Q.5 नई कविता धारा के लिए प्रयोगवाद का प्रयोग जिस रेडियो गोष्ठी में किया गया था, वह किस सन् में प्रकाशित हुई थी?

A. सन् 1947 में   B. सन् 1954 में

C. सन् 1951 में   D. सन् 1950 में

Q.6 'पुस्तक जल्हण हत्थ दै चलि गज्जन नृपकाज' नामक पंक्ति किस ग्रन्थ के विषय में कही गई है?

A. खुमाण रासो   B. पृथ्वीराज रासो

C. पउमचरिउ   D. कच्छूली रास

Q.7 'सरहपा' क्या है?

A. रासो ग्रंथों में प्रयुक्त एक छंद का नाम

B. आदि कालीन एक प्रसिद्ध कवि का नाम

C. 'कच्छूली रास' के रचयिता का नाम

D. आदि कालीन काव्य में एक अलंकार का नाम जिसमे तड़कते शब्दों का प्रयोग किया जाता है

Q.8 "पुण्य लाभ करने से भी है, पाप काटना कठिन कठोर" में किस प्रकार का दोष है?

A. शब्द-पुनरुक्ति   B. अर्थ पुनरुक्ति

C. क्लिष्टत्व   D. निरर्थक

Q.9 'अमर्ष' क्या है?

A. काव्य का एक दोष

B. संचारी भाव का एक प्रकार

C. आधुनिक रसवादियों द्वारा खोजा गया एक रस

D. एक नवीनतम छंद

Q.10 निम्नलिखित में से भ्रांतिमान अलंकार का उदाहरण छाँटिए:

A. मेरे प्रिय को मेघ मानकर, शिखी नाचते थे आकर

B. सारी बीच नारी है या नारी बीच सारी

C. देख लो साकेत नगरी है यही, स्वर्ग से मिलने गगन में जा रही

D. काँप रही थी देह लता उसकी रह रहकर। टपक रहे थे अश्रु कपोलों पर बह-बहकर।।

Q.11 'चन्द्रकांति:' शब्द में समास है:

A. बहुब्रीहि   B. कर्मधारय

C. तत्पुरुष   D. इनमें से कोई नहीं

Q.12 यण संधि का सम्बन्ध किस संधि विशेष से है?

A. व्यंजन संधि   B. विसर्ग संधि

C. स्वर संधि   D. दीर्घ संधि

Q.13 कृष्णापत्र शब्द में संधि है -

A. दीर्घ संधि   B. वृद्धि संधि

C. गुण संधि   D. अयादि संधि

Q.14 उद्धत का विलोम शब्द है -

A. सौम्य   B. विनीत   C. विनयशील   D. विनम्र

Q.15 'अंग्रेज' किस भाषा का शब्द है?

A. फ्रांसीसी   B. चीनी   C. पुर्तगाली   D. अंग्रेजी

Q.16 व्याकरण की दृष्टि से 'प्रेम' शब्द क्या है?

A. भाववाचक संज्ञा   B. विशेषण

C. क्रिया   D. अव्यय

Q.17 'मेरे घर से आपका घर पाँच किलोमीटर दूर है' इस वाक्य में ' घर से' में कौन-सा कारक है?

A. कर्म   B. करण   C. सम्बन्ध   D. अपादान

Q.18 बादल के काले-काले केसों को देख निराले।
नाचा करते हैं हरदम पालतू मोर मतवाले।।
इन पंक्तियों में कौन-सा अलंकार है?

A. संदेह   B. श्लेष   C. अनुप्रास   D. भ्रांतिमान

Q.19 भूप सहसदस एकहि वारा।
लगे उठावन टरहिं न टारा।।
इस पंक्ति में कौन-सा छन्द है?

A. दोहा   B. सोरठा   C. चौपाई   D. बरवै

Q.20 सही वर्तनी वाला शब्द है:

A. अपिक्षत   B. अपेक्षाकृत   C. अपेच्छा   D. अपेक्षकृत

Q.21 तत्वबोधिनी पत्रिका किसकी है?

A. श्रीलाल

B. महर्षि देवेन्द्रनाथ ठाकुर

C. नवीनचंद्र राय

D. राजा शिव प्रसाद सितारे हिन्द

Q.22 महादेवी वर्मा कृत 'नीरजा' पर कौन-सा पुरस्कार प्रदान किया गया था?

A. श्लाका   B. मंगलाप्रसाद

C. सक्सेरिया   D. ज्ञानपीठ

Q.23 आधुनिक काल में मुद्रणालय की स्थापना के बाद हिंदी गद्य का कौन-सा रूप सबसे पहले जनता के सामने आया?

A. निबंध   B. इंटरव्यू   C. संस्मरण   D. रेखाचित्र

Q.24 भारतेंदु ने अपनी किस कृति में देशी राजाओं को 'रासभ' (गधा) कहा है?

A. भारत दुर्दशा   B. अंधेरनगरी

C. भारत जननी	**D.** चन्द्रावली नाटिका

A. फ्रांसीसी   **B.** अंग्रेजी   **C.** पुर्तुगली   **D.** बंगाली

Q.25 निम्नलिखित में से कौन-सा महाकाव्य 'मैथिलीशरण गुप्त' द्वारा रचित है?

A. आर्यावर्त   **B.** साकेत
C. प्रभात की कैकई   **D.** उर्मिला

Q.26 'अष्टछाप' के कवियों में सूर के बाद किस कवि का नाम सादर सहित लिया जाता है?

A. छीतस्वामी   **B.** गोविन्द स्वामी
C. नंददास   **D.** कृष्ण दास

Q.27 रामचन्द्र शुक्ल ने हिंदी-साहित्य का किस शताब्दी को आरम्भ माना है?

A. सातवीं शताब्दी   **B.** दसवीं शताब्दी
C. दसवीं-ग्यारहवीं शताब्दी   **D.** नौवीं शताब्दी

Q.28 नागरी प्रचारिणी सभा के प्रथम सभापति बने थे:

A. आचार्य राम चंद्र शुक्ल   **B.** बाबू राधाकृष्ण दास
C. रामनारायण मिश्र   **D.** शिवकुमार सिंह

Q.29 हृदयग्राही (प्राकृतिक दृश्य) का पर्यायवाची शब्द छाँटिए:

A. सुकुमार   **B.** अवलोकनीय
C. आकर्षक   **D.** मनोरम

Q.30 जिन शब्दों की उत्पत्ति का पता नहीं चलता, उन्हें कहा जाता है?

A. तत्सम शब्द   **B.** तद्भव शब्द
C. देशज शब्द   **D.** विदेशज शब्द

Q.31 "उधर गरजती सिंधु लहरियाँ ,कुटिल काल के जालो सी।
चली आ रही फेन उगलती, फन फैलाए व्यालो सी।।
इन पंक्तियो में कौन सा रस है?

A. वीभत्स रस   **B.** रौद्र रस
C. वीर रस   **D.** भयानक रस

Q.32 निम्न में से अग्र स्वर है-

A. इ   **B.** अ   **C.** ऊ   **D.** ओ

Q.33 निम्न में से "यण संधि" का उदाहरण नहीं है–

A. देव्यागमन   **B.** अन्वेषण   **C.** नाविक   **D.** स्वागत

Q.34 निर्देश: निम्नलिखित दिए गए शब्दो में से पर्यायवाची शब्द का चयन करे।
"रतिपति"

A. निशाचर   **B.** जगदीश   **C.** पंचशर   **D.** अलकापुरी

Q.35 'अनुकरण सिद्धान्त' किस पश्चिमी समीक्षक का सिद्धांत है?

A. अरस्तू   **B.** प्लेटो
C. कार्ल मार्क्स   **D.** लोंजाइनस

Q.36 राष्ट्रिय स्वाधीनता आंदोलन में मैथिलीशरण गुप्त की कौन -सी कृति अधिक प्रचलित हुई?

A. साकेत   **B.** यशोधरा
C. भारत-भारती   **D.** जयद्रथ वध

Q.37 पण्डित की उपाधि किस शिक्षक के लिए है?

A. गणित   **B.** हिन्दी   **C.** दैहिक   **D.** अंग्रेजी

Q.38 आवारा मसीह यह किनकी जीवनी पर आधारित है?

A. शरतचन्द्र चट्टोपाध्याय   **B.** तुलसीदास
C. रवीन्द्रनाथ टागोर   **D.** रामप्रसाद बिस्मिल्ला

Q.39 रिपोर्ताज किस भाषा का शब्द है?

Q.40 इनमें से एक कृष्णा सोबती की कृति नहीं है:

A. मित्रो मरजानी   **B.** यारों का यार
C. जिंदगीनामा   **D.** इदं न मम

Q.41 केशवदास को 'कठिन काव्य का प्रेत' किस आलोचक ने कहा?

A. आचार्य हजारी प्रसाद द्विवेदी
B. पं. महावीर प्रसाद द्विवेदी
C. आचार्य रामचन्द्र शुक्ल
D. डॉ. इंद्रनाथ मदान

Q.42 आंग्ल भाषा में लिखा गया हिंदी साहित्य का इतिहास " स्केच ऑफ़ हिंदी लिटरेचर " के लेखक है -

A. जार्ज ग्रियर्सन   **B.** गार्सा-द-तासी
C. पादरी एडसिन ग्रीब्ज   **D.** पादरी एफ.ई.के

Q.43 पृथ्वीराज रासो को किसके द्वारा पूरा किया गया था?

A. बाणभट्ट   **B.** चंदबरदाई   **C.** कल्हण   **D.** जल्हण

Q.44 अतायो घुमक्कड़ जिज्ञासा- यह किसकी रचना है?

A. अज्ञेय   **B.** राहुल संकृत्यायन
C. रामवृक्ष बेनीपुरी   **D.** गोविंद मिश्र

Q.45 "कान्यकुब्ज-अबला-विलाप " किसकी रचना है?

A. महावीर प्रसाद द्विवेदी   **B.** हरिऔध
C. राय देवी प्रसाद   **D.** रामचरित उपाध्याय

Q.46 निम्न में से द्विवेदी युग की रचना नहीं है।

A. कंस वध   **B.** मिलन   **C.** पथिक   **D.** स्वप्न

Q.47 प्रकाशन वर्ष के अनुसार मुंशी प्रेमचंद के निम्नलिखित उपन्यासों का सही क्रम है-

A. गबन, कर्मभूमि, गोदान, रंगभूमि
B. रंगभूमि, गबन, कर्मभूमि, गोदान
C. कर्मभूमि, गोदान, रंगभूमि, गबन
D. रंगभूमि, गोदान, गबन, कर्मभूमि

Q.48 मलिक मुहम्मद जायसी के द्वारा रचित 'पद्मावत' किस भाषा की रचना है?

A. ब्रज भाषा   **B.** अवधी भाषा
C. मैथिली भाषा   **D.** बघेली भाषा

Q.49 ये राजस्थान के प्राचीनतम व श्रेष्ठतम संस्कृत कवि हैं-

A. भारवि   **B.** भवभूति   **C.** माघ   **D.** श्रीहर्ष

Q.50 दण्डी की रचना है-

A. उत्तररामचरितम्   **B.** दशकुमारचरितम्
C. नैषधीयचरितम्   **D.** उपरोक्त तीनों

Q.51 'युद्ध करने का इच्छुक' के लिए सर्वाधिक उपयुक्त एक शब्द है:

A. बहादुर   **B.** वीर   **C.** दबंग   **D.** युयुत्सु

Q.52 निम्न में से कौन-सा विलोम शब्द युग्म सही है?

A. परिश्रम – आश्रम   **B.** अग्रज- निग्रज
C. पंडित – मूर्ख   **D.** स्वजाति- कुजाति

Q.53 अशुद्ध वाक्य का चयन करें-

A. साहित्य और जीवन का घनघोर सम्बंध है।
B. यह कहानी सुदर्शन द्वारा लिखी गयी है।
C. देश की इतनी दुर्गति पहले कभी नहीं हुई।

D. सभा के प्रत्येक सदस्य की यही राय थी।

Q.54 "नरसिंह" शब्द में कौन-सा समास है?
A. कर्मधारय समास
B. द्वंद्व समास
C. अव्ययीभाव समास
D. तत्पुरुष समास

Q.55 संविधान की आठवीं अनुसूची के अनुसार कितनी भाषाओं को राजभाषा के रूप में सांविधानिक मान्यता प्राप्त हैं?
A. 22 भाषाएं
B. 20 भाषाएं
C. 18 भाषाएं
D. 24 भाषाएं

Q.56 निम्न में से सगुण भक्ति शाखा के उपासक थे-
A. तुलसीदास
B. कबीर दास
C. दादू दयाल
D. रैदास

Q.57 हिंदी की प्रथम कहानी है-
A. इंदुमती
B. रेखाएं बोल उठी
C. माती की मूरतें
D. अतीत के चलचित्र

Q.58 निम्न में से किस भाषा का विकास शौरसेनी अपभ्रंश से हुआ है?
A. गुजराती
B. पंजाबी
C. सिन्धी
D. मराठी

Q.59 निम्न में से स्त्रीलिंग शब्दों का समूह सही है-
A. हाथ, पैर, नाख़ून
B. नीम, अशोक, शीशम
C. सूर्य, नक्षत्र, चन्द्र
D. रोमन, उर्दू, मालवी

Q.60 नीलकंठ शब्द क्या है?
A. यौगिक शब्द
B. योगरूढ़ शब्द
C. रूढ़
D. तन्द्रव

Q.61 निम्न में से कौन सी भारोपीय भाषा नहीं है?
A. संस्कृत
B. अवेस्ता
C. मलयालम
D. अंग्रेजी

Q.62 साहित्यिक दृष्टि से सर्वाधिक समृद्ध भाषा परिवार कौन सा है?
A. भारोपीय
B. अमरीकी
C. द्राविड
D. सामी

Q.63 पश्चिमी हिन्दी की दो बोलियों का सही युग्म है-
A. कन्नौजी-अवधि
B. ब्रज-बघेली
C. छतीसगढ़ी-बांगरू
D. खड़ीबोली-बुन्देली

Q.64 हिंदी की विशिष्ट बोली ब्रजभाषा किस रूप में सबसे अधिक प्रसिद्ध है?
A. राजभाषा
B. तकनीकी भाषा
C. राष्ट्रभाषा
D. काव्यभाषा

Q.65 बृहत्कथा नामक रचना के रचनाकार है:
A. विष्णु शर्मा
B. गुणाढ्य
C. सोमदेव
D. हेमेंद्र

Q.66 नीतिशतकम्, और श्रृंगारशतकम् नामक रचनाओं के रचनाकार है-
A. जय देव
B. सोमदेव
C. भर्तहरि
D. कालिदास

Q.67 मृच्छकटिकम् नामक रचना के रचनाकार है:
A. राजशेखर
B. बाणभट्ट
C. भट्टनारायण
D. शुद्रक

Q.68 निम्नलिखित में से कौन सी रचना मयूर भट्ट द्वारा रचित है?
A. गाथा सप्तशती
B. गीत गोविंद
C. सूर्यशतक
D. ऋतुसंहारम्

Q.69 वैराग्यशतक के रचियता है-
A. कालिदास
B. भर्तृहरि
C. अश्वघोष
D. सोमदेव

Q.70 दशकुमारचरित के रचियता है:
A. दंडी
B. भट्टनारायण

C. श्री हर्ष
D. सोमेश्वर

Q.71 भास्कराचार्य द्वारा रचित रचना है:
A. सिद्धान्त शिरोमणि
B. महाभाष्य
C. मनुस्मृति
D. मालती माधव

Q.72 "य" वर्ण का उच्चारण स्थान है:
A. तालु
B. कंठ
C. दन्त
D. ओष्ट

Q.73 'झ' वर्ण किस वर्ग में आता है:
A. क वर्ग
B. च वर्ग
C. ट वर्ग
D. त वर्ग

Q.74 कौरवी उत्तर-प्रदेश के किस क्षेत्र में बोली जाती है?
A. मेरठ
B. जालौन
C. महोबा
D. झाँसी

Q.75 बुंदेली उत्तर-प्रदेश के किस क्षेत्र में बोली जाती है?
A. झाँसी
B. मथुरा
C. आगरा
D. बरेली

Q.76 निम्न में से कौन सा छंद है?
"इहि विधि राम सबहिं समुझावा
गुरु पद पदुम हरषि सिर नावा।"
A. दोहा
B. सोरठा
C. चौपाई
D. रोला

Q.77 निम्न में से कौन सा छंद है?
"कहै जु पावै कौन, विद्या धन उद्दम बिना।
ज्यों पंखे की पौन, बिना डुलाए ना मिलें।"
A. दोहा
B. सोरठा
C. चौपाई
D. रोला

Q.78 कहती हुई यों उत्तरा के नेत्र जल से भर गए।
हिम के कणों से पूर्ण मानो हो गए पंकज नए।
उपर्युक्त पंक्तियों में कौन-सा अलंकार है?
A. उपमा अलंकार
B. रूपक अलंकार
C. उत्प्रेक्षा अलंकार
D. मानवीकरण अलंकार

Q.79 निम्न में से कौन बल्लभाचार्य के शिष्य नहीं थे?
A. सूरदास
B. कुम्भन दास
C. परमानंद दास
D. गोविन्द स्वामी

Q.80 प्रथम विश्व हिंदी सम्मेलन कब और कहाँ हुआ था?
A. नागपुर भारत 1975 में
B. भोपाल भारत 1975 में
C. सिंगापुर 1975 में
D. मलेशिया 1975 में

Q.81 निम्न में से "जयद्रथ-वध" का काव्य रूप क्या है?
A. खण्डकाव्य
B. महाकाव्य
C. एकार्थकाव्य
D. चरितकाव्य

Q.82 "अकाल में सारस" पर साहित्य अकादमी पुरस्कार किसे प्राप्त हुआ?
A. अज्ञेय
B. निर्मल वर्मा
C. अमिताव घोष
D. केदारनाथ सिंह

Q.83 जब दो शब्दों में एक सार्थक और दूसरा निरर्थक हो तब वहां कौन सा चिन्ह प्रयुक्त किया जाता है?
A. अर्द्ध विराम
B. पूर्ण विराम
C. योजक चिह्न
D. लोप चिह्न

Q.84 समुच्चयबोधक अव्यय का लोप होने पर प्रयुक्त चिन्ह कौन सा होता है?
A. अल्प विराम
B. प्रश्नवाचक-चिह्न
C. विस्मयादिबोधक-चिह्न
D. इनमें से कोई नहीं

Q.85 ऐसे उपवाक्यों के बीच जो परस्पर सम्बद्ध होने पर भी स्वतंत्र वाक्य प्रतीत होते हैं, वहां किस चिन्ह का प्रयोग होता है?

A. पूर्णविराम
B. उपविराम
C. अर्द्धविराम
D. अल्पविराम

Q.86 वाक्य में जहाँ सबसे कम रुकना पड़ता हो, वहां कौन सा चिन्ह प्रयुक्त होता है?

A. उपविराम
B. अल्पविराम
C. पूर्णविराम
D. इनमें से कोई नहीं

Q.87 किसी की कही हुई बात को उसी तरह प्रकट करने के लिए किस प्रकार के विराम चिन्ह का प्रयोग किया जाता है?

A. अर्द्धविराम
B. उद्धरण- चिह्न
C. कोष्ठक-चिह्न
D. पूर्णविराम

Q.88 अपने से बड़े को सादर सम्बोधित करने में निम्नलिखित में से किस विराम चिन्ह का प्रयोग किया जाता है?

A. विस्मयादिबोधक चिह्न
B. उपविराम
C. पूर्णविराम
D. कोष्ठक चिह्न

Q.89 एक ही वाक्य या वाक्यांश में एक ही तरह के पद, शब्द, पदबंध या वाक्यांश एक साथ आने पर कौन सा चिन्ह लगाया जाता है?

A. उद्धरण- चिह्न
B. प्रश्नवाचक-चिह्न
C. अर्द्धविराम
D. अल्पविराम

Q.90 अगर किसी लंबे वाक्य में हमें वाक्य का कुछ अंश छोड़ना है तो निम्नलिखित में से किस चिन्ह का प्रयोग होगा?

A. विवरण चिह्न
B. प्रश्नवाचक चिह्न
C. लोप चिह्न
D. इनमें से कोई नहीं

Q.91 निम्नलिखित में से कौन सा वाक्य शुद्ध है?

A. मुझे बहुत आनंद आती है।
B. तुम दोनों में अधिक बुद्धिमान कौन है?
C. मैंने बहुत आनंद आती है।
D. इनमें से कोई नहीं

Q.92 निम्नलिखित में से कौन सा वाक्य शुद्ध है?

A. वह धीमे स्वर में बोला।
B. राम और सीता वन को गई।
C. राम सीता वन को गई।
D. राम और सीता वन में गई।

Q.93 निम्नलिखित में से कौन सा वाक्य शुद्ध है?

A. हमने इस विषय को विचार किया।
B. हमने इस विषय में विचार किया।
C. आठ बजने में दस मिनट है।
D. इनमें से कोई नहीं

Q.94 निम्नलिखित में से कौन सा वाक्य शुद्ध है?

A. कुत्ता रेंकता है।
B. तुम जाकर ले लो।
C. मेरे को यह बात पसंद नहीं।
D. तेरे को अब जाना चाहिए।

Q.95 निम्नलिखित में से अशुद्ध वर्तनी का चयन कीजिए-

A. विलास
B. बिकराल
C. वियोग
D. बीमार

Q.96 निम्नलिखित में से अशुद्ध वर्तनी का चयन कीजिए:-

A. बारीश
B. अधिकतम
C. वानर
D. बहुब्रीहि

Q.97 निम्नलिखित में से अशुद्ध वर्तनी का चयन कीजिएः

A. बनिस्बत
B. बदशित
C. बदाम
D. बल्ब

Q.98 निम्नलिखित में से कौन सा नाटक भारतेंदु हरिशचन्द्र का नहीं है?

A. भारत जननी
B. मुद्रा राक्षस
C. दुर्लभ बंधु
D. भारत हरण

Q.99 'पथ के साथी' किसकी रचना है?

A. महादेवी वर्मा
B. रामनरेश त्रिपाठी
C. हजारी प्रसाद द्विवेदी
D. पद्मसिंह शर्मा

Q.100 'ध्रुवस्वामिनी' किसके द्वारा रचित नाटक है?

A. प्रेमचंद
B. धर्मवीर भारती
C. मोहन राकेश
D. जयशंकर प्रसाद

Q.101 'मैला आँचल' के उपन्यासकार है -

A. यशपाल
B. फनीश्वरनाथ रेणु
C. प्रेमचंद
D. अमरकांत

Q.102 'अनुकूल' शब्द में कौन सा समास है?

A. बहुब्रीहि समास
B. अव्ययीभाव समास
C. कर्मधारय समस
D. तत्पुरष समास

Q.103 इनमें से द्विगु समास कौन सा है?

A. सप्तदीप
B. लंबोदर
C. गिरिधर
D. सद्गुण

Q.104 इनमें से कौन सा तत्पुरुष समास नहीं है?

A. धनहीन
B. भारतरत्न
C. चन्द्रमुखी
D. घुड़सवार

Q.105 'मक्खीचूस' का समास विग्रह क्या होगा?

A. मक्खी को चूसने वाला
B. मक्खी से चूसने वाला
C. बहुत कंजूस व्यक्ति
D. मक्खी चूस कर फेंकने वाला

Q.106 'कामचोर' में कौन सा समास होगा?

A. बहुब्रीहि समास
B. संप्रदान तत्पुरुष समास
C. कर्मधारय समास
D. अपादान तत्पुरुष समास

Q.107 'निरक्षर' का संधि-विच्छेद क्या है?

A. निर+अक्षर
B. निः + अक्षर
C. निर् + अक्षर
D. निरक्ष+ र

Q.108 'सूर्योदय' का संधि विच्छेद क्या होगा?

A. सूर्यो + दाय
B. सूर्य + उदय
C. सूर्या + उद
D. सूर्य + ओदय

Q.109 'सज्जन' का संधि-विच्छेद क्या होगा?

A. सज + अन
B. सज्ज + अन
C. सत् + जन
D. सत्य + जन

Q.110 'आच्छादन' का संधि विच्छेद क्या होगा?

A. अच्छा + आदन
B. आच्छा + दन
C. आ + छादन
D. आत् + छादन

Q.111 'उद्धार' का संधि-विच्छेद क्या होगा?

A. उद् + धार
B. उत्+हार
C. उत + धार
D. उद्ध + हार

Q.112 'खून खौलना' मुहावरे का सही अर्थ क्या है?

A. क्रोधित होना
B. रक्तचाप बढ़ना
C. खून बहना
D. खून का रंग बदलना

Q.113 'नुक्ताचीनी करना' मुहावरे का सही अर्थ क्या है?

A. अत्यधिक लाभ प्राप्त करना
B. निरुत्तर हो जाना
C. लज्जित होना
D. दोष निकलना

Q.114 कौन-सा शब्द जातिवाचक संज्ञा नहीं है?

A. मनुष्य   B. सुंदर   C. जवान   D. बालक

Q.115 "मेरी माता भोजन स्वयं बनाती है" उपरोक्त वाक्यांश में कौन सा सर्वनाम होगा।

A. पुरुषवाचक सर्वनाम   B. निश्चयवाचक सर्वनाम
C. निजवाचक सर्वनाम   D. सम्बन्धवाचक सर्वनाम

Q.116 निम्न मे से सम्बंधवाचक सर्वनाम के उदाहरण है।

A. जैसी करनी वैसी भरनी
B. जिसकी लाठी उसकी भैंस
C. उपरोक्त दोनों
D. केवल पहला

Q.117 इंदौर स्वच्छ नगर है। इसमें रेखांकित शब्द क्या है?

A. उद्देश्य विशेषण   B. विशेष्य
C. विशेषण   D. प्रविशेषण

Q.118 निम्न में से कौन सा मुहावरा गलत है?

A. राई का पहाड़ बनाना   B. पंथ निहारना
C. नानी मरना   D. पत्थर की बात होना

Q.119 'खेल खेल में' मुहावरे का सही अर्थ क्या है?

A. सरलता से कार्य कर लेना
B. पूरी तरह घबरा जाना
C. जली कटी सुनाना
D. संयोग का साथ

Q.120 'राम चालाक नेता है।' इसमें रेखांकित शब्द क्या है?

A. उद्देश्य विशेषण   B. विशेष्य
C. विशेषण   D. प्रविशेषण

Q.121 'कृष्ण के बाद कोई अवतार नहीं हुआ।' में कौन-सा अव्यय है?

A. क्रिया-विशेषण   B. संबंधबोधक
C. समुच्चयबोधक   D. विस्मयादिबोधक

Q.122 'ज़िंदगी में सफल होना है तो मेहनत करो।' में कौन-सा अव्यय है?

A. क्रिया-विशेषण अव्यय   B. संबंधबोधक अव्यय
C. समुच्चयबोधक अव्यय   D. विस्मयादिबोधक अव्यय

Q.123 'रोहन ने धोबी को कपड़े दिए।' वाक्य में कौनसा कारक है?

A. कर्म   B. अपादान   C. संप्रदान   D. करण

Q.124 'दिव्या' उपन्यास की रचना किसने की?

A. यशपाल   B. प्रेमचंद
C. भीष्म साहनी   D. जयशंकर प्रसाद

Q.125 'आषाढ़ का एक दिन' नाटक की रचना किसने की?

A. जयशंकर प्रसाद   B. मोहन राकेश
C. भारतेंदु हरिश्चंद्र   D. भीष्म साहनी

// स्मार्ट उत्तर पुस्तिका //

| सही उत्तर | उन छात्रों के प्रतिशत को इंगित करता है जिन्होंने प्रश्नों का सही उत्तर दिया था। |

| छोड़ दिया | उन छात्रों के प्रतिशत को इंगित करता है जिन्होंने प्रश्नों को छोड़ दिया था। |

प्रश्न संख्या	उत्तर	सही उत्तर / छोड़ दिया	प्रश्न संख्या	उत्तर	सही उत्तर / छोड़ दिया	प्रश्न संख्या	उत्तर	सही उत्तर / छोड़ दिया	प्रश्न संख्या	उत्तर	सही उत्तर / छोड़ दिया	प्रश्न संख्या	उत्तर	सही उत्तर / छोड़ दिया
1	B	35.34 % / 9.13 %	17	D	41.59 % / 19.47 %	33	C	46.88 % / 9.37 %	49	C	25.72 % / 20.43 %	65	B	26.2 % / 20.68 %
2	A	49.76 % / 18.75 %	18	D	30.05 % / 18.99 %	34	C	32.69 % / 19.23 %	50	B	50.24 % / 18.99 %	66	C	50.0 % / 18.99 %
3	C	37.26 % / 15.86 %	19	C	51.92 % / 7.21 %	35	A	46.88 % / 15.38 %	51	D	68.99 % / 16.59 %	67	D	49.76 % / 19.71 %
4	A	47.6 % / 19.95 %	20	B	71.39 % / 14.91 %	36	C	64.42 % / 17.31 %	52	C	56.97 % / 14.18 %	68	C	39.18 % / 20.68 %
5	C	24.28 % / 19.47 %	21	B	31.97 % / 11.78 %	37	B	52.4 % / 20.44 %	53	A	44.23 % / 20.19 %	69	B	47.12 % / 18.99 %
6	B	51.92 % / 18.03 %	22	C	22.36 % / 19.23 %	38	A	63.46 % / 19.47 %	54	A	41.59 % / 18.75 %	70	A	65.87 % / 19.95 %
7	B	67.31 % / 19.47 %	23	A	55.53 % / 5.77 %	39	A	45.67 % / 19.95 %	55	A	67.79 % / 16.34 %	71	A	45.91 % / 7.7 %
8	A	28.12 % / 19.72 %	24	A	34.62 % / 18.99 %	40	D	45.67 % / 20.68 %	56	A	65.14 % / 19.72 %	72	A	52.16 % / 15.15 %
9	B	41.11 % / 19.95 %	25	B	70.91 % / 20.44 %	41	C	59.86 % / 12.98 %	57	A	68.51 % / 18.99 %	73	B	72.36 % / 20.91 %
10	A	28.37 % / 18.99 %	26	C	55.53 % / 19.47 %	42	C	41.59 % / 19.47 %	58	A	40.14 % / 18.75 %	74	A	50.72 % / 19.47 %
11	B	35.82 % / 16.34 %	27	B	27.4 % / 10.82 %	43	D	40.62 % / 16.59 %	59	D	56.01 % / 16.35 %	75	A	65.62 % / 19.0 %
12	C	53.37 % / 18.75 %	28	B	27.4 % / 20.44 %	44	B	64.9 % / 18.99 %	60	B	62.02 % / 15.38 %	76	C	56.01 % / 17.07 %
13	A	58.65 % / 12.26 %	29	D	43.03 % / 13.94 %	45	A	39.66 % / 13.46 %	61	C	21.15 % / 19.72 %	77	B	37.26 % / 20.19 %
14	B	21.15 % / 19.23 %	30	C	49.28 % / 18.27 %	46	A	42.79 % / 19.71 %	62	A	65.14 % / 19.48 %	78	C	48.56 % / 19.23 %
15	A	39.42 % / 15.87 %	31	D	47.84 % / 17.78 %	47	B	49.04 % / 16.58 %	63	D	54.57 % / 16.1 %	79	D	61.3 % / 9.13 %
16	A	74.04 % / 16.34 %	32	A	41.83 % / 16.82 %	48	B	60.58 % / 19.71 %	64	D	64.42 % / 18.99 %	80	A	56.01 % / 17.07 %

प्रश्न संख्या	उत्तर	सही उत्तर / छोड़ दिया
81	A	66.35 % / 12.02 %
82	D	41.83 % / 19.47 %
83	C	55.05 % / 19.47 %
84	A	34.86 % / 18.75 %
85	C	23.08 % / 20.19 %
86	B	64.9 % / 19.48 %
87	B	54.81 % / 20.67 %
88	A	36.06 % / 19.47 %
89	D	26.44 % / 20.44 %

प्रश्न संख्या	उत्तर	सही उत्तर / छोड़ दिया
90	C	52.16 % / 19.72 %
91	B	71.63 % / 20.2 %
92	A	67.31 % / 18.27 %
93	C	34.13 % / 11.78 %
94	B	67.55 % / 19.47 %
95	B	56.49 % / 16.83 %
96	A	59.38 % / 16.82 %
97	C	36.54 % / 20.91 %
98	D	29.57 % / 19.47 %

प्रश्न संख्या	उत्तर	सही उत्तर / छोड़ दिया
99	A	63.94 % / 15.87 %
100	D	69.95 % / 16.83 %
101	B	73.56 % / 18.75 %
102	B	59.38 % / 19.71 %
103	A	59.13 % / 19.96 %
104	C	51.92 % / 18.03 %
105	C	57.69 % / 20.19 %
106	D	26.44 % / 19.47 %
107	B	60.58 % / 15.86 %

प्रश्न संख्या	उत्तर	सही उत्तर / छोड़ दिया
108	B	69.23 % / 19.95 %
109	C	75.48 % / 13.46 %
110	C	20.43 % / 19.23 %
111	B	63.7 % / 9.86 %
112	A	75.48 % / 19.23 %
113	D	62.5 % / 11.3 %
114	B	61.06 % / 19.71 %
115	C	49.04 % / 17.31 %
116	C	61.78 % / 18.51 %

प्रश्न संख्या	उत्तर	सही उत्तर / छोड़ दिया
117	C	58.65 % / 11.06 %
118	D	40.38 % / 19.72 %
119	A	80.29 % / 10.09 %
120	B	38.94 % / 15.39 %
121	B	34.38 % / 12.98 %
122	C	17.07 % / 19.71 %
123	A	44.23 % / 15.63 %
124	A	54.57 % / 19.23 %
125	B	66.11 % / 18.75 %

कार्य विश्लेषण	
औसत अंक (%)	46.82%
टॉपर्स स्कोर (%)	100.0%
आपका स्कोर	

//संकेत और समाधान//

1. जिजीविषु का अर्थ अधिक समय तक जीवित रहने का इच्छुक से होता है।

जब अनेक शब्दों के स्थान पर केवल एक शब्द का प्रयोग भी किया जाता है तो उसे वाक्यांश के लिए एक शब्द कहा जाता है।

अतः विकल्प (B) सही है।

2. आदि से लेकर अन्त तक - आद्योपान्त

आद्योपान्त को आद्यंत, शुरू से अंत तक, पूर्णरूपेण, अविकल रूप से, जस का तस भी कहते हैं।

अतः विकल्प (A) सही है।

3. अतिथियों की सेवा करने वाला - आतिथ्य

आतिथ्य को अतिथि का सेवा-सत्कार, पहुनाई, भी कहते हैं।

अतः विकल्प (C) सही है।

4. त्रिकालदर्शी अर्थात् तीनों काल देखने वाला जो व्यक्ति भूत वर्तमान भविष्य के बारे में देख कर बताये उसे त्रिकालदर्शी कहते हैं। भगवान शिव वेदव्यास महर्षि बाल्मीकि आदि त्रिकालदर्शी थे।

अतः विकल्प (A) सही है।

5. सन् 1951 में एक रेडियो गोष्ठी हुई थी, जिसमें सुमित्रानंदन पंत, भगवती चरण वर्मा, अज्ञेय, धर्मवीर भारती और शिवमंगल सिंह सुमन जैसे कवियों ने भाग लिया। इस गोष्ठी में नवीन प्रवृत्ति वाली कविता धारा के लिए प्रयोग शब्द का प्रयोग हुआ। लेकिन अज्ञेय ने तारसप्तकीय कविता के लिए नई कविता नाम की प्रस्तावना की। इसी नाम को लेकर सन् 1953 में "नए पत्ते" नाम से और सन् 1954 में "नई कविता" नाम से पत्रिकाओं का प्रकाशन शुरू हुआ।

अतः विकल्प (C) सही है।

6. 'पुस्तक जल्हण हत्थ दै चलि गज्जन नृपकाज' नामक पंक्ति पृथ्वीराज रासोग्रन्थ के विषय में कही गई है।

पृथ्वीराज रासो हिन्दी भाषा में लिखा एक महाकाव्य है जिसमें पृथ्वीराज चौहान के जीवन और चरित्र का वर्णन किया गया है। इसके रचयिता चंदबरदाईराव पृथ्वीराज के बचपन के मित्रऔर उनके राजकवि थे और उनकी युद्ध यात्राओं के समय वीर रस की कविताओं से सेना को प्रोत्साहित भी करते थे।

जाते समय शहाबुद्दीन गोरी पृथ्वीराज ने अपने पुत्र जल्हण के हाथ में रासो की पुस्तक देकर उसे पूर्ण करने का संकेत किया। जल्हण के हाथ में रासो को सौंपे जाने और उसके पूरे किए जाने का उल्लेख रासो में है - पुस्तक जल्हण हत्थ दै चलि गज्जन नृपकाज। रघुनाथनचरित हनुमंतकृत भूप भोज उद्धरिय जिमि। पृथिराजसुजस कवि चंद कृत चंदनंद उद्धरिय तिमि॥ रासो में दिए हुए संवतों का ऐतिहासिक तथ्यों के साथ अनेक स्थानों पर मेल न खाने के कारण अनेक विद्वानों ने पृथ्वीराजरासो के समसामयिक किसी कवि की रचना होने में संदेह करते है और उसे १६वीं शताब्दी में लिखा हुआ ग्रंथ ठहराते हैं।

अतः विकल्प (B) सही है।

7. सरह या सरहपा या सिद्ध सरहपा हिन्दी के प्रथम कवि माने जाते हैं। उनको बौद्ध धर्म की वज्रयान और सहजयान शाखा का प्रवर्तक तथा आदि सिद्ध माना जाता है। उनका मूल नाम 'राहुलभद्र' था और उनके 'सरोजवज्र', 'शरोरुहवज्र', 'पद्य' तथा 'पद्यवज्र' नाम भी मिलते हैं। वे पालशासक धर्मपाल (770-810 ई.) के समकालीन थे।

अतः विकल्प (B) सही है।

8. "पुण्य लाभ करने से भी है, पाप काटना कठिन कठोर" में शब्द-पुनरुक्ति का दोष है।

शुद्ध शब्द है- पुण्य लाभ करने से भी है, पाप काटना कठिन

पूर्ण पुनरुक्ति- जब कोई एक शब्द एक ही साथ लगातार दुहराया जाता है तो उसे पूर्ण पुनरुक्ति कहते हैं। उदाहरण: संज्ञा- गाँव-गाँव, भाई-भाई, गली-गली, रंग-रंग। विशेषण- बड़े-बड़े, पके-पके, नए-नए, फीकी-फीकी, काले-काले आदि।

अतः विकल्प (A) सही है।

9. जो भाव संचारियों में गिनाए गए हैं उनके प्रधान या स्वतंत्र रूप से आने पर उनके अंतर्गत भी संचारी भाव आ सकते हैं। लज्जा में जिस व्यक्ति से लज्जा होगी वह आलम्बन और उसका ताकना, झाँकना, उद्दीपन, सिर झुकाना आदि अनुभाव और अवहित्था संचारी कही जा सकती है। इसी प्रकार असूया या ईर्ष्या के अंतर्गत अमर्ष संचारी होकर आ सकता है।

अतः विकल्प (B) सही है।

10. मेरे प्रिय को मेघ मानकर, शिखी नाचते थे आकर में भ्रांतिमान अलंकार है।

जब एक जैसे दिखाई देने के कारण एक वस्तु को दूसरी वस्तु मान लिया जाता है या समानता के कारण किसी दूसरी वस्तु का भ्रम होता है तब इसे भ्रांतिमान अलंकार कहते हैं।

अतः विकल्प (A) सही है।

11. 'चन्द्रकांतिः' शब्द में समास है - कर्मधारय

कर्मधारय समास जिसका पहला पद विशेषण और दूसरा पद विशेष्य अथवा एक पद उपमान तथा दूसरा पद उपमेय हो तो, वह 'कर्मधारय समास' कहलाता है।

अतः विकल्प (B) सही है।

12. जब संधि करते समय इ, ई के साथ कोई अन्य स्वर हो तो ' य ' बन जाता है, जब उ, ऊ के साथ कोई अन्य स्वर हो तो ' व् ' बन जाता है , जब ऋ के साथ कोई अन्य स्वर हो तो ' र ' बन जाता है।

अतः विकल्प (C) सही है।

13. दीर्घ संधि

कृष्ण+ पत्र = कृष्णापत्र

अ + अ = आ दीर्घ का अर्थ है-बड़ा। इस संधि में जब दो एक समान वर्ण (हृस्व या दीर्घ) पास- पास आते हैं, तो दोनों मिलकर उसी वर्ण का दीर्घ रूप बन जाते हैं। इसे दीर्घ संधि कहते हैं।

अतः विकल्प (A) सही है।

14. उद्धत का विलोम विनीत है।

उद्धत का अर्थ: अक्खड़

विनीत का अर्थ: नम्र और शिष्ट

अतः विकल्प (B) सही है।

15. अंग्रेज़ इंग्लैण्ड मूल अंग्रेज़ी भाषी लोगों को कहा जाता है। यह फ्रांसीसी भाषा का शब्द है।

फ्रांसीसी भाषा एक रोमन भाषा है जो विश्वभर में लगभग 7 करोड़ लोगों द्वारा प्रथम भाषा के रूप में बोली जाती है।

अतः विकल्प (A) सही है।

16. व्याकरण की दृष्टि से 'प्रेम' शब्द भाववाचक संज्ञा है।

जो शब्द किसी चीज़ या पदार्थ की अवस्था, दशा या भाव का बोध कराते हैं, उन शब्दों को भाववाचक संज्ञा कहते हैं। जैसे- बचपन, बुढ़ापा, मोटापा, मिठास, उमंग, चढ़ाई, थकावट, मानवता, चतुराई, जवानी, लम्बाई, मित्रता, मुस्कराहट, अपनापन, परायापन, भूख, प्यास, चोरी, प्रेम, क्रोध, सुन्दरता आदि।

अतः विकल्प (A) सही है।

17. 'मेरे घर से आपका घर पाँच किलोमीटर दूर है' इस वाक्य में ' घर से' में अपादान कारक है।

संज्ञा के जिस रूप से एक वस्तु का दूसरी से अलग होना पाया जाए वह अपादान कारक कहलाता है। इसका हिन्दी पर्याय 'से' है। कर्त्ता अपनी क्रिया द्वारा जिससे अलग होता है, उसे अपादान कारक कहते हैं। जैसे – पेड़ से आम गिरा। इस वाक्य में 'पेड़' अपादान अवस्था में है, क्योंकि आम पेड़ से गिरा अर्थात अलग हुआ है।

अतः विकल्प (D) सही है।

18. इन पंक्तियों में भ्रांतिमान अलंकार है।

जहाँ पर सादृश्यता के कारण उपमेय में उपमान का आभास हो, अर्थात जब एक वस्तु को देखकर उसके समान दूसरी वस्तु का भ्रम हो जाये तब भ्रांतिमान अलंकार होता है।

अतः विकल्प (D) सही है।

19. इस पंक्ति में चौपाई छन्द है।

चौपाई मात्रिक सम छन्द का एक भेद है। प्राकृत तथा अपभ्रंश के १६ मात्रा के वर्णनात्मक छन्दों के आधार पर विकसित हिन्दी का सर्वप्रिय और अपना छन्द है। गोस्वामी तुलसीदास ने रामचरित मानस में चौपाइ छन्द का बहुत अच्छा निर्वाह किया है। चौपाई में चार चरण होते हैं, प्रत्येक चरण में १६-१६ मात्राएँ होती हैं तथा अन्त में गुरु होता है।

अतः विकल्प (C) सही है।

20. अपेक्षाकृत सही वर्तनी वाला शब्द है।

अपेक्षाकृत का अर्थ 'किसी की तुलना में' हैं।

अतः विकल्प (B) सही है।

21. तत्वबोधिनी पत्रिका, महर्षि देवेन्द्रनाथ ठाकुर द्वारा १६ अगस्त १८४३ को स्थापित की गयी थी। यह तत्वबोधिनी सभा की पत्रिका थी जिसका प्रकाशन १८८३ तक होता रहा। यह कोलकाता से बांग्ला में प्रकाशित होती थी।

अतः विकल्प (B) सही है।

22. इससे पूर्व महादेवी वर्मा को 'नीरजा' के लिए 1934 में 'सक्सेरिया पुरस्कार', 1942 में 'स्मृति की रेखाओं' के लिए 'द्विवेदी पदक' प्राप्त हुए. 1943 में उन्हें 'मंगला प्रसाद पुरस्कार' से सम्मानित किया गया। 'यामा' नामक काव्य संकलन के लिए उन्हें भारत का सर्वोच्च साहित्यिक सम्मान 'ज्ञानपीठ पुरस्कार' वर्ष 1983 में प्राप्त हुआ।

अतः विकल्प (C) सही है।

23. आधुनिक काल में मुद्रणालय की स्थापना के बाद हिंदी गद्य का निबंध रूप सबसे पहले जनता के सामने आया।

आधुनिक काल में गद्य-निबंध, नाटक-उपन्यास, कहानी, समालोचना, तुलनात्मक आलोचना, साहित्य आदि सभी रूपों का समुचित विकास हुआ। इस युग के प्रमुख साहित्यकार निम्नलिखित हैं- नवचनंद मुणड, शिवराज आनंद।

अतः विकल्प (A) सही है।

24. भारतेंदु ने बिजयिनी विजय पताका की रचना अंग्रेजों की मिश्र पर विजय की खुशी में किया था। भारतेंदु जी ने 'श्री राजकुमार सुस्वागत पत्र' लिखा जो महारानी विक्टोरिया के पुत्र के भारत आगमन पर लिखा गया था। भारतेंदु जी ने अपनी भारत दुर्दशा कृति में देशी राजाओं को रासभ अर्थात गधा कहा है।

अतः विकल्प (A) सही है।

25. साकेत मैथिलीशरण गुप्त रचित महाकाव्य का नाम है। इसका प्रथम प्रकाशन सन् १९३१ में हुआ था। इसके लिए उन्हें १९३२ में मंगलाप्रसाद पारितोषिक प्राप्त हुआ था। साकेत राष्ट्रकवि मैथिलीशरण गुप्त की अमर कृति है। इस कृति में राम के भाई लक्ष्मण की पत्नी उर्मिला के विरह का जो चित्रण

गुप्त जी ने किया है वह अत्यधिक मार्मिक और गहरी मानवीय संवेदनाओं और भावनाओं से ओत-प्रोत है।

अतः विकल्प (B) सही है।

26. अष्टछाप के भक्त कवियों में सबसे ज्येष्ठ कुम्भनदास थे और सबसे कनिष्ठ नंददास थे। काव्यसौष्ठव की दृष्टि से सर्वप्रथम स्थान सूरदास का है तथा द्वितीय स्थान नंददास का है।

अतः विकल्प (C) सही है।

27. हिन्दी साहित्य का आरंभ आठवीं शताब्दी से माना जाता है। यह वह समय है जब सम्राट् हर्ष की मृत्यु के बाद देश में अनेक छोटे छोटे शासनकेन्द्र स्थापित हो गए थे जो परस्पर संघर्षरत रहा करते थे। विदेशी मुसलमानों से भी इनकी टक्कर होती रहती थी।

परन्तु आचार्य रामचन्द्र शुक्ल के मतानसार हिन्दी साहित्य के इतिहास का आरंभ सम्वत 1050 या 993 ई. से ही मानना चाहिए। रामचन्द्र शुक्ल, हिंदी साहित्य का आरम्भ दसवीं शताब्दी से मानते हैं।

अतः विकल्प (B) सही है।

28. नागरी प्रचारिणी सभा के प्रथम सभापति बाबू राधाकृष्ण दास थे।

नागरीप्रचारिणी सभा, हिन्दी भाषा और साहित्य तथा देवनागरी लिपि की उन्नति तथा प्रचार और प्रसार करनेवाली भारत की अग्रणी संस्था है। भारतेन्दु युग के अन्तर हिन्दी साहित्य की जो उल्लेखनीय प्रवृत्तियाँ रही हैं उन सबके नियमन, नियन्त्रण और संचालन में इस सभा का महत्वपूर्ण योग रहा है। नागरीप्रचारिणी सभा की स्थापना क्वीन्स कालेज, वाराणसी के नवीं कक्षा के तीन छात्रों - बाबू श्यामसुंदर दास, रामनारायण मिश्र और शिवकुमार सिंह ने कालेज के छात्रावास के बरामदे में बैठकर की थी। बाद में 16 जुलाई 1893 को इसकी स्थापना की तिथि इन्हीं महानुभावों ने निर्धारित की और आधुनिक हिन्दी के जनक भारतेन्दु हरिश्चन्द्र के फुफेरे भाई बाबू राधाकृष्ण दास इसके पहले सभापति हुए।

अतः विकल्प (B) सही है।

29. हृदयग्राही का पर्यायवाची - रुचिकर, दिलचस्प, मनोरंजक, मनोहर, मनोरम

ऐसे शब्द जिनके अर्थ समान हों, पर्यायवाची शब्द कहलाते हैं।

अतः विकल्प (D) सही है।

30. ऐसे शब्द जो व्याकरण के किसी नियम से नहीं बने हैं, अर्थात जिनकी व्युत्पत्ति का पता नहीं है। जिनके बारे में यह ज्ञात नहीं है कि वे शब्द संस्कृत की किस धातु से बने हैं,उन्हें देशज शब्द कहते हैं।

अतः विकल्प (C) सही है।

31. ऊपर दी हुई पंक्ति में भयानक रस है।

भयानक रस – इसका स्थायी भाव भय होता है जब किसी माध्यम के द्वारा हृदय में भय का भाव उत्पन्न होता है तब भयानक रस की उत्पत्ति होती है।

अतः विकल्प (D) सही है।

32. जिह्वा के अधर पर स्वर की संख्या तीन होती है-

जिह्वा के आधार पर स्वर - कुछ स्वरों के उच्चारण में जीभ का अग्रभाग काम करता है, कुछ में मध्यभाग तथा कुछ में पश्चभाग।

A.अग्र स्वर -इ, ई, ए, ऐ

B.मध्य स्वर - अ

C.पश्च स्वर - आ, उ, ऊ, ओ, औ

अतः विकल्प (A) सही है।

33. नाविक शब्द में अयादि संधि है, अन्य विकल्पों में यण संधि है।

संधि - सन्धि (सम् + धि) शब्द का अर्थ है 'मेल' या जोड़। दो निकटवर्ती वर्णों के परस्पर मेल से जो विकार (परिवर्तन) होता है वह संधि कहलाता है।

नाविक = नौ + इक (अयादि संधि)

नियम - औ + इ = आव् + इ

अयादि संधि - ए, ऐ और ओ औ से परे किसी भी स्वर के होने पर क्रमशः अय्, आय्, अव् और आव् हो जाता है। इसे अयादि संधि कहते हैं।

अतः विकल्प (C) सही है।

34. रतिपति के पर्यायवाची शब्द - काम, मदन, मनोज, अनंग, मन्मथ, मनसिज, पुष्पधन्वा, स्मर, मीनकेतु, मकरध्वज, पंचशर आदि हैं।

ऐसे शब्द जिनके अर्थ समान हों, पर्यायवाची शब्द कहलाते हैं।

अतः विकल्प (C) सही है।

35. 'अनुकरण सिद्घान्त के सिधांत का प्रतिवादन अरस्तू द्वारा किया गया है 'अनुकरण सिद्घान्त - अभ्यास के लिए लेखकों और कवियों को उपलब्ध उत्कृष्ट रचनाओं का अध्ययन एवं अनुसरण करना।

अतः विकल्प (A) सही है।

36. मैथिलीशरण गुप्त की भारत-भारती (1912) भारत के स्वतन्त्रता संग्राम के समय में काफी प्रभावशाली सिद्ध हुई थी और और इसी कारण महात्मा गांधी ने उन्हें 'राष्ट्रकवि' की पदवी भी दी थी।

अतः विकल्प (C) सही है।

37. अपने मूल अर्थ में 'पण्डित' शब्द का तात्पर्य हमेशा उस हिन्दू ब्राह्मण से लिया जाता है जिसने वेदों का कोई एक मुख्य भाग उसके उच्चारण और गायन के लय व ताल सहित कण्ठस्थ कर लिया हो।

अतः विकल्प (B) सही है।

38. विष्णु प्रभाकर जी की सर्वश्रेष्ठ कृति है- "आवारा मसीहा"। जो बंगाल के अमर कथा-शिल्पी और सुप्रसिद्ध उपन्यासकार शरत्चंद्र चट्टोपाध्याय के जीवन पर आधारित है।

अतः विकल्प (A) सही है।

39. रिपोर्ताज फ्रांसीसी भाषा का शब्द है। रिपोर्ट के साहित्यिक रूप को रिपोर्ताज कहते हैं आँखों देखी और कानों सुनी घटनाओं पर भी रिपोर्ताज लिखा जा सकता है। कल्पना के आधार पर रिपोर्ताज नहीं लिखा जा सकता है।

अतः विकल्प (A) सही है।

40. कृष्णा सोबती हिन्दी की लेखिका थी। जिन्हें अपनी बेलाग कथात्मक अभिव्यक्ति और सौष्ठवपूर्ण रचनात्मकता के लिए जानी जाती हैं।

कृष्णा सोबती की कृति - मित्रो मरजानी, यारों का यार, जिंदगीनामा इदं न मम के लेखक - शुभांगी भडभडे

अतः विकल्प (D) सही है।

41. केशव अलंकार सम्प्रदायवादी आचार्य कवि थे। इन्होंने अलंकारों के दो भेद माने हैं, साधारण और विशिष्ट। अलंकारों के प्रति विशेष रुचि होने के कारण काव्यपक्ष दब गया है और सामान्यतः ये सुन्दर हृदय कवि नहीं माने जाते। अपनी कठोरता के कारण ये कठिन काव्य के प्रेत कहा गया हैं।

अतः विकल्प (C) सही है।

42. आंग्ल भाषा में लिखा गया हिंदी साहित्य का इतिहास " स्केच ऑफ़ हिंदी लिटरेचर " के लेखक पादरी एडसिन ग्रीब्ज है।

पादरी एफ.ई.के. - 'ए हिस्ट्री ऑफ़ हिन्दी लिटरेचर'

जार्ज ग्रियर्सन - लिंग्विस्टिक सर्वे ऑफ़ इंडिया

अतः विकल्प (C) सही है।

43. पृथ्वीराजरासो के पिछले भाग का भी चंद के पुत्र जल्हण द्वारा पूर्ण किया गया है। रासो के अनुसार जब शहाबुद्दीन गोरी पृथ्वीराज को कैद करके ग़ज़नी ले गया, तब कुछ दिनों पीछे चंदबरदाई भी वहीं गए। जाते समय कवि ने अपने पुत्र जल्हण के हाथ में रासो की पुस्तक देकर उसे पूर्ण करने का संकेत किया। जल्हण के हाथ में रासो को सौंपे जाने और उसके पूरे किए जाने का उल्लेख रासो में है।

अतः विकल्प (D) सही है।

44. यह रचना राहुल संकृत्यायन द्वारा निर्मित हैं जिसमें आपने घुमक्कड़ी के धर्म को सभी धर्मों का आधारभूत धर्म कहा है और पर्यटन की प्रकृति को संसार का सबसे बड़ा सुख बताया है।

अतः विकल्प (B) सही है।

45. हिंदी साहित्य का दूसरा युग 'द्विवेदी युग' (1900–1920) के नाम से जाना जाता है।

आचार्य महावीर प्रसाद द्विवेदी (1864–1938) हिन्दी के महान साहित्यकार, पत्रकार एवं युगप्रवर्तक थे।

रचनाएँ - कान्यकुब्ज-अबला-विलाप (1907 ई.)

काव्य मंजूषा (1903 ई.)

सुमन (1923 ई.)

द्विवेदी काव्य-माला (1940 ई.)

कविता कलाप (1909 ई.)

अतः विकल्प (A) सही है।

46. कंस वध राधा कृष्ण दास की रचना है। जो भारतेंदु युग के कवि थे, अन्य रचनाएँ द्विवेदी युग के कवियों द्वारा की गयी हैं।

रामनरेश त्रिपाठी - मिलन, पथिक, स्वप्न, मानसी

अतः विकल्प (A) सही है।

47. प्रेमचंद द्वारा लिखे गए उपन्यासों का क्रम-

उपन्यास प्रकाशन वर्ष विषयवस्तु

रंगभूमि 1925 -नौकरशाही तथा पूँजीवाद के साथ जनसंघर्ष का ताण्डव; सत्य, निष्ठा और अहिंसा के प्रति आग्रह, ग्रामीण जीवन में उपस्थित मध्यपान तथा स्त्री दुर्दशा का भयावह चित्र यहाँ अंकित है।

गबन -1928 - 'महिलाओं का पति के जीवन पर प्रभाव'। गबन प्रेमचन्द के एक विशेष चिन्ताकुल विषय से सम्बन्धित उपन्यास है। यह विषय है, गहनों के प्रति पत्नी के लगाव का पति के जीवन पर प्रभाव। गबन में टूटते मूल्यों के अंधेरे में भटकते मध्यवर्ग का वास्तविक चित्रण किया गया।

कर्मभूमि - 1932 - राजनीतिक उपन्यास है जिसमें विभिन्न राजनीतिक समस्याओं को कुछ परिवारों के माध्यम से प्रस्तुत किया गया है। ये परिवार यद्यपि अपनी पारिवारिक समस्याओं से जूझ रहे हैं तथापि तत्कालीन राजनीतिक आन्दोलन में भाग ले रहे हैं। उपन्यास का कथानक काशी और उसके आसपास के गाँवों से संबंधित है।

गोदान - 1936 - इसमें भारतीय ग्राम समाज एवं परिवेश का सजीव चित्रण है। गोदान ग्राम्य जीवन और कृषि संस्कृति का महाकाव्य है। इसमें प्रगतिवाद, गांधीवाद और मार्क्सवाद (साम्यवाद) का पूर्ण परिप्रेक्ष्य में चित्रण हुआ है।

अतः विकल्प (B) सही है।

48. अवध क्षेत्र की भाषा अवधी कहलाती है, जो हिन्दी की एक उपभाषा है। अवधी का प्राचीन साहित्य बड़ा संपन्न है। इसमें भक्ति काव्य और प्रेमाख्यान काव्य दोनों का विकास हुआ।

1.भक्तिकाव्य का शिरोमणि ग्रंथ गोस्वामी तुलसीदास कृत 'रामचरितमानस' है।

2.प्रेमाख्यान का प्रतिनिधि ग्रंथ मलिक मुहम्मद जायसी रचित 'पद्मावत' है।

पद्मावत हिन्दी साहित्य के अन्तर्गत सूफी परम्परा का प्रसिद्ध महाकाव्य है। इसके रचनाकार मलिक मोहम्मद जायसी हैं। दोहा और चौपाई छन्द में लिखे गए इस महाकाव्य की भाषा अवधी है।

अतः विकल्प (B) सही है।

49. माघ राजस्थान के प्राचीनतम व श्रेष्ठतम संस्कृत कवि है, इनका जन्म राजस्थान के भीनमाल जालौर में हुआ था।

इनके पितामह सुप्रभदेव गुजरात के राजा वर्मलात के महामंत्री थी।

अतः विकल्प (C) सही है।

50. दण्डी की रचना दशकुमारचरितम् है।

इनकी तीन प्रसिद्ध रचनाएँ—

1. अवन्तिसुन्दरी कथा— इसमें कादंबरी वाली कथा का वर्णन है।

2. काव्यादर्शः— यह एक अलंकारिक ग्रंथ है इसमें अलंकार से संबंधित तत्वों का वर्णन किया गया है।

3. दशकुमारचरितम् — दशकुमारचरितम् में कथा व आख्यायिका के गुण मिलते हैं। इसके तीन भाग हैं और कुल 13 उच्छास है।

अतः विकल्प (B) सही है।

51. एकार्थी शब्द का अर्थ :-जिन शब्दों का प्रयोग अनेक शब्दों के स्थान पर किया जाए वे उन शब्दों को एकार्थी शब्द या एक शब्द कहलाते है।

'युद्ध करने का इच्छुक' के लिए सर्वाधिक उपयुक्त एक शब्द युयुत्सु है।

अतः विकल्प (D) सही है।

52. पंडित – मूर्ख का विलोम युग्म सही है, अन्य विकल्पों का शब्द युग्म सही नहीं हैं।

परिश्रम - विश्राम

अग्रज- अनुज

पंडित - मूर्ख

स्वजाति- विजाति

अतः विकल्प (C) सही है।

53. साहित्य और जीवन का घनघोर सम्बंध है - वाक्य में प्रयुक्त घनघोर शब्द का प्रयोग अनुचित है। इस वाक्य में घनिष्ट का प्रयोग उचित है क्योंकि साहित्य और जीवन के सम्बंध या तो एक-दूसरे पर आश्रित होंगे अथवा दोनों में घनिष्ठ सम्बंध होगा।

शुद्ध वाक्य - साहित्य और जीवन का घनिष्ठर सम्बंध है।

अतः विकल्प (A) सही है।

54. समास - समास का तात्पर्य होता है – संक्षिप्तीकरण।

इसका शाब्दिक अर्थ होता है छोटा रूप। अर्थात् जब दो या दो से अधिक शब्दों से मिलकर जो नया और छोटा शब्द बनता है उस शब्द को समास कहते हैं।

नरसिंह = नर रूपी सिंह - (कर्मधारय)

कर्मधारय समास - वह समास जिसका पहला पद विशेषण एवं दूसरा पद विशेष्य होता है अथवा पूर्वपद एवं उत्तरपद में उपमान – उपमेय का सम्बन्ध माना जाता है कर्मधारय समास कहलाता है।

अतः विकल्प (A) सही है।

55. आठवीं अनुसूची में संविधान द्वारा मान्यताप्राप्त 22 प्रादेशिक भाषाओं का उल्लेख है। इस अनुसूची में आरम्भ में 14 भाषाएँ (असमिया, बांग्ला, गुजराती, हिन्दी, कन्नड़, कश्मीरी, मराठी, मलयालम, उड़िया, पंजाबी, संस्कृत, तमिल, तेलुगु, उर्दू) थीं। बाद में सिंधी को तत्पश्चात् कोंकणी, मणिपुरी, नेपाली को शामिल किया गया जिससे इसकी संख्या 18 हो गई। तदुपरान्त बोडो, डोगरी, मैथिली, संथाली को शामिल किया गया और इस प्रकार इस अनुसूची में 22 भाषाएँ हो गईं।

अतः विकल्प (A) सही है।

56. सगुण भक्ति शाखा के उपासक तुलसीदास जी थे तुलसीदास जी ने अपने काव्य में भगवान् राम के बारे में वर्णन किया है। तुलसी दास जी की प्रमुख भाषा अवधी और ब्रज है।

सगुण काव्य धारा :- सगुण काव्य धारा के कवि ईश्वर के सगुण अर्थात साकार रूप की आराधना करते थे। इनमें भी मुख्यतः दो शाखाएँ थीं-

1. राम भक्ति काव्य धारा

2. कृष्ण भक्ति काव्य धारा

अतः विकल्प (A) सही है।

57. हिंदी की प्रथम कहानी इन्दुमती है। इन्दुमती कहानी के लेखक है- किशोरी लाल गोस्वामी जी, जबकि अन्य तीनों रचनाएँ संस्मरण हैं।

अतः विकल्प (A) सही है।

58. गुजराती भाषा का विकास शौरसेनी अपभ्रंश से हुआ है शौरसेनी नामक प्राकृत मध्यकाल में उत्तरी भारत की एक प्रमुख भाषा थी। गुजराती भाषा आधुनिक भारतीय आर्य भाषाओं में से एक है और इसका विकास शौरसेनी अपभ्रंश से हुआ है। गुजराती भाषा का क्षेत्र गुजरात, सौराष्ट्र और कच्छ के अतिरिक्त महाराष्ट्र का सीमावर्ती प्रदेश भी है। सौराष्ट्री तथा कच्छी इसकी अन्य प्रमुख बोलियाँ हैं।

अतः विकल्प (A) सही है।

59. स्त्रीलिंग शब्द - जिस शब्द से स्त्री जाति का बोध होता है , उसे स्त्रीलिंग कहते हैं।

भाषा, बोलीओं के नाम स्त्रीलिंग होते है -

भाषा - हिंदी, अंग्रेजी, उर्दू आदि।

बोलियाँ - हिंदी, मराठी आदि।

लिपि - देवनागरी, अंग्रेजी आदि।

अतः विकल्प (D) सही है।

60. योगरूढ़ शब्द - वे शब्द, जो यौगिक तो हैं, किन्तु सामान्य अर्थ को न प्रकट कर किसी विशेष अर्थ को प्रकट करते हैं, योगरूढ़ कहलाते हैं।

जैसे-पंकज आदि। पंकज=पंक+ज (कीचड़ में उत्पन्न होने वाला) सामान्य अर्थ में प्रचलित न होकर कमल के अर्थ में रूढ़ हो गया है।

नीलकंठ शब्द का अर्थ है जिसका कंठ नीला हो (महादेव) = योगरूढ़ शब्द है।

अतः विकल्प (B) सही है।

61. हिन्द-यूरोपीय (या भारोपीय) भाषा-परिवार संसार का सबसे बड़ा भाषा परिवार (यानी कि सम्बंधित भाषाओं का समूह) हैं। हिन्द-यूरोपीय (या भारोपीय) भाषा परिवार में विश्व की सैकड़ों भाषाएँ और बोलियाँ सम्मिलित हैं। आधुनिक हिन्द यूरोपीय भाषाओं में से कुछ हैं: हिंदी, संस्कृत, अवेस्ता, उर्दू, अंग्रेजी, फ्रांरिरी, जर्मन, पुर्तगाली, स्पैनिश, डच, फ़ारसी, बांग्ला, गंजाबी, रूसी, इत्यादि।

अतः विकल्प (C) सही है।

62. भारत-यूरोपीय भाषा-परिवार (भारोपीय भाषा परिवार)

यह समूह भाषाओं का सबसे बड़ा परिवार है और सबसे महत्वपूर्ण भी है क्योंकि अंग्रेजी,रूसी, प्राचीन फारसी, हिन्दी, पंजाबी, जर्मन, नेपाली - ये तमाम

भाषाएँ इसी समूह से संबंध रखती हैं। इसे 'भारोपीय भाषा-परिवार' भी कहते हैं।

अतः विकल्प (A) सही है।

63. पश्चिमी हिंदी का विकास शौरसैनी अपभ्रंश से हुआ है। इसके अंतर्गत पाँच बोलियाँ हैं - खड़ी बोली, हरियाणी, ब्रज, कन्नौजी और बुंदेली।

खड़ी बोली अपने मूल रूप में मेरठ, रामपुर, मुरादाबाद, सहारनपुर, मुजफ्फरनगर, बिजनौर, बागपत के आसपास बोली जाती है।

बुंदेली बुंदेलखंड की उपभाषा है। बुंदेलखंड में ब्रजभाषा के अच्छे कवि हुए हैं जिनकी काव्यभाषा पर बुंदेली का प्रभाव है।

अतः विकल्प (D) सही है।

64. हिंदी की विशिष्ट बोली ब्रजभाषा काव्यभाषा के रूप में सबसे अधिक प्रसिद्ध है। ब्रजभाषा भक्तिकाल की समृद्ध भाषा है जो की ब्रज प्रदेश अर्थात मथुरा एवं उसके आस-पास के क्षेत्रो में बोली जाती है। कृष्ण भक्ति धारा के कवियों ने काव्य भाषा के रूप में इसका प्रयोग किया था।

अतः विकल्प (D) सही है।

65. बृहत्कथा गुणाढ्य द्वारा पैशाची भाषा में रचित काव्य है। 'वृहत्कथा' का शाब्दिक अर्थ है - 'लम्बी कथा'। इसमें एक लाख श्लोक हैं। इसमें पाण्डववंश के वत्सराज के पुत्र नरवाहनदत्त का चरित (कथा) वर्णित है। इसका मूल रूप प्राप्त नहीं होता किन्तु यह कथासरित्सागर, बृहत्कथामंजरी तथा बृहत्कथाश्लोकसंग्रहः आदि संस्कृत ग्रंथों में रूपान्तरित रूप में विद्यमान है। पंचतंत्र, हितोपदेश, वेतालपंचविंशति आदि कथाएँ सम्भवतः इसी से ली गयी हैं।

अतः विकल्प (B) सही है।

66. श्रृंगारशतकम् भर्तृहरि के तीन प्रसिद्ध शतकों (शतकत्रय) में से एक है। इसमें श्रृंगार सम्बन्धी सौ श्लोक हैं।

नीतिशतकम् भर्तृहरि के तीन प्रसिद्ध शतकों जिन्हें कि शतकत्रय कहा जाता है, में से एक है। इसमें नीति सम्बन्धी सौ श्लोक हैं। नीतिशतक में भर्तृहरि ने अपने अनुभवों के आधार पर तथा लोक व्यवहार पर आश्रित नीति सम्बन्धी श्लोकों का संग्रह किया है।

अतः विकल्प (C) सही है।

67. मृच्छकटिकम् (अर्थात् मिट्टी का खिलौना या मिट्टी की गाड़ी) संस्कृत नाट्य साहित्य में सबसे अधिक लोकप्रिय रूपक है। इसमें 10 अंक है। इसके रचनाकार महाराज शूद्रक हैं। नाटक की पृष्ठभूमि पाटलिपुत्र (आधुनिक पटना) है।

अतः विकल्प (D) सही है।

68. मयूर काशी के पूर्ववर्ती प्रदेश के रहने वाले थे। आज भी गोरखपुर जिले के कुछ प्रतिष्ठित ब्राह्मण अपने को मयूर भट्ट का वंशज बताते हैं। मयूर भट्ट की एक श्रृंगाररस विषयक रचना "मयूराष्टक" नाम से बताई जाती है, जिसमें प्रिय के पास से लौटी प्रेयसी का वर्णन किया गया है।इनकी सुप्रसिद्ध रचना "सूर्यशतक" है।

अतः विकल्प (C) सही है।

69. भर्तृहरि एक महान संस्कृत कवि थे। संस्कृत साहित्य के इतिहास में भर्तृहरि एक नीतिकार के रूप में प्रसिद्ध हैं। इनके शतकत्रय (नीतिशतक, श्रृंगारशतक, वैराग्यशतक) की उपदेशात्मक कहानियाँ भारतीय जनमानस को विशेष रूप से प्रभावित करती हैं। प्रत्येक शतक में सौ-सौ श्लोक हैं। बाद में इन्होंने गुरु गोरखनाथ के शिष्य बनकर वैराग्य धारण कर लिया था इसलिये इनका एक लोकप्रचलित नाम बाबा भरथरी भी है।

अतः विकल्प (B) सही है।

70. दशकुमारचरित, दंडी (षष्ठ या सप्तम शताब्दी ई.) द्वारा प्रणीत संस्कृत गद्यकाव्य है। इसमें दश कुमारों का चरित वर्णित होने के कारण इसका नाम "दशकुमारचरित" है।

71. भास्कराचार्य या भास्कर द्वितीय (1114 – 1185) प्राचीन भारत के एक प्रसिद्ध गणितज्ञ एवं ज्योतिषी थे। इनके द्वारा रचित मुख्य ग्रन्थ सिद्धान्त शिरोमणि है जिसमें लीलावती, बीजगणित, ग्रहगणित तथा गोलाध्याय नामक चार भाग हैं। ये चार भाग क्रमशः अंकगणित, बीजगणित, ग्रहों की गति से सम्बन्धित गणित तथा गोले से सम्बन्धित हैं।

अतः विकल्प (A) सही है।

72. वर्ण - हिन्दी भाषा में प्रयुक्त सबसे छोटी इकाई वर्ण कहलाती है।

'य' वर्ण का उच्चारण स्थान – तालु है।

तालु से उच्चारित वर्ण - इ, च, छ, ज, झ, ञ, य, श

अतः विकल्प (A) सही है।

73. वर्ण - हिन्दी भाषा में प्रयुक्त सबसे छोटी इकाई वर्ण कहलाती है।

च वर्ग – च, छ, ज, झ, ञ, तालु-स्थान से उच्चारण

अतः विकल्प (B) सही है।

74. कौरवी/खड़ी बोली -

क्षेत्र - मेरठ, मुरादाबाद, बिजनौर,रामपुर, सहारनपुर

खड़ी बोली के प्रथम कवि अमीर खुसरो थे

प्रिय प्रवास, खड़ी बोली का प्रथम महाकाव्य है।

अतः विकल्प (A) सही है।

75. बुंदेली-

क्षेत्र - झाँसी, जालौन, महोबा, हमीरपुर

आल्हा-खंड बुंदेली में ही लिखा गया है।

अतः विकल्प (A) सही है।

76. "इहि विधि राम सबहिं समुझावा, गुरु पद पदुम हरषि सिर नावा।" में चौपाई छंद है।

चौपाई छंद - यह एक मात्रिक छंद है। इसमें चार चरण होते हैं। प्रत्येक चरण में 16 मात्राएँ होती है। चरण के अंत में गुरु और लघु नही होना चाहिए, पद में लघु या दो गुरु हो सकते हैं।

अतः विकल्प (C) सही है।

77. "कहै जु पावै कौन, विद्या धन उद्यम बिना। ज्यों पंखे की पौन, बिना दुलाए ना मिलें।" में सोरठा छंद है।

सोरठा छंद - यह अर्धसममात्रिक छंद है। यह दोहा छंद के विपरीत होता है। इसमें प्रथम और तृतीय चरण में 11-11 तथा द्वितीय और चतुर्थ चरण में 13-13 मात्राएँ होती हैं।

अतः विकल्प (B) सही है।

78. कहती हुई यों उत्तरा के नेत्र जल से भर गए। हिम के कणों से पूर्ण मानो हो गए पंकज नए। पंक्तियों में उत्तरा के अश्रुपूर्ण नेत्रों (उपमेय) में ओस जल-कण युक्त पंकज (उपमान) की संभावना प्रकट की गयी है। वाक्य में "मानो" वाचक शब्द प्रयोग हुआ है अतः पंक्तियों में उत्प्रेक्षा अलंकार है।

उत्प्रेक्षा अलंकार - जहाँ उपमेय में उपमान की सम्भावना की जाती है, वहां उत्प्रेक्षा अलंकार होता है। यदि पंक्ति में -मनु, जनु मेरे, जानते, मनहु, मानो, निश्चय, ईव आदि आता है, वहां उत्प्रेक्षा अलंकार होता है।

अतः विकल्प (C) सही है।

79. पुष्टि मार्ग में बल्लभाचार्य ने 4 कवियों (सूरदास कुंभनदास, परमानंद दास व कृष्णदास) को दीक्षित किया। उनके मरणोपरांत उनके पुत्र विट्ठलनाथ

आचार्य की गद्दी पर बैठे और उन्होने भी 4 कवियों (छितस्वामी, गोविंदस्वामी, चतुर्भुजदास व नंददास) को दीक्षित किया।

बल्लभाचार्य के शिष्य

1. सूरदास, 2. कुम्भन दास, 3. परमानंद दास, 4. कृष्ण दास

विट्ठलनाथ के शिष्य

1. छीत स्वामी, 2. गोविन्द स्वामी, 3. चतुर्भुज दास, 4. नंद दास

अतः विकल्प (D) सही है।

80. प्रथम विश्व हिन्दी सम्मेलन 10 जनवरी से 14 जनवरी 1975 तक नागपुर में आयोजित किया गया। सम्मेलन का आयोजन राष्ट्रभाषा प्रचार समिति, वर्धा के तत्वावधान में हुआ।

अतः विकल्प (A) सही है।

81. खण्डकाव्य- जीवन की किसी घटना विशेष को लेकर लिखा गया काव्य खण्डकाव्य है। "खण्डकाव्य" शब्द से ही स्पष्ट होता है कि इसमें मानव जीवन की किसी एक ही घटना की प्रधानता रहती है।

जयद्रथ-वध मैथिलीशरण गुप्त द्वारा रचित प्रसिद्ध खण्डकाव्य है।यह खण्डकाव्य सात सर्गों में विभक्त है। इसमें महाभारत का वह प्रसंग वर्णित है, जिसके अन्तर्गत द्रोणाचार्य द्वारा चक्रव्यूह की रचना किये जाने से लेकर अर्जुन द्वारा जयद्रथ के वध तक की कथा आ जाती है।

अतः विकल्प (A) सही है।

82. अकाल में सारस हिन्दी के विख्यात साहित्यकार केदारनाथ सिंह द्वारा रचित एक कविता–संग्रह है जिसके लिये उन्हें सन् 1989 में साहित्य अकादमी पुरस्कार से सम्मानित किया गया।

केदारनाथ सिंह को व्यास सम्मान, मध्य प्रदेश का मैथिलीशरण गुप्त सम्मान, उत्तर प्रदेश का भारत-भारती सम्मान, बिहार का दिनकर सम्मान तथा केरल का कुमार आशान सम्मान मिला था। वर्ष 2013 में उन्हें प्रतिष्ठित ज्ञानपीठ पुरस्कार से सम्मानित किया गया था।

अतः विकल्प (D) सही है।

83. दो शब्दों में परस्पर संबंध स्पष्ट करने के लिए तथा उन्हें जोड़कर लिखने के लिए योजक चिह्न (–) का प्रयोग किया जाता है। दो विलोम शब्दों के बीच योजक चिह्न का प्रयोग होता है। द्वन्द्व समास के बीच योजक चिह्न का प्रयोग होता है। दो समानार्थी शब्दों की पुनरुक्ति के बीच में भी योजक चिह्न का प्रयोग होता है। जब विशेषण पदों का प्रयोग संज्ञा के अर्थ में होता है तब वहाँ योजक चिह्न का प्रयोग होता है। गुणवाचक विशेषण के साथ यदि सा, सी का संयोग हो, तो उनके बीच योजक-चिह्न का प्रयोग होता है। दो प्रथम-द्वितीय प्रेरणार्थक के योग के बीच भी योजक चिह्न का प्रयोग होता है।

अतः विकल्प (C) सही है।

84. जहाँ भावातिरेक के कारण शब्दों की पुनरावृत्ति होती है, वहाँ अल्प विराम का प्रयोग होता है। जहाँ एक तरह के कई शब्द, वाक्यांश या वाक्य एक साथ आते हैं. तो उनके बीच अल्प विराम का प्रयोग होता है। पर, परन्तु, इसलिए, अतः, क्योंकि, बल्कि, तथापि, जिससे आदि के पूर्व अल्प विराम का प्रयोग होता है। सम्बोधन के समय जिसे सम्बोधित किया जाता है, उसके बाद अल्प विराम का प्रयोग होता है। उद्धरण से पूर्व अल्प विराम का प्रयोग होता है।

अतः विकल्प (A) सही है।

85. जहाँ संयुक्त वाक्यों के मुख्य उपवाक्यों में परस्पर विशेष सम्बन्ध नहीं होता। है, वहाँ अर्द्ध विराम द्वारा उन्हें अलग किया जाता है। मिश्र वाक्यों में प्रधान वाक्य के साथ पार्थक्य प्रकट करने के लिए अर्द्ध विराम का प्रयोग किया जाता है। अनेक उपाधियों को एक साथ लिखने में, उनमें पार्थक्य प्रकट करने के लिए अर्द्ध विराम का प्रयोग होता है।

अतः विकल्प (C) सही है।

86. जहाँ भावातिरेक के कारण शब्दों की पुनरावृत्ति होती है, वहाँ अल्प विराम का प्रयोग होता है। जहाँ एक तरह के कई शब्द, वाक्यांश या वाक्य एक साथ आते हैं. तो उनके बीच अल्प विराम का प्रयोग होता है। पर, परन्तु, इसलिए, अतः, क्योंकि, बल्कि, तथापि, जिससे आदि के पूर्व अल्प विराम का प्रयोग होता है। सम्बोधन के समय जिसे सम्बोधित किया जाता है, उसके बाद अल्प विराम का प्रयोग होता है। उद्धरण से पूर्व अल्प विराम का प्रयोग होता है।

अतः विकल्प (B) सही है।

87. उद्धरण चिह्न दो प्रकार के होते हैं—इकहरे चिह्न ('....') और दोहरे चिह्न ("....") .. उद्धरण चिह्नों का प्रयोग कई स्थितियों में होता है। किसी लेख, कविता और पुस्तक इत्यादि का शीर्षक लिखने में इकहरे उद्धरण . चिह्न का प्रयोग होता है। जब किसी शब्द की विशिष्टता अथवा विलगता सूचित करनी होती है, तो इकहरे उद्धरण चिह्न का प्रयोग होता है। उद्धरण के अन्तर्गत कोई दूसरा उद्धरण होने पर इकहरे उद्धरण चिह्न का प्रयोग होता है। जब किसी कथन को जैसा का तैसा उद्धृत करना होता है, तब दोहरे उद्धरण चिह्न का प्रयोग होता है।

अतः विकल्प (B) सही है।

88. आहादसूचक शब्दों, पदों और वाक्यों के अन्त में विस्मयादिबोधक चिह्न का प्रयोग होता है। अपने से बड़े को सादर सम्बोधित करने में विस्मयादिबोधक चिह्न का प्रयोग होता है। जहाँ अपने से छोटों के प्रति शुभकामनाएँ और सदभावनाएँ प्रकट की जाये, वहाँ विस्मयादिबोधक चिह्न का प्रयोग होता है। जहाँ मन की हँसी-खुशी व्यक्त की जाय वहाँ विस्मयादिबोधक चिह्न का प्रयोग होता है। संबोधनसूचक शब्द के बाद; विस्मयादिबोधक चिह्न का प्रयोग होता है। अतिशयता को प्रकट करने के लिए कभी-कभी दो-तीन विस्मयादिबोधक चिह्नों का प्रयोग किया जाता है।

अतः विकल्प (A) सही है।

89. जहाँ भावातिरेक के कारण शब्दों की पुनरावृत्ति होती है, वहाँ अल्पविराम का प्रयोग होता है। जहाँ एक तरह के कई शब्द, वाक्यांश या वाक्य एक साथ आते हैं. तो उनके बीच अल्प विराम का प्रयोग होता है। पर, परन्तु, इसलिए, अतः, क्योंकि, बल्कि, तथापि, जिससे आदि के पूर्व अल्प विराम का प्रयोग होता है। सम्बोधन के समय जिसे सम्बोधित किया जाता है, उसके बाद अल्प विराम का प्रयोग होता है। उद्धरण से पूर्व अल्प विराम का प्रयोग होता है।

अतः विकल्प (D) सही है।

90. जब वाक्य या अनुच्छेद में कुछ अंश छोड़ कर लिखना हो तो लोप चिह्न का प्रयोग किया जाता है।

जब किसी से कोई बात पूछी जाती है - प्रश्नवाचक चिह्न (?)

अर्थ स्पष्ट करने के लिए - विवरण चिह्न (:-)

अतः विकल्प (C) सही है।

91. 'तुम दोनों में अधिक बुद्धिमान कौन है?' शुद्ध वाक्य है। क्योंकि इसमें कोई त्रुटि नहीं है।

वाक्य सम्प्रेषण की सबसे महत्वपूर्ण और सार्थक इकाई होती है। अतः वाक्यगत अशुद्धियों को शुद्ध रूप में लिखना सम्प्रेषण को अधिक सरल बनाता है। वाक्य में, संज्ञा, सर्वनाम, लिंग, वचन, क्रिया-विशेषण, क्रिया, विशेषण आदि संबंधी अशुद्धियाँ हो सकती हैं।

अतः विकल्प (B) सही है।

92. 'वह धीमे स्वर में बोला।' शुद्ध वाक्य है। क्योंकि इसमें कोई त्रुटि नहीं है।

वाक्य सम्प्रेषण की सबसे महत्वपूर्ण और सार्थक इकाई होती है। अतः वाक्यगत अशुद्धियों को शुद्ध रूप में लिखना सम्प्रेषण को अधिक सरल बनाता है। वाक्य में, संज्ञा, सर्वनाम, लिंग, वचन, क्रिया-विशेषण, क्रिया, विशेषण आदि संबंधी अशुद्धियाँ हो सकती हैं।

अतः विकल्प (A) सही है।

93. 'आठ बजने में दस मिनट है।' शुद्ध वाक्य है। क्योंकि इसमें कोई त्रुटि नहीं है।

वाक्य सम्प्रेषण की सबसे महत्वपूर्ण और सार्थक इकाई होती है। अतः वाक्यगत अशुद्धियाँ को शुद्ध रूप में लिखना सम्प्रेषण को अधिक सरल बनाता है। वाक्य में, संज्ञा, सर्वनाम, लिंग, वचन, क्रिया-विशेषण, क्रिया, विशेषण आदि संबंधी अशुद्धियाँ हो सकती हैं।

अतः विकल्प (C) सही है।

94. 'तुम जाकर ले लो।' शुद्ध वाक्य है। क्योंकि इसमें कोई त्रुटि नहीं है।

वाक्य सम्प्रेषण की सबसे महत्वपूर्ण और सार्थक इकाई होती है। अतः वाक्यगत अशुद्धियाँ को शुद्ध रूप में लिखना सम्प्रेषण को अधिक सरल बनाता है। वाक्य में, संज्ञा, सर्वनाम, लिंग, वचन, क्रिया-विशेषण, क्रिया, विशेषण आदि संबंधी अशुद्धियाँ हो सकती हैं।

अतः विकल्प (B) सही है।

95. उपरोक्त विकल्पों में 'बिकराल' शब्द वर्तनीगत अशुद्ध है।

इसका शुद्ध रूप है 'विकराल'।

जिसका अर्थ होता है- विकट।

अतः विकल्प (B) सही है।

96. उपरोक्त विकल्पों में 'बारीश' शब्द वर्तनीगत अशुद्ध है। इसका शुद्ध रूप है 'बारिश' जिसका अर्थ होता है वर्षा।

अतः विकल्प (A) सही है।

97. उपरोक्त विकल्पों में 'बदाम' शब्द वर्तनीगत अशुद्ध है।

इसका शुद्ध रूप है 'बादाम'।

जिसका अर्थ होता है- एक मेवा और उसका पेड़।

अतः विकल्प (C) सही है।

98. 'भारत हरण' नाटक भारतेंदु हरिश्चंद्र का नहीं है। भारतेंदु हरिश्चंद्र को हिंदी नाट्य विधा का प्रवर्तक माना जाता है। भारतेंदु के समस्त मौलिक और अनुदित नाटकों की संख्या 17 है। भारतेंदु हरिश्चंद्र के अन्य प्रमुख नाटक हैं - भारत दुर्दशा, अंधेर नगरी, नीलदेवी, रत्नावली, दुर्लभ बंधु, सत्य हरिश्चंद्र, जानकी मंगल आदि।

अतः विकल्प (D) सही है।

99. 'पथ के साथी' महादेवी जी का संस्मरण है जो उन्होंने 1956 ई. में लिखा था। महादेवी वर्मा मुख्यतः छायावादी कवयित्री हैं किंतु इन्होंने गद्य साहित्य में के संस्मरण और रेखाचित्र भी लिखें। इनके जीवन संघर्ष को देखते हुए इन्हें आधुनिक मीरा भी कहा जाता है। महादेवी जी की अन्य प्रमुख गद्य कृतियाँ हैं - अतीत के चलचित्र, मेरा परिवार, स्मृति की रेखाएं आदि।

अतः विकल्प (A) सही है।

100. ध्रुवस्वामिनी जयशंकर प्रसाद द्वारा रचित प्रसिद्ध हिन्दी नाटक है। यह प्रसाद की अंतिम और श्रेष्ठ नाट्य-कृति है। इसका कथानक गुप्तकाल से सम्बद्ध और शोध द्वारा इतिहाससम्मत है। यह नाटक इतिहास की प्राचीनता में वर्तमान काल की समस्या को प्रस्तुत करता है। प्रसाद ने इतिहास को अपनी नाट्याभिव्यक्ति का माध्यम बनाकर शाश्वत मानव-जीवन का स्वरुप दिखाया है, युग-समस्याओं के हल दिए हैं, वर्तमान के धुंधलके में एक ज्योति दी है, राष्ट्रीयता के साथ-साथ विश्व-प्रेम का सन्देश दिया है। इसलिए उन्होंने इतिहास में कल्पना का संयोजन कर इतिहास को वर्तमान से जोड़ने का प्रयास किया है।

अतः विकल्प (D) सही है।

101. रेणु को जितनी ख्याति हिंदी साहित्य में अपने उपन्यास मैला आँचल से मिली, उसकी मिसाल मिलना दुर्लभ है। इस उपन्यास के प्रकाशन ने उन्हें रातो-रात हिंदी के एक बड़े कथाकार के रूप में प्रसिद्ध कर दिया। कुछ आलोचकों

ने इसे गोदान के बाद इसे हिंदी का दूसरा सर्वश्रेष्ठ उपन्यास घोषित करने में भी देर नहीं की।

अतः विकल्प (B) सही है।

102. 'अनुकूल' का समास विग्रह 'मन के अनुसार' होगा। इसमें पूर्व पद अव्यय है और उसका अर्थ प्रधान है।

अव्यय वे शब्द होते हैं जिनके मूल रूप में लिंग, वचन, कारक, पुरुष आदि के कारण कोई विकार उत्पन्न नहीं होता है।

अतः विकल्प (B) सही है।

103. 'सप्तदीप' का समास विग्रह 'सात दीपों का समूह' होगा।

इसमें पूर्वपद संख्यावाचक विशेषण है। इसलिए इसमें द्विगु समास होगा।जिस समास का पहला पद संख्यावाची विशेषण होता है तथा समस्तपद किसी समूह या फिर किसी समाहार का बोध करता है तो वह द्विगु समास कहलाता है।

अतः विकल्प (A) सही है।

104. चन्द्रमुखी का समास विग्रह 'चन्द्र के समान मुख वाली' होगा। इसमें पूर्वपद विशेषण और उत्तरपद विशेष्य है तथा उत्तरपद प्रधान है, इसलिए इसमें कर्मधारय समास होगा।

अतः विकल्प (C) सही है।

105. 'मक्खीचूस' शब्द में कोई पद प्रधान नहीं है अपितु ये किसी तीसरे शब्द का बोध करा रहा है इसलिए इसमें बहुब्रीहि समास होगा। इसका समास विग्रह 'बहुत कंजूस व्यक्ति' होगा।

अतः विकल्प (C) सही है।

106. इसका समास विग्रह 'काम से जी चुराने वाला' होगा। इस शब्द का विग्रह करने पर दोनों पदों के बीच अपादान कारक 'से' का लोप हुआ है।

इस समास में दो पदों के बीच अपादान कारक का लोप होता है।आपादान का चिन्ह 'से' होता है।

अतः विकल्प (D) सही है।

107. 'निरक्षर' का उचित संधि- विच्छेद 'निः + अक्षर' है।

विसर्ग के साथ स्वर अथवा व्यंजन के मिलने से जो विकार उत्पन्न होता है, उसे विसर्ग संधि कहते हैं। जैसे- नमः+कार= नमस्कार आदि।

अतः विकल्प (B) सही है।

108. 'सूर्योदय' का संधि विच्छेद 'सूर्य+उदय' होता है।

'सूर्योदय' में स्वर संधि है। यहाँ पर (अ+उ=ओ) हुआ है।

स्वर वर्ण के साथ स्वर वर्ण के मेल से विकार उत्पन्न होता है।

अतः विकल्प (B) सही है।

109. 'सत् + जन' संधि विच्छेद उचित है। 'सत् + जन= सज्जन' अर्थात यहाँ व्यंजन संधि है।

व्यंजन संधि- किसी वर्ग का पहला वर्ण (क्, च्, ट्, त्, प्)+कोई स्वर या व्यंजन=पहले वर्ण के स्थान पर तीसरा वर्ण (ग्, ज्, ड्, ब)। जैसे- तल्लीन = तत् +लीन

अतः विकल्प (C) सही है।

110. 'आच्छादन' में व्यंजन संधि है। इसमें आ स्वर के बाद यदि 'छ' वर्ण आता है तो पहले 'च्' वर्ण लगाया जाता है।

एक व्यंजन से दूसरे व्यंजन या स्वर के मेल से विकार उत्पन्न होता है। जैसे - अहम् + कार = अहंकार; उत् + लास = उल्लास।

अतः विकल्प (C) सही है।

111. यहाँ पर जब 'त्' वर्ण का मेल 'ह्' वर्ण से होता है तो 'त्' का 'द्' और 'ह्' का 'ध्' हो जाता है और यह व्यंजन संधि में होता है। इस शब्द में व्यंजन संधि है।

एक व्यंजन से दूसरे व्यंजन या स्वर के मेल से विकार उत्पन्न होता है। जैसे - अहम् + कार = अहंकार; उत् + लास = उल्लास।

अतः विकल्प (B) सही है।

112. 'खून खोलना' मुहावरे का सही अर्थ है – क्रोधित होना।

वाक्य प्रयोग-राम के कुकर्मों को देखकर राम के पिताजी का खून खौल उठता है।

अतः विकल्प (A) सही है।

113. 'नुक्ताचीनी करना' मुहावरे का सही अर्थ है – दोष निकलना।

वाक्य प्रयोग-सहकर्मियों की नुक्ताचीनी करना सीमा की आदत है।

अतः विकल्प (D) सही है।

114. सुंदर भाववाचक संज्ञा है।

जो संज्ञा किसी भाव, गुण, दशा आदि का बोध कराती है।

उदाहरण- क्रोध, मिठास, यौवन

अतः विकल्प (B) सही है।

115. "मेरी माता भोजन स्वयं बनाती है" इस वाक्य मे 'स्वयं' शब्द निजवाचक सर्वनाम है।

निजवाचक सर्वनामः जहाँ स्वयं के लिए 'आप, अपना, अपने आप' शब्दों का प्रयोग हो। जैसे - अपने आप, स्वतः आदि।

अतः विकल्प (C) सही है।

116. सम्बंधवाचक सर्वनाम - वह सर्वनाम है जो किसी वाक्य मे प्रयुक्त संज्ञा अथवा सर्वनाम के सम्बन्ध का बोध कराते हैं। जैसे - जो-सो, जिसकी–उसकी, जहाँ-वँहा, जैसा-वैसा, जैसी-वैसी आदि।

अतः विकल्प (C) सही है।

117. वे शब्द जो संज्ञा और सर्वनाम (वस्तु, पुरुष, स्थान, और इनके नाम के बदले जो सर्वनाम शब्द प्रयुक्त होते हैं) की विशेषता बतलाते हैं, विशेषण कहलाते हैं।

इस वाक्य में 'स्वच्छ' शब्द 'नगर' की विशेषता बता रहा है।

अतः विकल्प (C) सही है।

118. 'पत्थर की बात होना' मुहावरा गलत है। सही मुहावरा - 'पत्थर की लकीर होना' होता है।'पत्थर की लकीर होना' मुहावरे का सही अर्थ है – स्थिर होना।

वाक्य प्रयोग-तुम मेरी कही बात को पत्थर की लकीर समझो।

अतः विकल्प (D) सही है।

119. 'खेल-खेल में' मुहावरे का सही अर्थ है – सरलता से कार्य कर लेना।

वाक्य प्रयोग-इशिता ने खेल खेल में प्रतियोगिता जीत ली।

अतः विकल्प (A) सही है।

120. राम चालाक <u>नेता</u> है। इसमें रेखांकित शब्द 'विशेष्य' है।

वे विशेषण शब्द जो विशेष्य के पहले प्रयुक्त होते है, उद्देश्य विशेषण कहलाते है।

इस वाक्य में 'चालाक' विशेषण तथा 'नेता' विशेष्य शब्द है।

अतः विकल्प (B) सही है।

121. 'कृष्ण के बाद कोई अवतार नहीं हुआ।' यह वाक्य कालवाचक संबंधबोधक अव्यय का उदाहरण है।

वे शब्द जो संज्ञा, सर्वनाम शब्दों का अन्य संज्ञा, सर्वनाम शब्दों के साथ सम्बन्ध का बोध कराते हैं।

अतः विकल्प (B) सही है।

122. 'ज़िंदगी में सफल होना है **तो** मेहनत करो।' यह वाक्य 'समुच्चयबोधक अव्यय' का उदाहरण है। यहाँ तो के द्वारा दो वाक्य का संयोजन हो रहा है।

दो शब्दों या वाक्यों को जोड़ने वाले संयोजक शब्द को समुच्चयबोधक अव्यय कहते हैं। जैसे – और, व, एवं, तथा, तो आदि।

अतः विकल्प (C) सही है।

123. 'रोहन ने धोबी **को** कपड़े दिए।' वाक्य में कर्म कारक है।

वह वस्तु या व्यक्ति जिस पर वाक्य में की गयी क्रिया का प्रभाव पड़ता है वह कर्म कहलाता है। कर्म कारक का विभक्ति चिन्ह 'को' होता है।

अतः विकल्प (A) सही है।

124. 'दिव्या' यशपाल के श्रेष्ठ उपन्यासों में एक से है। इस उपन्यास में युग-युग की उस दलित-पीड़ित नारी की करुण कथा है, जो अनेकानेक संघर्षों से गुज़रती हुई अपना स्वस्थ मार्ग पहचान लेती है। 'दिव्या' उपन्यास 'अमिता' की भाँति ऐतिहासिक उपन्यास है। यशपाल जी का 'दिव्या' एक काल्पनिक ऐतिहासिक उपन्यास है। उन्होंने ने इसे मार्क्सवादी दृष्टिकोण से लिखा है। इस उपन्यास की नायिका दिव्या अनेक प्रकार के संघर्ष झेलती हे। यह एक प्रेम कथा विरोधी उपन्यास है।

अतः विकल्प (A) सही है।

125. आषाढ़ का एक दिन नाटककार मोहन राकेश द्वारा रचित एक हिंदी नाटक है। इसे कभी-कभी हिंदी नाटक के आधुनिक युग का प्रथम नाटक कहा जाता है। इसे संगीत नाटक अकादमी पुरस्कार से सम्मानित किया गया और कई प्रसिद्ध निर्देशक इसे मंच पर ला चुकें हैं। निर्देशक मणि कौल ने इस पर आधारित एक फ़िल्म बनाई जिसने आगे जाकर साल की सर्वश्रेष्ठ फ़िल्म का फ़िल्मफेयर पुरस्कार जीत लिया।

अतः विकल्प (B) सही है।

Q.1 'रसीदी टिकट' निम्न में से किसकी आत्मकथा है?
A. खुशवंत सिंह
B. अमृता प्रीतम
C. अमृतराय
D. वियोगी हरि

Q.2 प्रकृति का सुकुमार कवि किसे कहा जाता है?
A. मैथिलीशरण गुप्त
B. सुमित्रानंदन पंत
C. जयशंकर प्रसाद
D. सियारामशरण गुप्त

Q.3 'मसि-कागद तौ छुओ नहिं, कलम गही ना हाथ' पंक्ति किस कवि के व्यक्तित्व को चरितार्थ करती है।
A. कबीरदास
B. सूरदास
C. रहीमदास
D. तुलसीदास

Q.4 भाषा के शुद्ध रूप का ज्ञान कराने वाला शास्त्र क्या कहलाता है?
A. साहित्य
B. उपनिषद
C. व्याकरण
D. निबन्ध

Q.5 पद्य और छन्द किस साहित्य के उदाहरण हैं?
A. गद्य
B. पद्य
C. प्राचीन
D. कविता

Q.6 उर्दू भाषा की लिपि कौन-सी है?
A. देवनागरी
B. रोमन
C. अरबी
D. फारसी

Q.7 'कुरूक्षेत्र' पुस्तक के रचनाकार कौन हैं?
A. रामधारी सिंह दिनकर
B. सुमित्रानंदन पंत
C. महादेवी वर्मा
D. मोहन राकेश

Q.8 श्रीमद्भगवत गीता के रचयिता कौन हैं?
A. वाल्मीकि
B. श्रीकृष्ण
C. तुलसीदास
D. महर्षि वेदव्यास

Q.9 शुद्ध शब्द का चयन करें।
A. अध्यन
B. अध्ययन
C. अध्ययन
D. अध्ययन

Q.10 निम्नलिखित में से कौन सा शब्द शुद्ध है?
A. शृंखला
B. अतिथी
C. अभीनेता
D. आजीवका

Q.11 शुद्ध शब्द का चयन करें।
A. कन्ठ
B. आशीर्वाद
C. बांगला
D. हस्पताल

Q.12 निम्नलिखित सन्धि-विच्छेद की उचित सन्धि चुनिए।
अनु + इति
A. अनुइति
B. अनुति
C. अन्विति
D. अन्वति

Q.13 निम्नलिखित सन्धि-विच्छेदों की उचित सन्धि चुनिए।
भो + उक
A. भौउक
B. भावूक
C. भावुक
D. भाउक

Q.14 जिन शब्दों में लिंग, वचन, कारक आदि के कारण परिवर्तन आ जाता है, वे शब्द कहलाते हैं-
A. अविकारी
B. विकारी
C. यौगिक
D. रूढ़

Q.15 क्रिया विशेषण, सम्बन्ध बोधक, समुच्यबोधक तथा विस्मयादिबोधक शब्द क्या कहलाते हैं?
A. अविकारी
B. योगरूढ़
C. विकारी
D. यौगिक

Q.16 संस्कृत के जो शब्द ज्यों-के-त्यों हिन्दी में प्रयोग किए जाते हैं, वे शब्द क्या कहलाते हैं?
A. तन्द्रव
B. रचनात्मक
C. तत्सम
D. अविकारी

Q.17 निम्न शब्द का विलोम शब्द चुनिए।
विरोध
A. साथ
B. सहयोग
C. समर्थन
D. सहकार

Q.18 आधुनिक काल का नामकरण आचार्य शुक्ल ने कब किया?
A. वर्तमान काल
B. गद्य काल
C. आधुनिक काल
D. भारतेंदु काल

Q.19 'छन्दों का अजायब घर' के नाम से किस ग्रंथ को जाना जाता है?
A. परमाल रासो
B. पृथ्वीराज रासो
C. हम्मीर रासो
D. विजयपाल रासो

Q.20 'लोरिक तथा चंदा' नामक पात्र किस रचना से संबंधित है?
A. मधुमालती
B. चंदायन
C. अनुराग बांसुरी
D. सत्यवती कथा

Q.21 यूरोप में जो अंधकार युग था वह हिंदी साहित्य में किस नाम से जाना जाता है।
A. आदिकाल
B. रीतिकाल
C. भक्तिकाल
D. आधुनिक काल

Q.22 तुलसी ने 'विनयपत्रिका' तथा 'कवितावली' की रचना निम्नलिखित में से किस भाषा में की है?
A. अवधी
B. ब्रजभाषा
C. बुंदेली
D. भोजपुरी

Q.23 'अंग बधू' निम्नलिखित में से किस संत कवि की पुस्तक है?
A. मलूक दास
B. दादू दयाल
C. धर्मदास
D. कबीरदास

Q.24 तार सप्तक का सम्बन्ध किस वाद से है?
A. प्रगतिवाद
B. प्रयोगवाद
C. द्विवेदी युग
D. भारतेंदु युग

Q.25 "धर्मवीर भारती और नरेश मेहता" किस सप्तक के कवि है?
A. तार सप्तक
B. दूसरा सप्तक
C. तीसरा सप्तक
D. चौथा सप्तक

Q.26 'अंधेर नगरी' नाटक के रचनाकार है-
A. महाप्राण निराला
B. भीष्म साहनी
C. लक्ष्मी नारायण मिश्र
D. भारतेन्दु हरिश्चन्द्र

Q.27 'हिमाद्री तुंग श्रृंग से प्रबुद्ध शुद्ध भारती' गीत किस पात्र द्वारा गाया गया है-
A. अलका
B. कार्नेलिया
C. मल्लिका
D. मेघा

Q.28 जगदीश चन्द्र माथुर का नाटक है-
A. मिस्टर अभिमन्यु
B. शुतुरमुर्ग
C. कोणार्क
D. युगे-युगे क्रांति

Q.29 नारी समस्या का चित्रण प्रसाद के किस नाटक में है-
A. विशाख
B. स्कन्दगुप्त
C. चन्द्रगुप्त
D. ध्रुवस्वामिनी

Q.30 सहज कहानी के प्रवर्तक कौन है?
A. महीप सिंह
B. गंगा प्रसाद विमल
C. अमृत राय
D. कमलेश्वर

Q.31 अजनबी और अकेलेपन पर आधारित नयी कहानी आन्दोलन की प्रमुख कहानी कौनसी है?

A. राजा निरबंसिया
B. इंस्पेक्टर माता दीन चाँद पर
C. सिक्का बदल गया
D. परिंदे

Q.32 निम्न में से कौन-सी कहानी मन्नू भण्डारी की नहीं है?

A. यही सच है
B. एक कमज़ोर लड़की की कहानी
C. पचपन खम्भे लाल दीवार
D. सयानी बुआ

Q.33 'सिक्का बदल गया' किसकी कहानी है ?

A. महरुनिसा परवेज़
B. हरिशंकर परसाई
C. कृष्णा सोबती
D. पद्मा सचदेव

Q.34 मनोविकार सम्बन्धी निबन्धों के लेखक हैं?

A. महावीर प्रसाद द्विवेदी
B. हजारी प्रसाद द्विवेदी
C. आचार्य रामचन्द्र शुक्ल
D. अध्यापक पूर्णसिंह

Q.35 'चन्द्रधर शर्मा गुलेरी' का निबन्ध है-

A. चेतना के बिम्ब
B. संस्कृति और साहित्य
C. कछुआ धर्म
D. कन्यादान

Q.36 "माँ, पेट, दांत, नाक, भौं" आदि नाम से लिखे हुए निबन्ध किस रचनाकार के हैं?

A. बदरी नारायण चौधरी प्रेमघन
B. धर्मवीर भारती
C. बालकृष्ण भट्ट
D. प्रताप नारायण मिश्र

Q.37 'रामधारी सिंह दिनकर' का निबन्ध है?

A. त्रिशंकु
B. आत्मनेपद
C. गेंहू और गुलाब
D. ईर्ष्या तू न गयी मेरे मन से

Q.38 'कविता क्या है?' निबन्ध का सम्पादन 1909 में किस पत्रिका में हुआ था?

A. इंदु
B. सरस्वती
C. कविवचन सुधा
D. आनंद कादम्बनी

Q.39 'विद्यानिवास मिश्र' का निबन्ध कौनसा है?

A. रस मीमांसा
B. तुम चन्दन हम पानी
C. सुनो भाई साधो
D. विकलांग श्रद्धा का दौर

Q.40 'हजारी प्रसाद द्विवेदी' का निबन्ध कौनसा है?

A. मेरे राम का मुकुट भीग रहा है
B. प्रिया नीलकंठी
C. कुटज
D. श्रृंखला की कड़ियाँ

Q.41 प्रसाद की एकांकी कौनसी है?

A. भोर का तारा
B. एक घूंट
C. बादल की मृत्यु
D. चार एकांकी

Q.42 'अतीत के चलचित्र' के रचयिता हैं-

A. जयशंकर प्रसाद
B. महादेवी वर्मा
C. सुमित्रानन्दन पन्त
D. सूर्यकान्त त्रिपाठी निराला

Q.43 'हार की जीत' कहानी के कहानीकार हैं-

A. रांगेय राघव
B. कमलेश्वर
C. सुदर्शन
D. यादवेन्द्र शर्मा चन्द्र

Q.44 'दक्षिण भारत हिन्दी प्रचार सभा' का मुख्यालय कहाँ है?

A. बंगलुरु
B. चेन्नई
C. एर्नाकुलम
D. हैदराबाद

Q.45 'प्रभुजी तुम चन्दन हम पानी' किसकी पंक्ति है?

A. संत रैदास
B. संत पीपा
C. संत दादूदयाल
D. संत पल्टूदास

Q.46 कबीर की भक्ति का स्वरुप क्या है?

A. सगुण
B. निर्गुण
C. सूफीमतवादी
D. वैष्णवमतवादी

Q.47 हिन्दी का पहला दैनिक समाचार-पत्र कौन-सा था?

A. भारत मित्र
B. बंग दर्शन
C. उदन्त मार्तंड
D. समाचार सुधावर्षण

Q.48 निम्न शब्द का विलोम शब्द चुनिए।
मूर्ख

A. ज्ञानी
B. विद्वान
C. बुद्धिमान
D. चतुर

Q.49 विराम चिह्न का क्या अर्थ है?

A. चलना
B. ठहराव या रुकना
C. वाक्यों का दौहराव
D. इनमें से कोई नहीं

Q.50 श्री कामता प्रसाद के अनुसार विराम चिन्ह कि संख्या है:

A. 10
B. 15
C. 20
D. 25

Q.51 एक ही वाक्य में जब एक से अधिक उपवाक्य, शब्द तथा वाक्यांश समान रूप से प्रयुक्त होते हैं तब किस विराम चिन्ह का प्रयोग किया जाता है?

A. अल्प विराम
B. पूर्ण विराम
C. निर्देशक चिन्ह
D. अर्द्ध विराम

Q.52 जब ऊपर लिखी किसी बात को ज्यों का त्यों नीचे लिखना हो तो किस चिन्ह का प्रयोग करते हैं?

A. विकल्प चिन्ह
B. कोष्ठक चिन्ह
C. पुनरुक्ति चिन्ह
D. योजक चिन्ह

Q.53 'सादर' शब्द में कौन सा समास है?

A. तत्पुरुष
B. बहुब्रीहि
C. द्वन्द
D. अव्ययीभाव

Q.54 रेखांकित शब्दों के लिए एक शब्द का चयन करें।
कृष तेज बुद्धि वाला बालक है।

A. तीव्र बुद्धि
B. बुद्धिमान
C. बुद्धिमान
D. कुशाग्रबुद्धि

Q.55 रेखांकित शब्दों के लिए एक शब्द का चयन करें।
सरिता कम खाती है।

A. अल्पाहारी
B. अल्पज्ञ
C. आहारक
D. निराहारी

Q.56 रेखांकित शब्दों के लिए एक शब्द का चयन करें।
गीता मेरे साथ काम करती है।

A. सहपाठी
B. सहकर्मी
C. सहयोगी
D. साथी

Q.57 'मालगुड़ी की दुनिया' पुस्तक की रचना किसने की?

A. अजय शर्मा	B. अजय शर्मा
C. आशा गुप्त	D. आर. के. नारायण

Q.58 'धौंकनी' शब्द में कौन सा प्रत्यय प्रयुक्त हुआ है?

A. अनी   B. कनी   C. नी   D. ईय

Q.59 'कलकतिया' शब्द में कौन सा प्रत्यय प्रयुक्त है?

A. तिया   B. कतिया   C. इया   D. या

Q.60 निम्नलिखित में से कौन सा विकल्प कर्मधारय समास का उदाहरण है?

A. प्रतिक्षण   B. कमलनयन   C. पंचरत्न   D. रात-दिन

Q.61 किस शब्द में तत्पुरुष समास है?

A. दशानन   B. ध्यानमग्न   C. यथासंभव   D. वज्रबाहु

Q.62 द्विगु समास के लिए शब्द चुनिए।

A. देशनिकाला   B. मंदबुद्धि
C. महात्मा   D. पंजाब

Q.63 रचना के आधार पर शब्द के कितने भेद हैं?

A. दो   B. तीन   C. चार   D. पांच

Q.64 संस्कृत भाषा है-

A. अयोगात्मक   B. श्लिष्टयोगात्मक
C. प्रश्लिष्टयोगात्मक   D. अश्लिष्टयोगात्मक

Q.65 'गीता' के अनुसार कर्मयोगी को कर्म करना चाहिए-

A. यश के लिए   B. सुख के लिए
C. लोकसंग्रह के लिए   D. धनसंग्रह के लिए

Q.66 'बाहर कोई खड़ा है' में 'कोई' शब्द क्या है?

A. निजवाचक सर्वनाम   B. निश्चयवाचक सर्वनाम
C. अनिश्चयवाचक सर्वनाम   D. प्रश्नवाचक सर्वनाम

Q.67 रेखांकित में सर्वनाम का भेद है।

माली ने पौधों को <u>खयं</u> पानी दिया

A. पुरुषवाचक   B. निश्चयवाचक
C. निजवाचक   D. सम्बन्धवाचक

Q.68 शब्द पद कब बन जाता है?

A. जब स्वतंत्र रूप से उसका प्रयोग हो।
B. जब वह शब्द पद कहलाए।
C. जब वह वाक्य का महत्वपूर्ण शब्द हो।
D. जब वह वाक्य में व्याकरण के नियमों के साथ प्रयुक्त हो।

Q.69 'तुम' के सही विशेषण पर निशान लगाइए।

A. तुम्हें   B. तुम्हारा   C. तेरा   D. तुमको

Q.70 'फेन' का सही विशेषण ज्ञात करें।

A. फेना   B. फेनल
C. फेनि   D. इनमें से कोई नहीं

Q.71 खड़ी बोली का सर्वप्रथम लोकप्रिय कवि कौन माना जाता है?

A. अमीर खुसरो   B. भारतेन्दु हरिश्चन्द्र
C. सियारामशरण गुप्त   D. सियारामशरण गुप्त

Q.72 निम्न शब्द से बनी नामधातु क्रिया का चयन करें।

'साठ'

A. सठियाना   B. सठिया जाना
C. सठ   D. साठा

Q.73 'शर्म' शब्द की नामधातु क्रिया क्या है?

A. शर्मीला   B. शर्मिंदगी   C. शर्मीली   D. शर्माना

Q.74 वाक्यांश के लिए एक शब्द का चयन करें।

'ढलती उम्र'

A. अधेड़   B. युवा   C. वयोवृद्ध   D. अधढ़

Q.75 निम्नलिखित में से कौन सी कृति प्रेमचंद द्वारा रचित नहीं हैं?

A. गोदान   B. बड़े भाई साहब
C. यशोधरा   D. कफन

Q.76 यहां प्रस्तुत विकल्पों में से शुद्ध वर्तनी वाला शब्द चुनिए।

A. संन्यासी   B. संयासी   C. सन्यासी   D. संनयासी

Q.77 यहाँ प्रस्तुत विकल्पों में से शुद्ध वर्तनी वाला शब्द चुनिए।

A. माणिग्रहण   B. पाषीग्रहण   C. पाणिगृहन   D. पाणीगृहण

Q.78 'घुटुरून चलत रेनु तन मंडित, मुख दधि लेप किए' पंक्ति किस कवि द्वारा रचित है?

A. रविदास   B. तुलसीदास   C. सूरदास   D. कबीरदास

Q.79 'लट लटकनि मनु मत्त मधुपगन पादक मधुहिं पिए' में कौन सा अलंकार है?

A. यमक   B. श्लेष   C. रूपक   D. उत्प्रेक्षा

Q.80 'हेरि हियो जु लियो हरि जू हरि' में किस अलंकार का प्रयोग हुआ है?

A. रूपक   B. उत्प्रेक्षा
C. यमक   D. अतिश्योक्ति

Q.81 'सांध्यगीत' की रचना की है:

A. सुमित्रनंदन पंत   B. महादेवी वर्मा
C. महाकवि देव   D. सुभद्राकुमारी चौहान

Q.82 सुदामा पांडेय 'धूमिल' की प्रसिद्ध काव्य कृति कौन - सी है?

A. हस्तक्षेप   B. युगधारा
C. संसद से सड़क तक   D. पलाशवन

Q.83 'चन्द्रमुख' शब्द में कौन सा समास है?

A. अव्ययीभाव   B. द्वन्द्व
C. तत्पुरुष   D. कर्मधारय

Q.84 निम्न में से कौन सा क्रिया-विशेषण का भेद नहीं है?

A. निषेधवाचक   B. रीतिवाचक
C. स्थानवाचक   D. कालवाचक

Q.85 'खिसियानी बिल्ली खंभा नोचे' लोकोक्ति का क्या अर्थ है?

A. दूसरों से लड़ पड़ना
B. किसी बात पर लज्जित होकर क्रोध करना
C. परेशान होना
D. लज्जित होना

Q.86 'डॉक्टर ने <u>रोगी को</u> दवा दी' कारक का भेद लिखिए।

A. कर्म   B. सम्प्रदान   C. कर्ता   D. अपादान

Q.87 'ऋण एक ऐसा मेहमान है जो आकर जाने का नाम नहीं लेता' किस लेखक की पंक्ति है?

A. विष्णु प्रभाकर   B. प्रेमचंद
C. महादेवी वर्मा   D. मोहन राकेश

Q.88 कौन सा पात्र महाभारत में नहीं है?

A. भीष्मपिताम   B. अश्वत्थामा
C. गाँधारी   D. मंदोदरी

Q.89 (:-) इस विराम चिह्न को क्या कहते हैं?
A. अपूर्ण विराम
B. अर्ध विराम
C. विवरण चिह्न
D. योजक चिह्न

Q.90 इनमें से कौन सा शब्द अंग्रेजी भाषा का नहीं है?
A. टिफिन
B. फाईल
C. साइकिल
D. सड़क

Q.91 नागर का पर्यायवाची शब्द है-
A. नगर
B. ढोल
C. चतुर
D. ग्रामवासी

Q.92 स्वर सन्धि का उदाहरण कौन-सा है?
A. वागीश
B. दिगंबर
C. रत्नाकर
D. दुष्कर्म

Q.93 किस शब्द में उपसर्ग नहीं है-
A. अपवाद
B. पराजय
C. प्रभाव
D. ओढ़ना

Q.94 'चक्रपाणि' में कौन-सा समास है?
A. अव्ययीभाव
B. बहुब्रीहि
C. कर्मधारय
D. तत्पुरुष

Q.95 कौन-सा शब्द भाववाचक संज्ञा नहीं है ?
A. मिठाई
B. चतुराई
C. लड़ाई
D. उतराई

Q.96 स्वर सन्धि के कितने भेद हैं?
A. 3
B. 4
C. 5
D. 7

Q.97 निम्नलिखित में से कौन-सा शब्द 'देशज' है?
A. अग्नि
B. लोटा
C. खेत
D. कटोरा

Q.98 वारिद का पर्यायवाची शब्द है-
A. कमल
B. चन्द्रमा
C. बिजली
D. बादल

Q.99 'उसने कहा कि मैं घर जाऊँगा' वाक्य है?
A. सरल वाक्य
B. मिश्र वाक्य
C. संयुक्त वाक्य
D. प्रश्नवाचक वाक्य

Q.100 'नाक पर सुपारी तोड़ना' का अर्थ है-
A. इज्ज़त उतार देना
B. घृणा प्रकट करना
C. बहुत परेशान करना
D. असंभव कार्य करना

Q.101 अक्ल का पुतला का अर्थ है-
A. बहुत बुद्धिमान
B. बहुत चतुर
C. अत्यंत धूर्त
D. अत्यंत मुर्ख

Q.102 'पानी पीकर घर पूछना' का अर्थ है-
A. अनोखा काम करना
B. विपरीत काम करना
C. काम निकलने के बाद सोचना
D. आराम से विचार करना

Q.103 'आकाशदीप' कहानी के लेखक हैं?
A. जयशंकर प्रसाद
B. माखन लाल चतुर्वेदी
C. भगवती चरण वर्मा
D. सुभद्रा कुमारी चौहान

Q.104 निम्नलिखित रचनाओं में से कौन-सा यात्रा वृत है?
A. चीड़ों पर चाँदनी
B. भूले बिसरे चित्र
C. पथ के साथी
D. अपनी खबर

Q.105 'कितने पाकिस्तान' नामक उपन्यास के लेखक हैं-
A. राजेन्द कुमार
B. कमलेश्वर
C. खुशवंत सिंह
D. सत्य प्रकाश मिश्र

Q.106 'कलम का जादूगर' किसे कहा जाता है?
A. प्रेमचंद
B. फणीश्वरनाथ रेणु
C. रामधारी सिंह दिनकर
D. रामवृक्ष बेनीपुरी

Q.107 कविता में 'मुक्तछन्द' का प्रयोग किसने आरंभ किया था?
A. निराला
B. पंत
C. केदारनाथ
D. भवानी प्रसाद मिश्र

Q.108 'शिवशम्भु के चिट्ठे' के लेखक हैं?
A. श्यामसुंदर दास
B. बालमुकुन्द गुप्त
C. हजारीप्रसाद द्विवेदी
D. मुंशी सदासुखलाल

Q.109 खड़ी बोली का प्रयोग सबसे पहले किस पुस्तक में हुआ?
A. भक्तिसागर
B. काव्यसागर
C. सुखसागर
D. प्रेम सागर

Q.110 किस नदी से 'हिंदी' शब्द का जन्म हुआ था?
A. ब्रह्मपुत्र
B. मेवाती
C. कृष्ण
D. सिंध

Q.111 राष्ट्रभाषा का क्या अर्थ है?
A. राज-काज की भाषा
B. भाषा
C. बोली
D. राष्ट्रीय स्तर पर स्वीकार्य भाषा

Q.112 पश्चिमी हिन्दी की बोलियों की संख्या कितनी है?
A. तीन
B. दो
C. चार
D. पाँच

Q.113 संविधान सभा में हिन्दी को राजभाषा बनाने का प्रस्ताव किसने रखा?
A. गोपाल स्वामी आयंगर
B. डॉ. भीमराव अम्बेडकर
C. सरदार वल्लभ भाई पटेल
D. पं. जवाहरलाल नेहरु

Q.114 हिंदी भाषा का जन्म किस से हुआ है?
A. अपभ्रंश
B. लौकिक संस्कृत
C. प्राकृत
D. वैदिक संस्कृत

Q.115 निम्नलिखित पंक्तियों में कौन सा अलंकार है?
'पापी मनुज भी आज मुख से, राम नाम निकालते'
A. विरोधाभास अलंकार
B. अनुप्रास अलंकार
C. उपमा अलंकार
D. अतिशयोक्ति अलंकार

Q.116 निम्न में से कौन सा विकल्प पुल्लिंग है?
A. खोज
B. घूस
C. आइना
D. चील

Q.117 'भवत' क्रियापद में प्रयुक्त लकार, पुरुष और वचन है-
A. लृट्, प्रथम एकवचन
B. लोट्, प्रथम एकवचन
C. लोट्, प्रथम, बहुवचन
D. लोट्, मध्यम, बहुवचन

Q.118 'मोहनः पुस्तकं पठति।' इस वाक्य का हिन्दी अनुवाद कीजिये-
A. मोहन के द्वारा पुस्तक पढ़ा गया।
B. मोहन पुस्तक पढ़ता है।
C. मोहन पुस्तकें पढ़ता है।
D. पुस्तक मोहन को पढ़ता है।

Q.119 'राम दशरथ के पुत्र थे' का संस्कृत मूल है:
A. राम: दशरथस्य पुत्र: आसीत्
B. राम: दशरथस्य पुत्र: अस्मिन
C. दशरथ रामस्य जनक: आसीत्
D. रामस्य दशरथ: जनक अस्मिन

Q.120 'सखि। पिया को जो मैं न देखूँ
तो कैसे काटूँ अंधेरी रितयाँ।'
उपर्युक्त काव्य पंक्तियाँ किस कवि की हैं?

A. विद्यापति

B. अमीर खुसरो

C. नरपति नाल्ह

D. भट्ट केदार

Q.121 जायसी की किस रचना का सम्बन्ध क़यामत के वर्णन से है?

A. चित्ररेखा

B. अखरावट

C. पद्मावत

D. आखिरी कलाम

Q.122 भू धातोः लोट् लकारे उत्तम पुरुष बहुवचन रूप किम्?

A. भवानि

B. भवामः

C. भवावः

D. भवाम

Q.123 निम्नलिखित पंक्ति किस रस का उदाहरण है?
कहत, नटत, रीझत, खिझत, मिलत, खिलत, लजियात। भरे भौन में करत हैं
नैननु हीं सब बात।

A. हास्य रस

B. श्रृंगार रस

C. अद्भुत रस

D. रौद्र रस

Q.124 निम्नलिखित काव्य पंक्ति में कौन-सा स्थायी भाव है?
'हे आर्य, रहा क्या भरत-अभीप्सित अब भी? मिल गया अकण्टक राज्य उसे
जब, तब भी?'

A. क्रोध

B. जुगुप्सा

C. शोक

D. निर्वेद

Q.125 निम्नलिखित पंक्तियों में कौन सा छंद है?
"कारज धीरे होत है, काहे होत अधीर।
समय पाय तरुवर फरै, केतक सींचो नीर।।"

A. सोरठा

B. दोहा

C. चौपाई

D. छप्पय

// स्मार्ट उत्तर पुस्तिका //

सही उत्तर — उन छात्रों के प्रतिशत को इंगित करता है जिन्होंने प्रश्नों का सही उत्तर दिया था।

छोड़ दिया — उन छात्रों के प्रतिशत को इंगित करता है जिन्होंने प्रश्नों को छोड़ दिया था।

प्रश्न संख्या	उत्तर	सही उत्तर	छोड़ दिया
1	B	36.0 %	4.0 %
2	B	72.0 %	24.0 %
3	A	76.0 %	24.0 %
4	C	72.0 %	24.0 %
5	B	40.0 %	24.0 %
6	D	52.0 %	24.0 %
7	A	72.0 %	24.0 %
8	D	56.0 %	24.0 %
9	B	76.0 %	24.0 %
10	A	28.0 %	24.0 %
11	B	72.0 %	24.0 %
12	C	68.0 %	24.0 %
13	C	68.0 %	24.0 %
14	B	64.0 %	24.0 %
15	A	48.0 %	24.0 %
16	C	72.0 %	24.0 %

प्रश्न संख्या	उत्तर	सही उत्तर	छोड़ दिया
17	C	60.0 %	24.0 %
18	B	56.0 %	24.0 %
19	B	68.0 %	20.0 %
20	B	60.0 %	24.0 %
21	C	16.0 %	24.0 %
22	B	68.0 %	24.0 %
23	B	52.0 %	20.0 %
24	B	68.0 %	24.0 %
25	B	48.0 %	24.0 %
26	D	72.0 %	24.0 %
27	A	28.0 %	24.0 %
28	C	32.0 %	24.0 %
29	D	56.0 %	24.0 %
30	C	24.0 %	24.0 %
31	D	40.0 %	24.0 %
32	C	36.0 %	24.0 %

प्रश्न संख्या	उत्तर	सही उत्तर	छोड़ दिया
33	C	64.0 %	24.0 %
34	C	28.0 %	24.0 %
35	C	48.0 %	24.0 %
36	D	48.0 %	24.0 %
37	D	24.0 %	24.0 %
38	B	32.0 %	24.0 %
39	B	68.0 %	24.0 %
40	C	60.0 %	24.0 %
41	B	68.0 %	24.0 %
42	B	72.0 %	24.0 %
43	C	48.0 %	24.0 %
44	B	44.0 %	24.0 %
45	A	64.0 %	24.0 %
46	B	72.0 %	24.0 %
47	C	48.0 %	24.0 %
48	C	20.0 %	24.0 %

प्रश्न संख्या	उत्तर	सही उत्तर	छोड़ दिया
49	B	68.0 %	24.0 %
50	C	8.0 %	24.0 %
51	A	52.0 %	24.0 %
52	C	48.0 %	24.0 %
53	D	44.0 %	24.0 %
54	D	52.0 %	24.0 %
55	A	76.0 %	24.0 %
56	B	76.0 %	24.0 %
57	D	28.0 %	24.0 %
58	C	32.0 %	24.0 %
59	A	0 %	100 %
60	B	64.0 %	24.0 %
61	B	60.0 %	24.0 %
62	D	68.0 %	24.0 %
63	B	32.0 %	24.0 %
64	B	44.0 %	24.0 %

प्रश्न संख्या	उत्तर	सही उत्तर	छोड़ दिया
65	C	36.0 %	24.0 %
66	C	76.0 %	24.0 %
67	C	68.0 %	24.0 %
68	D	56.0 %	24.0 %
69	B	56.0 %	24.0 %
70	D	12.0 %	24.0 %
71	A	72.0 %	24.0 %
72	A	48.0 %	24.0 %
73	D	40.0 %	24.0 %
74	A	52.0 %	24.0 %
75	C	72.0 %	24.0 %
76	A	56.0 %	24.0 %
77	D	28.0 %	24.0 %
78	C	68.0 %	24.0 %
79	D	36.0 %	24.0 %
80	C	44.0 %	24.0 %

प्रश्न संख्या	उत्तर	सही उत्तर / छोड़ दिया	प्रश्न संख्या	उत्तर	सही उत्तर / छोड़ दिया	प्रश्न संख्या	उत्तर	सही उत्तर / छोड़ दिया	प्रश्न संख्या	उत्तर	सही उत्तर / छोड़ दिया	प्रश्न संख्या	उत्तर	सही उत्तर / छोड़ दिया
81	B	68.0 % / 24.0 %	90	D	64.0 % / 24.0 %	99	B	52.0 % / 24.0 %	108	B	72.0 % / 24.0 %	117	D	16.0 % / 24.0 %
82	C	76.0 % / 24.0 %	91	C	44.0 % / 24.0 %	100	C	16.0 % / 24.0 %	109	D	36.0 % / 24.0 %	118	B	72.0 % / 24.0 %
83	D	64.0 % / 24.0 %	92	C	40.0 % / 24.0 %	101	A	12.0 % / 24.0 %	110	D	72.0 % / 24.0 %	119	A	48.0 % / 24.0 %
84	A	36.0 % / 24.0 %	93	D	68.0 % / 24.0 %	102	C	68.0 % / 24.0 %	111	D	44.0 % / 24.0 %	120	B	52.0 % / 24.0 %
85	B	72.0 % / 24.0 %	94	B	64.0 % / 24.0 %	103	A	68.0 % / 24.0 %	112	D	60.0 % / 24.0 %	121	D	64.0 % / 24.0 %
86	A	56.0 % / 24.0 %	95	A	40.0 % / 24.0 %	104	A	40.0 % / 24.0 %	113	A	48.0 % / 24.0 %	122	D	12.0 % / 24.0 %
87	B	68.0 % / 24.0 %	96	C	68.0 % / 24.0 %	105	B	52.0 % / 24.0 %	114	A	36.0 % / 24.0 %	123	B	68.0 % / 24.0 %
88	D	68.0 % / 24.0 %	97	B	56.0 % / 24.0 %	106	D	16.0 % / 24.0 %	115	A	56.0 % / 24.0 %	124	C	24.0 % / 24.0 %
89	C	64.0 % / 24.0 %	98	D	72.0 % / 24.0 %	107	A	60.0 % / 24.0 %	116	C	56.0 % / 24.0 %	125	B	32.0 % / 24.0 %

कार्य विश्लेषण

औसत अंक (%)	37.65%
टॉपर्स स्कोर (%)	84.71%
आपका स्कोर	

//संकेत और समाधान//

1. 'रसीदी टिकट' अमृता प्रीतम की बहुचर्चित आत्मकथा है, जो बताती है कि उन्हें नफरत के दायरे पर तरस आता है उन्हें विभाजन ने बुरी तरह प्रभावित किया था, जिससे 'वारिस शाह' जैसी कविता की रचना हुई। उनकी यह आत्मकथा बताती है कि रचनाकार को कैसे अपनी आलोचना की परवाह नहीं करनी चाहिए, चाहे जमाना बैरी हो जाए। साहिर से करीबी और इमरोज़ से गहरी दोस्ती के बीच के वाक्य को भी अमृता ने खूबसूरती से सामने रखा है। इस किताब को पढ़ना एक ऐसे बुखार से गुजरना है, जो आपको नायिका की जिंदगी की हर सच्चाई से रूबरू करा देता है।

अतः विकल्प (B) सही है।

2. प्रकृति का सुकुमार कवि 'सुमित्रानंदन पंत' को कहा जाता है।

छायावादी युग के महान कवि सुमित्रानंदन पंत जी को प्रकृति के सुकुमार कवि के नाम से हिंदी साहित्य में जाना जाता है।

सुमित्रानंदन पंत जी की महत्वपूर्ण रचनाएँ- उच्छ्वास, ज्योत्सना, पल्लव, स्वर्णधूलि, वीणा, युगांत, गुंजन, ग्रंथि, मेघनाद वध (कविता संग्रह), ग्राम्या, मानसी, हार (उपन्यास), युगवाणी।

अतः विकल्प (B) सही है।

3. 'मसि-कागद तौ छुओ नहिं, कलम गही ना हाथ' पंक्ति 'कबीरदास' कवि के व्यक्तित्व को चरितार्थ करती है। कबीर भले ही घोषणा करते हों कि उन्होंने 'मसि-कागद तौ छुओ नहिं, कलम गही ना हाथ' परन्तु उन्होंने अपनी बात सटीक प्रतीकों और रूपकों द्वारा कहने में पूर्ण निपुणता दिखाई है। उपर्युक्त पद में कवि कबीरदास ने ज्ञान की महत्ता को अलंकारिक शैल में प्रस्तुत किया है।

अतः विकल्प (A) सही है।

4. भाषा के शुद्ध और स्थायी रूप को निश्चित करने के लिए नियमबद्ध योजना की आवश्यकता होती है और उस नियमबद्ध योजना को हम व्याकरण कहते हैं। व्याकरण वह शास्त्र है जिसके द्वारा किसी भी भाषा के शब्दों और वाक्यों के शुद्ध स्वरूपों एवं शुद्ध प्रयोगों का विशद ज्ञान कराया जाता है।

अतः विकल्प (C) सही है।

5. छन्द को पद्य रचना का मापदंड कहा जा सकता है। बिना कठिन साधना के कविता में छन्द योजना को साकार नहीं किया जा सकता ।

पद्य काव्य रचना की गेय शैली है। इसका विकाश लोकगीतों की परंपरा से माना जाता है। यह मात्रिक छन्द की श्रेणी में आता है। प्राय पद्यों के साथ किसी न किसी राग का निर्देश मिलता है। पद्य विशेष को सम्बन्धित राग में ही गाया जाता है। 'टेक' इसका विशेष अंग है।

अतः विकल्प (B) सही है।

6. उर्दू भाषा की लिपि फारसी है।

अतः विकल्प (D) सही है।

7. 'कुरुक्षेत्र' पुस्तक के रचनाकार 'रामधारी सिंह दिनकर' है।

रामधारी सिंह दिनकर हिन्दी के एक प्रमुख लेखक, कवि व निबन्धकार थे।वे आधुनिक युग के श्रेष्ठ वीर रस के कवि के रूप में स्थापित हैं।

अतः विकल्प (A) सही है।

8. श्रीमद्भगवत गीता के रचयिता महर्षि वेदव्यास हैं।

अतः विकल्प (D) सही है।

9. दिए गए विकल्पों में 'अध्ययन' शब्द की वर्तनी शुद्ध है।

अतः विकल्प (B) सही है।

10. दिए गए विकल्पों में शृंखला शब्द की वर्तनी शुद्ध है।

शृंखला का अर्थ- 'क्रम में आने वाली बहुत-सी बातें, वस्तुएँ या घटनाएँ' हैं।

अतः विकल्प (A) सही है।

11. दिए गए विकल्पों में 'आशीर्वाद' शब्द की वर्तनी शुद्ध है।

अतः विकल्प (B) सही है।

12. अनु + इति सन्धि विच्छेद की शुद्ध सन्धि 'अन्विति' होगी।

अन्विति शब्द में यण सन्धि है। यण सन्धि अर्थात् इ, ई, उ, ऊ या ऋ का मेल यदि असमान स्वर से हो तो इ, ई का 'य'; उ, ऊ का 'व' और ऋ का 'र' हो जाता है। जैसे - यदि + अपि (इ + अ) = यद्यपि, अनु + एषण = अन्वेषण।

अतः विकल्प (C) सही है।

13. भौ + उक सन्धि विच्छेद का शुद्ध सन्धि रूप 'भावुक' होगा।

भावुक शब्द में अयादि सन्धि है। अयादि सन्धि अर्थात जब ए, ऐ तथा ओ, औ का मेल किसी अन्य स्वर के साथ होने से क्रमशः ए का अय्, ऐ का आय, ओ का अव् तथा औ का आव् हो जाता है। जैसे – ने + अन (ए + अ) = नयन, गै + अक (ऐ + अ) = गायक।

अतः विकल्प (C) सही है।

14. जो शब्द संज्ञा में विकार या परिवर्तन लाते हैं, वे विकारी तत्व कहलाते हैं। लिंग, वचन तथा कारक के कारण संज्ञा का रूप बदल जाता है।

अतः विकल्प (B) सही है।

15. क्रिया विशेषण, सम्बन्ध बोधक, समुच्यबोधक तथा विस्मयादिबोधक शब्द, अविकारी शब्द की श्रेणी में आते हैं। ये चार प्रकार अव्यय (अविकारी शब्द) के भेद हैं।

अतः विकल्प (A) सही है।

16. 'तत्सम' का अर्थ है 'उसके समान', अर्थात् संस्कृत के जो शब्द हिंदी में ज्यों के त्यों प्रयुक्त होते हैं, वे तत्सम कहलाते हैं। इन शब्दों को परम्परागत शब्द भी कहते हैं।

अतः विकल्प (C) सही है।

17. दिए गए विकल्पों में विरोध शब्द का विलोम शब्द 'समर्थन' है।

अतः विकल्प (C) सही है।

18. आचार्य शुक्ल ने आधुनिक काल का नाम गद्य काल रखा है।

इसको हिंदी साहित्य का सर्वश्रेष्ठ युग माना जा सकता है, जिसमें पद्य के साथ-साथ गद्य, समालोचना, कहानी, नाटक व पत्रकारिता का भी विकास हुआ।

अतः विकल्प (B) सही है।

19. 'पृथ्वीराज रासो' को 'छन्दों का अजायब घर' कहा जाता है।

पृथ्वीराज रासो हिन्दी भाषा में लिखा एक महाकाव्य। पृथ्वीराज रासो ढाई हजार पृष्ठों का बहुत बड़ा ग्रंथ है। जिसमें 69 समय (सर्ग या अध्याय) हैं।

मुख्य छन्द हैं- कवित्त (छप्पय), दूहा (दोहा), तोमर, त्रोटक, गाहा और आर्या।

पृथ्वीराज रासो के पिछले भाग को चंद के पुत्र जल्हण द्वारा पूर्ण किया गया है।

अतः विकल्प (B) सही है।

20. 'लोरिक तथा चंदा' नामक पात्र चंदायन से संबंधित है। चंदायन का रचनाकाल 1379 ई. है। इसमें प्रेम के महत्व का वर्णन किया गया है इसे लोक कथा या लोरकाइन भी कहा जाता है। कथा दोहा, चौपाई शैली में वर्णित है।

अतः विकल्प (B) सही है।

21. यूरोप में जो अंधकार युग था वह हिंदी साहित्य में "भक्तिकाल" के नाम से जाना जाता है। इसे हिंदी साहित्य का "स्वर्ण युग" कहा जाता है। संक्षेप में भक्ति-युग की चार प्रमुख काव्य-धाराएं मिलती हैं:

सगुण भक्ति- रामाश्रयी शाखा, कृष्णाश्रयी शाखा

निर्गुण भक्ति- ज्ञानाश्रयी शाखा, प्रेमाश्रयी शाखा

अतः विकल्प (C) सही है।

22. तुलसी ने 'विनयपत्रिका' तथा 'कवितावली' की रचना ब्रजभाषा में की है। कवितावली एक प्रबंध रचना है।

तुलसीदास ने कालक्रमानुसार निम्नलिखित कालजयी ग्रन्थों की रचनाएँ कीं- रामलला नहछू (1582), वैराग्यसंदीपनी (1612), रामाज्ञाप्रश्न (1612), जानकी-मंगल (1582), रामचरितमानस (1574), सतसई, पार्वती-मंगल (1582), गीतावली (1571), विनय-पत्रिका (1582), कृष्ण-गीतावली (1571), बरवै रामायण (1612), दोहावली (1583) और कवितावली (1612)।

अतः विकल्प (B) सही है।

23. 'अंग बधू', 'दादू दयाल' की रचना है। अंग बधू राजस्थानी खड़ी बोली मिश्रित ब्रजभाषा में लिखी गई है। दादू दयाल (1544-1603 ई.) हिन्दी के भक्तिकाल में ज्ञानाश्रयी शाखा के प्रमुख सन्त कवि थे। इनके 52 पट्टशिष्य थे, जिनमें गरीबदास, सुंदरदास, रज्जब और बखना मुख्य हैं। दादू हिन्दी, गुजराती, राजस्थानी आदि कई भाषाओं के ज्ञाता थे।

अतः विकल्प (B) सही है।

24. तार सप्तक का संबंध प्रयोगवाद से है।

प्रयोग अपने आप में इष्ट नहीं है बल्कि वह साधन और दोहरा साधन है। प्रयोगवाद में कविता में शिल्प और संवेदना के स्तर पर सर्वथा नवीन प्रयोग मिलते हैं।

अतः विकल्प (B) सही है।

25. "धर्मवीर भारती और नरेश मेहता" दूसरा सप्तक के कवि हैं।

दूसरा सप्तक का प्रकाशन वर्ष 1951 है। दूसरा सप्तक सात कवियों का संकलन है जिसका संपादन अज्ञेय द्वारा 1949 में तथा प्रकाशन 1951 में भारतीय ज्ञानपीठ से हुआ। अज्ञेय ने दूसरा सप्तक तथा तीसरा सप्तक प्रकाशित किया।

अतः विकल्प (B) सही है।

26. 'अंधेर नगरी' नाटक के रचनाकार 'भारतेन्दु हरिश्चन्द्र

भारतेन्दु ने इसकी रचना बनारस के हिंदू नेशनल थियेटर के लिए एक ही दिन में की थी। यह नाटक 6 अंकों में विभक्त है। इसमें अंक के बजाय दृश्य शब्द का प्रयोग किया गया है। भारतेन्दु हरिश्चन्द्र (9 सितंबर 1850-6 जनवरी 1885) "आधुनिक हिंदी साहित्य के पितामह" कहे जाते हैं।

अतः विकल्प (D) सही है।

27. यह गीत 'हिमाद्रि तुंग श्रृंग से प्रबुद्ध शुद्ध भारती' चन्द्रगुप्त नाटक की पात्र अलका द्वारा देशभक्ति से परिपूर्ण होने पर गाया जाता है।

चन्द्रगुप्त नाटक ऐतिहासिकता पर आधारित जयशंकर प्रसाद जी का प्रसिद्ध नाटक है।

अतः विकल्प (A) सही है।

28. कोणार्क जगदीश चन्द्र माथुर का नाटक है।

कोणार्क (1951) ई इस नाटक से जगदीश चन्द्र माथुर जी को हिन्दी नाट्य में प्रतिष्ठा मिली। 1950 ई से 1960 ई. के दशक में यह सर्वाधिक (प्रसिद्ध) मंचित नाटक रहा था। यह नाटक उड़ीसा के प्रसिद्ध सूर्य मंदिर पर आधारित है।

अतः विकल्प (C) सही है।

29. "ध्रुवस्वामिनी" में नारी समस्या का चित्रण किया गया है।

ध्रुवस्वामिनी का प्रकाशन 1933 में हुआ। नाटक में नारी के अस्तित्व, अधिकार, और पुनर्लग्न, की समस्या को उठाया गया है। इस नाटक में पुरुष सत्तात्मक समाज के शोषण के प्रति नारी का विद्रोह है। इसके रचनाकार जयशंकर प्रसाद है।

अतः विकल्प (D) सही है।

30. अमृत राय यहाँ सही विकल्प है।

सहज कहानी आन्दोलन का सूत्रपात 'नयी कहानियाँ' नामक पत्रिका से हुआ है। समांतर कहानी आन्दोलन का सूत्रपात 'सारिका' पत्रिका से हुआ है।

अतः विकल्प (C) सही है।

31. परिंदे यहाँ सही विकल्प है। परिंदे कहानी निर्मल वर्मा की सबसे श्रेष्ठ कहानी है। यह नयी कहने आन्दोलन की सबसे चर्चित और उत्तम कहानी है। इसमें अकेलेपन और अजनबीपन के भाव सटीक अस्तित्व वाद की तरह अवतरित होता है।

अतः विकल्प (D) सही है।

32. 'यही सच है', 'एक कमज़ोर लड़की की कहानी' और 'सयानी बुआ' मन्नू भण्डारी की कहानियाँ है। इसके अतिरिक्त 'पचपन खम्भे लाल दीवार' उषा प्रियम्वदा का उपन्यास है।

अतः विकल्प (C) सही है।

33. 'सिक्का बदल गया' कहानी 'कृष्णा सोबती' की है। कृष्णा सोबती की इस प्रसिद्ध कहानी का प्रकाशन 1948 में हुआ था। इस कहानी के माध्यम से इन्होंने भारत विभाजन के समय उभरने वाली परेशानियों का बड़ा मार्मिक वर्णन किया है।

अतः विकल्प (C) सही है।

34. "आचार्य रामचन्द्र शुक्ल" मनोविकार संबंधी निबंध के लेखक हैं।

आचार्य रामचन्द्र शुक्ल (4 अक्टूबर, 1884 ई. - 2 फरवरी, 1941 ई.) हिन्दी आलोचक, निबन्धकार, साहित्येतिहासकार, कोशकार, अनुवादक, कथाकार और कवि थे। आचार्य रामचन्द्र शुक्ल के आलोचनात्मक ग्रंथ-

- सूर
- तुलसी
- जायसी पर की गई आलोचनाएं
- काव्य में रहस्यवाद
- काव्य में अभिव्यंजनावाद
- रसमीमांसा

अतः विकल्प (C) सही है।

35. 'कछुआ धर्म', 'चन्द्रधर शर्मा गुलेरी' का निबंध है।

चन्द्रधर शर्मा गुलेरी ने 'कछुआ धर्म' और 'मारेसि माहि कुठाव' शीर्षक से महत्वपूर्ण निगम लिखे हैं।

चन्द्रधर शर्मा गुलेरी (1883 - 12 सितम्बर 1922) हिन्दी के कथाकार, व्यंगकार तथा निबन्धकार थे। इनकी कहानी 'उसने कहा था' की गणना हिंदी की महानतम कहानियों में की जाती है। वह बहुमुखी रुचियों और प्रतिभा के व्यक्ति थे। उनका कार्यक्षेत्र खगोल विज्ञान, ज्योतिष, धर्म, भाषा विज्ञान, इतिहास, शोध, आलोचना आदि अनेक दिशाओं में फैला हुआ था।

अतः विकल्प (C) सही है

36. "माँ, पेट, दांत, नाक, भौं" आदि नाम से प्रताप नारायण मिश्र के निबंध हैं।

प्रताप नारायण मिश्र (24 सितंबर, 1856 - 6 जुलाई, 1894) के प्रमुख लेखक, कवि और पत्रकार थे। प्रताप नारायण मिश्र भावपरक निबन्धकार थे। इन्हें पश्चिमी निबन्धकार 'रिचर्ड स्टील' जो भावप्रधान निबन्ध लिखने के लिए विख्यात

थे, के नाम 'हिंदी का स्टील' कहा जाने लगा। भारतेन्दु जैसी रचनाशैली, विषयवस्तु और भाषागत विशेषताओं के कारण मिश्र जी "प्रति-भारतेन्दु" और "द्वितीय हरिश्चंद्र" कहे जाने लगे थे।

अतः विकल्प (D) सही है।

37. 'ईर्ष्या तू न गयी मेरे मन से', 'रामधारी सिंह दिनकर' जी का निबंध है।

रामधारी सिंह दिनकर (23 सितम्बर 1908- 24 अप्रैल 1974) हिन्दी के एक प्रमुख लेखक, कवि व निबन्धकार थे। वे आधुनिक युग के श्रेष्ठ वीर रस के कवि के रूप में स्थापित हैं।

अतः विकल्प (D) सही है।

38. 'कविता क्या है?' निबंध का संपादन सरस्वती पत्रिका में हुआ था।

'कविता क्या है?' रामचन्द्र शुक्ल जी का निबन्ध है। यह 1909 में सरस्वती पत्रिका में प्रकाशित हुआ था। सरस्वती हिन्दी साहित्य की प्रसिद्ध रूपगुणसम्पन्न प्रतिनिधि पत्रिका थी।

अतः विकल्प (B) सही है।

39. 'तुम चन्दन हम पानी', 'विद्यानिवास मिश्र' का निबन्ध है।

तुम चन्दन हम पानी का रचना वर्ष 1957 ई है। यह एक ललित निबन्ध है।

तुम चन्दन हम पानी (28 जनवरी 1926 - 14 फ़रवरी 2005) उन्हें सन् 1999 में भारत सरकार ने साहित्य एवं शिक्षा के क्षेत्र में पद्म भूषण से सम्मानित किया था। ललित निबन्धों में 'तुम चन्दन हम पानी', 'बसंत आ गया' और शोधग्रन्थों में 'हिन्दी की शब्द संपदा' चर्चित कृतियां हैं।

अतः विकल्प (B) सही है।

40. 'कुटज', 'हजारी प्रसाद द्विवेदी' का निबन्ध है।

कुटज ललित निबन्ध है। कुटज का रचना वर्ष 1964 ई. है। इसका केंद्र कुटज नाम का वृक्ष है जो पुष्पों से भरा हुआ होता है। हजारी प्रसाद द्विवेदी के इस निबन्ध को उनकी आत्माभिव्यक्ति के रूप में अधिक जाना जाता है। कुटज के माध्यम से द्विवेदीजी बहुत से महत्वपूर्ण बिंदुओं की व्यंजना करते चलते हैं।

अतः विकल्प (C) सही है।

41. 'एक घूंट', 'प्रसाद की एकांकी' रचना है।

एक घूंट का रचना वर्ष 1930 ई. है। इसकी रचना जयशंकर प्रसाद ने की है। यह आधुनिक ढंग का प्रथम एकांकी नाटक है। इस नाटक में सभ्यता के साथ दार्शनिक चर्चा को एक स्वरूप दिया गया है। 'एक घूंट' में एकांकी के कमोबेश लगभग सभी आधुनिक लक्षण मिल जाते हैं। विवाह की समस्या का विवेचन एवं उसका समाधान भावुकतापूर्ण शैली में किया गया है।

अतः विकल्प (B) सही है।

42. 'अतीत के चलचित्र' महादेवी वर्मा द्वारा रचित एक रेखाचित्र है। इसमें लेखिका हमारा परिचय रामा, भाभी, बिन्दा, सबिया, बिट्टो, बालिका माँ, घीसा, अभागी स्त्री, अलोपी, बबलू तथा अलोपा इन ग्यारह चरित्रों से करवाती हैं।

अतः विकल्प (B) सही है।

43. 'हार की जीत' कहानी के लेखक 'सुदर्शन' हैं। सुदर्शन प्रेमचंद परम्परा के कहानीकार हैं। इनका दृष्टिकोण सुधारवादी है। इनकी पहली कहानी 'हार की जीत' थी, जो सन् 1920 में 'सरस्वती' में प्रकाशित हुई थी। 'पुष्पलता', 'सुप्रभात', 'सुदर्शन सुधा', 'पनघट' इनके प्रसिद्ध कहानी संग्रह तथा परिवर्तन', भागवंती', 'राजकुमार सागर' प्रसिद्ध उपन्यास हैं। सुदर्शन की भाषा सहज, स्वाभाविक, प्रभावी तथा मुहावरेदार है। सुदर्शन को गद्य और पद्य दोनों में महारत हासिल थी।

अतः विकल्प (C) सही है।

44. 'दक्षिण भारत हिन्दी प्रचार सभा' एक प्रमुख हिन्दीसेवी संस्था है जो भारत के दक्षिणी राज्यों तमिलनाडु, आंध्र प्रदेश, केरल और कर्नाटक में भारत के स्वतंत्र होने के के काफी पहले से हिन्दी के प्रचार-प्रसार का कार्य कर रही है।

सन् 1964 में संसद के अधिनियम द्वारा सभा को 'राष्ट्रीय महत्व की संस्था' घोषित किया गया। सभा को विश्वविद्यालय स्तर के पाठ्यक्रमों की शिक्षा देने और उपाधियाँ प्रदान करने का अधिकार प्राप्त हुआ। सभा का केन्द्रीय कार्यालय चेन्नई (मद्रास) में है।

अतः विकल्प (B) सही है।

45. 'संत रैदास' भारत के आध्यात्मिक आकाश में दैदीप्यमान नक्षत्र है, वे ध्रुव तारा है। कबीर और रैदास आपस में गुरुभाई है। गुरु रामानंद से दो धाराएं कबीर और रैदास के रूप में प्रवाहित है। संत रैदास अद्भुत है। इन अर्थों में मीरा जैसी भक्तिन उनकी शिष्या बनी। मीरा और रामानंद को जोड़ने वाले सेतु रैदास हैं। संत रैदास जी ने कर्म को महत्ता दी है, तभी कठौती में गंगा जैसी कहावत प्रचलन में आई। उनका यह पद 'प्रभुजी तुम चन्दन हम पानी, जाकी अंग-अंग बास समानी' भक्त का अनुपम चित्र निरूपित करता है। वे लोक के कवि है।

अतः विकल्प (A) सही है।

46. कबीर भक्ति काल के निर्गुण काव्यधारा के प्रमुख कवियों में से एक हैं उन्होंने राम को निर्गुण रूप में स्वीकार किया है तथा वह निर्गुण की उपासना का संदेश देते हैं उनकी राम भावना ब्रह्म भावना से सर्वथा मिलती है। कबीर पहले भक्त हैं फिर कवि हैं। उन्होंने जाति-पाती, काम-धाम, चमक-दमक, दिखावा,पहनावा, अंधविश्वास, मूर्तिपूजा, हिंसा, माया, छुआछूत, आदि पर विद्रोह भावना प्रकट की हैं।

अतः विकल्प (B) सही है।

47. हिंदी का प्रथम दैनिक समाचार पत्र था 'उदन्त मार्तंड' 1826 में कोलकाता से प्रकाशित होता था। इसके संपादक थे बाबूराव पाट कर हिंदी का प्रथम दैनिक समाचार पत्र उदन्त मार्तंड 1826 कोलकाता से प्रकाशित होता था।

अतः विकल्प (C) सही है।

48. दिए गए विकल्पों में मूर्ख शब्द का विलोम शब्द बुद्धिमान है।

अतः विकल्प (C) सही है।

49. विराम चिह्न का अर्थ ठहराव या रुकना है। अर्थात वाक्य लिखते समय विराम को प्रकट करने के लिए लगाये जाने वाले चिन्ह को ही विराम चिह्न कहते हैं।

अतः विकल्प (B) सही है।

50. हिंदी व्याकरण के विशेषज्ञ कामता प्रसाद गुरु ने विराम चिन्हों की संख्या 20 मानी है। कामता प्रसाद गुरु पूर्ण विराम (I) को छोड़ कर बाकि सभी विराम चिन्हों को अंग्रेजी से लिया गया है।

अतः विकल्प (C) सही है।

51. अल्प विराम का अर्थ है- थोड़ी देर के लिए रुकना या ठहरना। वाक्य में जिस स्थान पर बहुत ही कम ठहरना हो, वहाँ अल्प विराम लगाया जाता है। सामान्यत: अल्प विराम का प्रयोग निम्नलिखित स्थितियों में होता है-

जहाँ एक तरह से कई पद, शब्द, वाक्यांश या वाक्य एक साथ आते हैं जैसे- रमेश, सुरेश, महेश और वीरेन्द्र घूमने गए।

अतः विकल्प (A) सही है।

52. पुनरुक्ति सूचक चिन्ह („) का प्रयोग ऊपर लिखे किसी वाक्य या वाक्य के अंश को दोबारा लिखने का श्रम बचाने के लिए करते हैं।

साहित्यकार	विधा
नामवर सिंह	आलोचक

मुक्तिबोध	कवि
अज्ञेय	(ˌˌ)
रामचंद्र शुक्ल	निबंधकार

उपरोक्त विवरण में मुक्तिबोध के ठीक नीचे अज्ञेय का नाम है, दोनों मूलतः कवि हैं इसलिए अज्ञेय के सामने दोबारा कवि न लिखकर पुनरुक्ति सूचक चिन्ह का प्रयोग किया गया है।

अतः विकल्प (C) सही है।

53. 'सादर' में अव्ययीभाव समास है तथा इसका समास विग्रह है 'आदर सहित'।

अव्ययीभाव समास- जिस समास में पहला पद (पूर्वपद) अव्यय तथा प्रधान हो। जैसे- जन्म से लेकर = आजन्म, मति के अनुसार = यथामति।

अतः विकल्प (D) सही है।

54. दिए गए विकल्पों में 'तेज बुद्धि वाला' के लिए एक शब्द 'कुशाग्रबुद्धि' सही है।

कुशाग्रबुद्धि- जो बहुत जल्दी सब बातें समझ लेता है।

अतः विकल्प (D) सही है।

55. दिए गए विकल्पों में 'कम खाती' के लिए एक शब्द अल्पाहारी है।

अल्पाहारी- जो कम भोजन करता हो।

अतः विकल्प (A) सही है।

56. दिए गए विकल्पों में 'साथ काम करती/साथ काम करनेवाला' शब्दों के लिए एक शब्द 'सहकर्मी' सबसे ज्यादा उपयुक्त है।

अतः विकल्प (B) सही है।

57. 'मालगुड़ी की दुनिया' पुस्तक की रचना आर. के. नारायण ने की थी।

आर. के. नारायण ने काल्पनिक शहर 'मालगुड़ी' का रचनात्मक प्रयोग अपनी कई पुस्तकों में किया है, परन्तु इसी नाम पर आधारित पहली पुस्तक थी। 1942 ई. में प्रकाशित उनकी कहानियों का सुप्रसिद्ध संग्रह मालगुड़ी की कहानियाँ (मालगुड़ी डेज़) है।

अतः विकल्प (D) सही है।

58. धौंकनी' शब्द में 'नी' प्रत्यय प्रयुक्त हुआ है।

'नी' प्रत्यय वाले अन्य शब्द- 'चटनी, मथनी' आदि हैं।

जो शब्दांश, शब्दों के अंत में जुड़कर अर्थ में परिवर्तन लाये, प्रत्यय कहलाते है। जैसे: पाठ - पाठक, शक - शक्ति, भला - भलाई , मनुष्य - मनुष्यता आदि।

अतः विकल्प (C) सही है।

59. 'कलकतिया' शब्द में प्रयुक्त प्रत्यय 'तिया' है।

अतः विकल्प (A) सही है।

60. 'कमलनयन' शब्द में कर्मधारय समास है तथा इसका सामासिक विग्रह 'कमल के समान नयन' है।

कर्मधारय समास- जिस समास के दोनों शब्दों के बीच विशेषण-विशेष्य अथवा उपमान-उपमेय का सम्बन्ध हो। जैसे- कमल के समान नयन = कमलनयन, चन्द्र जैसे मुख = चन्द्रमुख आदि।

अतः विकल्प (B) सही है।

61. प्रस्तुत विकल्पों में 'ध्यानमग्न' शब्द में तत्पुरुष समास है तथा इसका सामासिक विग्रह 'ध्यानमग्न' है।

तत्पुरुष समास- जिस समास में उत्तरपद प्रधान हो तथा समास करने के उपरांत विभक्ति (कारक चिन्ह) का लोप हो। जैसे- धर्म का ग्रंथ = धर्मग्रन्थ, तुलसीदास द्वारा कृत = तुलसीदासकृत।

अतः विकल्प (B) सही है।

62. प्रस्तुत विकल्पों में 'पंजाब' शब्द द्विगु समास का उदाहरण है तथा इसका समास विग्रह 'पाँच आबों (नदियों) का समूह' है।

द्विगु समास- जिस समास में पूर्वपद (पहला पद) संख्यावाचक विशेषण हो। जैसे- पंचतंत्र, दोपहर आदि।

अतः विकल्प (D) सही है।

63. रचना के आधार पर शब्द के 'तीन' भेद हैं – रूढ़, यौगिक तथा योगरूढ़ शब्द।

रूढ़ शब्द- जो शब्द हमेशा किसी विशेष अर्थ को प्रकट करते हो तथा जिनके खण्डों का कोई अर्थ न निकले, उन्हें 'रूढ़' कहते है। जैसे- नाक, कान, पीला, पर, झट आदि।

यौगिक शब्द- जो शब्द अन्य शब्दों के योग से बने हो तथा जिनके प्रत्येक खण्ड का कोई अर्थ हो, उन्हें यौगिक शब्द कहते है। जैसे- डाकघर, पीलापन, देशवासी आदि।

अतः विकल्प (B) सही है।

64. अवयवास्तु ज्ञानेन्द्रियपञ्चकं बुद्धिमनसी कर्मेन्द्रियपञ्चकं वायुपञ्चकं चेति । सूक्ष्म शरीर ही लिङ्ग शरीर है, जिसके सत्रह अवयव हैं। ये सत्रह अवयव हैं पाँच ज्ञानेन्द्रियाँ, पाँच कर्मेन्द्रियाँ, बुद्धि तथा मन एवं पाँच प्राण।

अतः विकल्प (B) सही है।

65. गीता के अनुसार जो कर्म निष्काम भाव से ईश्वर के लिए जाते हैं वे बंधन नहीं उत्पन्न करते। वे मोक्षरूप परमपद की प्राप्ति में सहायक होते हैं। इस प्रकार कर्मफल तथा आसक्ति से रहित होकर ईश्वर के लिए कर्म करना वास्तविक रूप से कर्मयोग है और इसका अनुसरण करने से मनुष्य को अभ्युदय तथा निःश्रेयस की प्राप्ति होती है।

अतः विकल्प (C) सही है।

66. 'कोई' शब्द एक अनिश्चयवाचक सर्वनाम है। अनिश्चयवाचक सर्वनाम अर्थात जिन सर्वनाम शब्दों से वस्तु, व्यक्ति, स्थान आदि की निश्चितता का बोध नहीं होता वे अनिश्चयवाचक सर्वनाम कहलाते हैं, जैसे- कुछ, कोई।

अतः विकल्प (C) सही है।

67. 'स्वयं' शब्द एक निजवाचक सर्वनाम है। निजवाचक सर्वनाम अर्थात जिन सर्वनाम शब्दों का प्रयोग कर्ता के साथ अपनेपन का ज्ञान कराने के लिए किया जाए, उन्हें निजवाचक सर्वनाम कहते है, जैसे- अपने आप, स्वयं।

अतः विकल्प (C) सही है।

68. 'जब वह वाक्य में व्याकरण के नियमों के साथ प्रयुक्त हो।' तब शब्द पद बन जाता है।

जब कोई सार्थक शब्द वाक्य में प्रयुक्त होता है तब उसे पद कहते हैं। पर जब इसका प्रयोग वाक्य में होता है तो इसका रूप भी बदल जाता है, इसलिए वाक्य में प्रयुक्त होने पर शब्द पद कहा जाता है। जैसे सेब एक शब्द है, परन्तु वाक्य 'मोहित सेब खाता है' में सेब पद कहा जाएगा।

अतः विकल्प (D) सही है।

69. 'तुम' पुरुषवाचक सर्वनाम का विशेषण 'तुम्हारा' होगा।

विशेषण- जो शब्द संज्ञा या सर्वनाम शब्दों की विशेषता बताते हैं।

अतः विकल्प (B) सही है।

70. 'फेन' संज्ञा का विशेषण शब्द 'फेनिल' होगा। फेन का शाब्दिक अर्थ झाग होता है व फेनिल का अर्थ होता है 'झागयुक्त'।

अतः विकल्प (D) सही है।

71. खड़ी बोली का सर्वप्रथम लोकप्रिय कवि अमीर खुसरो को माना जाता है।

उनकी रचनाएँ- मल्लोल अनवर, तुहफ़ा-तुस-सिगर, बाक़िया नाक़िया, तुग़लकनामा, नुह-सिफ़िर इत्यादि हैं।

अतः विकल्प (A) सही है।

72. 'साठ' शब्द से बनी नामधातु क्रिया 'सठियाना' है।

नामधातु क्रिया- संज्ञा, सर्वनाम, विशेषण इत्यादि से बननेवाली क्रिया को नामधातु क्रिया कहते हैं। जैसे- हाथ से हथियाना, बात से बतियाना, दुखना से दुखाना आदि।

अतः विकल्प (A) सही है।

73. 'शर्म' शब्द से बनने वाली नामधातु क्रिया 'शर्माना' है।

अतः विकल्प (D) सही है।

74. दिए गए विकल्पों में 'ढलती उम्र' वाक्यांश के लिए उपयुक्त शब्द 'अधेड़' है।

युवा- युवक, जवान।

वयोवृद्ध- अत्यधिक उम्रवाला, बूढ़ा।

अतः विकल्प (A) सही है।

75. 'यशोधरा' कृति प्रेमचंद द्वारा रचित नहीं है।

'यशोधरा' महाकाव्य में गौतम बुद्ध के गृह त्याग की कहानी को केन्द्र में रखकर यह महाकाव्य लिखा गया है। मैथिलीशरण गुप्त द्वारा रचित प्रसिद्ध प्रबंध काव्य है, जिसका प्रकाशन सन् 1933 ई. में हुआ। अपने छोटे भाई सियारामशरण गुप्त के अनुरोध करने पर मैथिलीशरण गुप्त ने यह पुस्तक लिखी थी।

अतः विकल्प (C) सही है।

76. प्रस्तुत विकल्पों में से शुद्ध वर्तनी वाला शब्द 'संन्यासी' है।

'संन्यासी' का अर्थ 'त्यागी और विरक्त व्यक्ति' होता है।

संन्यासी का सन्धि विच्छेद- सम् + यासी = व्यंजन सन्धि

संन्यासी शब्द का प्रयोग सामन्यत: किया जाता है, जोंकी अशुद्ध है।

अतः विकल्प (A) सही है।

77. प्रस्तुत विकल्पों में से शुद्ध वर्तनी वाला शब्द 'पाणीग्रहण' है।

'पाणीग्रहण' का अर्थ हिंदू विवाह की एक रस्म जिसमें पति भावी पत्नी का हाथ पकड़ता है। 'पाणी' का अर्थ 'कर, हाथ' है। 'ग्रहण' का अर्थ 'लेना, धारण करना' है।

ग्रह और गृह भिन्न शब्द है, जिनके अर्थ भी भिन्न है। ग्रह- नौ ग्रह वाला ग्रह, गृह- घर, आवास।

अतः विकल्प (D) सही है।

78. उपर्युक्त पंक्ति 'सूरदास' द्वारा रचित है।

उपर्युक्त पंक्ति में सूरदास जी कहते हैं कि श्रीकृष्ण अभी बहुत छोटे हैं और यशोदा के आंगन में घुटनों के बल ही चल पाते हैं। एक दिन उन्होंने ताजा निकला माखन एक हाथ में लिया और लीला करने लगे। श्रीकृष्ण के छोटे-से एक हाथ में ताजा माखन शोभायमान है और वह उस माखन को लेकर घुटनों के बल चल रहे हैं।

अतः विकल्प (C) सही है।

79. 'लट लटकनि मनु मत्त मधुपगन पादक मधुहिं पिए' में 'उत्प्रेक्षा अलंकार' है।

'लट लटकनि मनु मत्त मधुपगन पादक मधुहिं पिए' पंक्ति में श्रीकृष्ण के मुख पर झूलती हुई लटों (प्रस्तुत) में मत्त मधुप (अप्रस्तुत) की कल्पना (संभावना) किये जाने के कारण यहाँ उत्प्रेक्षा अलंकार है।

उत्प्रेक्षा अलंकार- जहां पर उपमेय में उपमान से भिन्नता होते हुए भी उसमें (उपमेय में) उपमान की संभावना की जाती है, वहां पर उत्प्रेक्षा अलंकार होता है।

अतः विकल्प (D) सही है।

80. 'हेरि हियो जु लियो हरि जू हरि' पंक्ति में यमक अलंकार है।

यमक- कोई शब्द एक से अधिक बार आए और उनके अर्थ अलग-अलग हों तो उसे यमक अलंकार होता है। जैसे- कनक-कनक ते सौ गुनी मादकता अधिकाय।

अतः विकल्प (C) सही है।

81. 'सांध्यगीत' की रचना 'महादेवी वर्मा' ने की है।

'सांध्यगीत' महादेवी वर्मा का चौथा कविता संग्रह हैं। इसमें 1934 से 1936 ई. तक के रचित गीत हैं। 1936 में प्रकाशित इस कविता संग्रह के गीतों में नीरजा के भावों का परिपक्व रूप मिलता है। यहाँ न केवल सुख-दुख का बल्कि आँसू और वेदना, मिलन और विरह, आशा और निराशा एवं बन्धन-मुक्ति आदि का समन्वय है। 'यामा' नामक काव्य संकलन के लिए उन्हें भारत का सर्वोच्च साहित्यिक सम्मान 'ज्ञानपीठ पुरस्कार' वर्ष 1983 में प्राप्त हुआ।

अतः विकल्प (B) सही है।

82. सुदामा पांडेय 'धूमिल' की प्रसिद्ध काव्य कृति 'संसद से सड़क तक' है।

धूमिल के तीन काव्य-संग्रह प्रकाशित हैं-
1. संसद से सड़क तक
2. कल सुनना मुझे
3. सुदामा पांडेय का प्रजातंत्र

अतः विकल्प (C) सही है।

83. 'चन्द्रमुख' शब्द में 'कर्मधारय' समास है।

'चंद्रमुख' का समास विग्रह 'चन्द्रमा के समान मुख वाला' होगा, यहाँ समास के दोनों शब्दों के बीच विशेषण-विशेष्य अथवा उपमान-उपमेय का सम्बन्ध है और विग्रह करने पर दोनों पद के मध्य में 'का समान' आया है। इसीलिए यहाँ 'कर्मधारय' समास है।

अतः विकल्प (D) सही है।

84. उपर्युक्त विकल्पों में से 'निषेधवाचक' क्रिया – विशेषण' का भेद नहीं है।

निषेधवाचक- जिन वाक्यों में निषेध (न होने) का बोध हो। जैसे- मैंने खाना नहीं खाया।

अतः विकल्प (A) सही है।

85. 'खिसियानी बिल्ली खंभा नोचे' लोकोक्ति का अर्थ - किसी बात पर लज्जित होकर क्रोध करना है।

खिसियानी बिल्ली खंभा नोचे'- किसी बात पर लज्जित होकर क्रोध करना तुम खुद परीक्षा में पास नही हो सके और मास्टरजी पर दोष लगा रहे हो यह तो वही बात हो गई खिसियानी बिल्ली खंभा नोचे।

अतः विकल्प (B) सही है।

86. उपर्युक्त वाक्य में 'कर्म' कारक है।

डॉक्टर ने रोगी को दवा दी- वाक्य में 'को' चिह्न आने पर यहाँ 'कर्म' कारक है।

कर्म कारक- वाक्य में क्रिया का फल जिस शब्द पर पड़े, इसकी विभक्ति 'को' है। जैसे – माँ बच्चे को सुला रही है।

अतः विकल्प (A) सही है।

87. उक्त पंक्ति प्रेमचन्द के प्रसिद्ध उपन्यास 'गोदान' से ली गई है।

गोदान का प्रकाशन वर्ष - 1936 है। प्रेमचंद की अधिकतर कहानियों में किसान के पारिवारिक जीवन का उल्लेख मिलता है। इन समस्याओं के मूल में आर्थिक दृष्टि से हीन होना ही प्रमुख है।

अतः विकल्प (B) सही है।

88. उपर्युक्त विकल्पों में से 'मंदोदरी' सही विकल्प है।

मंदोदरी रामायण की पात्र हैं, पंच-कन्याओं में से एक हैं जिन्हें चिर-कुमारी कहा गया है। मंदोदरी मयदानव की पुत्री थी। उनका विवाह लंकापति रावण के साथ हुआ था।

अतः विकल्प (D) सही है।

89. (:-) इस विराम चिह्न को विवरण चिह्न कहते हैं।

विवरण चिन्ह (:-) का प्रयोग वाक्यांश में जानकारी, सूचना या निर्देश आदि को दर्शाने या विवरण देने के लिए किया जाता है। जैसे - वनों से निम्न लाभ हैं।

अतः विकल्प (C) सही है।

90. 'सड़क' शब्द अंग्रेजी भाषा का नहीं है।

टिफिन, फाईल और साइकिल' ये तीनों विदेशज शब्द हैं क्योंकि ये शब्द अंग्रेजी से हिंदी भाषा में आये हैं।

सृ के गति वाले भाव से संबंधित सड़क शब्द मूल रूप से संस्कृत में सरक के रूप में मौजूद है जहां इसका मतलब राजमार्ग, सीधा चौड़ा रास्ता है। संस्कृत, हिन्दी, बांग्ला रास्ते या राह के लिए सरणि शब्द भी यहीं से पैदा हुआ।

अतः विकल्प (D) सही है।

91. नागर का पर्यायवाची शब्द चतुर है।

नागर- विज्ञ , चतुर , निपुण , पटु , कुशल , दक्ष , प्रवीण , योग्य।

अतः विकल्प (C) सही है।

92. स्वर सन्धि का उदाहरण रत्नाकर है। रत्नाकर में दीर्घ सन्धि है।

रत्नाकर- रत्न + आकर

अतः विकल्प (C) सही है।

93. ओढ़ना शब्द "ना" प्रत्यय लगा कर बना है। प्रभाव ,पराजय, अपवाद क्रमशः उपसर्ग युक्त शब्द हैं।

अतः विकल्प (D) सही है।

94. 'चक्रपाणि' में बहुब्रीहि समास है इसलिए हमने विद्यार्थियों की सहायता के लिए बहुब्रीहि समास की परिभाषा, भेद और उदाहरण को यहाँ पर संक्षेप में समझाया है। अगर विद्यार्थी बहुब्रीहि समास को विस्तार से पढ़ना चाहें तो नीचे दिये गए लिंक (बहुब्रीहि समास की परिभाषा- पर जा कर पढ़ सकते हैं।

अतः विकल्प (B) सही है।

95. मिठाई शब्द भाववाचक संज्ञा नहीं है

जो संज्ञा शब्द किसी व्यक्ति या वस्तु के गुण, दोष, भाव या दशा का बोध कराते हैं। उन्हें भाववाचक संज्ञा कहते हैं।

अतः विकल्प (A) सही है।

96. स्वर सन्धि 5 प्रकार की होती हैं।

1. दीर्घ सन्धि
2. गुण सन्धि
3. यण सन्धि

4. वृद्घि सन्धि
5.आयादि सन्धि

अतः विकल्प (C) सही है।

97. लोटा शब्द 'देशज' है।

वे शब्द जिनकी उत्पत्ति के मूल का पता न हो परन्तु वे प्रचलन में हों। ऐसे शब्द देशज शब्द कहलाते हैं। ये शब्द आम तौर पर क्षेत्रीय भाषा में प्रयोग किये जाते हैं।

उदाहरण- लोटा, कटोरा, डोंगा, डिबिया, खिचड़ी, खिड़की, पगड़ी, अंटा, चसक, चिड़िया, जूता, ठेठ, ठुमरी, तेंदुआ, फुनगी, कलाई,

अतः विकल्प (B) सही है।

98. वारिद का पर्यायवाची शब्द बादल है।

वारिद- घन, मेघ, जलधर, बादल, नीरद, वारिधर, पयोद, अम्बुद, पयोधर।

अतः विकल्प (D) सही है।

99. 'उसने कहा कि मैं घर जाऊँगा' मिश्र वाक्य है।

मिश्र वाक्य- ऐसे वाक्य जिनमें सरल वाक्य के साथ-साथ कोई दूसरा उपवाक्य भी हो, वे वाक्य मिश्र वाक्य कहलाते हैं।

इस वाक्य में मुख्य उद्देश्य और मुख्य विधेय के अलावा एक या अधिक समापिका क्रियाएँ होती हैं।

अतः विकल्प (B) सही है।

100. 'नाक पर सुपारी तोड़ना' का अर्थ बहुत परेशान करना है।

उदाहरण- मुकाबले में जीत के लिए उन्हें विपक्षियों को नाकों चने चबवाने होंगे।

अतः विकल्प (C) सही है।

101. अक्ल का पुतला का अर्थ बहुत 'बुद्धिमान' है।

उदाहरण- बाल चाणक्य मानो अक्ल का पुतला है प्रत्येक प्रश्न का उत्तर तुरन्त दे देता है।

अतः विकल्प (A) सही है।

102. 'पानी पीकर घर पूछना' का अर्थ 'काम निकलने के बाद सोचना' है।

पानी पीकर जात पूछना मुहावरे का अर्थ काम निकलने के बाद सोचना होता है।

अतः विकल्प (C) सही है।

103. 'आकाशदीप' प्रसिद्ध कहानीकार एवं बहुमुखी प्रतिभा के धनी साहित्यकार जयशंकर प्रसाद की एक चरित्रप्रधान कहानी है।आकाशदीप कहानी सन 1930 के दशक में प्रकाशित हुई थी।उसमें मूलरूप से चम्पा का चरित्र अभिव्यञ्जित है।

अतः विकल्प (A) सही है।

104. निर्मल वर्मा के गद्य में कहानी, निबन्ध, यात्रा-वृत्त और डायरी की समस्त विधाएँ अपना अलगाव छोड़कर अपनी चिन्तन क्षमता और सुन-प्रक्रिया में समरस हो जाती हैं आधुनिक समाज में गद्य से जो विविध अपेक्षाएँ की जाती हैं, वे यहाँ सब एक बारगी पूरी हो जाती हैं। निर्मल वर्मा के यहाँ संसार का आशय सम्बन्धों की छाया या प्रकाश में ही खुलता है, अन्यथा नहीं। सम्बन्धों के प्रति यह उद्दीप्त संवेदनशीलता उन्हें अनेक अप्रत्याशित सूक्ष्मताओं में भले ले जाती हो, उनको ऐसा चिन्तक कथाकार नहीं बनाती जिसका चिन्तन अलग से हस्तक्षेप करते चलता हो। वे अर्थों के बखान के नहीं, अर्थ की गूँजों और अनुगूँजों के कथाकार हैं।

अतः विकल्प (A) सही है।

105. 'कितने पाकिस्तान' हिन्दी के विख्यात साहित्यकार कमलेश्वर द्वारा रचित एक उपन्यास है जिसके लिये उन्हें सन् 2003 में साहित्य अकादमी पुरस्कार से सम्मानित किया गया।

यह उपन्यास भारत-पाकिस्तान के बँटवारे और हिंदू-मुस्लिम संबंधों पर आधारित है। यह उनके मन के भीतर चलने वाले अंतर्द्वंद्व का परिणाम माना जाता है।

अतः विकल्प (B) सही है।

106. रामवृक्ष बेनीपुरी, प्रेमचंद की श्रेणी के ही लेखक थे जिनकी रचनाओं में हमारे देश की आत्मा यानी गांवों का इतनी बहुलता से और इतना जीवंत वर्णन मिलता है।

अतः विकल्प (D) सही है।

107. मुक्तछन्द कविता का वह रूप है जो किसी छन्दविशेष के अनुसार नहीं रची जाती न ही तुकान्त होती है। मुक्तछन्द की कविता सहज भाषण जैसी प्रतीत होती है। हिन्दी में मुक्तछन्द की परम्परा सूर्यकान्त त्रिपाठी निराला' ने आरम्भ की।

अतः विकल्प (A) सही है।

108. हिन्दी में व्यंग्य-विनोद की सजीव शैली के पुरस्कर्ताओं में बाबू बालमुकुन्द गुप्त के 'शिवशंभु के चिट्ठे' अपना अप्रतिम स्थान रखते हैं। शिवशम्भु के कल्पित नाम से, गुप्तजी ने लार्ड कर्जन के शासनकाल में, भारतीय जनता की दुर्दशा को प्रकट करने के लिए आठ चिट्ठे लिखे थे।

अतः विकल्प (B) सही है।

109. खड़ी बोली का का प्रयोग सबसे पहले प्रेम सागर पुस्तक में हुआ था, प्रेम सागर पुस्तक के लेखक लल्लू लाल जी हैं। खड़ी बोली का अर्थ खरी अर्थात् शुद्ध अथवा और ठेठ हिन्दी बोली से होता है। हिन्दी खड़ी बोली शौरसेनी अपभ्रंश से विकसित हुई। खड़ी बोली का मूल नाम कौरवी। खड़ी बोली का अन्य नाम बोलचाल की हिंदुस्तानी, सरहिंदी, वर्नाक्यूलर खड़ी बोली इत्यादि नामों से जाना जाता है। खड़ी बोली का प्रथम महाकाव्य प्रियप्रवास था।

अतः विकल्प (D) सही है।

110. 'सिंध' नदी से हिंदी शब्द का जन्म हुआ था।

हिन्दी शब्द का सम्बंध संस्कृत शब्द सिंधु से माना जाता है। 'सिंधु' सिंध नदी को कहते थे और उसी आधार पर उसके आस-पास की भूमि को सिन्धु कहने लगे। यह सिंधु शब्द ईरानी में जाकर 'हिंदू' हिंदी और फिर 'हिंद' हो गया।

अतः विकल्प (D) सही है।

111. राष्ट्रीय स्तर पर स्वीकार्य एवं विभिन्न राज्यों के लोगों द्वारा अपनाई जाने वाली समृद्ध भाषा राष्ट्रभाषा कहलाती है।

राजभाषा- राजभाषा, किसी राज्य या देश की घोषित भाषा होती है जो कि सभी राजकीय प्रायोजनों में प्रयोग होती है।

जैसे- भारत की राजभाषा हिंदी है।

अतः विकल्प (D) सही है।

112. पश्चिमी हिन्दी की कुल पाँच बोलियाँ हैं।

पश्चिमी हिन्दी की बोलियों के नाम हैं- खड़ी बोली/कौरवी, बुन्देली, बाँगरू या हरियाणवी, ब्रजभाषा तथा कन्नौजी।

अतः विकल्प (D) सही है।

113. गोपाल स्वामी आयंगर ने संविधान सभा में हिन्दी को राजसभा बनाने का प्रस्ताव रखा था।

सरदार वल्लभ भाई पटेल, डॉ. भीमराव अम्बेडकर तथा पं जवाहरलाल नेहरू, इन तीनों का स्वाधीनता संग्राम के आन्दोलन में विशेष योगदान रहा है, साथ ही डॉ. भीमराव अम्बेडकर को संविधान का रचयिता भी कहा जाता है।

अतः विकल्प (A) सही है।

114. हिंदी भाषा का प्रादुर्भाव 'अपभ्रंश' से हुआ है। 'अपभ्रंश' अर्थति "भ्रष्ट हुई" या "बिगड़ी हुई" भाषा। हिन्दी भाषा का उद्भव, अपभ्रंश के शौरसेनी, अर्धमागधी और मागधी रूपों से हुआ है।

अतः विकल्प (A) सही है।

115. उपरोक्त दी गई काव्य पंक्तियों में 'विरोधाभास अलंकार' है।

'पापी मनुज भी आज मुख से, राम नाम निकालते' इस काव्य पंक्ति में विरोधाभास प्रतीत हो रहा है यहाँ एक तरफ मनुष्य पापी है और दूसरी तरफ ईश्वर का नाम उच्चारित कर रहा है।

विरोधाभास अलंकार- जब किसी वस्तु का वर्णन करने पर विरोध न होते हुए भी विरोध का आभास हो, विरोधाभास अलंकार होता है।

अतः विकल्प (A) सही है।

116. दिए गए विकल्पों में 'आइना' शब्द पुल्लिंग है।

इस वाक्य में 'आइना आज साफ़ नज़र आ रही है' का प्रयोग करना उचित नहीं हैं। रही के स्थान पर रहा होगा। अतः स्पष्ट है कि 'आइना' एक पुल्लिंग शब्द है। जैसे - आइना आज साफ़ नज़र आ रहा है।

अतः विकल्प (C) सही है।

117. 'भवत' रूप- 'भू-भव (प.प.) धातु से लोट्लकार, मध्यम पुरुष, बहुवचन' में बनता है।

पुरुष-	एकवचन	द्विवचन	बहुवचन
मध्यम पुरुष-	भव	भवतम्	भवत

अतः विकल्प (D) सही है।

118. 'मोहनः पुस्तकं पठति।' इस वाक्य का कर्ता 'मोहन' है और 'पठति' क्रियापद से ज्ञात होता है कि यह एकवचन और वर्तमानकाल है। प्रस्तुत वाक्य कर्तृवाच्य में है -

मोहन कर्ता है और कर्ता में प्रथमा विभक्ति होती है। अतः अकारान्त छात्र से प्रथमा एकवचन में रूप 'मोहनः' बनता है।

'पुस्तक' में कर्म कारक का बोध होता है और कर्म कारक में द्वितीया विभक्ति होती है।

'मोहनः' इस कर्ता के अनुसार क्रियापद 'पठति' यह सही होगा।

इसलिए 'मोहनः पुस्तकं पठति।' इस वाक्य का हिन्दी अनुवाद 'मोहन पुस्तक पढ़ता है।' होता है।

अतः विकल्प (B) सही है।

119. 'राम दशरथ के पुत्र थे' यहाँ प्रस्तुत वाक्य में दशरथ पुत्र राम का वर्णन हुआ अतः दशरथ में संबन्ध सूचक षष्ठी विभक्ति होगी।

इसलिए 'राम दशरथ के पुत्र थे' का संस्कृत अनुवाद होगा - 'रामः दशरथस्य पुत्रः आसीत्'।

अतः विकल्प (A) सही है।

120. यह पंक्तियाँ अमीर खुसरो की हैं।

अमीर खुसरो आदिकाल के कवि हैं।

अतः विकल्प (B) सही है।

121. जायसी की रचना आखिरी कलाम में क़यामत का वर्णन है। जायसी सूफ़ी (1446 - 1542 ई.) सम्प्रदाय के प्रमुख कवि हैं, वह शेरशाह के समकालीन कवि थे।

अतः विकल्प (D) सही है।

122. 'भू' धातु की रूपावलि दस लकारों में दी जाती है। 'भू' धातु का अर्थ है 'होना'।

अतः विकल्प (D) सही है।

123. दिए गए विकल्पों में सही उत्तर विकल्प 'श्रृंगार रस' है।

उपर्युक्त काव्य पंक्ति श्रृंगार रस का उदाहरण है। इसका स्थायी भाव रति होता है। नायक और नायिका आँखों ही आँखों में रूठते हैं, मनाते हैं, मिलते हैं, खिल जाते हैं और कभी कभी शरमाते भी हैं और लोगों को पता भी नहीं चलता है।

अतः विकल्प (B) सही है।

124. दिए गए विकल्पों में सही उत्तर विकल्प 'शोक' है।

उपरोक्त काव्य पंक्ति में करुण रस है। प्रिय वस्तु तथा व्यक्ति के नाश या अनिष्ट से हृदय में उत्पन्न क्षोभ से 'शोक' उत्पन्न होता है। यही शोक नामक स्थायी भाव जब विभाव, अनुभाव तथा संचारी भाव से पुष्ट हो जाता है तब 'करुण रस' दशा को प्राप्त होता है।

अतः विकल्प (C) सही है।

125. दी गयी पंक्तियों में दोहा छंद है।

दोहा एक अर्धसममात्रिक छंद होता है। ये सोरठा छंद के विपरीत होता है। इसमें पहले और तीसरे चरण में 13-13 तथा दूसरे और चौथे चरण में 11-11 मात्राएँ होती हैं। इसमें चरण के अंत में लघु (1) होना अनिवार्य होता है।

SII SS SI S SS SI ISI

"कारज धीरे होत है, काहे होत अधीर।

III SI IIII IS SII SS SI

समय पाय तरुवर फरै, केतक सींचो नीर ।।"

अतः विकल्प (B) सही है।

Q.1 विद्यापति की कौन सी रचना सदैव अप्रकाशित है?

A. कीर्तिलता   B. पदावली

C. कीर्तिपताका   D. सिर्फ (A) और (B)

Q.2 वल्लभाचार्य का सम्बन्ध किससे है?

A. शुद्धाद्वैतवाद   B. शुद्धावाद

C. द्वैतवाद   D. अद्वैतवाद

Q.3 कबीर की वाणी का संग्रह 'बीजक' के कितने भाग है?

A. दो   B. तीन   C. चार   D. पांच

Q.4 "लै लै मंजनूं" रचना है:

A. ईश्वरदास   B. दामोदर

C. बनारसी दास   D. जान

Q.5 कौन-सा कवि कृष्णभक्ति धारा के कवियों में शामिल नहीं है?

A. हरिदास   B. नंददास   C. ध्रुवदास   D. नाभादास

Q.6 कवि "उस्मान" की रचना है.

A. चंदायन   B. चित्रावली

C. हंस जवाहिर   D. सत्यवती कथा

Q.7 "अनुराग बाँसुरी" किस कवि की रचना है?

A. नूर मुहम्मद   B. मंझन

C. देव   D. जायसी

Q.8 निम्न में से "जायसी" की रचना कौन सी है?

A. चंदायन   B. कवितावली

C. हंस जवाहिर   D. पद्मावत

Q.9 निम्नलिखित में से किस कवि की रचना "मृगावती" है?

A. असाइत   B. मुल्ला दाऊद

C. कुतुबन   D. ईश्वर दास

Q.10 कबीरदास जी के गुरु का नाम क्या है?

A. गोरखनाथ   B. नरहर्यानन्द

C. दादू दयाल   D. रामानंद

Q.11 तुलसीदास के कौन से ग्रन्थ में समन्वय की चेष्टा की गई है?

A. विनय पत्रिका   B. रामचरित मानस

C. कवितावली   D. हनुमान बाहुक

Q.12 "मीराबाई" के गुरु का नाम क्या था?

A. सूरदास   B. रैदास   C. वल्लभाचार्य   D. दादू

Q.13 "बीजक", निम्नलिखित में किसकी रचनाओ का संकलन है?

A. सूर   B. कबीरदास   C. जायसी   D. तुलसी

Q.14 "जॉर्न ग्रियर्सन" ने भक्ति काल को क्या नाम दिया है?

A. भक्ति काल   B. चारण काल

C. मध्य काल   D. स्वर्णिम काल

Q.15 ध्रुव चरित्र के रचियता कौन है?

A. स्वामी हरिदास   B. नरोत्तमदास

C. रसखान   D. भीखारीदास

Q.16 निम्न में से कौन "रीतिसिद्ध" कवि हैं?

A. देव   B. मतिराम   C. बिहारी   D. पद्माकर

Q.17 "केशवदास" की प्रथम रचना है:

A. रामचन्द्रिका   B. कविप्रिया

C. रसिकप्रिया   D. विज्ञान गीता

Q.18 "चिंतामणि" की रचना कौन सी है?

A. कविप्रिया   B. शिवाबावनी

C. ललित ललाम   D. श्रृंगार मंजरी

Q.19 "केशवदास" की रचना कौन सी है?

A. ध्यान मंजरी   B. विज्ञानगीता

C. रामलला नहछू   D. अनेकार्थ मंजरी

Q.20 'मूर्खतापूर्ण कार्य करना' के लिए कौन सा मुहावरा सही है?

A. अक्ल पर पत्थर पड़ना

B. अक्ल का अँधा

C. अक्ल के पीछे लट्टू लिए फिरना

D. अक्ल का चरने जाना

Q.21 निम्न लोकोक्ति पूरी कीजिये।

उतर गई लोई तो __________।

A. क्या करेगा कोई   B. क्या रखेगा कोई

C. क्यों भरेगा कोई   D. क्यों रखेगा कोई

Q.22 'नौ दिन चले अढ़ाई कोस' कहावत का अर्थ है:

A. एक तो करेला, दूसरे नीम चढ़ा

B. अधिक उधार से कम नकद अच्छा है

C. गलती करने पर भी उसे स्वीकार न करना

D. धीमी गति से कार्य करना

Q.23 'मुट्ठी गरम करना' से आशय है:

A. हाथ मोड़ना   B. आग में हाथ डालना

C. घूँसा मारना   D. घूस देना

Q.24 'दामोदर' किस साहित्य का मूल नाम था?

A. भारवि   B. भर्तृहरि   C. भवभूति   D. भास

Q.25 'रामलक्ष्मणौ अयोध्यां आगच्छतः' शब्द का हिन्दी में अनुवाद है:

A. राम अयोध्या आते हैं।

B. राम और लक्ष्मण अयोध्या आते हैं।

C. राम लक्ष्मण के साथ अयोध्या आते हैं।

D. लक्ष्मण अयोध्या आते हैं।

Q.26 "आचार्य रामचंद्र शुक्ल" ने आदिकाल का क्या नामकरण किया है?

A. आदिकाल   B. सिद्ध सामंत काल

C. वीरगाथा काल   D. वीरकाल

Q.27 "आदिकालीन रासो साहित्य" में निम्नलिखित में से किस भाषा का प्रयोग किया गया है?

A. अपभ्रंश   B. प्राकृत   C. पिंगल   D. डिंगल

Q.28 'छंदो का अजायब घर' के नाम से किस ग्रंथ को जाना जाता है?

A. परमाल रासो   B. हम्मीर रासो

C. पृथ्वीराज रासो   D. विजय पाल रासो

Q.29 "श्रावकाचार" किस कवि की रचना है?
A. स्वयम्भू
B. देवसेन
C. सरहपा
D. भास्कराचार्य

Q.30 "पउमचरिउ" किसकी रचना है?
A. सरहपा
B. देवसेन
C. स्वयम्भू
D. पुष्य दंत

Q.31 "हिन्दी का भवभूति" किसे कहा जाता है?
A. नन्दकवि
B. स्वयम्भू
C. चंदवर
D. पुष्पदंत

Q.32 "भरतेश्वर बाहुबली रास", किस कवि की रचना है?
A. चंदवरदाई
B. शालीभद्र सूरी
C. पुष्य दंत
D. देवसेन

Q.33 "शब्दानुशासन" किस कवि की रचना है?
A. सोमभद्र सूरी
B. शालिभद्र सूरी
C. मुल्ला दाऊद
D. हेमचन्द

Q.34 "खड़ी बोली के आदि कवि" के नाम से निम्नलिखित में से किसे जाना जाता है?
A. जगनिक
B. अमीर खुसरो
C. विद्यापति
D. श्रीधर

Q.35 पाहुड़ दोहा किसकी रचना है?
A. जोइंदू
B. स्वयंभू
C. मुनीराम सिंह
D. मसऊद

Q.36 निम्नलिखित में से कौन सी रचना "घनानंद" की नहीं है?
A. पदावली
B. स्फुट छंद
C. यमुना यश
D. सुजान हित प्रबंध

Q.37 "पदम सिंह शर्मा" ने किस के काव्य को "शक्कर की रोटी" कहा है।
A. मतिराम
B. भूषण
C. देव
D. बिहारी

Q.38 मतिराम का प्रथम ग्रंथ निम्नलिखित में से है।
A. ललित ललाम
B. फूल मंजरी
C. रसराज
D. लक्षण श्रृंगार

Q.39 "अंग दर्पण" किस कवि की रचना है?
A. रसलीन
B. मतिराम
C. देव
D. बोधा

Q.40 "बिहारी सतसई" में लगभग कितने दोहे माने जाते है?
A. 700
B. 799
C. 749
D. 713

Q.41 'रत्नसेन' किस सूफ़ी प्रेमाख्यान का नायक है?
A. चंदायन
B. मधुमालती
C. पद्मावत
D. सत्यवती कथा

Q.42 इन्द्रावती किसकी रचना है?
A. कुतुबन
B. नूर मुहम्मद
C. शेख नबी
D. उसमान

Q.43 रचनाकाल के आधार पर निम्नलिखित रचनाओं का सही अनुक्रम है -
A. चंदायन, मृगावती, चित्रावली, मधुमालती
B. मधुमालती, चित्रावली, चंदायन, मृगावती
C. चित्रावली, मधुमालती, मृगावती, चंदायन
D. चंदायन, मृगावती, मधुमालती, चित्रावली

Q.44 'काबुल में क्या गधे नहीं होते' लोकोक्ति का अर्थ क्या है?
A. धोके का व्यापार बार-बार नहीं होता है
B. प्रसिद्ध तो ज्यादा परन्तु योग्यता कुछ नहीं

C. काबुल में गधे नहीं पायें जाते है
D. अच्छे-बुरे सभी जगह होते है

Q.45 सूरदास की किस रचना में संसार को होली का रूपक माना गया है?
A. सूर सारावली
B. भ्रमरगीत
C. साहित्य लहरी
D. सूरसागर

Q.46 रतन बावनी किसकी रचना है?
A. रहीमदास
B. तुलसीदास
C. केशवदास
D. कबीरदास

Q.47 काव्यकल्पद्रुम किसकी रचना है।
A. सेनापति
B. केशवदास
C. जायसी
D. सूरदास

Q.48 रामचंद्रिका किसकी रचना है?
A. केशवदास
B. तुलसीदास
C. सूरदास
D. कबीरदास

Q.49 "बिहारी सतसई" के दोहों का रोला छंद में पल्लवन निम्नलिखित में से किस टीकाकार ने किया है?
A. प्रभु दयाल पांडे
B. आनंदीलाल शर्मा
C. लल्लू लाल
D. अंबिकादत्त व्यास

Q.50 निम्नलिखित में से देव की कौन सी रचना उद्योत सिंह को समर्पित है?
A. भाव विलास
B. देव शतक
C. प्रेम चंद्रिका
D. प्रेम तरंग

Q.51 छंद शास्त्र पर इनका सा विशद निरूपण और किसी कवि ने नहीं किया है यह कथन रामचंद्र शुक्ल ने किस के संदर्भ में कहा है?
A. सुखदेव मिश्र
B. कुलपति मिश्र
C. मतिराम
D. देव

Q.52 'दुश्चरित्र' के लिए सही सन्धि-विच्छेद कौन सा है?
A. दुश + चरित्र
B. दु + चरित्र
C. दुः + चरित्र
D. दुश: + चरित्र

Q.53 निम्नलिखित विकल्पो मे विसर्ग सन्धि का उदाहरण है-
A. हृदयानन्द
B. हरिश्चन्द्र
C. ज्ञानोपदेश
D. महीश

Q.54 'गौरीशंकर' शब्द मे निम्नलिखित मे कौन सा समास है ?
A. कर्मधारय समास
B. द्वन्द समास
C. तत्पुरुष समास
D. द्विगु समास

Q.55 'घर-आँगन' शब्द में निम्न में से कौन सा समास है?
A. द्वंद समास
B. तत्पुरुष समास
C. कर्मधारय समास
D. बहुव्रीहि समास

Q.56 'निर्भय' शब्द में कौन सा समास है?
A. बहुब्रीहि समास
B. तत्पुरुष समास
C. अव्ययीभाव समास
D. कर्मधारय समास

Q.57 'नीति-निपुण' शब्द का सही समास-विग्रह है-
A. नीति का निपुण
B. नीति में निपुण
C. नीति के लिए निपुण
D. नीति से निपुण

Q.58 धेनविति में सन्धि है-
A. धेनव + इति
B. धेनो + इति
C. धेनवे + इति
D. धेनु + इति

Q.59 नीलोत्पलम् में समास है-
A. कर्मधारय
B. बहुव्रीहि
C. द्वन्द
D. द्विगु

Q.60 दिए गए शब्द के पर्यायवाची शब्द का चयन करें।
'विभूति'

A. सुंदरता B. प्रतिभूति C. ऐश्वर्य D. अनुभूति

Q.61 इनमें से 'दामिनी' किसका पर्यायवाची शब्द है?

A. बिजली B. नवनीत C. चमक D. ऊर्जा

Q.62 'से' किस कारक का चिह्न है?

A. करण कारक B. कर्म कारक
C. संबंध कारक D. कर्ता कारक

Q.63 'घोसले में चिड़िया है' में कौन-सा कारक है?

[UPTET Paper - I, 2019]

A. सम्बन्ध कारक B. अधिकरण कारक
C. अपादान कारक D. सम्प्रदान कारक

Q.64 बहुवचन का कौन सा विकल्प उचित नहीं है?

A. कथाएं B. तालियां C. लताएं D. बत्तीया

Q.65 निम्नलिखित में से कौन सा शब्द स्त्रीलिंग है?

A. चीता B. घोड़ा C. अवस्था D. गला

Q.66 निम्न में से कौन सा शब्द पुल्लिंग है?

A. कढ़ी B. शीशम C. चील D. सरसों

Q.67 निम्नलिखित में कौन सा शब्द स्त्रीलिंग है?

A. मन B. भारत C. कचौरी D. सोना

Q.68 'जिसे करना बहुत कठिन हो' के लिए एक शब्द होगा-

A. पुष्कर B. दुष्कर C. दुराग्रह D. दुर्जेय

Q.69 जिसका सम्बन्ध अध्यात्म से है- के लिए एक ही शब्द होगा:

A. नैतिक B. शास्त्रीय
C. धार्मिक D. आध्यात्मिक

Q.70 निम्नलिखित पंक्ति किस रस का उदाहरण है?
"हा प्राण प्यारे ! जीवित रहूँ किसके सहारे?"

A. श्रृंगार रस B. करुण रस
C. वीभत्स रस D. अद्भुत रस

Q.71 निम्नलिखित काव्यांश में कौन सा रस है?
मधुबन तुम क्यों रहत हरे।
बिरह बियोग स्याम सुंदर के ठाढ़े क्यौ न जरे।।

A. संयोग श्रृंगार B. वियोग श्रृंगार
C. वात्सल्य D. वीभत्स

Q.72 निम्नलिखित पंक्ति किस रस का उदाहरण है?
सन्देश देवकी सों कहिए,
हौं तो धाम तिहारे सुत कि कृपा करत ही रहियो।

A. वात्सल्य रस B. भक्ति रस
C. शांत रस D. श्रृंगार रस

Q.73 'तपस्वी! क्यों इतने हो क्लांत,
वेदना का यह कैसा वेग?
आह! तुम कितने अधिक हताश
बताओ यह कैसा उद्वेग?
दी गई काव्य पंक्ति में कौन सा रस है?

A. रौद्र रस B. श्रृंगार रस C. अद्भुत रस D. शान्त रस

Q.74 "कहते हुए यों उत्तरा के नेत्र जल से भर गए। हिम के कणों से पूर्ण मानो हो गए पंकज नए।।

इन पंक्तियों में प्रयुक्त छंद का नाम बताइये?

A. गीतिका B. चौपाई C. छप्पय D. सोरठा

Q.75 'मूक होय वाचाल, पंगु चढ़इ गिरिवर गहन। जासु कृपा सो दयाल, द्रवउ सकल कलमल दहन' किस छंद का उदाहरण है?

A. छप्पय B. सोरठा C. चौपाई D. बरवै

Q.76 जन रंजन मंजन दनुज मनुज रूप सुरभू प्रा में कौनसा अलंकार है। सही विकल्प चुनें?

A. मानवी करण अलंकार B. उपमा अलंकार
C. अनुप्रास अलंकार D. यमक अलंकार

Q.77 'तीन बेर खाती थी वो तीन बेर खाती है' में कौन सा अलंकार है?

A. श्लेष अलंकार B. अनुप्रास अलंकार
C. रुपक अलंकार D. यमक अलंकार

Q.78 निम्नलिखित में से कौन 'रस' निष्पत्ति से सम्बद्ध नहीं है-

A. विभाव B. अभाव C. अनुभाव D. संचारी

Q.79 'वही मनुष्य है कि जो मनुष्य के लिए मरे' इस काव्य पंक्ति में कौन सा अलंकार है?

A. उपमा अलंकार B. यमक अलंकार
C. अनुप्रास अलंकार D. उत्प्रेक्षा अलंकार

Q.80 'दो व्यक्तियों की बातों में तीसरे व्यक्ति का हस्तक्षेप करना' किस मुहावरे का अर्थ है?

A. दाल-भात में मूसलचन्द B. खूब लाभ होना
C. उन्मत्त होना D. बिना आहट किए आना

Q.81 कुजगह फोड़ा और ससुर वैद्य- कहावत का अर्थ है:

A. दोनों में दोष B. मरीज वैद्य में संपर्क
C. धर्म संकट की स्थिति D. दोनों का त्याग

Q.82 निम्नलिखित में से शुद्ध वाक्य का चयन कीजिये।

A. मेरे से कोई मतलब नहीं है।
B. आयुर्वेद प्रतिरोधक क्षमता बढ़ाता है।
C. तीन लड़की एक पुरुष से भिड़ गईं।
D. जाने वाले को कोई नहीं रोक सकते हैं।

Q.83 'फल को खूब पका होना चाहिए।' वाक्य में किस प्रकार की अशुद्धि है?

[Rajasthan Teachers Eligibility Test - Level 1 Primary Level (RTET), 2017]

A. पदक्रम संबंधी B. वचन संबंधी
C. लिंग संबंधी D. कारक संबंधी

Q.84 'पेड़ों पर मैना बैठी है।'
इस वाक्य का शुद्ध रूप क्या होगा?

A. पेड़ पर मैना बैठी है। B. पेड़ों पर मैनो बैठी है।
C. पेड़ों पर मैना बैठे है। D. पेड़ों में मैना बैठी है।

Q.85 निम्नलिखित वाक्यों में कौन-सा वाक्य सटीक है?

A. श्रीकृष्ण के अनेक नाम है।
B. श्रीकृष्ण के अनेकों नामों से पुकारा जाता है।
C. भगवान् श्रीकृष्ण के अनेकों नाग का उल्लेख मिलता है।
D. श्रीकृष्ण के अनेकों नाम है।

Q.86 दिए गए विकल्पों में से आगरा और अलीगढ़ में बोली जाने वाली बोली कौन-सी है?

A. कौरवी B. मारवाड़ी C. ब्रजभाषा D. कन्नौजी

Q.87 दिए गए विकल्पों में 'असमिया' किससे उत्पन्न हुई है?

A. बंगाली से   **B.** मागधी से   **C.** उड़िया से   **D.** बिहारी से

Q.88 इनमें से बुंदेली भाषा किस उपभाषा की बोली है?
A. पश्चिमी हिंदी   **B.** दक्खिनी हिंदी
C. पूर्वी हिंदी   **D.** उत्तरी हिंदी

Q.89 भारत की 'प्रथम देशभाषा' किसे कहा गया?
A. पालि   **B.** संस्कृत   **C.** अपभ्रंश   **D.** प्राकृत

Q.90 दिए गए विकल्पों में से मैथिली का विकास किस अपभ्रंश से माना जाता है?
A. शौरसेनी अपभ्रंश   **B.** मागधी अपभ्रंश
C. अर्द्धमागधी अपभ्रंश   **D.** पैशाची अपभ्रंश

Q.91 निम्न में कौन सा शब्द पुल्लिंग है?
[UPSSSC Village Development Officer, 2018]
A. आशा   **B.** कष्ट   **C.** क्षमा   **D.** सेना

Q.92 सही लिंग शब्द का चयन करें।
राजा : रानी :: साला :_____
A. सरहज   **B.** धारा
C. जीजी   **D.** इनमें से कोई नहीं

Q.93 'वह मेरा आत्मज है' इस वाक्य का स्त्रीलिंग वाक्य क्या होगा?
A. वह मेरी आत्मजा है   **B.** वह आत्मजा है
C. वह मेरी आत्मज है   **D.** वह मेरा आत्मजा है

Q.94 निम्नलिखित प्रश्न में, चार विकल्पों में से, उस विकल्प का चयन करें जो सही सन्धि-विच्छेद वाला विकल्प है।
'मतैक्य'
A. मत + एक   **B.** मत + एक्य
C. मत + ऐक्य   **D.** मत + ऐक्य

Q.95 'दिग्गज' का सन्धि विच्छेद निम्न में से कौन सा है?
A. दिक् + गज   **B.** दीक् + गज
C. दिक् + कज   **D.** दिग + गज

Q.96 'गायक' में कौन-सी सन्धि है।
A. दीर्घ   **B.** वृद्धि   **C.** अयादि   **D.** व्यंजन

Q.97 निम्नलिखित में से 'गृहप्रवेश' में कौन-सा समास है?
A. तत्पुरुष समास   **B.** द्वंद्व समास
C. बहुब्रीहि समास   **D.** द्विगु समास

Q.98 'राहखर्च' में किस समास का प्रयोग हुआ है?
A. तत्पुरुष समास   **B.** कर्मधारय समास
C. द्विगु समास   **D.** बहुब्रीहि समास

Q.99 'नीतिशास्त्र' में कौन-सा समास होगा?
A. बहुब्रीहि समास   **B.** कर्मधारय समास
C. तत्पुरुष समास   **D.** द्वंद्व समास

Q.100 शुद्ध वाक्य की पहचान कीजिए-
A. सूरज पूरब में अस्त हो गया।
B. बेटा पराए घर का धन होता है।
C. कंस ने कृष्ण को मारा।
D. इनमें से कोई नहीं।

Q.101 दिए गए वाक्य का वह भाग ज्ञात करें जिसमें कोई त्रुटि है।
वृक्ष पूजन का हमारे जीवन का विशेष स्थान नहीं रहा।
A. हमारे जीवन का   **B.** नहीं रहा।
C. वृक्ष पूजन का   **D.** विशेष स्थान

Q.102 निम्नलिखित विकल्पों में से वाक्य का शुद्ध रूप क्या है?
A. सीता को भारी प्यास लगी है।
B. सीता को बड़ी प्यास लगी है।
C. सीता को महंगी प्यास लगी है।
D. सीता को उत्तम प्यास लगी है।

Q.103 'आज का जीवन अनेक तनाव युक्त है।'- वाक्य का शुद्ध रूप क्या होगा?
A. आज का जीवन अनेकों तनाव से युक्त है।
B. आज का जीवन अनेकों तनावों युक्त है।
C. आज का जीवन अनेक तनावों से युक्त है।
D. आज का जीवन अनेक तनाव में युक्त है।

Q.104 'अनुचित बात के लिये आग्रह' इस वाक्यांश के लिए एक शब्द होगा:
A. दुराग्रह   **B.** पदच्युत   **C.** दुराचारी   **D.** दंडसंहिता

Q.105 'पंकज' शब्द निम्न में से किससे सम्बन्धित है?
A. रूढ़ शब्द   **B.** योगरूढ़ शब्द
C. यौगिक शब्द   **D.** इनमें से कोई नहीं

Q.106 कौन सा विकल्प देशज शब्द नहीं है?
A. डोंगा   **B.** चिड़िया   **C.** पगड़ी   **D.** इस्तीफा

Q.107 निम्न में से ह्रस्व स्वर कौनसा है?
A. क   **B.** अ   **C.** ए   **D.** आ

Q.108 'इति + अपि' में सन्धि होती है-
A. इत्यापि   **B.** इतिपि   **C.** इत्यपि   **D.** इतापि

Q.109 'कर्मकुशलः' में प्रयुक्त समास है-
A. द्वितीया तत्पुरुष समास   **B.** चतुर्थी तत्पुरुष समास
C. षष्ठी तत्पुरुष समास   **D.** सप्तमी तत्पुरुष समास

Q.110 'मुनि' शब्दस्य षष्ठीबहुवचने रूपं भवति
A. मुनिनाम्   **B.** मुनिषु।   **C.** मुनीनाम्   **D.** मुनीन्

Q.111 'द्रक्ष्यतः' दृश् धातु का कौन-सा रूप है?
A. प्रथम पुरुष बहुवचन   **B.** प्रथम पुरुष द्विवचन
C. मध्यम पुरुष एकवचन   **D.** मध्यम पुरुष द्विवचन

Q.112 कालिदास का खण्डकाव्य कौन सा है?
A. उत्तररामचरितम्   **B.** विक्रमोर्वशीयम्
C. मेघदूतम्   **D.** ऋतुसंहारम्

Q.113 महावीरचरितम् इस नाटक के रचनाकार कौन है?
A. भवभूति   **B.** दण्डी   **C.** श्री हर्ष   **D.** भारवि

Q.114 श्री हर्ष कौन-सा काव्य महाभारत के वनपर्व पर आधारित है?
A. दूतघटोत्कच   **B.** मध्यमव्यायोग
C. नैषधीयचरितम्   **D.** कर्णभार

Q.115 भास विरचित एकाङ्की है-
A. पञ्चरात्रम्   **B.** अभिषेकनाटकम्
C. दूतवाक्यम्   **D.** बालचरितम्

Q.116 निम्नलिखित में से दण्डी की रचना नहीं है-
A. अवन्तिसुन्दरी   **B.** हर्षचरितम्
C. काव्यादर्श   **D.** दशकुमारचरितम्

Q.117 'अकथितं च' सूत्र के अनुसार कितने धातुओं की द्विकर्मक संज्ञा होती है?

A. 15　　　**B.** 11　　　**C.** 16　　　**D.** 36

Q.118 'तुम सब पुस्तक पढो।' अस्य वाक्यस्य संस्कृतानुवादः अस्ति

A. त्वं पुस्तकं पठ
B. यूयं पुस्तकं पठत
C. ते पुस्तकं पठन्तु
D. युष्मान् पुस्तकं पठत

Q.119 चिश्ती संप्रदाय के भारत में प्रवर्तक निम्नलिखित में से कौन हैं?

A. लालुद्दीन सुर्खपोश
B. मोइनुद्दीन चिश्ती
C. मोहम्मद बाकी
D. बंदगी मोहम्मद गौस

Q.120 'दामोदर' किसका मूल नाम था?

A. भर्तृहरि　　　**B.** भवभूति　　　**C.** भारवि　　　**D.** भास

Q.121 'कविकर्म और काव्यभाषा' किस आलोचक की समीक्षा कृति है?

A. प्रभाकर श्रोत्रिय
B. परमानन्द श्रीवास्तव
C. रामस्वरूप चतुर्वेदी
D. मलयज

Q.122 शिशुपालवध के रचनाकार है?

A. भारवी　　　**B.** कालिदास　　　**C.** माघ　　　**D.** दण्डी

Q.123 निम्नलिखित में से कौन सा वर्ण महाप्राण का उदाहरण नहीं है?

A. द　　　**B.** स　　　**C.** ध　　　**D.** घ

Q.124 निम्नलिखित में से शुद्ध वर्तनी का चयन कीजिए:

A. उन्नती　　　**B.** उनति　　　**C.** उनती　　　**D.** उन्नति

Q.125 सम मांत्रिक छंद का कौन-सा उदाहरण है?

A. दोहा　　　**B.** सोरठा　　　**C.** चौपाई　　　**D.** सभी

// स्मार्ट उत्तर पुस्तिका //

सही उत्तर — उन छात्रों के प्रतिशत को इंगित करता है जिन्होंने प्रश्नों का सही उत्तर दिया था।

छोड़ दिया — उन छात्रों के प्रतिशत को इंगित करता है जिन्होंने प्रश्नों को छोड़ दिया था।

प्रश्न संख्या	उत्तर	सही उत्तर / छोड़ दिया
1	C	33.33 % / 4.17 %
2	A	54.17 % / 37.5 %
3	B	58.33 % / 37.5 %
4	D	33.33 % / 37.5 %
5	D	41.67 % / 33.33 %
6	B	50.0 % / 33.33 %
7	A	50.0 % / 37.5 %
8	D	66.67 % / 33.33 %
9	C	62.5 % / 33.33 %
10	D	62.5 % / 37.5 %
11	B	45.83 % / 33.34 %
12	B	66.67 % / 33.33 %
13	B	66.67 % / 33.33 %
14	D	25.0 % / 37.5 %
15	B	41.67 % / 37.5 %
16	C	58.33 % / 37.5 %

प्रश्न संख्या	उत्तर	सही उत्तर / छोड़ दिया
17	C	8.33 % / 33.34 %
18	D	20.83 % / 37.5 %
19	B	58.33 % / 37.5 %
20	C	16.67 % / 37.5 %
21	A	54.17 % / 37.5 %
22	D	58.33 % / 37.5 %
23	D	66.67 % / 33.33 %
24	A	20.83 % / 37.5 %
25	B	41.67 % / 33.33 %
26	C	62.5 % / 37.5 %
27	A	16.67 % / 33.33 %
28	C	62.5 % / 33.33 %
29	B	54.17 % / 37.5 %
30	C	54.17 % / 37.5 %
31	D	25.0 % / 37.5 %
32	B	66.67 % / 33.33 %

प्रश्न संख्या	उत्तर	सही उत्तर / छोड़ दिया
33	D	54.17 % / 37.5 %
34	B	62.5 % / 37.5 %
35	C	41.67 % / 37.5 %
36	B	8.33 % / 37.5 %
37	D	37.5 % / 37.5 %
38	B	4.17 % / 37.5 %
39	A	37.5 % / 33.33 %
40	D	41.67 % / 37.5 %
41	C	62.5 % / 33.33 %
42	B	41.67 % / 37.5 %
43	D	29.17 % / 33.33 %
44	D	58.33 % / 33.34 %
45	A	20.83 % / 33.34 %
46	C	41.67 % / 33.33 %
47	A	54.17 % / 33.33 %
48	A	62.5 % / 33.33 %

प्रश्न संख्या	उत्तर	सही उत्तर / छोड़ दिया
49	D	25.0 % / 37.5 %
50	C	12.5 % / 37.5 %
51	A	4.17 % / 33.33 %
52	C	58.33 % / 37.5 %
53	B	50.0 % / 33.33 %
54	B	33.33 % / 37.5 %
55	A	66.67 % / 33.33 %
56	C	54.17 % / 37.5 %
57	B	62.5 % / 37.5 %
58	B	12.5 % / 37.5 %
59	A	54.17 % / 33.33 %
60	C	41.67 % / 37.5 %
61	A	62.5 % / 33.33 %
62	A	62.5 % / 37.5 %
63	B	58.33 % / 37.5 %
64	D	62.5 % / 33.33 %

प्रश्न संख्या	उत्तर	सही उत्तर / छोड़ दिया
65	C	62.5 % / 37.5 %
66	B	45.83 % / 37.5 %
67	C	62.5 % / 33.33 %
68	B	66.67 % / 33.33 %
69	D	62.5 % / 37.5 %
70	B	45.83 % / 37.5 %
71	B	62.5 % / 33.33 %
72	A	33.33 % / 33.34 %
73	D	25.0 % / 37.5 %
74	A	20.83 % / 37.5 %
75	B	41.67 % / 33.33 %
76	C	45.83 % / 33.34 %
77	D	54.17 % / 37.5 %
78	B	54.17 % / 37.5 %
79	B	29.17 % / 33.33 %
80	A	58.33 % / 37.5 %

प्रश्न संख्या	उत्तर	सही उत्तर / छोड़ दिया		प्रश्न संख्या	उत्तर	सही उत्तर / छोड़ दिया		प्रश्न संख्या	उत्तर	सही उत्तर / छोड़ दिया		प्रश्न संख्या	उत्तर	सही उत्तर / छोड़ दिया		प्रश्न संख्या	उत्तर	सही उत्तर / छोड़ दिया
81	C	50.0 %	33.33 %	90	B	37.5 %	37.5 %	99	B	12.5 %	33.33 %	108	C	45.83 %	37.5 %	117	C	29.17 %	37.5 %
82	B	54.17 %	37.5 %	91	B	54.17 %	33.33 %	100	D	41.67 %	33.33 %	109	D	25.0 %	33.33 %	118	B	29.17 %	37.5 %
83	D	33.33 %	33.34 %	92	A	41.67 %	33.33 %	101	A	45.83 %	33.34 %	110	C	20.83 %	37.5 %	119	B	62.5 %	33.33 %
84	A	58.33 %	37.5 %	93	A	66.67 %	33.33 %	102	B	62.5 %	37.5 %	111	B	37.5 %	33.33 %	120	C	20.83 %	33.34 %
85	A	45.83 %	37.5 %	94	C	25.0 %	37.5 %	103	C	54.17 %	37.5 %	112	C	50.0 %	37.5 %	121	B	16.67 %	37.5 %
86	C	37.5 %	37.5 %	95	A	62.5 %	33.33 %	104	A	58.33 %	37.5 %	113	A	37.5 %	33.33 %	122	C	54.17 %	37.5 %
87	B	37.5 %	33.33 %	96	C	54.17 %	37.5 %	105	B	33.33 %	37.5 %	114	C	41.67 %	37.5 %	123	A	41.67 %	37.5 %
88	A	50.0 %	37.5 %	97	A	58.33 %	37.5 %	106	D	58.33 %	37.5 %	115	C	25.0 %	33.33 %	124	D	62.5 %	33.33 %
89	A	25.0 %	33.33 %	98	A	58.33 %	37.5 %	107	B	54.17 %	37.5 %	116	B	45.83 %	33.34 %	125	C	37.5 %	37.5 %

कार्य विश्लेषण	
औसत अंक (%)	39.76%
टॉपर्स स्कोर (%)	84.71%
आपका स्कोर	

||संकेत और समाधान||

1. कीर्ति पताका सदैव अप्रकाशित रही है। यह अवहट्ट भाषा में है।

विद्यापति भारतीय साहित्य की 'शृंगार-परम्परा' के साथ-साथ 'भक्ति-परम्परा' के प्रमुख स्तंभों में से एक और मैथिली के सर्वोपरि कवि के रूप में जाने जाते हैं। इनके काव्यों में मध्यकालीन मैथिली भाषा के स्वरूप का दर्शन किया जा सकता है। इन्हें वैष्णव, शैव और शाक्त भक्ति के सेतु के रूप में भी स्वीकार किया गया है। मिथिला के लोगों को 'देसिल बयना सब जन मिट्ठा' का सूत्र देकर इन्होंने उत्तरी-बिहार में लोकभाषा की जनचेतना को जीवित करने का महान् प्रयास किया है।

अतः विकल्प (C) सही है।

2. शुद्धाद्वैत वल्लभाचार्य (1479-1531 ई.) द्वारा प्रतिपादित दर्शन है।

शुद्धाद्वैत दर्शन, आचार्य शंकर के अद्वैतवाद से भिन्न है।

शुद्धाद्वैत मत में माया सम्बन्धरहित नितान्त शुद्ध ब्रह्म को जगत् का कारण माना जाता है।

शुद्धाद्वैत में ''ब्रह्मसत्यं जगत्सत्यं अंशोजीवोहि नापरः'' (ब्रह्म सत्य है, जगत सत्य है, जीव ब्रह्म का अंश है) ऐसा कहा गया है।

अतः विकल्प (A) सही है।

3. कबीर की वाणी का संग्रह उनके शिष्य धर्मदास ने बीजक नाम से सन 1464 में किया है।

बीजक के तीन भाग हैं:-

1. साखी
2. सबद
3. रमैनी

अतः विकल्प (B) सही है।

4. "लै लै मंजनूं", "जान" की रचना है।

जान कवि की भाषा राजस्थानी प्रभावित ब्रजभाषा है। जान कवि पहले हिंदी कवि हैं जिन्होंने फारसी के लैला मजनू आख्यान को लेकर लै लै मंजनूं काव्य की रचना की है। जान कवि ने 78 ग्रंथों की रचना की है जिनमें 29 प्रेमाख्यानक हैं।

अतः विकल्प (D) सही है।

5. नाभादास कृष्णभक्ति के कवि नहीं हैं।

नाभादास- भक्तिकाल की सगुण शाखा में रामभक्ति के कवि हैं। इन्होंने भक्तमाल परम्परा का प्रवर्तन किया।

गुरु- अग्रदास

अतः विकल्प (D) सही है।

6. "चित्रावली" की रचना "उस्मान" ने की है। चित्रावली में नेपाल के राजकुमार सुजान और रुपनगर की राजकुमारी चित्रावली की प्रेम कथा का वर्णन है। चित्रावली में अंग्रेजों के द्वीप का भी वर्णन किया गया है। चित्रावली 1022 हिजरी अर्थात् 1613 ई. में लिखी गई थी। कवि उस्मान ने इस रचना में मलिक मुहम्मद जायसी का पूरा अनुकरण किया है।

अतः विकल्प (B) सही है।

7. "अनुराग बाँसुरी", "नूर मुहम्मद" की रचना है।

अनुराग बाँसुरी का रचना वर्ष1764 ई. है। यह बरवै चौपाई छंद में है। चौपाइयों के बीच बीच में इन्होंने दोहे न लिखकर बरवै रखे हैं। इसकी भाषा है जो सूफी रचनाओं से बहुत अधिक संस्कृत गर्भित है। "इंद्रावती" भी नूर मुहम्मद की अन्य रचना है।

अतः विकल्प (A) सही है।

8. "पद्मावत", "जायसी" की रचना है।

मलिक मुहम्मद जायसी (1467-1542) हिन्दी साहित्य के भक्ति काल की निर्गुण प्रेमाश्रयी धारा के कवि थे। उनकी 21 रचनाओं के उल्लेख मिलते हैं।

अतः विकल्प (D) सही है।

9. "मृगावती", "कुतुबन" की रचना है।

कुतुबन का जन्म 1515 ई. में हुआ माना जाता है। कुतुबन शेख बुरहान के शिष्य थे। ये सूफी प्रेम काव्य परम्परा के कवि थे। कवि की भाषा अवधी तथा छंद, दोहा एवं चौपाई है।

अतः विकल्प (C) सही है।

10. कबीरदास जी के गुरु का नाम "रामानंद" है।

कबीरदास की भाषा को पंचमेल खिचड़ी, सधुक्कड़ी आदि नाम से अभिहित किया जाता है। कबीर की वाणी का संग्रह उनके शिष्य धर्मदास में बीजक नाम से सन 1464 में किया है।

अतः विकल्प (D) सही है।

11. रामचरित मानस, तुलसीदास के ग्रन्थ में समन्वय की चेष्ठा की गई है।

गोस्वामी तुलसीदास (1511 - 1623) हिंदी साहित्य के महान कवि थे। इन्हें आदि काव्य रामायण के रचयिता महर्षि वाल्मीकि का अवतार भी माना जाता है।

अतः विकल्प (B) सही है।

12. "मीराबाई" के गुरु का नाम "रैदास" है।

"गुरु मिल्या रैदास जी दीन्ही ज्ञान की गुटकी" उपयुक्त पंक्ति में मीरा ने रैदास जी को अपना गुरु बताया था। गुरू रविदास (रैदास) का जन्म काशी में संवत 1433 को हुआ था। रैदास के 40 पद "गुरु ग्रंथ साहब" में संकलित है।

अतः विकल्प (B) सही है।

13. "बीजक" के रचनाकार "कबीरदास" है।

कबीरदास की रचनाओं का संकलन - उनके शिष्य धर्मदास ने किया है। कबीरदास की रचनाओं का संकलन "बीजक" कहलाता है। इस कृति को कबीरदास पंथ की पवित्र पुस्तक मानी जाती है।

बीजक के तीन भाग है:-

1. साखी
2. सबद
3. रमैनी

अतः विकल्प (B) सही है।

14. भक्ति काल को "स्वर्णिम काल", "जॉर्ज ग्रियर्सन" ने कहा है।

समयावधिः संवत् 1343 ई. से संवत् 1643ई तक।

भक्ति-युग की चार प्रमुख काव्य-धाराएं मिलती हैं:

सगुण भक्ति

- रामाश्रयी शाखा
- कृष्णाश्रयी शाखा

निर्गुण भक्ति

- ज्ञानाश्रयी शाखा
- प्रेमाश्रयी शाखा

अतः विकल्प (D) सही है।

15. "ध्रुव चरित्र" के रचयिता 'नरोत्तमदास' हैं।

ध्रुव चरित्र आंशिक रूप से उपलब्ध है जिसके 28 छंद 'रसवती' पत्रिका में 1968 अंक में प्रकाशित हुए।

अतः विकल्प (B) सही है।

16. "बिहारी", "रीतिसिद्ध" कवि हैं।

बिहारी ने अपनी बहुज्ञता अर्थात ज्योतिष, विज्ञान, आयुर्वेद, राजनीति, लोक संबंधी आदि विषय के ज्ञान को बिहारी सतसई में प्रस्तुत किया है।

बिहारी सतसई कवि बिहारी की रचना है।

अतः विकल्प (C) सही है।

17. "रसिकप्रिया", "केशवदास" की प्रथम रचना है।

रसिकप्रिया का रचना वर्ष 1591 ईस्वी है।

केशव या केशवदास (जन्म 1555 विक्रमी और मृत्यु 1618 विक्रमी) हिन्दी साहित्य के रीतिकाल की कवित्रयी के एक प्रमुख स्तंभ हैं। वे संस्कृत काव्यशास्त्र का सम्यक् परिचय कराने वाले हिंदी के प्राचीन आचार्य और कवि हैं। केशव अलंकार सम्प्रदायवादी आचार्य कवि थे। इसलिये स्वाभाविक था कि वे भामह, उद्भट और दंडी आदि अलंकार सम्प्रदाय के आचार्यों का अनुसरण करते।

अतः विकल्प (C) सही है।

18. "श्रृंगार मंजरी", "चिंतामणि" की रचना है।

चिंतामणि त्रिपाठी हिन्दी के रीतिकाल के कवि हैं। इनका जन्मकाल सं. 1666 वि. और रचनाकाल सं. 1700 वि. माना जाता है। कविवर भूषण, मतिराम तथा जटाशंकर (नीलकंठ) के ज्येष्ठ भ्राता थे।

अतः विकल्प (D) सही है।

19. "विज्ञानगीता", "केशवदास" की रचना है।

केशव या केशवदास (जन्म (अनुमानतः) 1555 विक्रमी और मृत्यु (अनुमानतः) 1618 विक्रमी) हिन्दी साहित्य के रीतिकाल की कवि-त्रयी के एक प्रमुख स्तंभ हैं।

अतः विकल्प (B) सही है।

20. 'अक्ल के पीछे लट्टु लिए फिरना' अर्थात 'मूर्खतापूर्ण कार्य करना'।

'अक्ल पर पत्थर पड़ना' अर्थात 'कुछ समझ में न आना'।

'अक्ल का अंधा' अर्थात 'महामूर्ख होना'

'अक्ल के अँधे' अर्थात 'मूर्ख'

अतः विकल्प (C) सही है।

21. 'उतर गयी लोई क्या करेगा कोई' पूर्ण लोकोक्ति होती है।

उतर गई लोई तो क्या करेगा कोई- इज्जत जाने पर डर किसका?

वाक्य प्रयोग-

जब से शराब पीकर राजेश की पिटाई हुई है तब से वह रोज़ पीकर आता है और झगड़ा करता है क्योंकि एक बार यदि 'उतर गई लोई तो क्या करेगा कोई'।

अतः विकल्प (A) सही है।

22. 'नौ दिन चले अढ़ाई कोस' कहावत का अर्थ 'धीमी गति से कार्य करना' होता है।

वाक्य प्रयोग-

पिछले एक महीने से ये फाइल पूरी नहीं हो पायी है, जब पूछो तब 'हो रही है' यही कहते हो। अब तक तो सौ फाइल पूरी हो जातीं, नौ दिन चले अढ़ाई कोस वाली बात हो गयी है ये तो।

अतः विकल्प (D) सही है।

23. 'मुट्ठी गरम करना' का अर्थ है घूस देना या रिश्वत देना / लेना।

जैसे - मुकेश ने केस सुलझाने के लिए पुलिस की 'मुट्ठी गरम' की।

अतः विकल्प (D) सही है।

24. संस्कृत साहित्य में अनेकों साहित्यकारों को उनके रचनाकाल में अलग नाम और उपाधियाँ दी गई। अलंकृतकाव्यशैली के जन्मदाता 'आतपत्र भारवी' उपाधि से सुशोभित महाकवि भारवी का मूलनाम 'दामोदर' बताया जाता है। इसका उल्लेख महाकवि दण्डी ने 'अवन्तीसुन्दरीकथा' में किया है।

अतः विकल्प (A) सही है।

25. 'रामलक्ष्मणौ अयोध्यां आगच्छतः' शब्द का हिन्दी अनुवाद होगा - 'राम और लक्ष्मण अयोध्या आते हैं।'

'रामलक्ष्मणौ अयोध्यां आगच्छतः' इस वाक्य में 'आगच्छतः' इस क्रियापद से ज्ञात होता है, वाक्य 'लट्लकार' अर्थात् सामान्य वर्तमानकाल में है।

'रामलक्ष्मणौ' कर्ता तथा 'अयोध्यां' कर्म है। 'गच्छति' क्रियापद धातु 'आ + गम' है जिसका अर्थ आना होता है।

अतः विकल्प (B) सही है।

26. "आचार्य रामचंद्र शुक्ल" ने आदिकाल को "वीरगाथा काल" नाम दिया है।

इस समय का साहित्य मुख्यतः चार रूपों में मिलता है :

- सिद्ध-साहित्य तथा नाथ-साहित्य
- जैन साहित्य
- चारणी-साहित्य
- प्रकीर्णक साहित्य

अतः विकल्प (C) सही है।

27. "आदिकालीन रासो साहित्य" में "अपभ्रंश भाषा" का प्रयोग किया गया है।

- रासो का संबंध अधिकांशतः वीर काव्य से, जो डिंगल भाषा में लिखा गया।
- इन रचनाओं में डिंगल और पिंगल शैली का प्रयोग हुआ है।
- इन रचनाओं में युद्धप्रेम का वर्णन अधिक किया गया है।

अतः विकल्प (A) सही है।

28. "पृथ्वीराज रासो" को 'छंदों का अजायब घर' कहा जाता है।

- पृथ्वीराज रासो हिन्दी भाषा में लिखा एक महाकाव्य है।
- रचयिता :- चंदबरदाई
- पृथ्वीराजरासो ढाई हजार पृष्ठों का बहुत बड़ा ग्रंथ है। जिसमें 69 समय (सर्ग या अध्याय) हैं।

अतः विकल्प (C) सही है।

29. "श्रावकाचार", "देवसेन" की रचना है।

- देवसेन ने 933 ई. में श्रावकाचार की रचना की है।
- श्रावकाचार में 250 दोहों में श्रावक धर्म का प्रतिपादन किया गया है।

अतः विकल्प (B) सही है।

30. "पउमचरिउ", "स्वयम्भू" की रचना है।

- पउमचरिउ को पूरा स्वयम्भू के पुत्र त्रिभुवन ने किया था।
- पउमचरिउ, रामकथा पर आधारित अपभ्रंश का एक महाकाव्य है।
- बारह हजार पद हैं।

अत: विकल्प (C) सही है।

31. "पुष्पदंत" को "हिंदी का भवभूति" कहा जाता है।

- पुष्पदंत (972 ई.)
- "शिव सिंह सेंगर" ने पुष्पदंत को "भाखा की जड़" कहा है।
- पुष्पदंत अपभ्रंश भाषा के महाकवि थे।

अत: विकल्प (D) सही है।

32. "भारतेश्वर बाहुबली रास" की रचना "शालीभद्र सूरी" ने की है।

इसकी छन्द संख्या 203 है। इसमें जैन तीर्थंकर ऋषभदेव के पुत्रों भरतेश्वर और बाहुबलि में राजगद्दी के लिए हुए संघर्ष का वर्णन है।

इस रचना के दो संस्करण मिलते हैं। पहला प्राच्य विद्या मन्दिर बड़ौदा से प्रकाशित किया गया है तथा दूसरा "रास' और "रासान्वयी काव्य" में प्रकाशित हुआ है।

अत: विकल्प (B) सही है।

33. "शब्दानुशासन" "हेमचन्द्र" की रचना है।

शब्दानुशासन की रचना संवत 1150 में की गई थी। आचार्य हेमचन्द्र (1145-1229) कलिकाल सर्वज्ञ महान गुरु, समाज-सुधारक, धर्माचार्य, गणितज्ञ एवं अद्भुत प्रतिभाशाली मनीषी थे।

अत: विकल्प (D) सही है।

34. "अमीर खुसरो" को "खड़ी बोली के आदि कवि" के नाम से जाना जाता है।

अमीर खुसरो (1253-1325) चौदहवीं सदी के लगभग दिल्ली के निकट रहने वाले एक प्रमुख कवि, शायर, गायक और संगीतकार थे। अमीर खुसरो के ग्रंथों की संख्या 100 बताई जाती है। आमिर खुसरो "निजामुद्दीन औलिया" के शिष्य थे।

अत: विकल्प (B) सही है।

35. पाहुड़ दोहा मुनीराम सिंह की रचना है।

मुनीराम सिंह जैन साहित्य के सर्वश्रेष्ठ रहस्यवादी कवि हैं। मुनीराम अपभ्रंश भाषा के कवि हैं।

अत: विकल्प (C) सही है।

36. "स्फुट छंद", "घनानंद" की रचना नहीं है।

स्फुट छंद दूलह की रचना है। घनानंद (1673- 1760) रीतिकाल की तीन प्रमुख काव्यधाराओं- रीतिबद्ध, रीतिसिद्ध और रीतिमुक्त के अंतिम काव्यधारा के अग्रणी कवि हैं। ये 'आनंदघन' नाम से भी प्रसिद्ध हैं।

अत: विकल्प (B) सही है।

37. "पदम सिंह शर्मा" ने बिहारी के काव्य को "शक्कर की रोटी" कहा है।

बिहारी ने अपनी बहुज्ञता अर्थात ज्योतिष, विज्ञान, आयुर्वेद, राजनीति, लोक संबंधी आदि विषय के ज्ञान को बिहारी सतसई में प्रस्तुत किया है।

बिहारी सतसई कवि बिहारी की रचना है। यह एक मुक्तक काव्य है।

अत: विकल्प (D) सही है।

38. मतिराम का प्रथम ग्रंथ फूल मंजरी है।

डॉक्टर बच्चन सिंह के अनुसार "रसराज" मतिराम का प्रथम ग्रंथ है। फूल मंजरी में 60 दोहे हैं।

फूल मंजरी को मतिराम ने जहांगीर को समर्पित किया है जो कि उनके आश्रयदाता रह चुके है।

अत: विकल्प (B) सही है।

39. "अंग दर्पण", "रसलीन" की रचना है।

इसमें अंगो का उपमा, उत्प्रेक्षा से चमत्कार पूर्ण वर्णन है। रसलीन का पूरा नाम सैयद गुलाम नबी था।

अत: विकल्प (A) सही है।

40. "बिहारी सतसई" में लगभग "713" दोहे हैं।

बिहारी सतसई "कवि बिहारी" की रचना है। यह एक मुक्तक काव्य है। इसमें नीति, भक्ति और श्रृंगार से संबंधित दोहों का संकलन है।

अत: विकल्प (D) सही है।

41. रत्नसेन पद्मावत सूफी प्रेमाख्यान का नायक है।

पद्मावत (1540 ई.) जायसी द्वारा रचित ग्रंथ है जिसमें नागमती, पद्मावती और रत्नसेन की प्रेम कहानी है। पद्मावत का नागमती वियोग खंड हिंदी साहित्य की अनुपम निधि है। पद्मावत में रत्नसेन मन यानी आत्मा का प्रतीक है।

अत: विकल्प (C) सही है।

42. इन्द्रावती "नूर मुहम्मद" की रचना है।

इन्द्रावती अवधी (1744 ई.) भाषा में लिखी गयी है। नूर मुहम्मद दिल्ली के बादशाह मुहम्मदशाह के समकालीन थे। नूर मुहम्मद ने फ़ारसी भाषा में रौजतुल हकायक नामक ग्रन्थ लिखा।

अत: विकल्प (B) सही है।

43. रचनाकाल के आधार पर निम्नलिखित रचनाओं का सही अनुक्रम है-

चंदायन (1379 ई.), मृगावती (1501 ई.), मधुमालती (1545 ई.), चित्रावली (1613 ई.)

चंदायन, मृगावती, मधुमालती और चित्रावली हिंदी के प्रमुख सूफी काव्य हैं।

भारत में सूफ़ी धर्म का प्रचार- प्रसार 12 वीं शताब्दी में चिश्ती ने किया था।

अत: विकल्प (D) सही है।

44. 'काबुल में क्या गधे नहीं होते' लोकोक्ति का अर्थ है- 'अच्छे-बुरे सभी जगह होते है।' अन्य विकल्प असंगत है।

अर्थ- मूर्ख सब जगह मिलते हैं, काबुल घोड़ों के लिए प्रसिद्ध है लेकिन वहां भी आखिर गधे तो होते ही हैं।

वाक्य प्रयोग- कोई भी जगह अब सुरक्षित नहीं है, काबुल में क्या गधे नहीं होते।

अत: विकल्प (D) सही है।

45. सूर सारावली में संसार को होली का रूपक माना गया, इसमें 1107 छंद हैं।

सूरदास के गुरु वल्लभाचार्य हैं और सूरदास अष्टछाप के प्रमुख कवि थे। सूरदास की रचनाओं का सर्वप्रथम संपादन रागकल्पद्रुम नाम से हुआ।

अत: विकल्प (A) सही है।

46. रतन बावनी केशवदास की रचना है। केशवदास निम्बार्क सम्प्रदाय में दीक्षित थे।

रतन बावनी 1607 ई. में लिखी गयी। यह एक प्रबंध काव्य है।

अत: विकल्प (C) सही है।

47. काव्यकल्पद्रुम सेनापति की रचना है।

सेनापति (1589 ई.) ब्रजभाषा के कवि हैं और इनका सर्वाधिक प्रिय अलंकार श्लेष है। काव्यकल्पद्रुम एक रीति ग्रन्थ है। सेनापति के गुरु का नाम हीरामणि दीक्षित था।

अत: विकल्प (A) सही है।

48. रामचंद्रिका केशवदास की रचना है।

केशवदास का उपनाम वेदांती मिश्र था और यह निम्बार्क सम्प्रदाए के माने जाते हैं। रामचंद्रिका वर्ष 1601 ई. में लिखी गयी थी। रामचंद्रिका में 39 अध्याय हैं और यह एक प्रबंध काव्य है। रामचंद्रिका राम के चरित्र पर आधारित है।

अत: विकल्प (A) सही है।

49. "अंबिकादत्त व्यास" ने बिहारी सतसई के दोहों का रोला छंद में पल्लवन किया है।

बिहारी ने अपनी बहुज्ञता अर्थात ज्योतिष, विज्ञान ,आयुर्वेद ,राजनीति ,लोक संबंधी आदि विषय के ज्ञान को बिहारी सतसई में प्रस्तुत किया है।

बिहारी सतसई कवि बिहारी की रचना है। यह एक मुक्तक काव्य है।

अत: विकल्प (D) सही है।

50. "प्रेम चंद्रिका", देव ने उद्योत सिंह को समर्पित की है।

देव हित हरिवंश के अनन्य संप्रदाय में दीक्षित थे। महाकवि देव का मूल नाम देवदत्त था।

अत: विकल्प (C) सही है।

51. रामचंद्र शुक्ल ने सुखदेव मिश्र के संदर्भ में उपर्युक्त कथन कहा है।

सुखदेव मिश्र को "राजा राज सिंह गॉड" ने "कविराज" की उपाधि दी थी। छंद विचार, श्रृंगार लता आदि सुखदेव की रचनाएं हैं। सुप्रसिद्ध पं. महावीरप्रसाद द्विवेदी ने इनका एक जीवनवृत्त 'सरस्वती' पत्रिका में लिखा था।

अत: विकल्प (A) सही है।

52. 'दुश्चरित्र' का उचित सन्धि-विच्छेद 'दु: + चरित्र' है। (विसर्ग के बाद यदि च, छ हो, तो विसर्ग का 'श' हो जाता है) यहाँ विसर्ग सन्धि है।

अत: विकल्प (C) सही है।

53. हरिश्चन्द्र= हरिः + चन्द्र

हरिश्चन्द्र विसर्ग सन्धि का उदाहरण है।

जहाँ विसर्ग के साथ स्वर या व्यंजन के मेल से विकार उत्पन्न होता है। वहाँ विसर्ग सन्धि होती है।

अत: विकल्प (B) सही है।

54. 'गौरीशंकर' शब्द मे 'द्वन्द्व समास' है।

जिस समास में दोनों पद प्रधान हो तथा विग्रह करने पर उनके बीच 'तथा', 'या', 'अथवा', 'एवं' या 'और' का प्रयोग होता हो। जैसे- अन्न और जल = अन्न-जल

अत: विकल्प (B) सही है।

55. 'घर-आँगन' शब्द में 'द्वंद समास' है।

जिस समास में दोनों पद प्रधान हो तथा विग्रह करने पर उनके बीच 'तथा', 'या', 'अथवा', 'एवं' या 'और' का प्रयोग होता हो।

जैसे- अन्न और जल = अन्न-जल, अपना और पराया = अपना-पराया।

अत: विकल्प (A) सही है।

56. 'निर्भय' में 'अव्ययीभाव समास' होगा।

निर्भय का समास विग्रह 'भय से रहित' होगा। इसमें पूर्व पद अव्यय है। अव्यय वे शब्द होते हैं जिनके मूल रूप में लिंग, वचन, कारक, पुरुष आदि के कारण कोई विकार उत्पन्न नहीं होता है।

अत: विकल्प (C) सही है।

57. जहाँ पूर्वपद गौण तथा उत्तरपद प्रधान हों वहाँ तत्पुरुष समास होता है। यहाँ 'नीति-निपुण' शब्द का विच्छेद करने पर 'नीति में निपुण' होगा।

अत: विकल्प (B) सही है।

58. शब्द:- धेनविति

विग्रह:- धेनो + इति

सूत्र स्पष्टीकरण- 'एचोऽयवायावः' सूत्र के अनुसार अगर किसी स्वर के पहले 'एच्'(ए, ओ, ऐ, औ) आए तो सन्धि में उनके स्थान पर क्रमशः अय्, अव्, आय्, आव् होता है।

अत: विकल्प (B) सही है।

59. समस्तपद– नीलोत्पलम्

समास विग्रह– नीलम् उत्पलम्

उपर्युक्त समास में 'नीलम्' अर्थात् नीला रंग, 'उत्पलम्' अर्थात् कमल का विशेषण है।

सगास में यदि पूर्वपद विशेषण और उत्तरपद विशेष्य हो, तो उसे विशेषण - विशेष्य कर्मधारय समास कहते हैं। इसलिए, स्पष्ट होता है कि 'नीलोत्पलम्' में कर्मधारय समास होता है।

अत: विकल्प (A) सही है।

60. दिए गए विकल्पों में से 'विभूति' शब्द का पर्यायवाची शब्द ऐश्वर्य है।

अत: विकल्प (C) सही है।

61. दिए गए विकल्पों में 'बिजली' शब्द 'दामिनी' का पर्यायवाची शब्द है।

अत: विकल्प (A) सही है।

62. दिए गए विकल्पों में 'से' 'करण कारक' का चिह्न है।

संज्ञा या सर्वनाम के जिस रूप की सहायता से क्रिया सम्पन्न होती हैं, उसे करण कारक कहते हैं। जैसे- रामा ने मोहन को डंडे से मारा।

अत: विकल्प (A) सही है।

63. 'घोसले में चिड़िया है' वाक्य में 'अधिकरण' कारक है क्योंकि इसमें विभक्ति चिन्ह 'में' प्रयोग हुआ है। 'भीतर, ऊपर, अंदर, बीच' आदि शब्दों का प्रयोग इस कारक में किया जाता है।

अत: विकल्प (B) सही है।

64. दिये गए विकल्पों में से 'बत्तीया' शब्द बहुवचन का उचित विकल्प नहीं है।

'बत्तीया' शब्द वर्तनीगत अशुद्ध है।

अत: विकल्प (D) सही है।

65. उपरोक्त सभी विकल्पों में 'अवस्था' शब्द स्त्रीलिंग है जिसका अर्थ 'हालत या दशा या उम्र या स्थिति' होगा।

मनुष्य संसार में चार अवस्थाओं के द्वारा अपना जीवन व्यतीत करता है। ये हैं जागृत, स्वप्न, सुसुप्ति व तुरीय।

अत: विकल्प (C) सही है।

66. उपर्युक्त विकल्पों में से 'शीशम' शब्द पुल्लिंग है। अन्य विकल्प स्त्रीलिंग हैं।

अत: विकल्प (B) सही है।

67. संज्ञा शब्दों के जिस रूप से उसके पुरुष या स्त्री जाति होने का पता चलता है, उसे लिंग कहते हैं। जैसे- गाय-बैल, लड़का-लड़की, ग्वाला-ग्वालिन।

लिंग के दो भेद हैं- (1) पुल्लिंग तथा (2) स्त्रीलिंग।

दिए गए विकल्पों में 'कचौरी' स्त्रीलिंग शब्द है। अतिरिक्त सभी विकल्प 'मन, भारत, सोना' पुल्लिंग शब्द हैं।

अत: विकल्प (C) सही है।

68. 'जिसे करना बहुत कठिन हो' के लिए एक शब्द दुष्कर होगा, अन्य विकल्प असंगत है।

अत: विकल्प (B) सही है।

69. जिसका सम्बन्ध अध्यात्म से है, को आध्यात्मिक कहते हैं।

आध्यात्मिक- भौतिकता से परे जीवन का अनुभव कर पाना।

अत: विकल्प (D) सही है।

70. 'हा प्राण प्यारे ! जीवित रहूँ किसके सहारे?' इन काव्य पंक्तियों में करुण रस है, करुण रस का स्थायी भाव 'शोक' होता है। इसमें आश्रय 'दुखी व्यक्ति' एवं आलंबन 'वह व्यक्ति जिसका अनिष्ट हुआ' है।

किसी प्रिय व्यक्ति या वस्तु के विनाश या अनिष्ट की आशंका से जो भाव मन में पुष्ट होते हैं।

अत: विकल्प (B) सही है।

71. प्रस्तुत काव्यांश में सूरदास ने कृष्ण के वियोग में राधा के मनोभावों एवं दुख का वर्णन किया है, इसलिए यहां वियोग श्रृंगार है।

जहां पर नायक-नायिका का परस्पर प्रबल प्रेम हो लेकिन मिलन न हो अर्थात नायक-नायिका के वियोग का वर्णन हो वहां पर वियोग रस होता है। वियोग श्रृंगार रस का स्थायी भाव रति होता है। वियोग श्रृंगार को 'विप्रलंभ श्रृंगार' भी कहा कहा जाता है।

अत: विकल्प (B) सही है।

72. ऊपर दी गई काव्य पंक्ति में यशोदा का कृष्ण के प्रति प्रेम प्रदर्शित हो रहा है, इसलिए ये काव्य पंक्ति वात्सल्य रस का उत्तम उदाहरण हैं।

वात्सल्य रस का स्थायी भाव वात्सल्यता (अनुराग) होता है। इस रस में बड़ों का बच्चों के प्रति प्रेम, माता का पुत्र के प्रति प्रेम, बड़े भाई का छोटे भाई के प्रति प्रेम, गुरुओं का शिष्य के प्रति प्रेम आदि का भाव स्नेह कहलाता यही स्नेह का भाव परिपुष्ट होकर वात्सल्य रस कहलाता है।

अत: विकल्प (A) सही है।

73. उपर्युक्त काव्य पंक्तियों में शान्त रस है। इस पंक्ति में श्रद्धा मनु के प्रति सहानुभूति व्यक्त करती हुई उनके दुःख का कारण जानना चाहती है।

इस रस में तत्व ज्ञान कि प्राप्ति अथवा संसार से वैराग्य होने पर, परमात्मा के वास्तविक रूप का ज्ञान होने पर मन को जो शान्ति मिलती है वहाँ शान्त रस की उत्पत्ति होती है।

अत: विकल्प (D) सही है।

74. उक्त पँक्तियों में गीतिका छन्द का प्रयोग किया गया है।

गीतिका छंद:

सम मात्रिक छंद
चार चरण
प्रत्येक चरण में 14 और12 की यति से 26 मात्राएँ होती हैं
प्रत्येक चरण के अंत में लघु और गुरु होता है।

अत: विकल्प (A) सही है।

75. मूक होय वाचाल, पंगु चढ़इ गिरिवर गहन। जासु कृपा सो दयाल ,द्रवउ सकल कलमल दहन' काव्य पंक्तियाँ 'सोरठा' छंद का उदाहरण हैं।

सोरठा, दोहा का उल्टा होता है।

अत: विकल्प (B) सही है।

76. प्रदत पंक्ति में अनुप्रास अलंकार है। जहाँ स्वर की समानता के बिना भीवर्णों कीबार-बार आवृत्ति होती है, वहाँ अनुप्रास अलंकार होता है।

जैसे -

"मुदित मही पति मंदिर आए।सेवक सचिव सुमंत्र बुलाए।"

यहाँ पहले पद में 'म' वर्ण की आवृत्ति और दूसरे में स' वर्ण की आवृत्ति हुई है।

अत: विकल्प (C) सही है।

77. "तीन बेर खाती थी वो तीन बेर खाती हैं' में यमक अलंकार है यहाँ प्रथम तीन बेर का अर्थ तीन बार (संख्या से) तथा तीन बेर का अर्थ समय से है।

अत: विकल्प (D) सही है।

78. 'रस' निष्पत्ति से सम्बद्ध अभाव का नहीं है।

श्रव्य काव्य के पठन एवं दृश्य काव्य के दर्शन में जो अलौकिक आनन्द प्राप्त होता है, वही काव्य में रस कहलाता है। रस का शाब्दिक अर्थ है-आनन्द। काव्य में जो आनन्द आता है, वह ही काव्य का रस है।

अत: विकल्प (B) सही है।

79. 'वही मनुष्य है कि जो मनुष्य के लिए मरे' इस काव्य पंक्ति में यमक अलंकार है।

यमक अलंकार में एक ही शब्द दो या दो से अधिक बार आता है और प्रत्येक बार उसके अर्थ भिन्न-भिन्न होते हैं। इस पंक्ति में भी मनुष्य शब्द दो बार प्रयोग हुआ है, और प्रत्येक बार उसके अर्थ अलग-अलग हैं। एक मनुष्य एक व्यक्ति अर्थित आदमी के लिए परयोग हुआ है और दूसरा सम्पूर्ण मानव जातो के लिए।

अत: विकल्प (B) सही है।

80. दाल-भात में मूसलचन्द- 'दो व्यक्तियों की बातों में तीसरे व्यक्ति का हस्तक्षेप करना'

वाक्य प्रयोग- लड़ाई चाहे जिसकी भी हो लेकिन दाल-भात में मूसलचंद तो हर बार कंगना ही होती है।

अत: विकल्प (A) सही है।

81. कुजगह फोड़ा और ससुर वैद्य - कहावत का अर्थ है: धर्म संकट की स्थिति।

वाक्य प्रयोग- एक ओर मेरा सारा काम पड़ा है, दूसरी ओर मुझे जल्दी निकलना है, कुजगह फोड़ा और ससुर वैद्य।

अत: विकल्प (C) सही है।

82. 'आयुर्वेद प्रतिरोधक क्षमता बढ़ाता है।' वाक्य शुद्ध है।

'तीन लड़की एक पुरुष से भिड़ गई।' वाक्य में वचन संबंधी त्रुटि है। यहाँ पर 'लड़की' के स्थान पर 'लड़कियां' उचित होगा।

अत: विकल्प (B) सही है।

83. उपर्युक्त वाक्य में 'कारक संबंधी' अशुद्धि है। शुद्ध वाक्य है 'फल खूब पका होना चाहिए।' यहाँ कारक परसर्ग 'को' लगाने की आवश्यकता नहीं है। 'को' कर्म कारक द्वितीय विभक्ति का चिन्ह है।

अत: विकल्प (D) सही है।

84. 'पेड़ पर मैना बैठी है।' शुद्ध वाक्य है क्योंकि इसमें कोई त्रुटि नहीं है।

'पेड़ पर मैना बैठे है।' में शब्द वचन संबंधी अशुद्धि है। 'बैठे हैं' के स्थान पर 'बैठी है' का प्रयोग होना चाहिए।

अत: विकल्प (A) सही है।

85. दिए गए विकल्पों के अनुसार विकल्प "श्रीकृष्ण के अनेक नाम है।" विकल्प सटीक है।

अत: विकल्प (A) सही है।

86. दिए गए विकल्पों में से आगरा और अलीगढ़ में बोली जाने वाली बोली ब्रजभाषा है।

बोली	क्षेत्र
मारवाड़ी	जोधपुर, अजमेर, किशनगढ़, जैसलमेर
कौरवी	बिजनौर, रामपुर, मुरादाबाद, मेरठ, सहारनपुर, दिल्ली, गाजियाबाद, मुजफ्फरनगर
कन्नौजी	इटावा, फरुखाबाद, हरदोई, पीलीभीत, शाहजहांपुर, कानपुर
ब्रजभाषा	मथुरा, आगरा, अलीगढ़, बरेली, बंदायूं, एटा, मैनपुरी, गुड़गावां, भरतपुर, करौली

अत: विकल्प (C) सही है।

87. दिए गए विकल्पों में 'असमिया' मागधी से उत्पन्न हुई है।

आधुनिक आर्यभाषाओं का जन्म विभिन्न क्षेत्रीय रूपों से माना गया है। जिनमें से मागधी अपभ्रंश के अंतर्गत ही बंगाली, उड़िया और बिहारी भाषा भी आती हैं।

अत: विकल्प (B) सही है।

88. दिए गए विकल्पों में से बुंदेली भाषा पश्चिमी हिंदी के अंतर्गत आएगी। इसलिए इसका उचित उत्तर पश्चिमी हिंदी है।

पश्चिमी हिंदी का विकास शौरसैनी अपभ्रंश से हुआ है। इसके अंतर्गत पाँच बोलियाँ हैं - खड़ी बोली, हरियाणी, ब्रज, कन्नौजी और बुंदेली। बुंदेली बुंदेलखंड की उपभाषा है।

अत: विकल्प (A) सही है।

89. पालि को भारत कि 'प्रथम देशभाषा' कहा जाता है।

पालि मध्यकालीन आर्यभाषा है। इसका अर्थ 'बुद्ध वचन' होने से यह शब्द केवल मूल त्रिपिटक ग्रंथों के लिए हुआ है। यह भारत की प्रथम देशभाषा है।

अत: विकल्प (A) सही है।

90. दिए गए सभी विकल्पों में से मैथिली का विकास मागधी अपभ्रंश से माना जाता है। मैथिली हिंदी प्रदेश की 'बिहारी' की एक बोली है। जो मुख्य रूप से बिहार और नेपाल के तराई क्षेत्रों में बोली जाती है।

अत: विकल्प (B) सही है।

91. उपर्युक्त में से 'कष्ट' शब्द पुल्लिंग है। 'कष्ट' शब्द का प्रयोग पुल्लिंग में किया जाता है, जैसे- मुझे बहुत कष्ट हुआ।

अत: विकल्प (B) सही है।

92. यहाँ लिंग परिवर्तन की बात की जा रही है। 'राजा' का स्त्रीलिंग रूप 'रानी' होगा। इस आधार पर 'साला' का स्त्रीलिंग रूप 'सरहज' होगा।

अत: विकल्प (A) सही है।

93. 'आत्मज' का स्त्रीलिंग शब्द है 'आत्मजा'। वाक्य में 'मेरा' दिया गया है इसीलिए इसका भी लिंग परिवर्तन हो जाएगा। इस आधार पर दिए गये विकल्पों में जिसमें 'मेरी' और 'आत्मजा' का प्रयोग है वह वाक्य सही है।

अत: विकल्प (A) सही है।

94. 'मतैक्य' शब्द का उचित सन्धि विच्छेद 'मत + ऐक्य' है।

'मत + ऐक्य' (अ+ऐ=ऐ) वृद्धि सन्धि का उदाहरण है।

वृद्धि सन्धि- अ या आ के बाद ए या ऐ आए तो दोनों के मेल से ऐ हो जाता हैं तथा अ और आ के पश्चात ओ या औ आए तो दोनों के मेल से औ हो जाता हैं।

अत: विकल्प (C) सही है।

95. 'दिग्गज' का सन्धि विच्छेद दिक् + गज होता है यहाँ व्यंजन सन्धि है।

यदि प्रथम वर्ण + घोष वर्ण (पंचम वर्ण को छोड़कर) आये तो प्रथम वर्ण अपने वर्ग के तृतीय वर्ण में रूपांतरित हो जाएगा। जैसे – वाक् + दान = वाग्दान, उत् + अय = उदय। व्यंजन संधि के नियम के अनुसार किसी भी वर्ग का पहला वर्ण (क, च, त आदि) + घोष वर्ण (तीसरा या चौथा वर्ण, स्वर तथा अन्तस्थ (य, र, ल, व)) आये तो पहला वर्ण अपने वर्ग के तीसरे वर्ण में रूपांतरित हो जाता है।

अत: विकल्प (A) सही है।

96. अयादि सन्धि यहाँ सही विकल्प है।

गायक= गै + अक क्योंकि यदि ए/ऐ, ओ/औ के बाद कोई भी स्वर हो तो ए का अय, ऐ का आय ओ का अव, औ का आव बन जाता है। अयादि सन्धि कहलाती है।

अत: विकल्प (B) सही है।

97. इस प्रश्न का सही उत्तर विकल्प 'तत्पुरुष समास' है।

'गृहप्रवेश' अर्थात गृह में प्रवेश। इस शब्द में 'में' विभक्ति चिन्ह का लोप होने के कारण यहा तत्पुरुष समास होगा।

अत: विकल्प (A) सही है।

98. 'राहखर्च' शब्द का विग्रह है 'राह के लिए खर्च'। यहाँ उत्तरपद प्रधान है तथा समास के उपरांत विभक्ति का लोप होता है अर्थित यहाँ तत्पुरुष समास है।

अत: विकल्प (C) सही है।

99. 'नीतिशास्त्र' अर्थात 'नीति का ज्ञान करने वाला शस्त्र'। यह 'कर्मधारय समास' का उदाहरण है।

अत: विकल्प (B) सही है।

100. यहाँ सभी वाक्य वर्तनी की दृष्टि और उच्चारण की दृष्टि से शुद्ध है, परन्तु एक भी विकल्प शुद्ध वाक्य का नहीं है।

महत्वपूर्ण बिंदु- उक्त सभी वाक्य शुद्ध होने के बावजूद त्रुटि सहित है, क्योंकि उक्त सभी वाक्यों में सार्वभौमिक सत्यता की अशुद्धता है।सार्वभौमिक सत्यता की अशुद्धता- जो वाक्य सम्पूर्ण विश्व अथवा दुनिया में सत्य घटना पर आधारित हो तथा जिनके मायने सबके लिए बराबर हो, वह सार्वभौमिक शुद्धता कहलाती है, अत: सार्वभौमिक शुद्धता में त्रुटि ही सार्वभौमिक सत्यता की अशुद्धता कहलाती है।

अत: विकल्प (D) सही है।

101. दिए गए वाक्य के भाग हमारे जीवन का में त्रुटि है। यहाँ कारक सम्बन्धित त्रुटि है।

सार्थक शुद्ध वाक्य- वृक्ष पूजन का हमारे जीवन में विशेष स्थान नहीं रहा।

अत: विकल्प (A) सही है।

102. 'सीता को बड़ी प्यास लगी है।' शुद्ध वाक्य है क्योंकि इसमें कोई त्रुटि नहीं है।

'सीता को भारी प्यास लगी है।' में शब्द विशेषण संबंधी अशुद्धि है। यहाँ 'भारी' के स्थान पर 'बड़ी' विशेषण का प्रयोग होगा।

अत: विकल्प (B) सही है।

103. दिए गए विकल्पों में सही उत्तर विकल्प 'आज का जीवन अनेक तनावों से युक्त है।' होगा।

उपरोक्त सभी विकल्पों में शुद्ध वाक्य 'आज का जीवन अनेक तनावों से युक्त है।' होगा। अन्य विकल्पों में व्याकरणिक अशुद्धि हैं।

अत: विकल्प (C) सही है।

104. दिए गए विकल्पों में 'दुराग्रह' उपरोक्त वाक्यांश के लिए उचित शब्द है।

दुराग्रह- अनुचित बात के लिये आग्रह।

अत: विकल्प (C) सही है।

105. 'पंकज' शब्द योगरूढ़ शब्द है, पंकज (पंक + ज) अर्थात कीचड़ में उत्पन्न।

योगरूढ़ शब्द- जो शब्द अन्य शब्दों के योग से बनते हो, परन्तु एक विशेष अर्थ के लिए प्रसिद्ध होते हैं, उन्हें योगरूढ़ शब्द कहते है।

अत: विकल्प (B) सही है।

106. दिए गए विकल्पों में 'इस्तीफा' विदेशज शब्द है।

देशज शब्द- चसक, चिड़िया, जूता, ठेठ, ठुमरी, तेंदुआ, फुनगी, कलाई, डाब इत्यादि।

अत: विकल्प (D) सही है।

107. अ एक स्वर है, जोंकी हस्व स्वर की श्रेणी में आने वाला स्वर है।

हस्व स्वर- जिन स्वरों की मात्रा 1 अथवा हस्व अथवा लघु होता है, हस्व स्वर कहलाते है।

यह मात्र तीन होते हैं- अ, इ, उ

अत: विकल्प (B) सही है।

108. 'इति + अपि' में प्रथम पद के अन्त में 'इ' और दूसरे पद के शुरूवात मे 'अ' होनेसे यहाँ यण् सन्धि होगी

सूत्र- इको यणचि।

स्पष्टिकरण- 'इक्' अर्थात 'इ/ई', 'उ/ऊ', 'ऋ/ऋ' और 'ऌ' के आगे अगर कोई भी स्वर(विजातीय) आता है तब वहा यण् अर्थात् य्, व्, र्, ल् होते हैं।

अत: विकल्प (C) सही है।

109. 'कर्मकुशलः' पद का समासविग्रह होता है- 'कर्मणि कुशलः' जिससे स्पष्ट होता है कि कुशल के उत्तरपद में होने के कारण यहाँ सप्तमी तत्पुरुष समास है।

अत: विकल्प (D) सही है।

110. इकारान्त पुल्लिङ्ग शब्द 'मुनि' का विविध विभक्तियों और वचनों में निम्नलिखित प्रकार से रूप चलता है-

इकारान्त पुल्लिङ्ग 'मुनि' शब्द

विभक्ति	एकवचन	द्विवचन	बहुवचन
प्रथमा	मुनिः	मुनी	मुनयः
द्वितीया	मुनिम्	मुनी	मुनीन्
तृतीया	मुनिना	मुनिभ्याम्	मुनिभिः
चतुर्थ	मुनये	मुनिभ्याम्	मुनिभ्यः
पञ्चमी	मुनेः	मुनिभ्याम्	मुनिभ्यः
षष्ठी	मुनेः	मुन्योः	**मुनीनाम्**

अत: विकल्प (C) सही है।

111. 'दृश्' धातु से 'लृट् लकार प्रथम पुरुष द्विवचन' में 'द्रक्ष्यतः' रूप प्राप्त होता है। इसका विविध पुरुषों और वचनों में रूप निम्नलिखित प्रकार से चलता है-

पुरुष	एकवचन	द्विवचन	बहुवचन
प्रथमपुरुष	द्रक्ष्यति	द्रक्ष्यतः	द्रक्ष्यन्ति
मध्यमपुरुष	द्रक्ष्यसि	द्रक्ष्यथः	द्रक्ष्यथ
उत्तमपुरुष	द्रक्ष्यामि	द्रक्ष्यावः	द्रक्ष्यामः

अत: विकल्प (B) सही है।

112. कालिदास संस्कृत भाषा के महान कवि और नाटककार थे। उन्होंने भारत की पौराणिक कथाओं को आधार बनाकर रचनाएं की, जिसमें भारतीय जीवन और दर्शन के विविध रूप और मूल तत्त्व निरूपित हैं। कालिदास अपनी इन्हीं विशेषताओं के कारण राष्ट्र की समग्र राष्ट्रीय चेतना को स्वर देने वाले कवि माने जाते हैं संस्कृत साहित्य में ही नहीं अपितु समग्र साहित्यिक संसार में उन्हें कविकुलश्रेष्ठ तथा कविशिरोमणि माना जाता है।

अत: विकल्प (C) सही है।

113. भवभूति ने अपने जीवन में 'महावीरचरितम्, मालतीमाधवम्, उत्तररामचरितम्' इन तीन नाटकों की रचना की है।

अत: विकल्प (A) सही है।

114. 'श्री हर्ष' के महाभारत के वनपर्व पर आधारित काव्य 'नैषधीयचरितम्' है।

श्रीहर्ष 12वीं सदी के संस्कृत के प्रसिद्ध कवि तथा दार्शनिक थे। उनमें उच्चकोटि की काव्यात्मक प्रतिभा थी तथा वे अलंकृत शैली के सर्वश्रेष्ठ कवि थे। वे श्रृंगार के कला पक्ष के कवि थे। महान कवि होने के साथ-साथ वे बड़े दार्शनिक भी थे। श्रीहर्ष का 'नैषधीयचरित' 'बृहल्लयी' में बृहत्तम महाकाव्य है। परम प्रौढ़ शास्त्रीय वैदुष्य से ओतप्रोत, कविप्रौढ़ोक्तिसिद्ध कल्पना से वैदग्ध्यपूर्ण और अलंकृत काव्यशैली के उत्कृष्टतम महाकाव्य के रूप में 'नैषधीय चरित' का संस्कृत महाकाव्यों में अद्वितीय स्थान है।

अत: विकल्प (C) सही है।

115. महाकवि भास संस्कृत साहित्य के मूर्धन्य कवि हैं, जिन्होंने 13 रूपकों की रचना की है। जिनमें से कुछ नाटक है तो कुछ एकाङ्की।

एकाङ्की- जिस रूपक में एक ही अङ्क में कथानक को व्यक्त किया गया हो उसे एकाङ्की कहते हैं। भास ने पांच एकाङ्की विरचित की है -

- ऊरुभङ्गम्
- दूतवाक्यम्
- दूतघटोत्कचम्
- कर्णभारम्
- मध्यमव्यायोगः

अत: विकल्प (C) सही है।

116. हर्षचरितम् दण्डी की रचना नहीं है अन्य तीनों ही रचनायें उन्हीं की है

दण्डी की रचनायें -

दशकुमारचरितम्- दशकुमार चरित गद्यकाव्य है। इसमें दस कुमारों ने अपनी-अपनी यात्राओं के विचित्र अनुभवों तथा पराक्रमों का मनोरंजक वर्णन किया है। विनोद और व्यंग्य के माध्यम से इसमें तत्कालीन समाज का भी चित्रण किया गया है। दशकुमार रचना को दंडी की प्रारम्भिक रचना माना जाता है। लेकिन इसी के बल पर दंडी को संस्कृत का पहला गद्यकार भी कहा जाता है।

अवन्तिसुन्दरी- अवंतिसुंदरी कथा संस्कृतसाहित्य के गद्यकाव्य के अंतर्गत एक महत्वपूर्ण कथाप्रबंध है। विद्वानों ने इसे आचार्य दण्डी की कृति माना है और

इनकी तीसरी रचना के रूप में इसी प्रबंध को मान्यता दी है। दंडी के काव्यादर्श की टीका में जंघाल ने इसे दंडी की रचना कहा है।

काव्यादर्श- अलंकारशास्त्राचार्य दंडी (6ठी - 7वीं शती ई.) द्वारा रचित संस्कृत काव्यशास्त्र संबंधी प्रसिद्ध ग्रंथ है।

अत: विकल्प (B) सही है।

117. 'अकथितं च' सूत्र के अनुसार आपादन आदि कारकों के होने पर भी कर्ता द्वारा उसका प्रयोग न किया जाये तो उसे अकथित कहा जाता है। दुह, याच् आदि 16 धातुओं और उनके समानार्थी धातुओं के योग में अपादान आदि के अकथित होने पर उनकी कर्मसंज्ञा होती है और इन 16 धातुओं को द्विकर्मक धातु कहा जाता है -

'दुह्याच्पच्छदण्डरुधिप्रच्छिचिब्रूशासुजिमथ् मुषाम्।

कर्मयुक् स्यादकथितं तथा स्यान्नीहकृष्वहाम्।।

इसलिये स्पष्ट है कि 'अकथितं च' सूत्र के अनुसार 16 धातुओं की द्विकर्मक संज्ञा होती है।

अत: विकल्प (C) सही है।

118. 'तुम सब पुस्तक पढ़ो।' इस वाक्य की से ज्ञात होता है, वाक्य कर्तृवाच्य है, इसका विश्लेषण यह आगे-

कर्ता 'तुम सब' है जिसका संस्कृत अनुवाद 'यूयम्' होता है।

कर्म पुस्तक का 'पुस्तकम्' इस द्वितीया रूप में अनुवाद होगा।

क्रियापद 'पढ़ो' इस क्रियापद 'आदेश' रूप में है, इसलिये कर्ता के अनुसार लोट्लकार का 'पठत' रूप उचित होगा।

अत: विकल्प (B) सही है।

119. "चिश्ती संप्रदाय" के भारत में प्रवर्तक "मोइनुद्दीन चिश्ती" थे। "आबू अब्दुल्लाह चिश्ती" चिश्ती संप्रदाय के आदि प्रवर्तक हैं। इनका समय काल 12 वीं शताब्दी का उत्तरार्ध है। 1192 ई. में मुहम्मद गोरी के साथ ख्वाजा मुईनुद्दीन चिश्ती भारत आए थे। उन्होंने यहाँ 'चिश्तिया परम्परा' की स्थापना की। उनकी गतिविधियों का मुख्य केन्द्र अजमेर था।

अत: विकल्प (B) सही है।

120. संस्कृत साहित्य में अनेकों साहित्यकारों को उनके रचनाकाल में अलग नाम और उपाधियाँ दी गई। अलंकृतकाव्यशैली के जन्मदाता 'आतपत्र भारवी' उपाधी से सुशोभित महाकवि भारवी का मूलनाम 'दामोदर' बताया जाता है। इसका उल्लेख महाकवि दण्डी ने 'अवन्तीसुन्दरीकथा' में किया है।

अत: विकल्प (C) सही है।

121. 'कविकर्म और काव्यभाषा' परमानन्द श्रीवास्तव की समीक्षा कृति है।

गोरखपुर विश्वविद्यालय में प्रेमचन्द पीठ की स्थापना में परमानन्द श्रीवास्तव का विशेष योगदान रहा।

कई पुस्तकों के लेखन के अतिरिक्त उन्होंने हिन्दी भाषा की साहित्यिक पत्रिका आलोचना का सम्पादन भी किया था।

आलोचना के क्षेत्र में उल्लेखनीय योगदान के लिये उन्हें व्यास सम्मान और भारत भारती पुरस्कार प्रदान किया गया।

अत: विकल्प (B) सही है।

122. शिशुपालवध महाकवि माघ द्वारा रचित संस्कृत काव्य है।

20 सर्गों तथा 1800 अलंकारिक छन्दों में रचित यह ग्रन्थ संस्कृत के छः महाकाव्यों में गिना जाता है।

इसमें कृष्ण द्वारा शिशुपाल के वध की कथा का वर्णन है।

उनकी प्रसिद्ध रचना 'शिशुपालवध' नामक महाकाव्य है।

इसकी कथा भी महाभारत से ली गई है।

अत: विकल्प (C) सही है।

123. दिए गए विकल्पों में से 'द' महाप्राण का उदाहरण नहीं है।

जिन वर्णों के उच्चारण में कम श्वास निकले, उन्हें अल्पप्राण कहते हैं।

जिन वर्णों के उच्चारण में अधिक श्वास निकले, उन्हें 'महाप्राण' कहते हैं।

अत: विकल्प (A) सही है।

124. दिए गए वाक्य में उन्नति शुद्ध वर्तनी है।

उदाहरण - उन्नति के लिए प्रयत्न करने वाला

अत: विकल्प (D) सही है।

125. 'चौपाई' एक सम मांत्रिक छंद है, जबकि 'दोहा' और 'सोरठा' अर्द्ध सममांत्रिक छंद है।

जिन छंदों के सभी चरण समान होते हैं वे सम मांत्रिक छंद कहलाते हैं जैसे – चौपाई, रोला, हरिगीतिका तथा जिन छंदों के कुछ चरण (दूसरा तथा चौथा)

अत: विकल्प (C) सही है।

Q.1 'वीभत्स रस' का स्थायी भाव क्या है?

A. भय   B. क्रोध   C. घृणा   D. आश्चर्य

Q.2 निम्नलिखित पंक्तियाँ किस रस का उदाहरण हैं?
"बतरस लालच लाल की, मुरली धरी लुकाय।
सौंह करे भैंहनि हँसै, देन कहै नटि जाय।"

A. श्रृंगार रस   B. वात्सल्य रस
C. भक्ति रस   D. करुण रस

Q.3 किस रस को रसराज कहा जाता है?

A. वीर रस   B. भक्ति रस   C. श्रृंगार रस   D. करुण रस

Q.4 'वीर रस' का स्थायी भाव क्या है?

A. क्रोध   B. उत्साह   C. प्रेम   D. निर्वेद

Q.5 "वन शारदी चन्द्रिका-चादर ओढ़े" में कौन - सा अलंकार है?

A. अनुप्रास अलंकार   B. रूपक अलंकार
C. उत्प्रेक्षा अलंकार   D. यमक अलंकार

Q.6 अलंकार के कितने भेद होते हैं?

A. सात   B. दो   C. तीन   D. छह

Q.7 निम्नलिखित पंक्ति में कौन - सा अलंकार है?
"जिनके यश प्रताप के आगे, शशि मलिन रवि शीतल लागे"

A. अतिशयोक्ति अलंकार
B. व्यतिरेक अलंकार
C. पुनरुक्तिवदाभाष अलंकार
D. रूपक अलंकार

Q.8 'गया गया गया ही रह गया' में कौन सा अलंकार है?

A. अनुप्रास अलंकार   B. यमक अलंकार
C. श्लेष अलंकार   D. पुनरुक्ति अलंकार

Q.9 निम्नलिखित काव्य पंक्ति में कौन सा अलंकार है?
नाक का मोती अधर की कान्ति से, बीज दाड़िम का समझकर भ्रान्ति से।
देखकर सहसा हुआ शुक मौन है। सोचता है अन्य शुक यह कौन है?

A. उत्प्रेक्षा अलंकार   B. रूपक अलंकार
C. संदेह अलंकार   D. भ्रांतिमान अलंकार

Q.10 अब अलि रही गुलाब में, अपत कटीली डार में कौन-सा अलंकार है?

A. उपमा   B. उत्प्रेक्षा
C. अन्योक्ति   D. अतिशयोक्ति

Q.11 छंद का सर्वप्रथम उल्लेख कहाँ मिलता है?

A. ऋग्वेद   B. यजुर्वेद   C. सामवेद   D. उपनिषद

Q.12 निम्न में से कौन-सा मात्रिक छंद है?

A. इन्द्रवज्रा   B. द्रुतविलम्बित
C. कुण्डलिया   D. उपेंद्रवज्रा

Q.13 जिस छंद में वर्णिक या मात्रिक प्रतिबंध न हो, वह छंद क्या कहलाता है?

A. वर्णिक छंद   B. मात्रिक छंद
C. मुक्त छंद   D. इनमे से कोई नहीं

Q.14 निम्नलिखित में सम मात्रिक छंद का कौन - सा उदाहरण है ?

A. दोहा   B. सोरठा   C. चौपाई   D. ये सभी

Q.15 'चौरंगा' शब्द में निम्न में से कौन सा समास है?

A. तत्पुरुष समास   B. द्विगु समास
C. कर्मधारय समास   D. इनमें से कोई नहीं

Q.16 'यथोचित' शब्द में निम्न में से कौन सा समास है?

A. तत्पुरुष समास   B. द्विगु समास
C. कर्मधारय समास   D. अव्ययीभाव समास

Q.17 'धनुर्बाण' शब्द में निम्न में से कौन सा समास है?

A. तत्पुरुष समास   B. द्विगु समास
C. बहुव्रीहि समास   D. द्वंद समास

Q.18 "अनजाने" शब्द में निम्न में से कौन सा समास है?

A. तत्पुरुष समास   B. द्विगु समास
C. कर्मधारय समास   D. अव्ययीभाव समास

Q.19 'फल-फूल ' शब्द में निम्न में से कौन सा समास है?

A. तत्पुरुष समास   B. द्विगु समास
C. कर्मधारय समास   D. द्वंद समास

Q.20 'स्वाधीन' शब्द में निम्न में से कौन सा समास है?

A. तत्पुरुष समास   B. द्विगु समास
C. कर्मधारय समास   D. बहुव्रीहि समास

Q.21 महोदय में कौन सी संधि है?

A. दीर्घ संधि   B. यण संधि   C. गुण संधि   D. वृद्धि

Q.22 मतैक्य में कौन सी संधि है?

A. दीर्घ संधि   B. यण संधि   C. गुण संधि   D. वृद्धि संधि

Q.23 संगम का सही संधि विच्छेद है?

A. सम + गम   B. सम् + गम   C. सड + गम   D. सन + गम

Q.24 भानूदय में प्रयुक्त संधि का नाम है:

A. व्यंजन संधि   B. दीर्घ संधि
C. गुण संधि   D. वृद्धि संधि

Q.25 निर्देश: उपयुक्त मुहावरों से वाक्य की पूर्ति कीजिए।
अपनी -अपनी डफली ,अपना -अपना राग

A. अपनी -अपनी डफली लेकर अपना अपना गीत गाना
B. अपने ढंग से अपना काम करना
C. ढपली और राग में समानता न होना
D. विचारो में भिन्नता होना

Q.26 निर्देश: उपयुक्त मुहावरों से वाक्य की पूर्ति कीजिए।
पड़े फ़ारसी बेचे तेल, यह देखो कुदरत का खेल

A. फ़ारसी पढ़े लोगो को प्राय : तेल बेचना पड़ता है
B. शिक्षित होकर बेकार रहना
C. योगिता होते हुए भी विवशता के कर्ण निम्न स्तर का कार्य करना
D. विघा का अपमान करना

Q.27 निर्देश: उपयुक्त मुहावरों से वाक्य की पूर्ति कीजिए।
जो गरजते है वे बरसते नही

A. गरजने वाले बादल अक्सर बिना बरसे लोट जाते है
B. अधिक सर मचाने वाले व्यक्ति किसी को नुकसान नही पहुचाते है
C. बहुत बोलने वाले व्यक्ति किसी को हुछ नही देते
D. जो व्यक्ति बहुत बोलते है वे विशेष सफल नही होते

Q.28 निर्देश: उपयुक्त मुहावरों से वाक्य की पूर्ति कीजिए।
घर आए नाग न पुजिए बांबी पूजन जाए
A. घर में सांप की पूजा नही करनी चाहिए
B. लोग सांप न मिलने पर बांबी की पूजा करते है
C. अक्सर से लाभ न उठे और बाद में परेशान करे
D. बांबी की पूजा करके सांप के पूजन के लाभ की आशा करना

Q.29 निर्देश: उपयुक्त मुहावरों से वाक्य की पूर्ति कीजिए।
गधा खेत खाए जुलाहा पीटा जाए
A. जानवर पालने के अनेक दुष्परिणाम हो सकते है
B. जीवन में अनेक असंगत घटना हो सकती है
C. अन्याय करना
D. अपराध कोई करे और दंड किसी अन्य को दिया जाए

Q.30 सौ सयाने एक मत का अर्थ है -
A. कुछ भी निश्चय न कर पाना
B. ज्यादा चालाक बनना
C. अच्छे विचारों में भिन्नता होना
D. बुद्धिमान के विचार एक-से होते हैं

Q.31 तन पर नहीं लत्ता पान खाए अलबता का अर्थ है -
A. बहुत गरीब होना
B. झूठा दिखावा करना
C. एक साथ दो लाभ होना
D. बुरी आदत का शिकार

Q.32 हाथ कंगन को आरसी क्या का अर्थ है -
A. बिलकुल पढ़ा लिखा न होना
B. विद्वान को धन की आवश्यकता नहीं
C. सुन्दर महिला को जेवर की जरूरत नहीं
D. प्रत्यक्ष को प्रमाण की जरूरत नहीं

Q.33 आप डूबे तो जग डूबा का अर्थ है -
A. बुरा आदमी सबको बुरा कहता है
B. मरने के बाद कौन देखने आता है कि क्या हुआ
C. अपनी हानि होने पर दूसरों को भी हानि पहुँचाना
D. सबको अपने समान समझना

Q.34 अधजल गगरी छलकत जाए का अर्थ है -
A. अल्पज्ञ द्वारा गर्व प्रदर्शन
B. अत्यधिक बोलना
C. संभल कर न चलना
D. अपनी छोटी -सी बात की प्रशंसा करना

Q.35 निम्नलिखित में से अशुद्ध शब्द का चयन कीजिए।
A. कार्यालय   B. सुचना   C. नीलामी   D. हेतु

Q.36 निम्नलिखित में से शुद्ध शब्द का चयन कीजिए।
A. आदर्श   B. आर्दश   C. आदरस   D. आदर्शा

Q.37 शुद्ध वर्तनी वाले शब्द का चयन करें।
A. विस्तार   B. विसतार   C. वीसतार   D. वीस्तार

Q.38 शुद्ध वर्तनी वाले शब्द का चयन करें।
A. माकनचोर   B. माखनचौर   C. मखनचोर   D. माखनचोर

Q.39 शुद्ध वर्तनी वाले शब्द का चयन करें।

A. अभीशेक   B. अभिशेक   C. अभिषेक   D. अभिषेक

Q.40 निम्नलिखित में से अशुद्ध शब्द का चयन कीजिए।
A. कवियित्री   B. कवयित्री   C. कीर्ति   D. गर्मी

Q.41 निम्नलिखित में से अशुद्ध शब्द का चयन कीजिए।
A. ईसाई   B. इसाई   C. ईजाद   D. अध्ययन

Q.42 'पहिला' का शब्द रूप निम्न में से कौन सा है?
A. पहीला   B. पहला   C. पाहिला   D. पहिल

Q.43 निम्नलिखित में से शुद्ध शब्द का चयन कीजिए।
A. मैथलीशरण   B. भारत
C. मधू   D. भ्रूकुटी

Q.44 निम्नलिखित में से शुद्ध शब्द का चयन कीजिए।
A. निसंदेह   B. तड़ित   C. नर्वदा   D. दुसाध्य

Q.45 आधुनिक काल का नामकरण आचार्य शुक्ल ने क्या किया?
A. वर्तमान काल   B. गद्य काल
C. आधुनिक काल   D. भारतेंदु काल

Q.46 निम्न में से 'हिन्दी साहित्य का अतीत' किसने लिखा?
[UPSESSB TGT Hindi, 2015]
A. डॉ. विश्वनाथ तिवारी
B. आचार्य विश्वनाथ प्रसाद मिश्र
C. डॉ. रामकुमार वर्मा
D. राहुल सांकृत्यायन

Q.47 आदिकाल को 'बीजवपन काल' नाम किसने दिया?
[UPSESSB TGT Hindi, 2015]
A. आचार्य विश्वनाथ प्रसाद मिश्र
B. आचार्य रामचन्द्र शुक्ल
C. आचार्य महावीर प्रसाद द्विवेदी
D. आचार्य भगीरथ मिश्र

Q.48 किस विद्वान ने कहा था कि 'बुद्धदेव के बाद भारत में सबसे बड़े लोकनायक तुलसीदास थे"?
A. कामिल बुल्के   B. जॉर्ज ग्रियर्सन
C. विलियम जोंस   D. विलियम कैरी

Q.49 "अज्ञेय" को किस युग का प्रवर्तक कवि माना जाता है?
A. द्विवेदी युग   B. प्रगतिवादी युग
C. भारतेन्दु युग   D. प्रयोगवादी युग

Q.50 आदिकाल के नामकरण से संबंधित कौन सा विकल्प सही नहीं है?
A. ग्रियर्सन - चारण काल
B. राहुल सांकृत्यायन - सिद्ध सामंत काल
C. हजारीप्रसाद द्विवेदी - आदिकाल
D. विश्वनाथ प्रसाद मिश्र - संधिकाल

Q.51 हिन्दी साहित्य का इतिहास लेखन परम्परा का सूत्र पात किसने किया था?
A. गार्सा द तासी   B. शिव सिंह सेंगर
C. ग्रियर्सन   D. मिश्रबन्धु

Q.52 हिन्दी साहित्य का स्वर्णयुग किसे माना जाता है?
A. आदिकाल   B. भक्तिकाल
C. रीतिकाल   D. आधुनिक काल

Q.53 निम्न से कौन मिश्र बन्धुओं में नहीं है?

A. श्यामबिहारी मिश्र   **B.** कृष्णबिहारी मिश्र
C. गणेश बिहारी मिश्र   **D.** शुकदेव बिहारी मिश्र

Q.54 'कविकुलकल्पतरु' किसकी रचना है?
A. केशवदास   **B.** चिंतामणि   **C.** भूषण   **D.** बिहारी

Q.55 'पहाड़ों में प्रेममय संगीत' रिपोर्ताज के लेखक हैं?
A. निर्मल वर्मा   **B.** उपेन्द्रनाथ अश्क
C. रेणु   **D.** शिवदान सिंह चौहान

Q.56 हरिवंशराय बच्चन ने 'नये पुराने झरोखे' संस्मरण किस वर्ष में लिखा?
A. 1957 ई.   **B.** 1962 ई.   **C.** 1946 ई.   **D.** 1975 ई.

Q.57 'दिल्ली - दर - शहर' यात्रा वृत्तान्त की लेखिका हैं?
A. नासिरा शर्मा   **B.** शिवानी
C. इंदु जैन   **D.** निर्मला जैन

Q.58 'ये और वे' संस्मरण के लेखक हैं ?
A. हरिवंशराय बच्चन   **B.** कमलेश्वर
C. उपेन्द्रनाथ अश्क   **D.** जैनेन्द्र कुमार

Q.59 'तूफानों के बीच' रिपोर्ताज के लेखक हैं?
A. रांगेय राघव   **B.** धर्मवीर भारती
C. कमलेश्वर   **D.** शिवदान सिंह चौहान

Q.60 'राजलक्ष्मी दौड़ने में तेज है।' वाक्य में कारक है-
A. संप्रदान कारक   **B.** अधिकरण कारक
C. अपादान कारक   **D.** संबंध कारक

Q.61 'उसने कुछ नहीं कहा' में कौन सा कारक है?
A. कर्म   **B.** अपादान   **C.** कर्ता   **D.** करण

Q.62 निम्नलिखित प्रश्न में, चार विकल्पों में से, अपादान कारक के लिए कौन सा विकल्प उचित होगा?
A. जिसके द्वारा कर्ता काम करे
B. जिसके लिए क्रिया की जाए
C. अन्य पदों से संबंध
D. जिससे अलगाव हो

Q.63 त, थ, द, ध, न' का उच्चारण स्थान क्या है?
A. कंठ   **B.** तालु   **C.** ओष्ठ   **D.** दंत्य

Q.64 निम्नलिखित में से कौन-सा जोड़ा सही नहीं है?
A. बेटी - बेटियां   **B.** डिबिया - डिबियें
C. श्रोता - श्रोतागण   **D.** वधु - वधुएँ

Q.65 निम्न शब्दों में पुल्लिंग शब्द कौन-सा है?

[UP Police Sub Inspector, 2017]

A. जाति   **B.** विधि   **C.** राशि   **D.** शशि

Q.66 निम्नलिखित में से कौन-सा विकल्प 'बहू' का बहुवचन दर्शाता है?

[UP Police Sub Inspector, 2017]

A. बहुयें   **B.** बहुजन   **C.** बहूँ   **D.** बहुएँ

Q.67 समूहवाचक संज्ञा हैं?
A. बुढ़ापा   **B.** ऊन   **C.** साकेत   **D.** कक्षा

Q.68 किस क्रम में करण कारक नहीं है?
A. लड़का छत से गिर पड़ा।
B. पिताजी कार से कार्यालय जाते है।
C. बाजार में पैसे से सामान खरीदा जाता है।

D. प्राचार्य ने यह आदेश चपरासी के द्वारा भिजवाया है।

Q.69 'को' और 'के लिए' कारक के चिह्न है -
A. सम्प्रदान कारक   **B.** अपादान कारक
C. करण कारक   **D.** सम्बोधन कारक

Q.70 किस क्रम में कर्ता कारक नहीं है?
A. सचिन क्रिकेट खेल रहा है।
B. बिजली चमक रही है।
C. मनीष को बुलाया।
D. संजय व्यायाम करता है।

Q.71 'अतिथि के लिए चाय लाओ' इस वाक्य में 'अतिथि के लिए' में कौन-सा कारक है?
A. कर्म कारक   **B.** सम्प्रदान कारक
C. करण कारक   **D.** अपादान कारक

Q.72 परिमाणवाचक विशेषण हैं?
A. छोटा   **B.** पापी   **C.** पाँच किलो   **D.** चौथा

Q.73 संख्यावाचक विशेषण हैं?
A. अनेक   **B.** तीन   **C.** बहुतसारे   **D.** फीका

Q.74 परिश्रमी शब्द में कौन सा विशेषण का बोध होता हैं?
A. संख्यावाचक विशेषण   **B.** परिमाणवाचक विशेषण
C. सार्वनामिक विशेषण   **D.** गुणवाचक विशेषण

Q.75 मानव शब्द के लिए उपयुक्त भाववाचक संज्ञा का चयन कीजिए?
A. मनस्वी   **B.** मनुष्यत्व   **C.** आदमीयत   **D.** मानवता

Q.76 निम्नलिखित शब्दों में स्त्रीलिंग का चयन कीजिए?
A. वसंत   **B.** शरद   **C.** पांवस   **D.** शिशिर

Q.77 निम्नलिखित शब्दों में स्त्रीलिंग का चयन कीजिए?
A. चिट्ठी   **B.** पत्र   **C.** पैन   **D.** पत्ता

Q.78 'भवानी' शब्द का पुल्लिंग शब्द क्या है?
A. भवा   **B.** भव   **C.** भावी   **D.** भवती

Q.79 निम्नलिखित शब्दों में स्त्रीलिंग शब्द कौन-सा है?
A. दरवाजा   **B.** घर   **C.** गेंडा   **D.** मकड़ी

Q.80 'समुद्र मे लगने वाली आग' वाक्यांश के लिए एक शब्द है-
A. समुद्राग्नि   **B.** समुद्रपावक
C. अर्णवाग्नि   **D.** बड़वानल

Q.81 'नीचे की ओर लाना या खँचना' वाक्यांश के लिए एक शब्द है-
A. अप्रत्यक्ष/परोक्ष   **B.** अपकर्ष
C. अप्रत्याशित   **D.** अप्रमेय

Q.82 'हवन कुंड की अग्नि' वाक्यांश के लिए एक शब्द क्या है?
A. आहुति   **B.** हवनाग्नि   **C.** होमाग्नि   **D.** यज्ञाग्नि

Q.83 निम्नलिखित में से वाक्यांश के लिए एक शब्द के जोड़े में से सही जोड़ा बताइये-
A. किसी विषय का पूर्ण ज्ञाता- विशेषज्ञ
B. जो परलोक से संबंधित हो- परलोकी
C. मार्ग मे खाने के लिए भोजन- पथभोज
D. जिसका संबंध पृथ्वी से हो - पार्थिव

Q.84 'रंगमंच पर पर्दे के पीछे का स्थान' वाक्यांश के लिए एक शब्द है-
A. निर्भय   **B.** नीतिज्ञ   **C.** नैष्ठिक   **D.** नेपथ्य

Q.85 'जिसका विभाजन न किया गया हो' वाक्यांश के लिए एक शब्द है-
A. अविचारित
B. अविभक्त
C. अवश्यंभावी
D. अव्यवहृत

Q.86 'जो बात गूढ़ (रहस्यपूर्ण) हो' वाक्यांश के लिए एक शब्द है-
A. गुरुत्वाकर्षण
B. ग्राह्या
C. गूढ़ोक्ति
D. गतानुगतिक

Q.87 निम्नलिखित विकल्पो में से इन्द्र का उचित पर्यायवाची चुनिए-
A. इन्द्रा
B. देवराज
C. अमरावती
D. अलख

Q.88 'सिरा' शब्द का उचित पर्यायवाची है-
A. किनारा
B. कई एक
C. ताव
D. खंजन

Q.89 निम्नलिखित में कौन सा पद घोड़ा का पर्यायवाची शब्द है?
A. तुरंग
B. कुरंग
C. मातंग
D. हरि

Q.90 निम्नलिखित में कौन सा पद अमृत का पर्यायवाची शब्द है?
A. सुधा
B. सुरारि
C. मंजुल
D. नीरोग

Q.91 निम्नलिखित में कौन सा पद ईश्वर का पर्यायवाची शब्द है?
A. जानकी
B. देवलोक
C. इन्द्रपुरी
D. आदिपुरुष

Q.92 निम्नलिखित में कौन सा पद उल्टा का पर्यायवाची शब्द है?
A. उपेक्षा
B. पारितोषक
C. उल्क्रग
D. निच्छातर

Q.93 निम्नलिखित में कौन सा पद कार्तिकेय का पर्यायवाची शब्द है?
A. मनोहर्ता
B. इल्म
C. चरणायुद्ध
D. पार्वतीनन्दन

Q.94 दिए गए शब्द का विलोम चुनें।
उत्तम
A. अधर
B. अति
C. बढ़िया
D. अधम

Q.95 'बाढ़' का विलोम शब्द निम्न में से कौन सा है?
A. अतिवृष्टि
B. अल्पवृष्टि
C. सूखा
D. सुख

Q.96 'हर्ष' शब्द का विलोम क्या है?

[UPSESSB TGT Hindi, 2019]

A. विषाद
B. प्रहर्ष
C. खुशी
D. नीरव

Q.97 "आचार" का विलोम शब्द है:
A. अनाचार
B. आनाचार
C. अत्याचार
D. विचार

Q.98 इनमें से 'अतिवृष्टि का विपरीतार्थक शब्द कौन सा है?
A. अनायास
B. अनावृष्टि
C. अप्रतिम
D. अनावृत्ति

Q.99 दिये गए विकल्पों में से "आच्छादित" शब्द का विलोम बताइये।
A. अनिश्चित
B. आध्यात्मिक
C. अनाच्छादित
D. अवनति

Q.100 शुद्ध वाक्य है :
A. बिजली गरज रही है।
B. तूफान आने का भय है।
C. बेटी तो पराया धन होता है।
D. मैंने नहीं जाना।

Q.101 निम्नलिखित चार विकल्पों में से शुद्ध वाक्य का चयन कीजिए-
A. दूध में जामुन डालने से दही बनता है।
B. दूध में जामुनी डालने से दही बनता है।
C. दूध में जाम डालने से दही बनता है।

D. दूध में जामन डालने से दही बनता है।

Q.102 शुद्ध वाक्य का चयन कीजिए:
A. दो गाड़ियों में टक्कर हो गई।
B. वह लगभग दौड़ रहा है।
C. हम सब परस्पर आपस में बराबर हैं।
D. उसके बाद फिर क्या हुआ।

Q.103 निम्नलिखित चार विकल्पों में से शुद्ध वाक्य का चयन कीजिए -
A. वे अनेक कला जानते हैं।
B. मैं दर्शन करने आया हूँ।
C. मैं सारी रात भर जागती रही।
D. शाहजहाँ ने सड़कों को बनवाई।

Q.104 शुद्ध वाक्य है:
A. स्वस्थ रहने के लिए व्यायाम अवश्य लेना चाहिए।
B. स्वस्थ रहने के लिए व्यायाम अवश्य मानना चाहिए।
C. स्वस्थ रहने के लिए व्यायाम अवश्य देखना चाहिए।
D. स्वस्थ रहने के लिए व्यायाम अवश्य करना चाहिए।

Q.105 महाकवि कालिदास द्वारा विरचित नाटक है:
A. रघुवंशम्
B. कुमारसंभवम्
C. मालविकाग्निमित्रम्
D. मेघदूतम्

Q.106 भवभूति की रचना नहीं है-
A. महावीरचरितम्
B. मालतीमाधवम्
C. उत्तररामचरितम्
D. दशकुमारचरितं

Q.107 संस्कृत व्याकरण में कितने प्रकार के आधार का उल्लेख हुआ है?
A. दो
B. चार
C. एक
D. तीन

Q.108 'गोकुल दुर्जनों से त्रस्त है' इस वाक्य का संस्कृत अनुवाद करें -
A. गोकुलः दुर्जनाय त्रस्तः
B. गोकुलः दुर्जनात् त्रस्तः
C. गोकुलः दुजनेभ्यः त्रस्तः
D. गोकुलः दुर्जनं त्रस्तः

Q.109 'कादम्बरी' ग्रन्थ के रचनाकार है:
A. भवभूति
B. बाणभट्ट
C. भास
D. श्रीहर्ष

Q.110 'लता' शब्दस्य सप्तमी बहुवचने रूपं भवति।
A. लतासु
B. लताषु
C. लतानाम्
D. लता:

Q.111 मैथिली बोली के लोकप्रिय कवि है?
A. तुलसी
B. जायसी
C. विद्यापति
D. नन्ददास

Q.112 "ब्राम्ही" से किस लिपि की उत्पत्ति हुई है?
A. देवनागरी
B. खरोष्ठी
C. गुरमुखी
D. कैथी

Q.113 'रामचरितमानस' किस भाषा में लिखी गयी है?
A. ब्रज
B. अवधी
C. भोजपुरी
D. मागधी

Q.114 खड़ी बोली का प्रयोग सबसे पहले किस पुस्तक में हुआ?
A. भक्तिसागर
B. सुखसागर
C. काव्यसागर
D. प्रेमसागर

Q.115 ब्रजभाषा किस अपभ्रंश से विकसित है?
A. शौरसेनी
B. मागधी
C. अर्द्ध मागधी
D. पैशाची

Q.116 संविधान के किस अनुच्छेद में कहा गया है कि संघ की राजभाषा हिन्दी और लिपि देवनागरी होगी?
A. 343
B. 344
C. 345
D. 346

Q.117 हिन्दी भाषा में कितनी बोलियाँ है?

A. 15   **B.** 25   **C.** 18   **D.** 22

Q.118 निम्नलिखित में से कौन सा वाक्य अशुद्ध है?

A. मैं सब कुछ बदल देगा।

B. यहाँ कुछ भी नहीं बदल सकता।

C. तुमसे कुछ भी नहीं होगा।

D. मुझे कोई परेशानी नहीं है।

Q.119 निम्नलिखित में से कौन सा वाक्य शुद्ध है?

A. मुझे मुझसे कोई शिकायत नहीं है।

B. ऐसा कोई नहीं करता।

C. मैंने अनेकों शादियाँ देखीं हैं।

D. तुम किस लिए आया है?

Q.120 निम्नलिखित में से कौन सा वाक्य शुद्ध है?

A. विश्वदर्शन का विकल्प मन विचरण मात्र तो नहीं हो सकते है।

B. विश्वदर्शन का विकल्प मन विचरण मात्र तो नहीं हो सकता है।

C. विश्वदर्शन का विकल्प मन विचरण मात्र तो नहीं हो सकेत है।

D. विश्वदर्शन का विकल्प मन विचरण मात्र तो नहीं हो साकता है।

Q.121 निम्नलिखित में से कौन सा वाक्य शुद्ध है?

A. मैं सभी को हरा दूंगा

B. मैं सभी को हरा देगा

C. मैं सभी को हरा दे सकता हूँ

D. मैं सभी को हरा दोऊंगा

Q.122 'जल्दी वापस लौट कर आना' में किस प्रकार की त्रुटि है?

A. लिंग संबंधी   **B.** वचन संबंधी

C. पुनरावृत्ति संबंधी   **D.** सर्वनाम संबंधी

Q.123 निम्नलिखित में से किस वाक्य में व्याकरण दोष है?

A. मेरे घर के सामने महेश रहता है।

B. तुम्हारे घर को नज़र लग गया है।

C. स्कूल से घर आने में 20 मिनट लगते हैं।

D. किसी को भी लड़ना नहीं चाहिए।

Q.124 प्रति उपसर्ग किस शब्द में नही हैं?

A. प्रतिदिन   **B.** प्रतिभा   **C.** प्रतिनिधि   **D.** प्रतिध्वनि

Q.125 अध्यक्ष शब्द में उपसर्ग है?

A. अध   **B.** अति   **C.** अ   **D.** अधि

// स्मार्ट उत्तर पुस्तिका //

सही उत्तर — उन छात्रों के प्रतिशत को इंगित करता है जिन्होंने प्रश्नों का सही उत्तर दिया था।

छोड़ दिया — उन छात्रों के प्रतिशत को इंगित करता है जिन्होंने प्रश्नों को छोड़ दिया था।

प्रश्न संख्या	उत्तर	सही उत्तर / छोड़ दिया
1	C	62.37 % / 1.7 %
2	A	21.27 % / 4.17 %
3	C	54.99 % / 1.75 %
4	B	83.05 % / 0.0 %
5	B	49.82 % / 1.03 %
6	C	53.81 % / 1.93 %
7	B	43.66 % / 1.38 %
8	B	45.6 % / 1.1 %
9	D	42.52 % / 1.2 %
10	C	51.82 % / 1.05 %
11	A	77.94 % / 0.0 %
12	C	44.65 % / 1.84 %
13	C	42.42 % / 1.45 %
14	C	54.16 % / 1.91 %
15	B	88.31 % / 0.0 %
16	D	61.6 % / 1.05 %

प्रश्न संख्या	उत्तर	सही उत्तर / छोड़ दिया
17	D	47.27 % / 1.1 %
18	D	45.07 % / 1.68 %
19	D	52.92 % / 1.0 %
20	A	88.66 % / 0.0 %
21	C	85.17 % / 0.0 %
22	D	66.94 % / 1.2 %
23	B	60.46 % / 1.55 %
24	B	62.73 % / 1.86 %
25	D	43.18 % / 1.9 %
26	C	55.75 % / 1.17 %
27	D	80.7 % / 0.0 %
28	C	46.97 % / 1.81 %
29	D	57.29 % / 1.18 %
30	D	77.52 % / 0.0 %
31	B	46.85 % / 1.94 %
32	D	49.87 % / 1.56 %

प्रश्न संख्या	उत्तर	सही उत्तर / छोड़ दिया
33	A	45.67 % / 1.32 %
34	A	77.52 % / 0.0 %
35	B	55.52 % / 1.75 %
36	A	78.75 % / 0.0 %
37	A	80.29 % / 0.0 %
38	D	81.39 % / 0.0 %
39	D	47.96 % / 1.7 %
40	A	65.57 % / 1.11 %
41	B	59.34 % / 1.62 %
42	B	49.68 % / 1.2 %
43	B	85.77 % / 0.0 %
44	B	55.74 % / 1.56 %
45	B	60.65 % / 1.63 %
46	B	40.09 % / 1.55 %
47	C	51.85 % / 1.82 %
48	B	48.08 % / 1.81 %

प्रश्न संख्या	उत्तर	सही उत्तर / छोड़ दिया
49	D	85.93 % / 0.0 %
50	D	46.71 % / 1.19 %
51	A	69.37 % / 1.06 %
52	B	87.36 % / 0.0 %
53	B	64.14 % / 1.85 %
54	B	53.16 % / 1.83 %
55	B	65.03 % / 1.34 %
56	B	45.83 % / 1.71 %
57	D	63.73 % / 1.28 %
58	D	41.35 % / 1.2 %
59	A	48.01 % / 1.65 %
60	B	57.1 % / 1.25 %
61	C	64.97 % / 1.64 %
62	D	58.56 % / 1.96 %
63	D	69.07 % / 1.21 %
64	B	42.23 % / 1.4 %

प्रश्न संख्या	उत्तर	सही उत्तर / छोड़ दिया
65	D	46.12 % / 1.95 %
66	D	54.5 % / 1.76 %
67	D	79.01 % / 0.0 %
68	A	40.86 % / 1.37 %
69	A	49.28 % / 1.52 %
70	C	66.61 % / 1.12 %
71	B	61.55 % / 1.07 %
72	C	65.2 % / 1.96 %
73	B	86.18 % / 0.0 %
74	D	65.37 % / 1.95 %
75	D	67.69 % / 1.62 %
76	C	82.94 % / 0.0 %
77	A	68.57 % / 1.21 %
78	B	57.4 % / 1.95 %
79	D	62.08 % / 1.12 %
80	D	68.04 % / 1.35 %

प्रश्न संख्या	उत्तर	सही उत्तर / छोड़ दिया
81	B	51.55 % / 1.91 %
82	B	48.48 % / 1.16 %
83	D	61.86 % / 1.77 %
84	D	54.91 % / 1.02 %
85	B	65.83 % / 1.55 %
86	C	66.83 % / 1.84 %
87	B	69.14 % / 1.45 %
88	A	52.8 % / 1.39 %
89	A	62.75 % / 1.25 %

प्रश्न संख्या	उत्तर	सही उत्तर / छोड़ दिया
90	A	50.86 % / 1.3 %
91	D	41.79 % / 1.51 %
92	C	51.73 % / 1.71 %
93	D	43.27 % / 1.64 %
94	D	46.54 % / 1.81 %
95	C	43.11 % / 1.16 %
96	A	43.51 % / 1.62 %
97	A	83.47 % / 0.0 %
98	B	41.83 % / 1.2 %

प्रश्न संख्या	उत्तर	सही उत्तर / छोड़ दिया
99	C	55.42 % / 1.37 %
100	B	50.0 % / 1.99 %
101	D	68.37 % / 1.83 %
102	A	58.1 % / 1.5 %
103	B	68.32 % / 1.8 %
104	D	54.19 % / 1.51 %
105	C	41.91 % / 1.39 %
106	D	40.75 % / 1.19 %
107	D	60.7 % / 1.66 %

प्रश्न संख्या	उत्तर	सही उत्तर / छोड़ दिया
108	C	65.33 % / 1.25 %
109	B	45.05 % / 1.32 %
110	A	68.89 % / 1.19 %
111	C	62.52 % / 1.25 %
112	A	68.66 % / 1.03 %
113	B	41.4 % / 1.21 %
114	D	64.16 % / 1.28 %
115	A	49.5 % / 1.1 %
116	A	40.06 % / 1.89 %

प्रश्न संख्या	उत्तर	सही उत्तर / छोड़ दिया
117	C	83.65 % / 0.0 %
118	A	42.36 % / 1.03 %
119	B	46.14 % / 1.41 %
120	B	60.48 % / 1.03 %
121	A	78.5 % / 0.0 %
122	C	57.48 % / 1.53 %
123	B	63.73 % / 1.17 %
124	B	58.5 % / 1.73 %
125	D	53.35 % / 1.63 %

कार्य विश्लेषण

औसत अंक (%)	51.06%
टॉपर्स स्कोर (%)	56.94%
आपका स्कोर	

//संकेत और समाधान//

1. वीभत्स रस का स्थायी भाव 'घृणा' (जुगुप्सा) है। वीभत्स रस: (परिभाषा) जुगुप्सा स्थाई भाव जब अनुभाव (प्रभाव), विभाव (भाव को प्रकट करने वाला कारण) आदि के द्वारा परिपक्ष अवस्था में पहुंच जाए। उदाहरण: जैसे- सिर पर बैठ्यो काग आँख दोउ खात निकारत खींचत जी भहिं स्यार अतिहि आनंद उर धारत। गीध जांघि को खोदि-खोदि कै मांस उपारत स्वान आंगुरित काटी-काटी के खात विदारत।
अतः विकल्प (C) सही है।

2. "बतरस लालच लाल की, मुरली धरी लुकाय। सौंह करे भैंहनि हँसै, देन कहै नटि जाय।" पंक्तियों में 'श्रृंगार रस' है। श्रृंगार रस में नायक और नायिका के मन में संस्कार रूप में स्थित रति या प्रेम जब रस के अवस्था में पहुंच जाता है तो वह श्रृंगार रस कहलाता है। इसके अंतर्गत वसंत ऋतु, सौंदर्य, प्रकृति, सुंदर वन, पक्षियों श्रृंगार रस के अंतर्गत नायिकालंकार ऋतु तथा प्रकृति का वर्णन भी किया जाता है।
अतः विकल्प (A) सही है।

3. 'श्रृंगार' रस को रसराज माना गया है, क्योंकि यह बहुत व्यापक रहा है। श्रृंगार रस में नायक और नायिका के मन में संस्कार रूप में स्थित रति या प्रेम जब रस के अवस्था में पहुंच जाता है तो वह श्रृंगार रस कहलाता है। इसके अंतर्गत वसंत ऋतु, सौंदर्य, प्रकृति, सुंदर वन, पक्षियों श्रृंगार रस के अंतर्गत नायिकालंकार ऋतु तथा प्रकृति का वर्णन भी किया जाता है।
अतः विकल्प (C) सही है।

4. 'वीर रस' का स्थायी भाव 'उत्साह' है। वीर रस, नौ रसों में से एक प्रमुख रस है। जब किसी रचना या वाक्य आदि से वीरता जैसे स्थायी भाव की उत्पत्ति होती है, तो उसे वीर रस कहा जाता है। उदाहरण- बुन्देलों हरबोलों के मुंह हमने सुनी कहानी थी। खूब लड़ी मरदानी वह तो झाँसी वाली रानी थी।
अतः विकल्प (B) सही है।

5. जब उपमेय और उपमान में कोई अंतर नहीं दर्शाया जाता है तो वहां रूपक अलंकार होता है। "वन शारदी चन्द्रिका-चादर ओढ़े" में रूपक अलंकार है। यहाँ 'चन्द्रिका' उपमेय है और 'चादर' उपमान है, यहाँ उपमेय और उपमान में अभिन्नता बताई गयी है। क्योंकि उपर्युक्त पंक्ति में चन्द्रमा की रोशनी को चादर के जैसा न बताकर चादर ही बताया गया है।

अनुप्रास अलंकार: किसी एक व्यंजन वर्ण की आवृत्ति होती है। आवृत्ति का अर्थ है दुहराना जैसे– 'तरनि-तनूजा तट तमाल तरूवर बहु छाये।" उपर्युक्त उदाहरणों में 'त' वर्ण की लगातार आवृत्ति है, इस कारण से इसमें अनुप्रास अलंकार है।

उत्प्रेक्षा अलंकार: जहाँ उपमेय में उपमान होने की संभावना या कल्पना की जाती है, वहाँ उत्प्रेक्षा अलंकार होता है। इसके लक्षण है- जनु, मनु, इव, मानो, मनो, मनहुँ, आदि। पहचान – मनो, मानो, मनु मनुह, जानो, इव, जनु, जानहु, ज्यों आदि शब्द अगर किसी अलंकार में आते है तो वह उत्प्रेक्षा अलंकार होता है।

यमक अलंकार: जिस काव्य में समान शब्द के अलग-अलग अर्थों में आवृत्ति हो, वहाँ यमक अलंकार होता है। यानी जहाँ एक ही शब्द जितनी बार आए उतने ही अलग-अलग अर्थ दे। कनक कनक ते सौगुनी मादकता अधिकाय। इस पद्य में 'कनक' शब्द का प्रयोग दो बार हुआ है।
अतः विकल्प (B) सही है।

6. अलंकार के 'तीन' भेद हैं - शब्दालंकार, अर्थालंकार, उभयालंकार।

शब्दालंकार: ध्वनि के आधार पर शब्दालंकार की सृष्टि होती है। जब अलंकार किसी विशेष शब्द की स्थिति में ही रहे और उस शब्द की जगह पर कोई और पर्यायवाची शब्द के रख देने से उस शब्द का अस्तित्व न रहे उसे शब्दालंकार कहते हैं।

अर्थालंकार: जिस काव्य रचना में शब्दों के अर्थ के आधार पर काव्य में रचनात्मक परिवर्तन (शोभा बढ़ाने वाले शब्दों को ही अर्थालंकार कहते

हैं।) उदाहरण : उत्प्रेक्षा, अतिशयोक्ति, उपमा, रूपक, अन्योक्ति, व्याजनिंदा, दृष्टांत, व्यति, रेखा, व्याजस्तुति, भाँतिमान, संदेह।

उभयालंकार: वे अलंकार जो की शब्द और अर्थालंकार के संयोग में मिलकर किन्तु अलग या भिन्न होते हैं उभयालंकार कहलाते हैं। जो अलंकार शब्द और अर्थ दोनों पर आधारित रहकर दोनों को चमत्कारी करते हैं वहाँ उभयालंकार होता है। जैसे : कजरारी अंखियन में कजरारी न लखाय।
अतः विकल्प (C) सही है।

7. जहाँ उपमान की अपेक्षा उपमेय को ज्यादा बेहतर तरीके से दर्शाया जाए वहां व्यतिरेक अलंकार होता है। उपर्युक्त पंक्ति जिनके यश प्रताप के आगे, शशि मलिन रवि शीतल लागे" में 'यश' और 'प्रताप' उपमेय है, 'शशि' और 'रवि' उपमान हैं, अर्थात यहाँ उपमेय की ज्यादा श्रेष्ठता बताई गयी है। इसीलिए यहाँ व्यतिरेक अलंकार होगा।
अतः विकल्प (B) सही है।

8. 'गया गया गया में ही रह गया' में यमक अलंकार है। जहाँ एक ही शब्द जितनी बार आए उतने ही अलग-अलग अर्थ दे। जैसे - काली 'घटा' का घमंड 'घटा'।

यमक अलंकार: जिस काव्य में समान शब्द के अलग-अलग अर्थों में आवृत्ति हो, वहाँ यमक अलंकार होता है। यानी जहाँ एक ही शब्द जितनी बार आए उतने ही अलग-अलग अर्थ दे। कनक कनक ते सौगुनी मादकता अधिकाय। इस पद्य में 'कनक' शब्द का प्रयोग दो बार हुआ है।
अतः विकल्प (B) सही है।

9. 'नाक का मोती अधर की कान्ति से, बीज दाड़िम का समझकर भ्रान्ति से। देखकर सहसा हुआ शुक मौन है। सोचता है अन्य शुक यह कौन है?' इन काव्य पंक्तियों में 'नाक में तोते का' और 'दन्त पंक्ति में अनार के दाने का' भ्रम हुआ है, इसीलिए यहाँ भ्रान्तिमान अलंकार है।

भ्रान्तिमान अलंकार: जब किसी पद में किसी सादृश्य विशेष के कारण उपमेय (जिसकी तुलना की जाए) में उपमान (जिससे तुलना की जाए) का भ्रम उत्पन्न हो जाता है तो वहाँ भ्रान्तिमान अलंकार माना जाता है।
अतः विकल्प (D) सही है।

10. अब अलि रही गुलाब में, अपत कटीली डार में अन्योक्ति अलंकार है।

अन्योक्ति अलंकार: जहां उपमान के माध्यम से उपमेय का वर्णन हो। उपमान अप्रस्तुत एवं उपमेय प्रस्तुत हो , वहां अन्योक्ति अलंकार होता है। इस अलंकार को अप्रस्तुत प्रशंसा भी कहते हैं।

अतिशयोक्ति अलंकार: जहाँ किसी वस्तु का इतना बढ़ा-चढ़ाकर वर्णन किया जाए कि सामान्य लोक सीमा का उल्लंघन हो जाए वहाँ अतिशयोक्ति अलंकार होता है।

उत्प्रेक्षा अलंकार: जहाँ उपमेय में उपमान होने की संभावना या कल्पना की जाती है, वहाँ उत्प्रेक्षा अलंकार होता है। इसके लक्षण है- जनु, मनु इव, मानो, मनो, मनहुँ, आदि। पहचान – मनो, मानो, मनु मनुह, जानो, इव, जनु, जानहु, ज्यों आदि शब्द अगर किसी अलंकार में आते है तो वह उत्प्रेक्षा अलंकार होता है।

उपमा अलंकार: जब किसी व्यक्ति या वस्तु की तुलना किसी दूसरे यक्ति या वस्तु से की जाए वहाँ पर उपमा अलंकार होता है। अर्थात जब किन्ही दो वस्तुओं के गुण, आकृति, स्वभाव आदि में समानता दिखाई जाए या दो भिन्न वस्तुओं कि तुलना कि जाए, तब वहां उपमा अलंकार होता है।
अतः विकल्प (C) सही है।

11. इस कथन की पुष्टि ऐतिहासिक रूप से कर दी गयी है कि छंद का प्रयोग सबसे पहले ऋग्वेद में किया गया था। 'यजुर्वेद, 'सामवेद' तथा 'उपनिषद' में कई अन्य महत्वपूर्ण विषयों पर चर्चा की गयी है। परन्तु छंद की चर्चा इनमें से कहीं भी सर्वप्रथम नहीं की गयी थी। इन तीनों ग्रंथों की गणना आदरणीय ग्रंथों में की जाती है।
अतः विकल्प (A) सही है।

12. 'कुण्डलिया' छः चरण वाला विषम मात्रिक छंद है। इसके प्रत्येक चरण में 24 मात्राएँ होती हैं। इसके प्रथम दो चरण 'दोहा' ('दोहा' भी अर्द्ध मात्रिक छंद है। इसमें कुल 24 मात्राएँ होती हैं। प्रथम और तृतीय में 13- 13 तथा द्वितीय और चतुर्थ में 11-11 मात्राएँ होती हैं) तथा बाद के चार चरण 'रोला' ('रोला छंद' मात्रिक छंद है। इसमें चार चरण और 24 मात्राएँ होती हैं तथा 11 और 13 पर यति होती है।) के होते हैं। ये दोनों छंद कुण्डली के रूप में एक दूसरे से गुँथे रहते हैं, इसीलिए इसे कुण्डलिया छंद कहते हैं।
अतः विकल्प (C) सही है।

13. मुक्त छंद में वर्णिक या मात्रिक प्रतिबंध नहीं होता है। मुक्त छंद कविता का वह रूप है जो किसी छंद विशेष के अनुसार नहीं रची जाती न ही तुकान्त होती है। मुक्त छंद की कविता सहज भाषण जैसी प्रतीत होती है। हिन्दी में मुक्त छंद की परम्परा सूर्यकान्त त्रिपाठी 'निराला' ने आरम्भ की।

मात्रिक छंद: मात्रिक शब्द-नाम से ही स्पष्ट हो रहा है कि यह मात्रा से सम्बन्धित है-अतः इसे कह सकते हैं कि जिन छंदों की रचना मात्राओं की गणना के आधार पर की जाती है उन्हें मात्रिक छंद कहते हैं।

अतः विकल्प (C) सही है।

14. चौपाई सम मात्रिक छंद का उदहारण है। चौपाई: चौपाई में चार चरण होते हैं, प्रत्येक चरण में 16 मात्राएँ होती हैं। चरण के अन्त में जगण (I I S) अथवा तगण (S I I) नहीं होना चाहिए, अन्तिम दो वर्ण गुरु-लघु (S I) भी नहीं होने चाहिए।

सोरठा मात्रिक छंद है और यह दोहा का ठीक उलटा होता है। इसके विषम चरणों चरण में 11-11 मात्राएँ और सम चरणों (द्वितीय तथा चतुर्थ) चरण में 13-13 मात्राएँ होती हैं। विषम चरणों के अंत में एक गुरु और एक लघु मात्रा का होना आवश्यक होता है। जो सुमिरत सिधि होय, गननायक करिबर बदन।

दोहा अर्द्धसम मात्रिक छंद है। यह दो पंक्ति का होता है इसमें चार चरण माने जाते हैं। इसके विषम चरणों (प्रथम तथा तृतीय में) 13-13 मात्राएँ और सम चरणों (द्वितीय तथा चतुर्थ) में 11-11 मात्राएँ होती हैं। सम चरणों के अंत में एक गुरु और एक लघु मात्रा का होना आवश्यक होता है अर्थात अन्त में लघु होता है।
अतः विकल्प (C) सही है।

15. 'चौरंगा' शब्द में 'द्विगु समास' है तथा इसका समास विग्रह है 'चौरंगा' -चार रंगों का समाहार।

द्विगु समास यदि कर्मधारय समास का पूर्व पद (पहला पद) संख्यावाची हो तो वह 'द्विगु समास कहलाता है। द्विगु समास तीन प्रकार का होता है यह समास समूह अर्थ में होता है। समाहार द्विगु एकवचन तथा नपुंसकलिंग होता है। किन्तु अकारान्त (हस्व अ अन्त वाला) शब्द द्विगु में स्त्रीलिंग होता है।

कर्मधारय समास: जिसका पहला पद विशेषण और दूसरा पद विशेष्य अथवा एक पद उपमान तथा दूसरा पद उपमेय हो तो, वह 'कर्मधारय समास' कहलाता है।

तत्पुरुष समास वह होता है, जिसमें उत्तरपद प्रधान होता है, अर्थात प्रथम पद गौण होता है एवं उत्तर पद की प्रधानता होती है व समास करते वक़्त बीच की विभक्ति का लोप हो जाता है। इस समास में आने वाले कारक चिन्हों को, से, के लिए, से, का/के/की, में, पर आदि का लोप होता है।
अतः विकल्प (B) सही है।

16. 'यथोचित' शब्द में अव्ययीभाव समास है।

अव्ययी भाव: जिस समस्त पद में कोई एक पद अव्यय या उपसर्ग हो तथा कोई दूसरा पद संज्ञा, उसे अव्ययीभाव समास कहते हैं। जैसे कि विदित है अव्ययीभाव समास में अव्यय का भाव पाया जाता है। पुनरावृति शब्द भी अव्ययीभाव समास के अन्तर्गत आते हैं। उपसर्ग युक्त पद भी अव्ययीभाव समास के अन्तर्गत आते हैं।
अतः विकल्प (D) सही है।

17. 'धनुर्बाण' शब्द में द्वंद समास है।

द्वन्द्व समास: जिस समस्त पद में दोनों पद प्रधान हों तथा प्रत्येक दो पदों के बीच और, एवं, तथा, या, अथवा में से किसी एक का लोप पाया जाये उसे द्वन्द्व समास कहते हैं। द्वन्द्व समास के समस्त पद में दोनों पद योजक चिह्न से जुड़े रहते हैं। दोनों पद प्रधान होते हैं।
अतः विकल्प (D) सही है।

18. "अनजाने" शब्द में अव्ययीभाव समास है।

अव्ययीभाव समास: जिस समस्त पद में कोई एक पद अव्यय या उपसर्ग हो तथा कोई दूसरा पद संज्ञा, उसे अव्ययीभाव समास कहते हैं। जैसे कि विदित है अव्ययीभाव समास में अव्यय का भाव पाया जाता है। पुनरावृति शब्द भी अव्ययीभाव समास के अन्तर्गत आते हैं। उपसर्ग युक्त पद भी अव्ययीभाव समास के अन्तर्गत आते हैं।
अतः विकल्प (D) सही है।

19. 'फल-फूल ' शब्द में द्वंद समास है।

द्वंद समास: जिस समस्त पद में दोनों पद प्रधान हों तथा प्रत्येक दो पदों के बीच और, एवं, तथा, या, अथवा में से किसी एक का लोप पाया जाये उसे द्वन्द्व समास कहते हैं। द्वन्द्व समास के समस्त पद में दोनों पद योजक चिह्न से जुड़े रहते हैं। दोनों पद प्रधान होते हैं।
अतः विकल्प (D) सही है।

20. 'स्वाधीन' शब्द में तत्पुरुष समास है।

तत्पुरुष समास: तत्पुरुष समास वह होता है, जिसमें उत्तरपद प्रधान होता है, अर्थात प्रथम पद गौण होता है एवं उत्तर पद की प्रधानता होती है व समास करते वक़्त बीच की विभक्ति का लोप हो जाता है। इस समास में आने वाले कारक चिन्हों को, से, के लिए, से, का/के/की, में, पर आदि का लोप होता है।
अतः विकल्प (A) सही है।

21. महोदय में गुण संधि है। गुण संधि: जब संधि करते समय (अ, आ) के साथ (इ, ई) हो तो 'ए' बनता है, जब (अ, आ) के साथ (उ, ऊ) हो तो 'ओ' बनता है, जब (अ, आ) के साथ (ऋ) हो तो 'अर' बनता है तो यह गुण संधि कहलाती है।

यण संधि: जब संधि करते समय इ, ई के साथ कोई अन्य स्वर हो तो ' य ' बन जाता है, जब उ, ऊ के साथ कोई अन्य स्वर हो तो ' व् ' बन जाता है , जब ऋ के साथ कोई अन्य स्वर हो तो ' र ' बन जाता है।

दीर्घ संधि: जब दो शब्दों की संधि करते समय (अ, आ) के साथ (अ, आ) हो तो 'आ' बनता है, जब (इ, ई) के साथ (इ, ई) हो तो 'ई' बनता है, जब (उ, ऊ) के साथ (उ, ऊ) हो तो 'ऊ' बनता है। इस संधि को हम हस्व संधि भी कह सकते हैं। जैसे: पुस्तक + आलय : पुस्तकालय बनता है।
अतः विकल्प (C) सही है।

22. मतैक्य में वृद्धि संधि है। वृद्धि संधि: जब संधि करते समय जब अ , आ के साथ ए , ऐ हो तो ' ऐ ' बनता है और जब अ , आ के साथ ओ , औ हो तो ' औ ' बनता है। उसे वृधि संधि कहते हैं।

गुण संधि: जब संधि करते समय (अ, आ) के साथ (इ, ई) हो तो 'ए' बनता है, जब (अ, आ) के साथ (उ, ऊ) हो तो 'ओ' बनता है, जब (अ, आ) के साथ (ऋ) हो तो 'अर' बनता है तो यह गुण संधि कहलाती है।
अतः विकल्प (D) सही है।

23. संगम का "सम् + गम" संधि विच्छेद है।

संधि विच्छेद: वर्णों में संधि करने पर स्वर, व्यंजन अथवा विसर्ग में परिवर्तन आता है। जब किसी एक शब्द को दो भागों में तोड़ा जाता हैं और तोड़े हुए दोनों शब्द अपने अलग-अलग सही अर्थ देते है तब इस प्रक्रिया को ही संधि विच्छेद कहते है अर्थात संधि में पदों को मूल रूप में पृथक कर देना ही संधि विच्छेद कहलाता है।
अतः विकल्प (B) सही है।

24. भानूदय में प्रयुक्त संधि का दीर्घ संधि नाम है।

दीर्घ संधि: जब दो शब्दों की संधि करते समय (अ, आ) के साथ (अ, आ) हो तो 'आ' बनता है, जब (इ, ई) के साथ (इ, ई) हो तो 'ई' बनता है, जब (उ, ऊ) के

साथ (उ, ऊ) हो तो 'ऊ' बनता है। इस संधि को हम ह्स्व संधि भी कह सकते हैं। जैसे: पुस्तक + आलय : पुस्तकालय बनता है।
अतः विकल्प (B) सही है।

25. अपनी -अपनी डफली ,अपना -अपना राग अर्थ विचारो में भिन्नता होना से हैं।

मुहावरे-मुहावरे अरबी भाषा का शब्द है जिसका शाब्दिक अर्थ अभ्यास करना होता है "जो शब्द अपने साधारण अर्थ को छोड़ कर विशेष अर्थ को व्यक्त करते है हिंदी मे ऐसे वाक्यांश को मुहावरा कहा जाता हैं।" मुहावरे किसी भाषा विशेष में प्रचलित उस अभिव्यक्तिक इकाई को कहते हैं जिसका प्रयोग प्रत्यक्षार्थ से अलग रूढ़ लक्ष्यार्थ के लिए किया जाता है।
अतः विकल्प (D) सही है।

26. पड़े फ़ारसी बेचे तेल , यह देखो कुदरत का खेल से अभिप्राय है।

मुहावरे: मुहावरे अरबी भाषा का शब्द है जिसका शाब्दिक अर्थ अभ्यास करना होता है "जो शब्द अपने साधारण अर्थ को छोड़ कर विशेष अर्थ को व्यक्त करते है हिंदी मे ऐसे वाक्यांश को मुहावरा कहा जाता हैं।" मुहावरे किसी भाषा विशेष में प्रचलित उस अभिव्यक्तिक इकाई को कहते हैं जिसका प्रयोग प्रत्यक्षार्थ से अलग रूढ़ लक्ष्यार्थ के लिए किया जाता है।
अतः विकल्प (C) सही है।

27. जो गरजते है वे बरसते नही से अभिप्राय है जो व्यक्ति बहुत बोलते है वे विशेष सफल नही होते।

मुहावरे- मुहावरे अरबी भाषा का शब्द है जिसका शाब्दिक अर्थ अभ्यास करना होता है "जो शब्द अपने साधारण अर्थ को छोड़ कर विशेष अर्थ को व्यक्त करते है हिंदी मे ऐसे वाक्यांश को मुहावरा कहा जाता हैं।" मुहावरे किसी भाषा विशेष में प्रचलित उस अभिव्यक्तिक इकाई को कहते हैं जिसका प्रयोग प्रत्यक्षार्थ से अलग रूढ़ लक्ष्यार्थ के लिए किया जाता है।
अतः विकल्प (D) सही है।

28. घर आए नाग न पुजिए बांबी पूजन जाए से अभिप्राय है अक्सर से लाभ न उठे और बाद में परेशान करे।

मुहावरे- मुहावरे अरबी भाषा का शब्द है जिसका शाब्दिक अर्थ अभ्यास करना होता है "जो शब्द अपने साधारण अर्थ को छोड़ कर विशेष अर्थ को व्यक्त करते है हिंदी मे ऐसे वाक्यांश को मुहावरा कहा जाता हैं।" मुहावरे किसी भाषा विशेष में प्रचलित उस अभिव्यक्तिक इकाई को कहते हैं जिसका प्रयोग प्रत्यक्षार्थ से अलग रूढ़ लक्ष्यार्थ के लिए किया जाता है।
अतः विकल्प (C) सही है।

29. गधा खेत खाए जुलाहा पीटा जाए से अभिप्राय है अपराध कोई करे और दंड किसी अन्य को दिया जाए।

मुहावरे- मुहावरे अरबी भाषा का शब्द है जिसका शाब्दिक अर्थ अभ्यास करना होता है "जो शब्द अपने साधारण अर्थ को छोड़ कर विशेष अर्थ को व्यक्त करते है हिंदी मे ऐसे वाक्यांश को मुहावरा कहा जाता हैं।" मुहावरे किसी भाषा विशेष में प्रचलित उस अभिव्यक्तिक इकाई को कहते हैं जिसका प्रयोग प्रत्यक्षार्थ से अलग रूढ़ लक्ष्यार्थ के लिए किया जाता है।
अतः विकल्प (D) सही है।

30. सौ सयाने एक मत का अर्थ है बुद्धिमान के विचार एक-से होते हैं।

लोकोक्ति- लोक + उक्ति' शब्दों से मिलकर बना है जिसका अर्थ है- लोक में प्रचलित उक्ति या कथन। जब कोई पूरा कथन किसी प्रसंग विशेष में उद्धृत किया जाता है तो लोकोक्ति कहलाता है। लोकोक्ति वाक्यांश न होकर स्वतंत्र वाक्य होते हैं। उदाहरण- 'उस दिन बात ही बात में राम ने कहा, हाँ, मैं अकेला ही कुँआ खोद लूँगा। इन पर सबों ने हँसकर कहा, व्यर्थ बकबक करते हो, अकेला चना भाड़ नहीं फोड़ता । यहाँ 'अकेला चना भाड़ नहीं फोड़ता' लोकोक्ति का प्रयोग किया गया है, जिसका अर्थ है 'एक व्यक्ति के करने से कोई कठिन काम पूरा नहीं होता' ।
अतः विकल्प (D) सही है।

31. तन पर नहीं लत्ता पान खाए अलबता का अर्थ झूठा दिखावा करने से है। 'लोकोक्ति' शब्द 'लोक + उक्ति' शब्दों से मिलकर बना है जिसका अर्थ है- लोक में प्रचलित उक्ति या कथन'। संस्कृत में 'लोकोक्ति' अलंकार का एक भेद भी है तथा सामान्य अर्थ में लोकोक्ति को 'कहावत' कहा जाता है। उदाहरण- 'उस दिन बात-ही-बात में राम ने कहा, हाँ, मैं अकेला ही कुँआ खोद लूँगा। इन पर सबों ने हँसकर कहा, व्यर्थ बकबक करते हो, अकेला चना भाड़ नहीं फोड़ता'। यहाँ 'अकेला चना भाड़ नहीं फोड़ता' लोकोक्ति का प्रयोग किया गया है, जिसका अर्थ है 'एक व्यक्ति के करने से कोई कठिन काम पूरा नहीं होता'।
अतः विकल्प (B) सही है।

32. हाथ कंगन को आरसी क्या का अर्थ प्रत्यक्ष को प्रमाण की जरूरत नहीं होती। 'लोकोक्ति' शब्द 'लोक + उक्ति' शब्दों से मिलकर बना है जिसका अर्थ है- लोक में प्रचलित उक्ति या कथन'। संस्कृत में 'लोकोक्ति' अलंकार का एक भेद भी है तथा सामान्य अर्थ में लोकोक्ति को 'कहावत' कहा जाता है। उदाहरण- 'उस दिन बात-ही-बात में राम ने कहा, हाँ, मैं अकेला ही कुँआ खोद लूँगा। इन पर सबों ने हँसकर कहा, व्यर्थ बकबक करते हो, अकेला चना भाड़ नहीं फोड़ता'। यहाँ 'अकेला चना भाड़ नहीं फोड़ता' लोकोक्ति का प्रयोग किया गया है, जिसका अर्थ है 'एक व्यक्ति के करने से कोई कठिन काम पूरा नहीं होता'।
अतः विकल्प (D) सही है।

33. आप डूबे तो जग डूबा का अर्थ है बुरा आदमी सबको बुरा कहता है। 'लोकोक्ति' शब्द 'लोक + उक्ति' शब्दों से मिलकर बना है जिसका अर्थ है- लोक में प्रचलित उक्ति या कथन'। संस्कृत में 'लोकोक्ति' अलंकार का एक भेद भी है तथा सामान्य अर्थ में लोकोक्ति को 'कहावत' कहा जाता है। उदाहरण- 'उस दिन बात-ही-बात में राम ने कहा, हाँ, मैं अकेला ही कुँआ खोद लूँगा। इन पर सबों ने हँसकर कहा, व्यर्थ बकबक करते हो, अकेला चना भाड़ नहीं फोड़ता'। यहाँ 'अकेला चना भाड़ नहीं फोड़ता' लोकोक्ति का प्रयोग किया गया है, जिसका अर्थ है 'एक व्यक्ति के करने से कोई कठिन काम पूरा नहीं होता'।
अतः विकल्प (A) सही है।

34. अधजल गगरी छलकत जाए का अर्थ है अल्पज्ञ द्वारा गर्व प्रदर्शन करना। 'लोकोक्ति' शब्द 'लोक + उक्ति' शब्दों से मिलकर बना है जिसका अर्थ है- लोक में प्रचलित उक्ति या कथन'। संस्कृत में 'लोकोक्ति' अलंकार का एक भेद भी है तथा सामान्य अर्थ में लोकोक्ति को 'कहावत' कहा जाता है। उदाहरण- 'उस दिन बात-ही-बात में राम ने कहा, हाँ, मैं अकेला ही कुँआ खोद लूँगा। इन पर सबों ने हँसकर कहा, व्यर्थ बकबक करते हो, अकेला चना भाड़ नहीं फोड़ता'। यहाँ 'अकेला चना भाड़ नहीं फोड़ता' लोकोक्ति का प्रयोग किया गया है, जिसका अर्थ है 'एक व्यक्ति के करने से कोई कठिन काम पूरा नहीं होता'।
अतः विकल्प (A) सही है।

35. सुचना अशुद्ध शब्द है।

वर्तनी: शब्द में प्रयुक्त ध्वनियों को जिस क्रम से उच्चरित किया जाता है, लिखने में भी उसी क्रम से विन्यस्त करने का नाम वर्तनी या वर्ण-विन्यास है । तात्पर्य यह है कि वर्तनी के अन्तर्गत शब्द ध्वनियों को जिस क्रम से और जिस रूप में उच्चरित किया जाता है उसी क्रम से और उसी रूप में उन्हें लिखा भी जाता है।
अतः विकल्प (B) सही है।

36. आदर्श शुद्ध शब्द है।

वर्तनी: शब्द में प्रयुक्त ध्वनियों को जिस क्रम से उच्चरित किया जाता है, लिखने में भी उसी क्रम से विन्यस्त करने का नाम वर्तनी या वर्ण-विन्यास है । तात्पर्य यह है कि वर्तनी के अन्तर्गत शब्द ध्वनियों को जिस क्रम से और जिस रूप में उच्चरित किया जाता है उसी क्रम से और उसी रूप में उन्हें लिखा भी जाता है।
अतः विकल्प (A) सही है।

37. विस्तार शुद्ध शब्द है।

वर्तनी- शब्द में प्रयुक्त ध्वनियों को जिस क्रम से उच्चरित किया जाता है, लिखने में भी उसी क्रम से विन्यस्त करने का नाम वर्तनी या वर्ण-विन्यास है । तात्पर्य यह है कि वर्तनी के अन्तर्गत शब्द ध्वनियों को जिस क्रम से और जिस रूप में

उच्चारित किया जाता है उसी क्रम से और उसी रूप में उन्हें लिखा भी जाता है। अतः विकल्प (A) सही है।

38. माखनचोर शुद्ध शब्द है।

वर्तनी- शब्द में प्रयुक्त ध्वनियों को जिस क्रम से उच्चरित किया जाता है, लिखने में भी उसी क्रम से विन्यस्त करने का नाम वर्तनी या वर्ण-विन्यास है। तात्पर्य यह है कि वर्तनी के अन्तर्गत शब्द ध्वनियों को जिस क्रम से और जिस रूप में उच्चारित किया जाता है उसी क्रम से और उसी रूप में उन्हें लिखा भी जाता है। अतः विकल्प (D) सही है।

39. अभिषेक शुद्ध शब्द है।

वर्तनी- शब्द में प्रयुक्त ध्वनियों को जिस क्रम से उच्चरित किया जाता है, लिखने में भी उसी क्रम से विन्यस्त करने का नाम वर्तनी या वर्ण-विन्यास है। तात्पर्य यह है कि वर्तनी के अन्तर्गत शब्द ध्वनियों को जिस क्रम से और जिस रूप में उच्चारित किया जाता है उसी क्रम से और उसी रूप में उन्हें लिखा भी जाता है। अतः विकल्प (D) सही है।

40. कवियित्री अशुद्ध शब्द है।

वर्तनी: शब्द में प्रयुक्त ध्वनियों को जिस क्रम से उच्चरित किया जाता है, लिखने में भी उसी क्रम से विन्यस्त करने का नाम वर्तनी या वर्ण-विन्यास है। तात्पर्य यह है कि वर्तनी के अन्तर्गत शब्द ध्वनियों को जिस क्रम से और जिस रूप में उच्चारित किया जाता है उसी क्रम से और उसी रूप में उन्हें लिखा भी जाता है। अतः विकल्प (A) सही है।

41. इसाई अशुद्ध शब्द है।

वर्तनी: शब्द में प्रयुक्त ध्वनियों को जिस क्रम से उच्चरित किया जाता है, लिखने में भी उसी क्रम से विन्यस्त करने का नाम वर्तनी या वर्ण-विन्यास है। तात्पर्य यह है कि वर्तनी के अन्तर्गत शब्द ध्वनियों को जिस क्रम से और जिस रूप में उच्चारित किया जाता है उसी क्रम से और उसी रूप में उन्हें लिखा भी जाता है। अतः विकल्प (B) सही है।

42. वाक्य की सबसे छोटी इकाई को शब्द कहते हैं। शब्दों के अनेक रूप होते हैं। जैसे संज्ञा, सर्वनाम, विशेषण आदि। पहिला' का शब्द रूप पहला होता है।

वर्तनी: शब्द में प्रयुक्त ध्वनियों को जिस क्रम से उच्चरित किया जाता है, लिखने में भी उसी क्रम से विन्यस्त करने का नाम वर्तनी या वर्ण-विन्यास है। तात्पर्य यह है कि वर्तनी के अन्तर्गत शब्द ध्वनियों को जिस क्रम से और जिस रूप में उच्चारित किया जाता है उसी क्रम से और उसी रूप में उन्हें लिखा भी जाता है। अतः विकल्प (B) सही है।

43. भारत शुद्ध शब्द है। मैथलीशरण, मधू, भूकुटी, इन सब का शुद्ध वर्तनी मैथिलीशरण, मधु, भृकुटि होगा।

वर्तनी: शब्द में प्रयुक्त ध्वनियों को जिस क्रम से उच्चरित किया जाता है, लिखने में भी उसी क्रम से विन्यस्त करने का नाम वर्तनी या वर्ण-विन्यास है। तात्पर्य यह है कि वर्तनी के अन्तर्गत शब्द ध्वनियों को जिस क्रम से और जिस रूप में उच्चारित किया जाता है उसी क्रम से और उसी रूप में उन्हें लिखा भी जाता है। अतः विकल्प (B) सही है।

44. तड़ित शुद्ध शब्द है। निसंदेह, नर्वदा, दुसाध्य इन सब का शुद्ध वर्तनी निसंदेह, नर्मदा, दुःसाध्य होगा।

वर्तनी: शब्द में प्रयुक्त ध्वनियों को जिस क्रम से उच्चरित किया जाता है, लिखने में भी उसी क्रम से विन्यस्त करने का नाम वर्तनी या वर्ण-विन्यास है। तात्पर्य यह है कि वर्तनी के अन्तर्गत शब्द ध्वनियों को जिस क्रम से और जिस रूप में उच्चारित किया जाता है उसी क्रम से और उसी रूप में उन्हें लिखा भी जाता है। अतः विकल्प (B) सही है।

45. आचार्य शुक्ल ने आधुनिक काल का नाम गद्य काल रखा है। इसको हिंदी साहित्य का सर्वश्रेष्ठ युग माना जा सकता है, जिसमें पद्य के साथ-साथ गद्य, समालोचना, कहानी, नाटक व पत्रकारिता का भी विकास हुआ। उसकी जड़ें प्राचीन भारत की संस्कृत भाषा तक जाती हैं परन्तु मध्ययुगीन भारत के अवधी, मागधी, अर्धमागधी तथा मारवाड़ी जैसी भाषाओं के साहित्य को हिन्दी का

आरम्भिक साहित्य माना जाता हैं। हिंदी साहित्य ने अपनी शुरुआत लोकभाषा कविता के माध्यम से की और गद्य का विकास बहुत बाद में हुआ। अतः विकल्प (B) सही है।

46. "आचार्य विश्वनाथ प्रसाद मिश्र" ने "हिंदी साहित्य का अतीत" लिखा है। आचार्य विश्वनाथ प्रसाद (1906-12 जुलाई, 1982) विश्वनाथ जी के प्रमुख नाटक इस प्रकार हैं- हिन्दी साहित्य का अतीत, हिन्दी का सामायिक इतिहास, वाङ्मय विमर्श, हिन्दी नाट्य साहित्य का विकास, बिहारी की वाग्विभूति, कामांग कौमुदी, गोसाई तुलसीदास, केशव ग्रंथावली, नीला कण्ठ उजले बोल आदि। अतः विकल्प (B) सही है।

47. आदिकाल को 'बीजवपन काल' नाम :- आचार्य महावीर प्रसाद द्विवेदी ने दिया है। उसकी जड़ें प्राचीन भारत की संस्कृत भाषा तक जातीं हैं परन्तु मध्ययुगीन भारत के अवधी, मागधी, अर्धमागधी तथा मारवाड़ी जैसी भाषाओं के साहित्य को हिन्दी का आरम्भिक साहित्य माना जाता हैं। हिंदी साहित्य ने अपनी शुरुआत लोकभाषा कविता के माध्यम से की और गद्य का विकास बहुत बाद में हुआ। अतः विकल्प (C) सही है।

48. ग्रियर्सन के अनुसार बुद्धदेव के बाद भारत में सबसे बड़े लोकनायक तुलसीदास थे।

तुलसीदास - रामभक्ति शाखा के प्रतिनिधि कवि

भक्तिभावना - दास्य भाव

दर्शन - विशिष्टाद्वैत अतः विकल्प (B) सही है।

49. अज्ञेय को प्रयोगवादी युग का प्रवर्तक कवि माना जाता है। जिसका प्रारम्भ 1943 से माना गया है। इस युग में काव्य के पुराने उपमानों के स्थान पर नए उपमानों को ग्रहण किया गया। आधुनिक काल के दूसरे चरण को द्विवेदी युग (1900 से 1918) नाम दिया गया। इस युग के प्रवर्तक कवि महावीर प्रसाद द्विवेदी ऐसे साहित्यकार हैं जो साहित्य के अलावा भी अन्य विषयों में अपनी रुचि रखते है। साथ ही वे बहुभाषी भी थे। अतः विकल्प (D) सही है।

50. आदिकाल के नामकरण के सम्बन्ध में 'विश्वनाथ प्रसाद मिश्र - संधिकाल' मेल अनुचित है। आदिकाल के नामकरण में 'विश्वनाथ प्रसाद मिश्र' ने 'वीरकाल' नाम दिया था। जबकि 'संधिकाल' और 'चारणकाल' नाम डॉ. राम कुमार वर्मा ने दिया था। अतः विकल्प (D) सही है।

51. "गार्सा द तासी" ने हिंदी साहित्य का इतिहास लेखन परंपरा का सूत्रपात किया। हिंदी साहित्य के इतिहास लेखन का सबसे पहला प्रयास फ्रेंच विद्वान गार्सा द तासी ने किया है। गार्सा द तासी ने अपनी पुस्तक का नाम "इस्त्वार द ला लितेरत्युर ऐन्दुई ऐन्दुस्तानी" है। इसकी रचना फ्रेंच भाषा में की गई है। यह पुस्तक दो भागों में विभक्त है, जिसका प्रकाशन क्रमशः 1839 ईस्वी तथा 1847 ईस्वी में हुआ। इस ग्रंथ में कुल 738 कवि हैं जिनमें हिंदी के 72 तथा शेष उर्दू के हैं। अतः विकल्प (A) सही है।

52. हिन्दी साहित्य का भक्ति काल 1375 वि० से 1700 वि० तक माना जाता है। इस काल को श्याम सुंदर दास ने स्वर्णयुग कह कर संबोधित किया है। यह काल प्रमुख रूप से भक्ति भावना से ओतप्रोत है। इस काल को समृद्ध बनाने वाली दो काव्य-धाराएं हैं - 1.निर्गुण भक्तिधारा तथा 2.सगुण भक्तिधारा। निर्गुण भक्तिधारा को दो हिस्सों में बांटा गया है। अतः विकल्प (B) सही है।

53. मिश्र बन्धुओं में कृष्णबिहारी मिश्र का नाम सम्मिलित नहीं है। मिश्र बन्धु तीन भाई और साहित्यकार थे, जिन्होंने हिंदी साहित्य का इतिहास: मिश्र बन्धु विनोद नाम से लिखा था।' बन्धु निम्न है -

1.श्यामबिहारी मिश्र

2.कृष्ण बिहारी मिश्र

3.शुकदेव बिहारी मिश्र
अतः विकल्प (B) सही है।

54. 'कविकुलकल्पतरु' रचना चिंतामणि की रचना है यह रीतिकालीन ग्रंथ है, 'कविकुलकल्पतरु' में कुल 1133 पद्य हैं और यह आठ प्रकरणों में विभाजित है। प्रथम प्रकरण में काव्य-भेद, काव्य-लक्षण, काव्य-पुरुष-रूपक और गुण विवेचन है। दूसरे और तीसरे प्रकरणों में शब्द और अर्थ के भेद के साथ अलंकारों का निरूपण है। चौथे प्रकरण में काव्यगत दोषों पर विचार किया गया है। पाँचवें प्रकरण के तीन भाग हैं- प्रथम भाग में शब्दार्थ निरूपण है, दूसरे में रसध्वनि को छोड़कर ध्वनि के शेष भेदोपभेदों का तथा तीसरे में रसध्वनि का समावेश किया गया है।
अतः विकल्प (B) सही है।

55. 'पहाड़ों में प्रेममय संगीत ' रिपोर्ताज के लेखक हैं - उपेन्द्रनाथ अशक हिंदी में रिपोर्ताज का जनक शिवदान सिंह चौहान को माना जाता है। यह एक फ्रांसीसी शब्द है। निर्मल वर्मा - प्राग: एक स्वप्न रेणु - ऋणजल धनजल, नेपाली क्रांति कथा, एकलव्य के नोटस शिवदान सिंह चौहान - लक्ष्मीपुरा , मौत के खिलाफ ज़िन्दगी की लड़ाई आदि।
अतः विकल्प (B) सही है।

56. हरिवंशराय बच्चन ने 'नए पुराने झरोखे' संस्मरण 1962 ई. में लिखा, हरिवंशराय बच्चन आधुनिक युग में उत्तर छायावाद के प्रमुख कवि माने जाते हैं। रचनाएँ- मधुशाला, मधुबाला मधुकलश, निशा निमन्त्रण, एकान्त संगीत, सतरिंगिणी, हलाहल, बंगाल का काल, मिलन यामिनी प्रणय- पत्रिका, बुद्ध और नाचघर (काव्य), भ्य भूलू क्या याद करूं, नीड़ का निर्माण फिर (आत्मकथा), दो चट्टानें आदि।
अतः विकल्प (B) सही है।

57. दिल्ली - दर - शहर यात्रा वृत्तान्त की लेखिका हैं निर्मला जैन, अन्य यात्रा वृत्तान्तः-

नासिरा शर्मा - जहाँ फव्वारे लहू रोते हैं (सन् 2003)।

शिवानी - यात्रिक (1980 ई.)।

इंदु जैन - पत्रों की तरह चुप (1987 ई.)।

यात्रा वृत्तान्त लिखने की परंपरा का सूत्रपात भारतेंदु से माना जाता है।
अतः विकल्प (D) सही है।

58. 'ये और वे' संस्मरण के लेखक हैं जैनेन्द्र कुमार हैं। मेरे हमदम मेरे दोस्त (1975 ई.) संस्मरण कमलेश्वर द्वारा लिखित है । उपेन्द्रनाथ अश्क - मंटो मेरा दुशमन (1956 ई.), ज्यादा अपनी कम परायी (1959 ई.)। हरिवंशराय बच्चन - नये पुराने झरोखे (1962 ई.)।
अतः विकल्प (D) सही है।

59. तूफानों के बीच (1941 ई.) रिपोर्ताज के लेखक हैं :-रांगेय राघव। रिपोतार्ज फ्रांसीसी शब्द है, गद्य विधा के रूप में इसका आविर्भव द्वितीय विश्व युद्ध के आसपास हुआ हिंदी में रिपोर्ताज का जनक शिवदान सिंह चौहान को माना जाता है। रिपोर्ताज के विकास में हंस पत्रिका का सर्वाधिक योगदान है। अर्य रिपोर्ताज हैं :धर्मवीर भारती - युद्ध यात्रा (1972 ई.), कमलेश्वर - क्रांति करते हुए आदमी को देखना, शिवदान सिंह चौहान - लक्ष्मीपुरा , मौत के खिलाफ ज़िन्दगी की लड़ाई।
अतः विकल्प (A) सही है।

60. 'राजलक्ष्मी दौड़ने में तेज है।' यह वाक्य 'अधिकरण कारक' का है। वाक्य में क्रिया का आधार, आश्रय, समय या शर्त 'अधिकरण' कहलाता है। आधार को ही अधिकरण माना गया है। यह आधार तीन तरह का होता है-स्थानाधार, समयाधार और भावाधार।

अधिकरण कारक: आधार या आश्रय संज्ञा का वह रूप जिससे क्रिया के आधार का बोध हो उसे अधिकरण कारक कहते हैं। इसकी विभक्ति चिह्न में और पर होती है। भीतर, अंदर, ऊपर, बीच आदि शब्दों का प्रयोग इस कारक में किया जाता है।
अतः विकल्प (B) सही है।

61. 'उसने कुछ नहीं कहा' में कर्ता कारक है।

कर्ता कारक: संज्ञा या सर्वनाम के जिस रूप से क्रिया करने वाले का बोध होता है, उसे कर्ता कारक कहते हैं। सरल शब्दों में "क्रिया करने वाले को कर्ता कहते हैं।'' राम पुस्तक पढ़ता है।
अतः विकल्प (C) सही है।

62. अपादान कारक से जुदाई या विलगाव का बोध होता है। प्रेम, घृणा, लज्जा, ईर्ष्या, भय और सीखने आदि भावों की अभिव्यक्ति के लिए अपादान कारक का ही प्रयोग किया जाता है। वाक्य में जिस स्थान या वस्तु से किसी व्यक्ति या वस्तु की पृथकता अथवा तुलना का बोध होता है, वहाँ अपादान कारक होता है। इसका चिह्न 'से' है।
अतः विकल्प (D) सही है।

63. उपरोक्त विकल्पों में से ' त, थ, द, ध, न ' दंत्य वर्ण से उत्पन्न होने वाली ध्वनि है। विभिन्न वर्णों को उच्चारण स्थान के आधार पर वर्गीकृत किया गया है। वर्णों के व्यवस्थित समूह को वर्णमाला कहते हैं। मूलतः हिंदी में उच्चारण के आधार पर 45 वर्ण (10 स्वर+ 35 व्यंजन) एवं लेखन के आधार पर 52 वर्ण (13 स्वर+35 व्यंजन+ 4 संयुक्त व्यंजन) हैं।
अतः विकल्प (D) सही है।

64. प्रश्न में शब्द और उनके बहुवचन दिए हैं जबकि विकल्प (B) में डिबिया - डिबियें सही प्रारूप में नहीं है। बहुवचन- शब्द के जिस रूप से अनेकता का बोध हो उसे बहुवचन कहते हैं। जैसे-लड़के, गायें, कपड़े, टोपियाँ, मालाएँ, माताएँ, पुस्तकें, वधुएँ, गुरुजन, रोटियाँ, स्त्रियाँ, लताएँ, बेटे आदि।
अतः विकल्प (B) सही है।

65. उपरोक्त विकल्पों में शशि शब्द पुल्लिंग है। पुल्लिंग- जिन संज्ञा के शब्दों से पुरुष जाति का पता चलता है उसे पुल्लिंग कहते हैं। जैसे:- पिता, राजा , घोड़ा , कुत्ता , बन्दर , हंस , बकरा , लडकी , आदमी , सेठ , मकान , लोहा , चश्मा , दुःख , प्रेम , लगाव , खटमल , फूल , नाटक , पर्वत , पेड़ , मुर्गा , बैल , भाई , शिव , हनुमान , शेर आदि।
अतः विकल्प (D) सही है।

66. 'बहु' का बहुवचन बहुएँ होगा। बहुवचन- शब्द के जिस रूप से अनेकता का बोध हो उसे बहुवचन कहते हैं। जैसे-लड़के, गायें, कपड़े, टोपियाँ, मालाएँ, माताएँ, पुस्तकें, वधुएँ, गुरुजन, रोटियाँ, स्त्रियाँ, लताएँ, बेटे आदि।
अतः विकल्प (D) सही है।

67. कक्षा समूहवाचक संज्ञा है। समूहवाचक संज्ञा- जिन संज्ञा शब्दों से किसी भी व्यक्ति या वस्तु के समूह का बोध होता है, उन शब्दों को समूहवाचक या समुदायवाचक संज्ञा कहते हैं। जैसे- भीड़, मेला, सभा, कक्षा, परिवार, पुस्तकालय, झुंड, गिरोह, सेना, दल, गुच्छा, दल, टुकड़ी आदि शब्द हमें किसी न किसी समूह का बोध कराते हैं।
अतः विकल्प (D) सही है।

68. "लड़का छत से गिर पड़ा।" इस वाक्य में करण कारक नहीं है। यहाँ अपादान कारक है। अपादान कारक: अपादान कारक की परिभाषा संज्ञा या सर्वनाम के जिस रूप से अलग होने, निकलने, डरने, रक्षा करने, सीखने, लजाने अथवा दो में से तुलना करने का भाव प्रकट हो तो उसे अपादान कारक कहते है।
अतः विकल्प (A) सही है।

69. 'को' और 'के लिए' सम्प्रदान कारक के चिह्न है। सम्प्रदान कारक- सम्प्रदान का अर्थ 'देना' होता है। जब वाक्य में किसी को कुछ दिया जाए या किसी के लिए कुछ किया जाए तो वहां पर सम्प्रदान कारक होता है। सम्प्रदान कारक के विभक्ति चिन्ह के लिए या को हैं।
अतः विकल्प (A) सही है।

70. "मनीष को बुलाया।" इस वाक्य में कर्ता कारक नहीं है। कर्ता कारक- संज्ञा या सर्वनाम के जिस रूप से क्रिया करने वाले का बोध होता है, उसे कर्ता कारक कहते हैं। सरल शब्दों में "क्रिया करने वाले को कर्ता कहते हैं।'' राम पुस्तक पढ़ता है।
अतः विकल्प (C) सही है।

71. 'अतिथि के लिए चाय लाओ' इस वाक्य में 'अतिथि के लिए' में सम्प्रदान कारक है। सम्प्रदान कारक- सम्प्रदान का अर्थ 'देना' होता है। जब वाक्य में किसी को कुछ दिया जाए या किसी के लिए कुछ किया जाए तो वहाँ पर सम्प्रदान कारक होता है। सम्प्रदान कारक के विभक्ति चिन्ह के लिए या को हैं।
अतः विकल्प (B) सही है।

72. "पाँच किलो" वाक्य में परिमाणवाचक विशेषण हैं। परिमाणवाचक विशेषण- वह विशेषण जो अपने विशेष्यों की निश्चित अथवा अनिश्चित मात्रा (परिमाण) का बोध कराए, 'परिमाणवाचक विशेषण' कहलाता है। इस विशेषण का एकमात्र विशेष्य द्रव्यवाचक संज्ञा है। मुझे थोड़ा दूध चाहिए, बच्चे भूखे हैं।
अतः विकल्प (C) सही है।

73. "तीन" वाक्य में संख्यावाचक विशेषण हैं। संख्यावाचक विशेषण- ऐसे विशेषण शब्द जो किसी संज्ञा या सर्वनाम की संख्या का बोध कराते हैं, वे संख्यावाचक विशेषण कहलाते हैं। जैसे: दुनिया में सात अजूबे हैं। सात शब्द हमें अजूबों की संख्या की विशेषता बता रहा है। यह संख्यावाचक विशेषण कहलायेगा।
अतः विकल्प (B) सही है।

74. परिश्रमी शब्द में गुणवाचक विशेषण का बोध होता हैं। गुणवाचक विशेषण- जो शब्द, किसी व्यक्ति या वस्तु के गुण, दोष, रंग, आकार, अवस्था, स्थिति, स्वभाव, दशा, दिशा, स्पर्श, गंध, स्वाद आदि का बोध कराए, 'गुणवाचक विशेषण' कहलाते हैं।

संख्यावाचक विशेषण- ऐसे विशेषण शब्द जो किसी संज्ञा या सर्वनाम की संख्या का बोध कराते हैं, वे संख्यावाचक विशेषण कहलाते हैं। जैसे: दुनिया में सात अजूबे हैं।

परिमाणवाचक विशेषण- वह विशेषण जो अपने विशेष्यों की निश्चित अथवा अनिश्चित मात्रा (परिमाण) का बोध कराए, 'परिमाणवाचक विशेषण' कहलाता है।

सार्वनामिक विशेषण- ऐसे सर्वनाम शब्द जो संज्ञा से पहले लगकर उस संज्ञा शब्द की विशेषण की तरह विशेषता बताते हैं, वे शब्द सार्वनामिक विशेषण कहलाते हैं। यह शब्द सर्वनाम के लिए विशेषण का काम करते हैं। जैसे: मेरी पुस्तक , कोई बालक , किसी का महल , वह लड़का , वह बालक , वह पुस्तक , वह आदमी , वह लडकी आदि।
अतः विकल्प (D) सही है।

75. "मानवता" मानव शब्द के लिए उपयुक्त भाववाचक संज्ञा है।भाववाचक संज्ञा: जो शब्द किसी चीज़ या पदार्थ की अवस्था, दशा या भाव का बोध कराते हैं, उन शब्दों को भाववाचक संज्ञा कहते हैं। जैसे- बचपन, बुढ़ापा, मोटापा, मिठास, उमंग, चढ़ाई, थकावट, मानवता, चतुराई, जवानी, लम्बाई, मित्रता, मुस्कुराहट, अपनापन, परायापन, भूख, प्यास, चोरी, क्रोध, सुन्दरता आदि।
अतः विकल्प (D) सही है।

76. "पांवस" स्त्रीलिंग शब्द है। स्त्रीलिंग- जिन संज्ञा शब्दों से स्त्री जाति का पता चलता है, उसे स्त्रीलिंग कहते हैं। जैसे - हंसिनी, लडकी, बकरी, माता, रानी, जूं सुई, गर्दन, लज्जा, नदी, शाखा, मुर्गी, गाय, बहन, यमुना, बुआ, लक्ष्मी, गंगा, नारी, झोंपड़ी, लोमड़ी आदि।

पुल्लिंग- जिन संज्ञा के शब्दों से पुरुष जाति का पता चलता है कि ये पुरुष जाति का हैं उसे पुल्लिंग कहते हैं। जैसे : शिव, ब्रम्हा, राम, कृष्ण, हनुमान, पिता, भाई, लड़का, आदमी, सेठ, राजा, घोडा, कुत्ता, बन्दर, हंस, बकरा, मकान, लोहा, चश्मा, दुःख, लगाव, खटमल, फूल, नाटक, पर्वत, पेड़, मुर्गा, बैल, शेर आदि।
अतः विकल्प (C) सही है।

77. "चिट्ठी" स्त्रीलिंग शब्द है। स्त्रीलिंग- जिन संज्ञा शब्दों से स्त्री जाति का पता चलता है, उसे स्त्रीलिंग कहते हैं। जैसे - हंसिनी, लडकी, बकरी, माता, रानी, जूं सुई, गर्दन, लज्जा, नदी, शाखा, मुर्गी, गाय, बहन, यमुना, बुआ, लक्ष्मी, गंगा, नारी, झोंपड़ी, लोमड़ी आदि।

पुल्लिंग- जिन संज्ञा के शब्दों से पुरुष जाति का पता चलता है कि ये पुरुष जाति का हैं उसे पुल्लिंग कहते हैं। जैसे : शिव, ब्रम्हा, राम, कृष्ण, हनुमान, पिता, भाई, लड़का, आदमी, सेठ, राजा, घोडा, कुत्ता, बन्दर, हंस, बकरा, मकान, लोहा,

चश्मा, दुःख, लगाव, खटमल, फूल, नाटक, पर्वत, पेड़, मुर्गा, बैल, शेर आदि।
अतः विकल्प (A) सही है।

78. 'भवानी' शब्द का पुल्लिंग शब्द भव है। स्त्रीलिंग- जिन संज्ञा शब्दों से स्त्री जाति का पता चलता है, उसे स्त्रीलिंग कहते हैं। जैसे - हंसिनी, लडकी, बकरी, माता, रानी, जूं सुई, गर्दन, लज्जा, नदी, शाखा, मुर्गी, गाय, बहन, यमुना, बुआ, लक्ष्मी, गंगा, नारी, झोंपड़ी, लोमड़ी आदि।

पुल्लिंग- जिन संज्ञा के शब्दों से पुरुष जाति का पता चलता है कि ये पुरुष जाति का हैं उसे पुल्लिंग कहते हैं। जैसे : शिव, ब्रम्हा, राम, कृष्ण, हनुमान, पिता, भाई, लड़का, आदमी, सेठ, राजा, घोडा, कुत्ता, बन्दर, हंस, बकरा, मकान, लोहा, चश्मा, दुःख, लगाव, खटमल, फूल, नाटक, पर्वत, पेड़, मुर्गा, बैल, शेर आदि।
अतः विकल्प (B) सही है।

79. "मकड़ी" स्त्रीलिंग शब्द है। स्त्रीलिंग- जिन संज्ञा शब्दों से स्त्री जाति का पता चलता है, उसे स्त्रीलिंग कहते हैं। जैसे - हंसिनी, लडकी, बकरी, माता, रानी, जूं सुई, गर्दन, लज्जा, नदी, शाखा, मुर्गी, गाय, बहन, यमुना, बुआ, लक्ष्मी, गंगा, नारी, झोंपड़ी, लोमड़ी आदि।

पुल्लिंग- जिन संज्ञा के शब्दों से पुरुष जाति का पता चलता है कि ये पुरुष जाति का हैं उसे पुल्लिंग कहते हैं। जैसे : शिव, ब्रम्हा, राम, कृष्ण, हनुमान, पिता, भाई, लड़का, आदमी, सेठ, राजा, घोडा, कुत्ता, बन्दर, हंस, बकरा, मकान, लोहा, चश्मा, दुःख, लगाव, खटमल, फूल, नाटक, पर्वत, पेड़, मुर्गा, बैल, शेर आदि।
अतः विकल्प (D) सही है।

80. 'समुद्र मे लगने वाली आग' वाक्यांश के लिए एक शब्द 'बड़वानल' है। वाक्यांश के लिए एक शब्द- एक वाक्य का अर्थ रखतें हैं। भाषा में कई वाक्य के शब्दों के स्थान पर एक शब्द का प्रयोग बोलने में करते हैं हम भाषा को प्रभावशाली व आकर्षक बनाते हैं। यहां पर आने शब्दों के के लिए एक शब्द का के अनेक उदाहरण पर विचार करेंगे।
अतः विकल्प (D) सही है।

81. 'नीचे की ओर लाना या खींचना' वाक्यांश के लिए एक शब्द 'अपकर्ष' है।

जो सामने न हो - अप्रत्यक्ष/परोक्ष

जिसकी आशा न की गई हो- अप्रत्याशित

जो प्रमाण से सिद्ध न हो सके- अप्रमेय
अतः विकल्प (B) सही है।

82. 'हवन कुंड की अग्रि' वाक्यांश के लिए एक शब्द 'हावनाग्नि' है। वाक्यांश- एक वाक्य का अर्थ रखतें हैं। भाषा में कई वाक्य के शब्दों के स्थान पर एक शब्द का प्रयोग बोलने में करते हैं हम भाषा को प्रभावशाली व आकर्षक बनाते हैं। यहां पर आने शब्दों के के लिए एक शब्द का के अनेक उदाहरण पर विचार करेंगे।
अतः विकल्प (B) सही है।

83. उपर्युक्त में से वाक्यांश के लिए एक शब्द के जोड़े में से सही जोड़ा 'जिसका संबंध पृथ्वी से हो- पार्थिव है। वाक्यांश- एक वाक्य का अर्थ रखतें हैं। भाषा में कई वाक्य के शब्दों के स्थान पर एक शब्द का प्रयोग बोलने में करते हैं हम भाषा को प्रभावशाली व आकर्षक बनाते हैं। यहां पर आने शब्दों के के लिए एक शब्द का के अनेक उदाहरण पर विचार करेंगे।
अतः विकल्प (D) सही है।

84. 'रंगमंच पर पर्दे के पीछे का स्थान' वाक्यांश के लिए एक शब्द 'नेपथ्य' है। वाक्यांश- एक वाक्य का अर्थ रखतें हैं। भाषा में कई वाक्य के शब्दों के स्थान पर एक शब्द का प्रयोग बोलने में करते हैं हम भाषा को प्रभावशाली व आकर्षक बनाते हैं। यहां पर आने शब्दों के के लिए एक शब्द का के अनेक उदाहरण पर विचार करेंगे।
अतः विकल्प (D) सही है।

85. 'जिसका विभाजन न किया गया हो' वाक्यांश के लिए एक शब्द 'अविभक्त' है। वाक्यांश- एक वाक्य का अर्थ रखतें हैं। भाषा में कई वाक्य के शब्दों के स्थान पर एक शब्द का प्रयोग बोलने में करते हैं हम भाषा को प्रभावशाली व आकर्षक बनाते हैं। यहां पर आने शब्दों के के लिए एक शब्द का के अनेक

उदाहरण पर विचार करेंगे।
अतः विकल्प (B) सही है।

86. 'जो बात गूढ़ (रहस्यपूर्ण) हो' वाक्यांश के लिए एक शब्द 'गूढ़ोक्ति' है। वाक्यांश- एक वाक्य का अर्थ रखते हैं। भाषा में कई वाक्य के शब्दों के स्थान पर एक शब्द का प्रयोग बोलने में करते हैं हम भाषा को प्रभावशाली व आकर्षक बनाते हैं। यहां पर आने शब्दों के के लिए एक शब्द का के अनेक उदाहरण पर विचार करेंगे।
अतः विकल्प (C) सही है।

87. इन्द्र के पर्यायवाची- महेन्द्र, सुरेन्द्र, सुरेश, पुरन्दर, देवराज, मधवा, पाकरिपु, पाकशासन, पुरुहत। पर्यायवाची शब्द: एक ही शब्द के एक से ज्यादा अर्थ निकले उसे पर्यायवाची शब्द कहते है. अर्थत किसी शब्द-विशेष के लिए प्रयुक्त समानार्थक शब्दों को पर्यायवाची शब्द कहते हैं। पर्यायवाची शब्द समानार्थक शब्द भी होते है ,परंतु भाव में एक-दूसरे से बिलकुल भिन्न होते हैं। जैसे :- उजाला – प्रकाश,खून – रक्त।
अतः विकल्प (B) सही है।

88. 'सिरा' शब्द के पर्यायवाची है - अंचल, छोर, पर्यन्त। पर्यायवाची शब्द- एक ही शब्द के एक से ज्यादा अर्थ निकले उसे पर्यायवाची शब्द कहते है. अर्थत किसी शब्द-विशेष के लिए प्रयुक्त समानार्थक शब्दों को पर्यायवाची शब्द कहते हैं। पर्यायवाची शब्द समानार्थक शब्द भी होते है ,परंतु भाव में एक-दूसरे से बिलकुल भिन्न होते हैं। जैसे :- उजाला – प्रकाश,खून – रक्त।
अतः विकल्प (A) सही है।

89. 'तुरंग' शब्द 'घोड़ा' का पर्यायवाची शब्द तै। पर्यायवाची शब्द- एक ही शब्द के एक से ज्यादा अर्थ निकले उसे पर्यायवाची शब्द कहते है. अर्थत किसी शब्द-विशेष के लिए प्रयुक्त समानार्थक शब्दों को पर्यायवाची शब्द कहते हैं। पर्यायवाची शब्द समानार्थक शब्द भी होते है ,परंतु भाव में एक-दूसरे से बिलकुल भिन्न होते हैं। जैसे :- उजाला – प्रकाश,खून – रक्त।
अतः विकल्प (A) सही है।

90. 'सुधा' शब्द 'अमृत' का पर्यायवाची शब्द है। पर्यायवाची शब्द- एक ही शब्द के एक से ज्यादा अर्थ निकले उसे पर्यायवाची शब्द कहते है. अर्थत किसी शब्द-विशेष के लिए प्रयुक्त समानार्थक शब्दों को पर्यायवाची शब्द कहते हैं। पर्यायवाची शब्द समानार्थक शब्द भी होते है ,परंतु भाव में एक-दूसरे से बिलकुल भिन्न होते हैं। जैसे :- उजाला – प्रकाश,खून – रक्त।
अतः विकल्प (A) सही है।

91. 'आदिपुरुष' शब्द 'ईश्वर' का पर्यायवाची शब्द। पर्यायवाची शब्द- एक ही शब्द के एक से ज्यादा अर्थ निकले उसे पर्यायवाची शब्द कहते है. अर्थत किसी शब्द-विशेष के लिए प्रयुक्त समानार्थक शब्दों को पर्यायवाची शब्द कहते हैं। पर्यायवाची शब्द समानार्थक शब्द भी होते है ,परंतु भाव में एक-दूसरे से बिलकुल भिन्न होते हैं। जैसे :- उजाला – प्रकाश,खून – रक्त।
अतः विकल्प (D) सही है।

92. 'उत्क्रम' शब्द 'उल्टा' का पर्यायवाची शब्द है। पर्यायवाची शब्द- एक ही शब्द के एक से ज्यादा अर्थ निकले उसे पर्यायवाची शब्द कहते है. अर्थत किसी शब्द-विशेष के लिए प्रयुक्त समानार्थक शब्दों को पर्यायवाची शब्द कहते हैं। पर्यायवाची शब्द समानार्थक शब्द भी होते है ,परंतु भाव में एक-दूसरे से बिलकुल भिन्न होते हैं। जैसे :- उजाला – प्रकाश,खून – रक्त।
अतः विकल्प (C) सही है।

93. 'पार्वतीनन्दन' शब्द 'कार्तिकेय' का पर्यायवाची शब्द है। पर्यायवाची शब्द- एक ही शब्द के एक से ज्यादा अर्थ निकले उसे पर्यायवाची शब्द कहते है. अर्थत किसी शब्द-विशेष के लिए प्रयुक्त समानार्थक शब्दों को पर्यायवाची शब्द कहते हैं। पर्यायवाची शब्द समानार्थक शब्द भी होते है ,परंतु भाव में एक-दूसरे से बिलकुल भिन्न होते हैं। जैसे :- उजाला – प्रकाश,खून – रक्त।
अतः विकल्प (D) सही है।

94. उत्तम का विलोम शब्द 'अधम' होता है। विलोम- एक-दूसरे के विपरीत या उल्टा अर्थ देने वाले शब्द विलोम कहलाते हैं। विस्तार में : जो शब्द किसी दूसरे शब्द का उल्टा अर्थ बताते हैं, उन्हें विलोम शब्द या विपरीतार्थक शब्द कहते है। जैसे- अपेक्षा- नगद, आय- व्यय, आजादी-गुलाम, नवीन- प्राचीन शब्द एक

दूसरे के उलटे अर्थ वाले शब्द है। अतः इन्हें 'विलोम शब्द' कहते हैं।
अतः विकल्प (D) सही है।

95. 'बाढ़' का सही विलोम शब्द होगा सूखा है। विलोम- एक-दूसरे के विपरीत या उल्टा अर्थ देने वाले शब्द विलोम कहलाते हैं। विस्तार में : जो शब्द किसी दूसरे शब्द का उल्टा अर्थ बताते हैं, उन्हें विलोम शब्द या विपरीतार्थक शब्द कहते हैं। जैसे- अपेक्षा- नगद, आय- व्यय, आजादी-गुलाम, नवीन- प्राचीन शब्द एक दूसरे के उलटे अर्थ वाले शब्द है। अतः इन्हें 'विलोम शब्द' कहते हैं।
अतः विकल्प (C) सही है।

96. 'हर्ष' शब्द का विलोम शब्द विषाद है। विलोम- एक-दूसरे के विपरीत या उल्टा अर्थ देने वाले शब्द विलोम कहलाते हैं। विस्तार में : जो शब्द किसी दूसरे शब्द का उल्टा अर्थ बताते हैं, उन्हें विलोम शब्द या विपरीतार्थक शब्द कहते है। जैसे- अपेक्षा- नगद, आय- व्यय, आजादी-गुलाम, नवीन- प्राचीन शब्द एक दूसरे के उलटे अर्थ वाले शब्द है। अतः इन्हें 'विलोम शब्द' कहते हैं।
अतः विकल्प (A) सही है।

97. "आचार" का विलोम शब्द अनाचार है। विलोम- एक-दूसरे के विपरीत या उल्टा अर्थ देने वाले शब्द विलोम कहलाते हैं। विस्तार में : जो शब्द किसी दूसरे शब्द का उल्टा अर्थ बताते हैं, उन्हें विलोम शब्द या विपरीतार्थक शब्द कहते है। जैसे- अपेक्षा- नगद, आय- व्यय, आजादी-गुलाम, नवीन- प्राचीन शब्द एक दूसरे के उलटे अर्थ वाले शब्द है। इन्हें 'विलोम शब्द' कहते हैं।
अतः विकल्प (A) सही है।

98. "अतिवृष्टि" का विपरीतार्थक शब्द ' अनावृष्टि' होगा। विलोम- एक-दूसरे के विपरीत या उल्टा अर्थ देने वाले शब्द विलोम कहलाते हैं। विस्तार में : जो शब्द किसी दूसरे शब्द का उल्टा अर्थ बताते हैं, उन्हें विलोम शब्द या विपरीतार्थक शब्द कहते है। जैसे- अपेक्षा- नगद, आय- व्यय, आजादी-गुलाम, नवीन- प्राचीन शब्द एक दूसरे के उलटे अर्थ वाले शब्द है। इन्हें 'विलोम शब्द' कहते हैं।
अतः विकल्प (B) सही है।

99. "आच्छादित" शब्द का विलोम 'अनाच्छादित' होता है। विलोम- एक-दूसरे के विपरीत या उल्टा अर्थ देने वाले शब्द विलोम कहलाते हैं। विस्तार में : जो शब्द किसी दूसरे शब्द का उल्टा अर्थ बताते हैं, उन्हें विलोम शब्द या विपरीतार्थक शब्द कहते है। जैसे- अपेक्षा- नगद, आय- व्यय, आजादी-गुलाम, नवीन- प्राचीन शब्द एक दूसरे के उलटे अर्थ वाले शब्द है। इन्हें 'विलोम शब्द' कहते हैं।
अतः विकल्प (C) सही है।

100. दिए गए विकल्पों में से शुद्ध वाक्य 'तूफान आने का भय है।' होगा। तूफान विदेशज शब्द है तूफान के पर्यायवाची शब्द हैं- आंधी, झंझा, चक्रवात, तीव्रग। भय के पर्यायवाची शब्द हैं - भीति, त्रास, खौफ, साध्वस, अंदेशा, आतंक, विभीषिका अन्य विकल्पों में संज्ञा, लिंग, सर्वनाम संबंधी अशुद्धि है।
अतः विकल्प (B) सही है।

101. दिए गए विकल्पों में से शुद्ध वाक्य 'दूध में जामन डालने से दही बनता है।' होगा। दूध के पर्यायवाची शब्द हैं- दुग्ध, दोहज, पीयूष, क्षीर, पय, गौरस, स्तन्य। वाक्य शुद्धि: अतएव, लिखने या बोलने के समय इस बात का ध्यान रखना चाहिए कि हमारे द्वारा जो कुछ लिखा या कहा जाए, वह बिल्कुल स्पष्ट सार्थक और व्याकरण की दृष्टि से शुद्ध हो। वाक्यों के विभिन्न अंग यथास्थान होना चाहिए। साथ ही विराम-चिह्नों का भी उचित जगहों पर प्रयोग होना चाहिए।
अतः विकल्प (D) सही है।

102. दिए गए विकल्पों में से शुद्ध वाक्य हैं - दो गाड़ियों में टक्कर हो गई राड़ियों बहुवचन शब्द है इसका एकवचन शब्द 'गाड़ी' होगा। टक्कर का अथात है - आपस में भिड़ जाना, भिड़ंत अन्य विकल्पों में क्रिया-विशेषण, अव्यय और पुनरुक्ति दोष हैं। वाक्य शुद्धि: अतएव, लिखने या बोलने के समय इस बात का ध्यान रखना चाहिए कि हमारे द्वारा जो कुछ लिखा या कहा जाए, वह बिल्कुल स्पष्ट सार्थक और व्याकरण की दृष्टि से शुद्ध हो। वाक्यों के विभिन्न अंग यथास्थान होना चाहिए। साथ ही विराम-चिह्नों का भी उचित जगहों पर प्रयोग होना चाहिए।
अतः विकल्प (A) सही है।

103. दिए गए विकल्पों में से शुद्ध वाक्य 'मैं दर्शन करने आया हूँ।' होगा। दर्शन पुल्लिंग शब्द है जिसका अर्थ देखना या साक्षात्कार होता है। अन्य विकल्पों में व्याकरण संबंधी अशुद्धि हैं। वाक्य शुद्धि: अतएव, लिखने या बोलने के समय इस बात का ध्यान रखना चाहिए कि हमारे द्वारा जो कुछ लिखा या कहा जाए, वह बिल्कुल स्पष्ट सार्थक और व्याकरण की दृष्टि से शुद्ध हो। वाक्यों के विभिन्न अंग यथास्थान होना चाहिए। साथ ही विराम-चिह्नों का भी उचित जगहों पर प्रयोग होना चाहिए।
अतः विकल्प (B) सही है।

104. दिए गए अन्य विकल्पों में क्रिया संबंधी अशुद्धि है। शुद्ध वाक्य है - स्वस्थ रहने के लिए व्यायाम अवश्य करना चाहिए। स्वस्थ के पर्यायवाची शब्द हैं- तंदुरुस्त, निरोग, चंगा, सेहतमंद, भला। वाक्य शुद्धि: अतएव, लिखने या बोलने के समय इस बात का ध्यान रखना चाहिए कि हमारे द्वारा जो कुछ लिखा या कहा जाए, वह बिल्कुल स्पष्ट सार्थक और व्याकरण की दृष्टि से शुद्ध हो। वाक्यों के विभिन्न अंग यथास्थान होना चाहिए। साथ ही विराम-चिह्नों का भी उचित जगहों पर प्रयोग होना चाहिए।
अतः विकल्प (D) सही है।

105. 'मालविकाग्निमित्रम्' कालिदास विरचित नाटक है। संस्कृत साहित्य- संस्कृत में जब एक ही अर्थ में साहित्य और काव्य शब्द का प्रयोग होने लगा, तो धीरे-धीरे काव्य शब्द का अर्थ संकुचित होने लगा। आज काव्य का अर्थ केवल कविता है और साहित्य शब्द को व्यापक अर्थ में लिया जाता है। साहित्य का तात्पर्य अब कविता, कहानी, उपन्यास, नाटक, आत्मकथा अर्थात गद्य और पद्य की सभी विधाओं से है।
अतः विकल्प (C) सही है।

106. भवभूति ने अपने जीवन में 'महावीरचरितम्, मालतीमाधवम्, उत्तररामचरितम्' इन तीन नाटकों की रचना की है। संस्कृत साहित्य- संस्कृत में जब एक ही अर्थ में साहित्य और काव्य शब्द का प्रयोग होने लगा, तो धीरे-धीरे काव्य शब्द का अर्थ संकुचित होने लगा। आज काव्य का अर्थ केवल कविता है और साहित्य शब्द को व्यापक अर्थ में लिया जाता है। साहित्य का तात्पर्य अब कविता, कहानी, उपन्यास, नाटक, आत्मकथा अर्थात गद्य और पद्य की सभी विधाओं से है।
अतः विकल्प (D) सही है।

107. 'आधारोऽधिकरणम्' सूत्र से अधिकरण कारक होता है। इस सूत्र के अनुसार कर्ता और क्रियापद के संबंध को अधिकरण कहते हैं। अधिकरण साक्षात क्रिया का आधार नही होता परन्तु कर्ता या कर्म के द्वारा क्रिया का आधार होता है। संस्कृत में जब एक ही अर्थ में साहित्य और काव्य शब्द का प्रयोग होने लगा, तो धीरे-धीरे काव्य शब्द का अर्थ संकुचित होने लगा। आज काव्य का अर्थ केवल कविता है और साहित्य शब्द को व्यापक अर्थ में लिया जाता है। साहित्य का तात्पर्य अब कविता, कहानी, उपन्यास, नाटक, आत्मकथा अर्थित गद्य और पद्य की सभी विधाओं से है।
अतः विकल्प (D) सही है।

108. 'गोकुल दुर्जनों से त्रस्त है' इस वाक्य में त्रस्त का योग होने के कारण 'दुर्जनों' की अपादान संज्ञा होकर पंचमी विभक्ति होगी और क्योंकि 'दुर्जनों से' बहुवचन है तो यहाँ पद भी पंचमी बहुवचन प्रयुक्त होकर वाक्य हो जाएगा 'गोकुलः दुर्जनेभ्यः त्रस्तः'।

संस्कृत में जब एक ही अर्थ में साहित्य और काव्य शब्द का प्रयोग होने लगा, तो धीरे-धीरे काव्य शब्द का अर्थ संकुचित होने लगा। आज काव्य का अर्थ केवल कविता है और साहित्य शब्द को व्यापक अर्थ में लिया जाता है। साहित्य का तात्पर्य अब कविता, कहानी, उपन्यास, नाटक, आत्मकथा अर्थित गद्य और पद्य की सभी विधाओं से है।

अतः विकल्प (C) सही है।

109. 'कादम्बरी' बाणभट्ट की रचना है। संस्कृत में जब एक ही अर्थ में साहित्य और काव्य शब्द का प्रयोग होने लगा, तो धीरे-धीरे काव्य शब्द का अर्थ संकुचित होने लगा। आज काव्य का अर्थ केवल कविता है और साहित्य शब्द को व्यापक अर्थ में लिया जाता है। साहित्य का तात्पर्य अब कविता, कहानी, उपन्यास, नाटक, आत्मकथा अर्थात गद्य और पद्य की सभी विधाओं से है।
अतः विकल्प (B) सही है।

110. प्रश्न का हिन्दी अनुवाद - 'लता' शब्द का सप्तमी बहुवचन में रूप होता है। संस्कृत में जब एक ही अर्थ में साहित्य और काव्य शब्द का प्रयोग होने लगा, तो धीरे-धीरे काव्य शब्द का अर्थ संकुचित होने लगा। आज काव्य का अर्थ केवल कविता है और साहित्य शब्द को व्यापक अर्थ में लिया जाता है। साहित्य का तात्पर्य अब कविता, कहानी, उपन्यास, नाटक, आत्मकथा अर्थित गद्य और पद्य की सभी विधाओं से है।
अतः विकल्प (A) सही है।

111. विद्यापति की प्रसिद्ध रचनाएँ - पदावली, कीर्तिलता, कीर्तिपताका मैथिली, बिहारी उपभाषा की बोली है। भाषा, मुख से उच्चारित होने वाले शब्दों और वाक्यों आदि का वह समूह है जिनके द्वारा मन की बात बताई जाती है। मुख से उच्चारित होने वाले शब्दों और वाक्यों आदि का वह समूह जिनके द्वारा मन की बात बताई जाती है जैसे - बोली, जबान, वाणी विशेष। सामान्यतः भाषा को वैचारिक आदान-प्रदान का माध्यम कहा जा सकता है।
अतः विकल्प (C) सही है।

112. देवनागरी भारत, नेपाल, तिब्बत और दक्षिण पूर्व एशिया की लिपियों के ब्राम्ही लिपि परिवार का हिस्सा है। भाषा, मुख से उच्चारित होने वाले शब्दों और वाक्यों आदि का वह समूह है जिनके द्वारा मन की बात बताई जाती है। मुख से उच्चारित होने वाले शब्दों और वाक्यों आदि का वह समूह जिनके द्वारा मन की बात बताई जाती है जैसे - बोली, जबान, वाणी विशेष। सामान्यतः भाषा को वैचारिक आदान-प्रदान का माध्यम कहा जा सकता है।
अतः विकल्प (A) सही है।

113. 'रामचरितमानस' के रचनाकार तुलसीदास हैं। यह रचना अवधी भाषा में की गयी है। भाषा, मुख से उच्चारित होने वाले शब्दों और वाक्यों आदि का वह समूह है जिनके द्वारा मन की बात बताई जाती है। मुख से उच्चारित होने वाले शब्दों और वाक्यों आदि का वह समूह जिनके द्वारा मन की बात बताई जाती है जैसे - बोली, जबान, वाणी विशेष। सामान्यतः भाषा को वैचारिक आदान-प्रदान का माध्यम कहा जा सकता है।
अतः विकल्प (B) सही है।

114. इसके अतिरिक्त प्रेमसागर की रचना आधुनिक काल में हुई थी। इसके रचनाकार थे लल्लू लालजी। इसकी रचना फोर्ट विलियम कॉलेज के विद्यार्थियों के लिए किया गया था। भाषा, मुख से उच्चारित होने वाले शब्दों और वाक्यों आदि का वह समूह है जिनके द्वारा मन की बात बताई जाती है। मुख से उच्चारित होने वाले शब्दों और वाक्यों आदि का वह समूह जिनके द्वारा मन की बात बताई जाती है जैसे - बोली, जबान, वाणी विशेष। सामान्यतः भाषा को वैचारिक आदान-प्रदान का माध्यम कहा जा सकता है।
अतः विकल्प (D) सही है।

115. ब्रजभाषा पश्चिमी हिन्दी की बोली है। पश्चिमी हिन्दी का विकास शौरसेनी से हुआ है। शौरसेनी से विकसित भाषाएँ हैं - पश्चिमी हिंदी, राजस्थानी, गुजराती और पहाड़ी। भाषा, मुख से उच्चारित होने वाले शब्दों और वाक्यों आदि का वह समूह है जिनके द्वारा मन की बात बताई जाती है। मुख से उच्चारित होने वाले शब्दों और वाक्यों आदि का वह समूह जिनके द्वारा मन की बात बताई जाती है जैसे - बोली, जबान, वाणी विशेष। सामान्यतः भाषा को वैचारिक आदान-प्रदान का माध्यम कहा जा सकता है।
अतः विकल्प (A) सही है।

116. संविधान के अनुच्छेद 343 में कहा गया है कि संघ की राजभाषा हिन्दी और लिपि देवनागरी होगी। मूलतः भाषा ओर लिपि की पूरी व्याख्या 343 में की गयी है। भाषा, मुख से उच्चारित होने वाले शब्दों और वाक्यों आदि का वह समूह है जिनके द्वारा मन की बात बताई जाती है। मुख से उच्चारित होने वाले शब्दों और वाक्यों आदि का वह समूह जिनके द्वारा मन की बात बताई जाती है जैसे - बोली, जबान, वाणी विशेष। सामान्यतः भाषा को वैचारिक आदान-प्रदान का माध्यम कहा जा सकता है।
अतः विकल्प (A) सही है।

117. हिन्दी भाषा में 18 बोलियां है। भारत में कुल 18 बोलियाँ हैं, जिनमें अवधी, ब्रजभाषा, कन्नौजी, बुंदेली, बघेली, हड़ौती, भोजपुरी, हरयाणवी, राजस्थानी, छत्तीसगढ़ी, मालवी, नागपुरी, खोरठा, पंचपरगनिया, कुमाउँनी, मगही आदि प्रमुख हैं। इनमें से कुछ में अत्यंत उच्च श्रेणी के साहित्य की रचना

हुई है।
अतः विकल्प (C) सही है।

118. 'मैं सब कुछ बदल देगा' वाक्य में क्रिया संबंधी अशुद्धि है। यहाँ पर कर्ता एकवचन के साथ क्रिया भी एकवचन होगी परंतु इस वाक्य में क्रिया का चयन उचित नहीं है। 'देगा' के स्थान पर 'दूंगा' उचित होगा। 'मैं सब कुछ बदल देगा' वाक्य में सर्वनाम संबंधी अशुद्धि है। यहाँ पर कर्ता एकवचन तृतीय पुरुष उचित होता। मैं के स्थान पर 'वह' उचित होता।
अतः विकल्प (A) सही है।

119. 'ऐसा कोई नहीं करता' व्याकरणिक रूप से शुद्ध है। पहले विकल्प में सर्वनाम संबंधी अशुद्धि है। 'मुझसे' की जगह 'अपने आप से' उचित होगा। तीसरे विकल्प में वचन संबंधी अशुद्धि है। अनेकों के स्थान पर 'अनेक' उचित होगा। चतुर्थ विकल्प में क्रिया संबंधी अशुद्धि है। 'आया है' के स्थान पर 'आए हो' उचित होगा।
अतः विकल्प (B) सही है।

120. 'विश्वदर्शन का विकल्प मन विचरण मात्र तो नहीं हो सकता है।' शुद्ध वाक्य है क्योंकि अन्य विकल्पों में 'क्रिया संबंधी' त्रुटि है। जैसे 'सकते है', उचित क्रिया नहीं है और 'है' के स्थान पर हैं शब्द का प्रयोग वचन के अनुसार बहुवचन में होगा। इस के स्थान पर 'सकता है' क्रिया प्रयुक्त होगी क्योंकि 'सकता है' क्रिया अपने आप में एक वचन है और 'मन' शब्द भी वचन के अनुसार एकवचन है।
अतः विकल्प (B) सही है।

121. 'मैं सभी को हरा दूंगा' शुद्ध वाक्य है क्योंकि अन्य विकल्पों में क्रिया संबंधी त्रुटि है। जैसे 'हरा देगा', 'मैं सभी को हरा दे सकता हूँ', और 'हरा देऊंगा' उचित क्रियाएँ नहीं है उसके स्थान पर 'दूंगा' क्रिया उपयुक्त।
अतः विकल्प (A) सही है।

122. 'जल्दी वापस लौट कर आना' वाक्य में पुनरावृत्ति दोष है क्योंकि इसमें 'वापस' और लौट कर आना' एक ही अर्थ के लिए प्रयुक्त किया जाते हैं।
अतः विकल्प (C) सही है।

123. 'तुम्हारे घर को नज़र लग गया है। में क्रिया संबंधी दोष है क्योंकि 'लग गया है' के स्थान पर 'लग गयी हैं उचित होगा। वाक्य को शुद्ध रूप में लिखने से ही उसके अर्थ का बोध होता है, यदि उसमें वर्तनीगत या व्याकरणिक अशुद्धियाँ होती हैं तो उसका सम्प्रेषण बाधित होता है। वाक्य अशुद्धि शब्द से लेकर वाक्य स्तर तक हो सकती है।वाक्य में निम्न प्रकार की अशुद्धियाँ हो सकती है- संज्ञा, सर्वनाम, क्रिया, लिंग, वचन, विशेषण, अव्यय, पदक्रम अधिकपदत्व, अव्यय, क्रिया-विशेषण, द्विरुक्ति, विभक्ति, शब्द-ज्ञान आदि।
अतः विकल्प (B) सही है।

124. प्रति उपसर्ग प्रतिभा शब्द में नहीं हैं। उपसर्ग- वह शब्दांश जो किसी शब्द के पूर्व अथवा पहले लगकर उस शब्द का अर्थ बदल देते हैं अथवा उसमें नई विशेषता उत्पन्न कर देते हैं उपसर्ग कहलाते हैं शब्द से पूर्व जो अक्षर या अक्षर समूह लगाया जाता है उसे उपसर्ग कहते हैं जैसे सु + पुत्र = सुपुत्र।
अतः विकल्प (B) सही है।

125. अध्यक्ष में 'अधि' उपसर्ग है।

दिए गए शब्द में अधि उपसर्ग और यक्ष मूल शब्द है।

हिंदी भाषा में, वे शब्दांश जो किसी मूल शब्द के आगे जुड़कर अन्य विशेष अर्थ प्रकट करने वाले नए शब्द का निर्माण करते हैं उपसर्ग कहलाते हैं। उपसर्गों के प्रयोग से दिए गए शब्द के अर्थ और रूप में परिवर्तन आता है।

अतः विकल्प (D) सही है।

Q.1 निम्नलिखित विकल्पों में से स्त्रीलिंग शब्द का चयन कीजिए?
A. चीन　　**B.** प्रशांत　　**C.** वसुन्धरा　　**D.** वरुण

Q.2 मच्छर का स्त्रीलिंग रूप क्या होगा?
A. मक्खी
B. मादा मच्छर
C. नर मच्छर
D. इनमें से कोई नहीं।

Q.3 'राजपूत' का स्त्रीलिंग क्या होगा?
A. राजपूत　　**B.** राजपूतनी　　**C.** राजपूतिनी　　**D.** राजपूतन

Q.4 लिपियों का नाम क्या है?
A. पुल्लिंग
B. स्त्रीलिंग
C. नपुंसकलिंग
D. इनमें से कोई नहीं

Q.5 निम्न में से किस शब्द के लिंग परिवर्तन के अंत में 'त्री' होगा?
A. दाता
B. निर्माता
C. विधाता
D. उपर्युक्त सभी

Q.6 'सुत' का स्त्रीलिंग शब्द क्या होगा?
A. सुता　　**B.** सुली　　**C.** सूत　　**D.** सूती

Q.7 निम्नलिखित में से कौन सा शब्द पुल्लिंग नहीं है?
A. दर्शिका　　**B.** राजपूत　　**C.** क्षत्रिय　　**D.** तपस्वी

Q.8 निम्नलिखित में से कौन सा शब्द पुल्लिंग नहीं है?
A. शिक्षक
B. देवर
C. प्राध्यापिका
D. एकाकी

Q.9 नीचे दिए गए विकल्पों में से 'अहंकार' का कौन सा अर्थ अनुचित है?
A. अभिमान　　**B.** विश्वास　　**C.** घमंड　　**D.** दर्प

Q.10 परिस्थिति जैसी भी हो जब आप सपने को पूरा करने की ठान लेते हैं तो उन्हें:
A. सपने समझ कर भूल जाते हो
B. सपने नहीं देखना चाहिए
C. पूरा करके ही रहते हैं
D. पूरा करने की कोशिश नहीं करते

Q.11 'कर्मठता' का विलोम शब्द क्या है?
A. निष्क्रियता　　**B.** यत्न　　**C.** ऊर्जावान　　**D.** कर्मण्यता

Q.12 निम्न में बताइए कि किस शब्द में द्वित्व व्यंजन है ?
A. पुनः　　**B.** उत्साह　　**C.** इलाहाबाद　　**D.** दिल्ली

Q.13 नीचे दिए गए विकल्पों में कौन सा शब्द एकवचन का उचित उदाहरण है?
A. माल　　**B.** छुट्टियाँ　　**C.** बुढ़ियाँ　　**D.** घरों

Q.14 'अनुरक्ति' का विलोम क्या है?
A. विराग　　**B.** विरक्ति　　**C.** तिरोभाव　　**D.** संसृति

Q.15 राहत का विलोम शब्द क्या है?
A. प्रकोप　　**B.** सिक्त　　**C.** अरुचि　　**D.** लाघव

Q.16 एकाग्रता का विलोम शब्द क्या है?
A. चंचल　　**B.** अनैक्य　　**C.** ज्येष्ठ　　**D.** वज्र

Q.17 निम्नलिखित में से कौन-सा युग्म विलोम शब्द की दृष्टि से गलत है?
A. अंतर्मुखी - बहिर्मुखी
B. अंतरंग - बहिरंग
C. अति - विपुल
D. अशिष्ट - शिष्ट

Q.18 'अत्यधिक' का विलोम क्या है?
A. अल्प्प　　**B.** आधुनिक　　**C.** अनधिगत　　**D.** अनधीन

Q.19 निम्नलिखित में से कौन-सा विकल्प विलोम की दृष्टी से सही नहीं है?
A. उत्कर्ष - अपकर्ष
B. कीर्ति - अपकीर्ति
C. सुबुद्धि - असुबुद्धि
D. आरोह - अवरोह

Q.20 'अक्षुण्ण' शब्द के लिए विलोम शब्द क्या हैं?
A. शाश्वत　　**B.** आधिन्न　　**C.** क्षुण्ण　　**D.** अभजित

Q.21 विशेष- का पर्यायवाची बताइए।
A. रिक्त　　**B.** खास　　**C.** खाली　　**D.** सादा

Q.22 खून- का पर्यायवाची बताइए।
A. स्तम्भ　　**B.** रुधिर　　**C.** स्तूप　　**D.** अम्ल

Q.23 नीचे दिये गए विकल्पों में से कौन सा विकल्प सही है?
A. अतीत- मातहत, आश्रित, पराश्रित, परवश
B. अधीर- आतुर, धैर्यहीन, व्यग्र, उतावला
C. अंबुद- जल, पानी, नीर, तोय
D. अंबु- मेघ, बादल, घन, घटा

Q.24 'निशिचर' शब्द के लिए सही पर्यायवाची वाली पंक्ति को चुनिए।
A. दैत्य, बाजि, अभ्र, दानुज
B. दैत्य, हुताशन, कृशानु, दनूज
C. दैत्य, हुताशन, राक्षस, दनूज
D. दैत्य, तमिचर, राक्षस, दनुज

Q.25 दिये गए विकल्पों में से 'नलिन' का पर्यायवाची कौन सा नहीं है-
A. अरविन्द　　**B.** पंकज　　**C.** मनोज　　**D.** राजीव

Q.26 दिये गए विकल्पों में से 'गुफा' का पर्यायवाची कौन सा नहीं है-
A. कंदरा　　**B.** खोह　　**C.** विवर　　**D.** कुन्दन

Q.27 दिये गए विकल्पों में से 'नियति' का पर्यायवाची कौन सा नहीं है-
A. किस्मत　　**B.** होनी　　**C.** ग्रीवा　　**D.** भाग्य

Q.28 दिए गये शब्दों में शुद्ध वर्तनी वाला शब्द है:
A. सुसुप्ति　　**B.** सुस्ती　　**C.** सुश्प्ति　　**D.** सुषुप्ति

Q.29 दिए गये शब्दों में शुद्ध वर्तनी वाला शब्द है:
A. उभ-चुभ　　**B.** उन्नति　　**C.** ऊंचाई　　**D.** उभय

Q.30 दिए गये शब्दों में शुद्ध वर्तनी वाला शब्द है:
A. परविक्षा　　**B.** परीक्षा　　**C.** पिरीक्षा　　**D.** प्रिरिक्षा

Q.31 दिए गये शब्दों में शुद्ध वर्तनी वाला शब्द है:
A. संर्पूण　　**B.** संपूर्ण　　**C.** सपूर्ण　　**D.** स्म्पूर्ण

Q.32 दिए गये शब्दों में शुद्ध वर्तनी वाला शब्द है:
A. जयोत्सना　　**B.** ज्योत्ना　　**C.** जोत्सना　　**D.** जयोतसना

Q.33 दिए गये शब्दों में शुद्ध वर्तनी वाला शब्द है:

A. बहुत   B. उन्नति   C. ऊंचाई   D. उभय

Q.34 दिए गये शब्दों में शुद्ध वर्तनी वाला शब्द है:
A. सर्वोतम   B. संसारिक   C. स्रोत   D. कीर्ती

Q.35 दिए गये शब्दों में शुद्ध वर्तनी वाला शब्द है:
A. ताम्र   B. उचारण   C. इतयादि   D. मुहँ

Q.36 दिए गये शब्दों में शुद्ध वर्तनी वाला शब्द है:
A. अंतर्गन   B. अतिआवश्यक
C. क्रियान्वयन   D. अतिरंजित

Q.37 निम्नलिखित में से कौन सा वाक्य शुद्ध है?
A. भीड़ किसी का भी नहीं सुनता।
B. बैल ने खेत में बहुत उत्पात मचाई।
C. मन से शुद्ध लोग सबके प्रिय हो जाते हैं।
D. अनुज के साथ एक छोटी बच्ची था।

Q.38 निम्नलिखित में से कौन सा वाक्य अशुद्ध है?
A. अशोक स्तंभ की अनुकृति सारनाथ संग्रहालय में सुरक्षित है।
B. भारत में द्रविड़ सभ्यता का विकास होते रहे।
C. स्वतंत्रता संग्राम में 'वंदे मातरम्' गान जनता का प्रेरणा स्रोत था।
D. मध्य प्रदेश की गुफाएँ भारत में मानव जीवन का प्राचीनतम प्रमाण हैं।

Q.39 निम्नलिखित में से कौन सा वाक्य अशुद्ध है?
A. श्याम को बुलाना चाहिए
B. तुम कल को आओगे
C. अमरूद मीठ हैं
D. लगभग सब खत्म हो गया

Q.40 निम्नलिखित में से कौन सा वाक्य अशुद्ध है?
A. इस वर्ष फसल अच्छा हुआ।
B. मेरे साथ चल सकते हो।
C. तुम बहुत अच्छे हो।
D. अमित सो रहा है।

Q.41 निम्नलिखित में से कौन सा वाक्य अशुद्ध है?
A. मेरे से हिसाब मत मांगो।
B. जिसने किया है वही भरेगा।
C. सुबह से ही घर से निकला है।
D. कौन जाने आगे क्या होगा?

Q.42 निम्नलिखित में से कौन सा वाक्य अशुद्ध है?
A. कहा जाओगे?
B. वक्त मिले तो आ जाना।
C. मेरे लिए आम ले आना।
D. श्याम ने कहा है कि रुक जाओ।

Q.43 किस कारक में 'से' विभक्ति का प्रयोग साधन के अर्थ में होता है?
A. अपादान   B. कर्ता   C. करण   D. सम्प्रदान

Q.44 पेड़ से पत्ता गिरता है में कौन सा कारक है?
A. अधिकरण   B. कर्म   C. करण   D. अपादान

Q.45 "तोता डाली पर बैठा है" में कौन सा कारक है?
A. करण   B. सम्प्रदान   C. अधिकरण   D. कर्ता

Q.46 "गीता हाथ से मारती है" में कौन सा कारक है?
A. कर्ता   B. अपादान   C. अधिकरण   D. करण

Q.47 ऐ रमेश ! यहा आओ। इस वाक्य में कौन सा कारक है?

A. अधिकरण   B. कर्ता   C. संबोधन   D. करण

Q.48 सम्प्रदान कारक में 'को' का प्रयोग किस अर्थ में होता है?
A. के लिए   B. पर   C. से   D. की अपेक्षा

Q.49 कारक चिन्हों को कहा जाता है?
A. अव्यय   B. संज्ञा चिन्ह   C. परसर्ग   D. संयोजक

Q.50 'ऊपर से नीचे की ओर आने वाला' वाक्यांश के लिए उचित शब्द क्या होगा?
A. अनुलोम   B. प्रतिलोम   C. उपर्युक्त   D. अधोगति

Q.51 'मितव्ययी' शब्द के लिए उचित वाक्यांश क्या होगा?
A. कम जानने वाला   B. कम बोलने वाला
C. कम अक्ल वाला   D. कम खर्च करने वाला

Q.52 दिए गए विकल्पों में से 'उच्छवास' शब्द के लिए उचित वाक्यांश छांटिए।
A. ऊपर की ओर जाने वाला
B. ऊपर कहा हुआ
C. ऊपर आने वाली श्वांस
D. कोई नहीं

Q.53 'मनुष्य की साधारण मृत्यु' को एक शब्द में क्या कहेंगे?
A. प्रमीति   B. प्रतोद   C. दित्सा   D. आश्रव

Q.54 दिए गए विकल्पों में 'जिसकी कीमत कम हो' उसके लिए एक शब्द का चयन कीजिए।
A. अमोघ   B. अनर्घ   C. वांछित   D. अभिप्रेत

Q.55 वाक्यांश और उसके लिए दिए गए शब्द के असंगत मेल का चयन कीजिए।
A. हाथियों के समूह में सबसे बड़ा हाथी - कारिंद
B. जो खुशी के पीछे पागल हो - अनसूया
C. सूर्य का कर्क रेखा से दक्षिण जाना - दक्षिणायन
D. सोलह वर्ष की नायिका - श्यामा

Q.56 'दिल बहलाव के लिए बातचीत करना' वाक्यांश के उचित विकल्प का चयन कीजिए।
A. वाग्विलास   B. वाग्विदग्ध   C. वाग्युद्ध   D. वाग्मी

Q.57 'वाकबद्ध' के लिए उचित वाक्यांश का चयन कीजिए।
A. मौन या वचनबद्ध
B. पढ़े हुए पाठ को दोहराना
C. जिस पर अपना अधिकार हो
D. बार-बार होने का भाव

Q.58 दिए गए विकल्पों में से 'स्थानापन्न' के लिए उचित वाक्यांश का चयन कीजिए।
A. जो किसी के अधीन या पराधीन न हो
B. दूसरे के स्थान पर अस्थायी काम करने वाला
C. जो सर्वशक्ति सम्पन्न हो
D. जिसे देखकर लोग मजाक उड़ाए

Q.59 'धनुष की प्रत्यंचा से उत्पन्न ध्वनि' के लिए उचित एक शब्द का चयन कीजिए।
A. टांकर   B. टनकर   C. टंकार   D. तंकार

Q.60 सपूत मातृभूमि के,रुको न शूर साहसी।
अराति सैन्य सिन्धु में, सुबाड़वाग्नि से जलो।

प्रवीर हो जयी बनो, बढ़े चलो बढ़े चलो। इन पंक्तियों में प्रयुक्त छंद का नाम बताइये?

A. सोरठा छन्द
B. दोहा छन्द
C. उल्लाल छन्द
D. दिग्पाल छन्द

Q.61 उस काल मारे क्रोध के तन काँपने उसका लगा।
मानो हवा के जोर से सोता हुआ सागर जगा।
इन पंक्तियों में निम्न में से कौन सा रस है?

A. रौद्र रस
B. करुण रस
C. वात्सल्य रस
D. भयानक रस

Q.62 'शोभित कर नवनीत लिए घुटरूनी चलत रेनु तन मण्डित मुख दधि लेप किए।' इन पंक्तियों में कौन सा रस है ?

A. श्रृंगार रस
B. हास्य रस
C. करुण रस
D. वात्सल्य रस

Q.63 निम्न में से कौन-सा छंद वार्णिक है?

A. वसंततालिका
B. गीतिका
C. वीर
D. बरवै

Q.64 गुरु पद राज मृदु मंजुल अंजन।
नयन अमिउ दृगदोष विभंजन।। उपर्युक्त पंक्तियां किसका उदाहरण है ?

A. चौपाई
B. रोला
C. सोरठा
D. दोहा

Q.65 दिए गए विकल्पों में 'क्रोध' किसका स्थायी भाव है?

A. रौद्र रस
B. करुण रस
C. श्रृंगार रस
D. वात्सल्य रस

Q.66 'पिउ सो कहेव संदेसड़ा, हे भौंरा हे काग। सो धनि विरही जरिमुई, तेहिक धुवाँ हम लाग।' यहाँ कौन सा अलंकार होगा?

A. उपमा अलंकार
B. श्लेष अलंकार
C. उत्प्रेक्षा अलंकार
D. यमक अलंकार

Q.67 "कनक-कनक से सौगुनी, मादकता अधिकाय, वाखाय बौराय जग, या पाय बौराय।।" में कौनसा अलंकार है? सही विकल्प चुनिए-

A. यमक अलंकार
B. संदेह अलंकार
C. श्लेष अलंकार
D. उपमा अलंकार

Q.68 जहां पर किसी एक शब्द का प्रयोग अनेक अर्थों में हो, वहाँ कौन सा अलंकार होता है।

A. उपमा अलंकार
B. उत्प्रेक्षा अलंकार
C. अतिशयोक्ति अलंकार
D. श्लेष अलंकार

Q.69 काव्य पंक्ति और अलंकार के सही युग्म को पहचानिए।

A. पायो जी मैंने राम रतन धन पायो - अनुप्रास अलंकार
B. समझ समझ के समझ को समझो - यमक अलंकार
C. मुनि पद कमल बंदि दोउ भ्राता - अतिशयोक्ति अलंकार
D. मंगन को देखि पट देत बार-बार हैं - श्लेष अलंकार

Q.70 'मेरी भव बाधा हरी राधा नागरि सोई। जा तन की झाई परे स्याम हरित दुति होई ।।' इन पंक्तियों में कौन-सा रस है?

A. अद्भुत रस
B. श्रृंगार रस
C. वीभत्स रस
D. भक्ति रस

Q.71 वीभत्स रस का स्थायी भाव है?

A. क्रोध
B. निर्वेद
C. जुगुप्सा
D. रति

Q.72 'चरण कमल बंदौ हरि राई' में कौन-सा अलंकार है?

A. श्लेष अलंकार
B. उपमा अलंकार
C. रुपक अलंकार
D. अनुप्रास अलंकार

Q.73 निम्नलिखित पंक्ति में कौन सा अलंकार है?
मैं तो राम विरह की मारी, मोरी मुंदरी हो गयी कंगना।

A. यमक अलंकार
B. उपमा अलंकार
C. अतिशयोक्ति अलंकार
D. उल्लेख अलंकार

Q.74 निम्नलिखित काव्य पंक्ति में कौन-सा अलंकार है?
तू मोहन के उरबसी हो, उरबसी समान।

A. श्लेष अलंकार
B. यमक अलंकार
C. रूपक अलंकार
D. अनुप्रास अलंकार

Q.75 "तीन बेर खाती थी, वे तीन बेर खाती थी।" निम्नलिखित पंक्ति मे कौन सा अलंकार है ?

A. श्लेष अलंकार
B. यमक अलंकार
C. अनुप्रास अलंकार
D. उपमा अलंकार

Q.76 शिल्पगत आधार पर दोहे का उल्टा छंद कौन-सा है?

A. रोला
B. चौपाई
C. सोरठा
D. बरवै

Q.77 उस काल कारे क्रोध के तन कांपने उसका लगा। मानो हवा के जोर से, सोता हुआ सागर जगा।। प्रस्तुत पंक्तियों में कौन सा रस है ?

A. वीर रस
B. रौद्र रस
C. अद्भुत रस
D. करुण रस

Q.78 'कुल कानन कुंडल मोर पखा, उर पे बनमाल विराजति हैं।' में अलंकार होगा -

A. श्लेष अलंकार
B. उत्प्रेक्षा अलंकार
C. उपमा अलंकार
D. अनुप्रास अलंकार

Q.79 'परमार्थ' का संधि-विच्छेद है-

A. परम + अर्थ
B. पर + अर्थ
C. पर + आर्थ
D. परमो + अर्थ

Q.80 'नमस्कार' का संधि विच्छेद निम्न में से कौन सा हैं?

A. नम:+अकार
B. नम:+कार
C. नमस्+कार
D. नमस+कार

Q.81 'देवेन्द्र' का संधि विच्छेद निम्न में से कौन सा हैं?

A. दवे + इंद्र
B. देवा + इंद्र
C. देव + इंद्रा
D. देव + इंद्र

Q.82 'अत्याचार' शब्द में कौन-सी संधि है?

A. दीर्घ
B. यण्
C. गुण
D. वृद्धि

Q.83 'सज्जन' का संधि- विच्छेद क्या होगा?

A. सद् + जन
B. सत् + जन
C. सत् + जान
D. सज् + जन

Q.84 यदि ए, ऐ, ओ तथा औ के बाद भिन्न स्वर आता है तो इनके स्थान पर क्रमश: 'अय, आय, अव्' 'आव' हो जाता है। यह सन्धि कौन-सी है?

A. दीर्घ
B. गुण
C. वृद्धि
D. अयादि

Q.85 दिए गए विकल्पों में कौन सा विकल्प नीचे लिखे शब्द का सही संधि-विच्छेद है?
शालाच्छादन

A. शाला+चादन
B. शालाच्+दन
C. शाला+धादन
D. शाला+छादन

Q.86 दिक्+अंत किस शब्द का संधि विच्छेद है?

A. दिक्कत
B. दिक्कंत
C. दिगंत
D. दिग्गन्त

Q.87 'हिम + आलय = हिमालय' किस प्रकार की संधि है?

A. दीर्घ संधि
B. गुण संधि
C. वृद्धि संधि
D. यण संधि

Q.88 दिए गए विकल्पों में कौन सा विकल्प नीचे लिखे शब्द का सही संधि-विच्छेद है?

सत्कार

A. सद्+कार **B.** सद्र+कार **C.** सत् +कार **D.** सत+कार

Q.89 'भरपेट' शब्द में कौन सा समास है?

A. बहुब्रीहि समास **B.** अव्ययीभाव समास
C. कर्मधारय समास **D.** तत्पुरुष समास

Q.90 'चिड़ियाघर' में कौन सा समास होगा?

A. बहुब्रीहि समास **B.** संप्रदान तत्पुरुष समास
C. कर्मधारय समास **D.** द्वंद्व समास

Q.91 'जेबकतरा' शब्द में कौन सा समास है?

A. बहुब्रीहि समास **B.** अव्ययीभाव समास
C. कर्मधारय समास **D.** कर्म तत्पुरुष समास

Q.92 'करुणापूर्ण' में कौन सा समास होगा?

A. संबंध तत्पुरुष **B.** करण तत्पुरुष
C. अपादान तत्पुरुष **D.** संप्रदान तत्पुरुष

Q.93 'रामसुंदर' का समास-विग्रह निम्न में से क्या होगा?

A. राम में जो सुंदर है **B.** राम का सुंदर है जो
C. राम से जो सुंदर हो **D.** राम जो सुंदर है

Q.94 'प्रधानमंत्री' में कौन सा समास है?

A. तत्पुरुष **B.** कर्मधारय
C. बहुब्रीहि **D.** अव्ययीभाव

Q.95 'बेनाम' शब्द में कौन सा समास है?

A. बहुब्रीहि समास **B.** अव्ययीभाव समास
C. कर्मधारय समास **D.** तत्पुरुष समास

Q.96 किस शब्द में कर्मधारय समास होगा?

A. रामानुज **B.** चरणकमल **C.** सपरिवार **D.** देवासुर

Q.97 'चौमासा' में कौन सा समास है?

A. द्वंद्व समास **B.** तत्पुरुष समास
C. कर्मधारय समास **D.** द्विगु समास

Q.98 किस शब्द में तत्पुरुष समास है?

A. परमानन्द **B.** अधमरा **C.** देहलता **D.** राजपुरुष

Q.99 खड़ी बोली किस हिंदी की बोली है?

A. पूर्वी हिंदी **B.** बिहारी हिंदी
C. पश्चिमी हिंदी **D.** पहाड़ी हिंदी

Q.100 उसने पढ़ा था। इस वाक्य में काल है?

A. भूतकाल **B.** वर्तमानकाल
C. आधुनिक काल **D.** कोई भी नहीं

Q.101 राम धीरे धीरे पढता है इस वाक्य में 'धीर धीरे' शब्द है?

A. क्रिया-विशेषण **B.** विशेषण
C. सर्वनाम **D.** अव्यय

Q.102 निम्नलिखित में से कौन 'विशेषण' का भेद नहीं है?

A. गुणवाचक **B.** परिणामवाचक
C. सार्वनामिक **D.** पुरुषवाचक

Q.103 उसका कोट पुराना था। वाक्य में 'पुराना' है?

A. विशेषण **B.** भाववाचक संज्ञा

C. अधिकरण **D.** सम्प्रदान

Q.104 मै यह काम अपने आप ही कर लूंगा। इस वाक्य में 'आप' है?

A. पुरुषवाचक सर्वनाम **B.** निश्चयवाचक सर्वनाम
C. निजवाचक सर्वनाम **D.** अनिश्चियवाचक सर्वनाम

Q.105 राम ने कहा की वह बाजार जा रहा है। इस वाक्य में 'वह 'है?

A. संज्ञा **B.** विशेषण **C.** सर्वनाम **D.** क्रिया

Q.106 बालक पढता है। वाक्य में 'पढता' है?

A. जातिवाचक संज्ञा **B.** भाववाचक
C. (A) व (B) दोनों **D.** क्रिया

Q.107 लड़का दौड़ता है। वाक्य में लड़का किस संज्ञा का उदाहरण है?

A. जातिवाचक **B.** भाववाचक संज्ञा
C. (A) व (B) दोनों **D.** व्यक्तिवाचक संज्ञा

Q.108 कौन सा निश्चयवाचक सर्वनाम का उदाहरण है?

A. यह **B.** कौन **C.** आप **D.** कोई

Q.109 'मै' का बहुवचन है?

A. मुझे **B.** हमें **C.** हमको **D.** हम

Q.110 देखो कौन आया है ? (रेखांकित सर्वनाम का प्रकार बताइए)

A. प्रश्नवाचक **B.** पुरुषवाचक
C. निश्चयवाचक **D.** संबंधवाचक

Q.111 मानक हिंदी का आधार क्या है?

A. बघेली **B.** अवधी **C.** खड़ी बोली **D.** बुन्देली

Q.112 पूर्वी हिंदी की बोली इनमें से कौन नहीं है?

A. बघेली **B.** अवधी **C.** छत्तीसगढ़ी **D.** बुन्देली

Q.113 राजस्थानी हिंदी की बोली कौन सी है?

A. बुन्देली **B.** मगही **C.** मालवी **D.** कुमाऊँनी

Q.114 'हूला' को खड़ी बोली में क्या कहते हैं?

A. घसीटना **B.** मुक्का **C.** सरकना **D.** पैर

Q.115 देवनागरी भाषा में लिखी जाने वाली भाषा कौन सी नहीं है?

A. हिंदी **B.** संस्कृत **C.** मराठी **D.** पंजाबी

Q.116 'आप इस अनपढ़ लड़की को मेरे गले क्यों मढ़ना चाहते है।' वाक्य में प्रयुक्त मुहावरे का अर्थ बताइए।

A. जबरदस्ती देना। **B.** दबाव बनाना।
C. एक मात्र सहारा। **D.** अक्ल खराब होना।

Q.117 'सत्ता के विरुद्ध आंख उठाना सबके बस की बात नहीं है' वाक्य में प्रयुक्त मुहावरे का अर्थ बताइए।

A. ऊंचा सुनना। **B.** साहस करना।
C. कलेजे पर सांप लोटना। **D.** आस्तीन चढ़ाना।

Q.118 'गांवों में अन्तरजातीय विवाह करने वालों का हुक्का पानी बंद हो जाता है।' वाक्य में प्रयुक्त मुहावरे का अर्थ बताइए है।

A. अत्यधिक लाभ प्राप्त करना।
B. बिरादरी से अलग करना।
C. निरुत्तर होना।
D. लज्जित होना।

Q.119 'आदित्य एक नम्बर का ठूंठ आदमी है' वाक्य में प्रयुक्त मुहावरे का उचित अर्थ है-

A. चलाक होना। **B.** शेख़ीखोरा होना।

C. मधुर होना

D. जिसको फर्क न पड़े।

Q.120 'जीवन भर पापड़ बेलकर मैं थक गया हूं, मुझे अब आराम चाहिए।'
वाक्य में प्रयुक्त मुहावरे का उचित अर्थ है-

A. गुलामी करना

B. आराम करना

C. कठिन परिश्रम करना।

D. कार्य आरंभ करना

Q.121 हिन्दी साहित्य के आरंभिक काल को आचार्य रामचन्द्र शुक्ल ने क्या कहा है?

A. आदिकाल

B. चारण काल

C. वीरगाथा काल

D. सिद्ध - सामंत काल

Q.122 वीरगाथा काल का कवि नहीं है?

A. चन्दबरदाई   **B.** नामदेव   **C.** जगनिक   **D.** मधुकर

Q.123 निम्न में से कौन आलवार भक्त नही है?

A. सरोयोगी   **B.** कुलशेखर   **C.** मुनिवाहन   **D.** कुलशेरत

Q.124 भक्तिकालीन समस्त भक्ति धाराएं थी?

A. शास्त्रोन्मुखी

B. दर्शोन्मुखी

C. पुराणोन्मुखी

D. लोकोन्मुखी

Q.125 भक्ति काल में प्रचलित दो प्रधान धर्म थे?

A. बौद्ध और शैव

B. हिन्दू और जैन

C. पारसी और इसाई

D. हिन्दू और मुस्लिम

// स्मार्ट उत्तर पुस्तिका //

सही उत्तर — उन छात्रों के प्रतिशत को इंगित करता है जिन्होंने प्रश्नों का सही उत्तर दिया था।

छोड़ दिया — उन छात्रों के प्रतिशत को इंगित करता है जिन्होंने प्रश्नों को छोड़ दिया था।

प्रश्न संख्या	उत्तर	सही उत्तर / छोड़ दिया	प्रश्न संख्या	उत्तर	सही उत्तर / छोड़ दिया	प्रश्न संख्या	उत्तर	सही उत्तर / छोड़ दिया	प्रश्न संख्या	उत्तर	सही उत्तर / छोड़ दिया	प्रश्न संख्या	उत्तर	सही उत्तर / छोड़ दिया
1	C	59.36 % / 1.45 %	17	C	42.41 % / 1.23 %	33	B	49.94 % / 1.26 %	49	C	69.73 % / 1.67 %	65	A	63.01 % / 1.41 %
2	B	60.84 % / 1.04 %	18	A	66.56 % / 1.21 %	34	C	67.86 % / 1.59 %	50	A	52.84 % / 1.21 %	66	C	50.05 % / 1.88 %
3	B	60.95 % / 1.49 %	19	C	59.65 % / 1.15 %	35	A	49.7 % / 1.69 %	51	D	49.7 % / 1.61 %	67	A	62.85 % / 1.13 %
4	B	57.76 % / 1.83 %	20	C	53.84 % / 1.77 %	36	D	47.54 % / 1.47 %	52	C	43.01 % / 1.87 %	68	D	68.99 % / 1.44 %
5	D	63.62 % / 1.7 %	21	B	85.66 % / 0.0 %	37	C	61.89 % / 1.21 %	53	A	60.4 % / 1.07 %	69	D	65.76 % / 1.75 %
6	A	43.38 % / 1.86 %	22	B	86.24 % / 0.0 %	38	B	67.94 % / 1.11 %	54	B	46.63 % / 1.11 %	70	D	46.3 % / 1.36 %
7	A	53.36 % / 1.69 %	23	B	83.33 % / 0.0 %	39	B	51.09 % / 1.3 %	55	B	68.65 % / 1.71 %	71	C	48.25 % / 1.91 %
8	C	65.96 % / 1.6 %	24	D	50.9 % / 1.73 %	40	A	55.71 % / 1.32 %	56	A	28.91 % / 3.27 %	72	C	41.02 % / 1.95 %
9	B	63.52 % / 1.55 %	25	C	41.01 % / 1.32 %	41	A	52.35 % / 1.65 %	57	A	64.67 % / 1.25 %	73	C	58.18 % / 1.4 %
10	C	69.51 % / 1.0 %	26	D	76.84 % / 0.0 %	42	A	44.44 % / 1.94 %	58	B	49.49 % / 1.84 %	74	B	46.25 % / 1.03 %
11	A	58.66 % / 1.15 %	27	C	49.16 % / 1.96 %	43	C	48.63 % / 1.8 %	59	C	69.41 % / 1.66 %	75	B	48.86 % / 1.08 %
12	D	56.87 % / 1.55 %	28	D	76.23 % / 0.0 %	44	D	68.41 % / 1.36 %	60	D	56.17 % / 1.57 %	76	C	43.03 % / 1.23 %
13	A	40.43 % / 1.84 %	29	C	45.94 % / 1.87 %	45	C	49.24 % / 1.02 %	61	A	50.77 % / 1.02 %	77	B	59.76 % / 1.44 %
14	B	57.41 % / 1.14 %	30	B	87.65 % / 0.0 %	46	D	65.8 % / 2.0 %	62	D	54.55 % / 1.1 %	78	D	48.59 % / 1.43 %
15	A	83.51 % / 0.0 %	31	B	40.76 % / 1.03 %	47	C	57.36 % / 1.14 %	63	A	50.14 % / 1.85 %	79	A	45.14 % / 1.62 %
16	A	43.44 % / 1.76 %	32	B	63.71 % / 1.94 %	48	A	57.41 % / 1.11 %	64	A	58.13 % / 1.21 %	80	B	56.32 % / 1.79 %

प्रश्न संख्या	उत्तर	सही उत्तर / छोड़ दिया
81	D	42.49 % / 1.5 %
82	B	50.64 % / 1.74 %
83	B	62.83 % / 1.83 %
84	D	49.66 % / 1.58 %
85	D	47.03 % / 1.83 %
86	C	43.29 % / 1.89 %
87	A	66.46 % / 1.96 %
88	C	66.33 % / 1.46 %
89	B	60.33 % / 1.09 %

प्रश्न संख्या	उत्तर	सही उत्तर / छोड़ दिया
90	B	53.09 % / 1.9 %
91	D	44.52 % / 1.38 %
92	B	41.7 % / 1.3 %
93	D	43.15 % / 1.78 %
94	B	65.45 % / 1.39 %
95	B	44.51 % / 1.68 %
96	B	40.26 % / 1.31 %
97	D	64.95 % / 1.07 %
98	D	65.73 % / 1.57 %

प्रश्न संख्या	उत्तर	सही उत्तर / छोड़ दिया
99	C	58.62 % / 1.49 %
100	A	56.15 % / 1.99 %
101	A	53.4 % / 1.69 %
102	D	65.02 % / 1.82 %
103	A	51.15 % / 1.26 %
104	C	68.28 % / 1.73 %
105	C	43.09 % / 1.22 %
106	D	58.85 % / 1.83 %
107	A	53.75 % / 1.63 %

प्रश्न संख्या	उत्तर	सही उत्तर / छोड़ दिया
108	A	66.35 % / 1.17 %
109	D	45.9 % / 1.72 %
110	A	64.99 % / 1.31 %
111	C	53.25 % / 1.57 %
112	D	60.51 % / 1.03 %
113	C	52.43 % / 1.24 %
114	B	43.96 % / 1.87 %
115	D	61.41 % / 1.43 %
116	A	69.45 % / 1.15 %

प्रश्न संख्या	उत्तर	सही उत्तर / छोड़ दिया
117	B	68.96 % / 1.31 %
118	B	67.05 % / 1.61 %
119	D	54.94 % / 1.75 %
120	C	47.81 % / 1.52 %
121	C	64.53 % / 1.46 %
122	B	59.92 % / 1.84 %
123	D	48.24 % / 1.31 %
124	D	60.21 % / 1.87 %
125	D	45.07 % / 1.1 %

कार्य विश्लेषण	
औसत अंक (%)	35.06%
टॉपर्स स्कोर (%)	60.94%
आपका स्कोर	

//संकेत और समाधान//

1. दिए गए विकल्पों में से विकल्प वसुन्धरा शब्द स्त्रीलिंग है। वसुन्धरा शब्द भाववाचक स्त्रीलिंग शब्द है।

वसुन्धरा का अर्थ -पृथ्वी
अतः विकल्प (C) सही है।

2. 'मच्छर' का स्त्रीलिंग शब्द 'मादा मच्छर' होगा। कुछ ऐसे शब्द होते हैं जिन्हें नर-मादा लगा कर अलग किया जाता है। यह उन्हीं में से एक है।
अतः विकल्प (B) सही है।

3. 'राजपूत' का स्त्रीलिंग शब्द 'राजपूतनी' होगा। 'राजपूत' अर्थात 'राजा का पुत्र' तथा 'राजपूतनी' अर्थात 'राजा की पुत्री'।
अतः विकल्प (B) सही है।

4. लिपियों का नाम स्त्रीलिंग है। लिपियों के नाम- देवनागरी, रोमन, शारदा आदि।

कुछ अन्य नाम जो स्त्रीलिंग हैं - सरस्वती, कावेरी, नर्मदा, रावी, चम्बल, नील आदि।
अतः विकल्प (B) सही है।

5. 'त्री' प्रयोग से लिंग परिवर्तन :-

दाता : दात्री

निर्माता : निर्मात्री

विधाता : विधात्री
अतः विकल्प (D) सही है।

6. 'सूत' का स्त्रीलिंग शब्द सुता होगा। 'सुत' अर्थात 'बेटा' तथा 'सुता' अर्थात बेटी।
अतः विकल्प (A) सही है।

7. दिए गए विकल्पों में 'दर्शिका ' शब्द स्त्रीलिंग है। दर्शिका का अर्थ - मार्ग दर्शन करनेवाली।

अन्य विकल्प:

राजपूत- राजपूतानी

क्षत्रिय- क्षत्राणी

तपस्वी- तपस्विनी
अतः विकल्प (A) सही है।

8. दिए गए विकल्पों में 'प्राध्यापिका' शब्द स्त्रीलिंग है। प्राध्यापिका का अर्थ - महिला प्राध्यापक। अन्य विकल्प है-

शिक्षक- शिक्षिका

देवर- देवरानी

एकाकी- एकाकिनी

अतः विकल्प (C) सही है।

9. 'अहंकार' शब्द 'विश्वास' का अर्थ नहीं है। 'अहंकार' शब्द के अनेक अर्थ हो सकते हैं, जैसे - दंभ, गर्व, अभिमान, दर्प, मद, घमंड, आदि। 'वाक्य- इतनी उपलब्धियाँ प्राप्त करने के बावजूद अहंकार कलाम जी को छू तक नहीं पाया। 'विश्वास' शब्द के भी अनेक अर्थ हो सकते हैं- उम्मीद, आशा, विश्वास, तत्पर, मनन आदि।
अतः विकल्प (B) सही है।

10. उपरोक्त विकल्पों में से 'पूरा करके ही रहते हैं' यह सही विकल्प है। उन्होंने सिखाया जीवन में चाहें जैसे भी परिस्थिति क्यों न हो पर जब आप अपने सपने को पूरा करने की ठान लेते हैं तो उन्हें पूरा करके ही रहते हैं। दिए गए

अन्य विकल्प में कोई उल्लेख न होने के कारण इनका यहाँ कोई औचित्य नहीं है।
अतः विकल्प (C) सही है।

11. 'कर्मठता' का उचित विलोम 'निष्क्रियता' होगा। अन्य विकल्प 'कर्मठता' के समानार्थी शब्द हैं। इसके अन्य समानार्थी शब्द हैं- उद्यम, उद्योगशीलता, कर्मण्यता, कर्मशीलता, क्रियाशीलता, परिश्रम, मेहनत, यत्न, हिम्मत, सक्रियता आदि। कलाम साहब सादा जीवन उच्च विचार में विश्वास रखते थे। कलाम साहब का जीवन हम सभी के लिए प्रेरणादायक है। कलाम जी तपस्या और कर्मठता की प्रतिमूर्ति माने जाते हैं।
अतः विकल्प (A) सही है।

12. दिल्ली में द्वित्व व्यंजन है। एक वर्ण का अपने जैसे वर्ण के साथ आना द्वित्व प्रयोग कहलाता है। जैसे - कच्चा, पक्का, गप्प आदि। क् ,च् ,ट् ,त् ,प् वर्ग के दूसरे व चौथे वर्ण का द्वित्व नहीं होता है।

अतः विकल्प (D) सही है।

13. माल' एकवचन शब्द है। माल का अर्थ है- धन या दौलत। इसके अन्य पर्यायवाची शब्द हैं- संपदा, संपत्ति, वित्त, विभूति, पैसा, माया, द्रव्य, पदार्थ, चीज, वस्तु आदि।

अतः विकल्प (A) सही है।

14. 'अनुरक्ति' का विलोम 'विरक्ति' है। विलोम- विलोम का अर्थ होता है उल्टा। जब किसी शब्द का उल्टा या विपरीत अर्थ दिया जाता है उस शब्द को विलोग शब्द कहते हैं अथार्त एक–दूसरे के विपरीत या उल्टा अर्थ देने वाले शब्दों को विलोम शब्द कहते हैं। इसे विपरीतार्थक शब्द भी कहते हैं।
अतः विकल्प (B) सही है।

15. 'राहत' का विलोम 'प्रकोप' है। विलोम- विलोम का अर्थ होता है उल्टा। जब किसी शब्द का उल्टा या विपरीत अर्थ दिया जाता है उस शब्द को विलोम शब्द कहते हैं अथार्त एक–दूसरे के विपरीत या उल्टा अर्थ देने वाले शब्दों को विलोम शब्द कहते हैं। इसे विपरीतार्थक शब्द भी कहते हैं।
अतः विकल्प (A) सही है।

16. 'एकाग्रता' का विलोम 'चंचल' है। विलोम- विलोम का अर्थ होता है उल्टा। जब किसी शब्द का उल्टा या विपरीत अर्थ दिया जाता है उस शब्द को विलोम शब्द कहते हैं अथार्त एक–दूसरे के विपरीत या उल्टा अर्थ देने वाले शब्दों को विलोम शब्द कहते हैं। इसे विपरीतार्थक शब्द भी कहते हैं।
अतः विकल्प (A) सही है।

17. उपर्युक्त में से 'अति - विपुल युग्म विलोम शब्द की दृष्टि से गलत है। 'अति' और 'विपुल' दोनों का अर्थ अधिक होता है। 'अति के लिए विलोम शब्द 'अल्प' उपयुक्त है। विलोम- विलोम का अर्थ होता है उल्टा। जब किसी शब्द का उल्टा या विपरीत अर्थ दिया जाता है उस शब्द को विलोम शब्द कहते हैं अथार्त एक – दूसरे के विपरीत या उल्टा अर्थ देने वाले शब्दों को विलोम शब्द कहते हैं। इसे विपरीतार्थक शब्द भी कहते हैं।
अतः विकल्प (C) सही है।

18. 'अत्यधिक' का विलोम 'अत्यल्प' है। 'अत्यधिक' का अर्थ 'बहुत अधिक' तथा 'अत्यल्प' का अर्थ 'बहुत कम' होता है। विलोम- विलोम का अर्थ होता है उल्टा। जब किसी शब्द का उल्टा या विपरीत अर्थ दिया जाता है उस शब्द को विलोम शब्द कहते हैं अथार्त एक–दूसरे के विपरीत या उल्टा अर्थ देने वाले शब्दों को विलोम शब्द कहते हैं। इसे विपरीतार्थक शब्द भी कहते हैं।
अतः विकल्प (A) सही है।

19. उपर्युक्त शब्द युग्मों में विलोम की दृष्टि से 'सुबुद्धि - असुबुद्धि ठीक नहीं है। 'सुबुद्धि' शब्द का विलोम 'दुर्बुद्धि' होगा। विलोम- विलोग का अर्थ होता है उल्टा। जब किसी शब्द का उल्टा या विपरीत अर्थ दिया जाता है उस शब्द को विलोम शब्द कहते हैं अथार्त एक–दूसरे के विपरीत या उल्टा अर्थ देने वाले शब्दों को विलोम शब्द कहते हैं। इसे विपरीतार्थक शब्द भी कहते हैं।
अतः विकल्प (C) सही है।

20. 'अक्षुण्ण' शब्द के लिए उपयुक्त विलोम शब्द 'क्षुण्ण' है। विलोम- विलोम का अर्थ होता है उल्टा। जब किसी शब्द का उल्टा या विपरीत अर्थ दिया जाता

है उस शब्द को विलोम शब्द कहते हैं अर्थात एक – दूसरे के विपरीत या उल्टा अर्थ देने वाले शब्दों को विलोम शब्द कहते हैं। इसे विपरीतार्थक शब्द भी कहते हैं।
अतः विकल्प (C) सही है।

21. 'विशेष'- का पर्यायवाची- 'खास' है। इसके अन्य पर्यायवाची- मुख्य, प्रधान, निजी, आत्मीय आदि हैं। पर्यायवाची- एक ही अर्थ में प्रयुक्त होने वाले शब्द जो बनावट में भले ही अलग हों, पर्यायवाची या समानार्थी शब्द कहलाते हैं।
अतः विकल्प (B) सही है।

22. 'खून'- का पर्यायवाची- 'रुधिर' है। इसके अन्य पर्यायवाची- रक्त, लहू, शोणित आदि हैं। पर्यायवाची- एक ही शब्द के एक से ज्यादा अर्थ निकले उसे पर्यायवाची शब्द कहते है. अर्थात किसी शब्द-विशेष के लिए प्रयुक्त समानार्थक शब्दों को पर्यायवाची शब्द कहते हैं। पर्यायवाची शब्द समानार्थक शब्द भी होते है ,परंतु भाव में एक-दूसरे से बिलकुल भिन्न होते हैं। जैसे :- उजाला – प्रकाश,खून – रक्त।
अतः विकल्प (B) सही है।

23. 'अधीर' के अन्य पर्यायवाची शब्द - बेकरार, आतुर आदि हैं। पर्यायवाची- एक ही शब्द के एक से ज्यादा अर्थ निकले उसे पर्यायवाची शब्द कहते है. अर्थात किसी शब्द-विशेष के लिए प्रयुक्त समानार्थक शब्दों को पर्यायवाची शब्द कहते हैं। पर्यायवाची शब्द समानार्थक शब्द भी होते है ,परंतु भाव में एक-दूसरे से बिलकुल भिन्न होते हैं। जैसे :- उजाला – प्रकाश,खून – रक्त।
अतः विकल्प (B) सही है।

24. 'निशिचर' का पर्यायवाची- देत्य, तमीचर, राक्षस, दनुज। पर्यायवाची- एक ही शब्द के एक से ज्यादा अर्थ निकले उसे पर्यायवाची शब्द कहते है. अर्थात किसी शब्द-विशेष के लिए प्रयुक्त समानार्थक शब्दों को पर्यायवाची शब्द कहते हैं। पर्यायवाची शब्द समानार्थक शब्द भी होते है ,परंतु भाव में एक-दूसरे से बिलकुल भिन्न होते हैं। जैसे:- उजाला – प्रकाश,खून – रक्त।
अतः विकल्प (D) सही है।

25. 'नलिन' का पर्यायवाची 'मनोज' नहीं है। 'मनोज' का पर्यायवाची- कामदेव, मदन, अनंग, मनसिज आदि। अन्य विकल्प 'नलिन' के पर्यायवाची है। पर्यायवाची- एक ही शब्द के एक से ज्यादा अर्थ निकले उसे पर्यायवाची शब्द कहते है. अर्थात किसी शब्द-विशेष के लिए प्रयुक्त समानार्थक शब्दों को पर्यायवाची शब्द कहते हैं। पर्यायवाची शब्द समानार्थक शब्द भी होते है ,परंतु भाव में एक-दूसरे से बिलकुल भिन्न होते हैं। जैसे :- उजाला – प्रकाश,खून – रक्त
अतः विकल्प (C) सही है।

26. 'गुफा' का पर्यायवाची 'कुन्दन' नहीं है। 'कुन्दन' का पर्यायवाची- स्वर्ण, सोना, कनक आदि पर्यायवाची- एक ही शब्द के एक से ज्यादा अर्थ निकले उसे पर्यायवाची शब्द कहते है। अर्थात किसी शब्द-विशेष के लिए प्रयुक्त समानार्थक शब्दों को पर्यायवाची शब्द कहते हैं। पर्यायवाची शब्द समानार्थक शब्द भी होते है ,परंतु भाव में एक-दूसरे से बिलकुल भिन्न होते हैं। जैसे :- उजाला – प्रकाश,खून – रक्त।
अतः विकल्प (D) सही है।

27. 'नियति' का पर्यायवाची 'ग्रीवा' नहीं है। 'ग्रीवा' का पर्यायवाची- कंठ, गला, गर्दन, आदि। पर्यायवाची: एक ही शब्द के एक से ज्यादा अर्थ निकले उसे पर्यायवाची शब्द कहते हैं। अर्थात किसी शब्द-विशेष के लिए प्रयुक्त समानार्थक शब्दों को पर्यायवाची शब्द कहते हैं। पर्यायवाची शब्द समानार्थक शब्द भी होते है ,परंतु भाव में एक-दूसरे से बिलकुल भिन्न होते हैं। जैसे :- उजाला – प्रकाश,खून – रक्त
अतः विकल्प (C) सही है।

28. सुषुप्ति शब्दों में शुद्ध वर्तनी वाला शब्द है। वर्तनी- शब्द में प्रयुक्त ध्वनियों को जिस क्रम से उच्चरित किया जाता है, लिखने में भी उसी क्रम से विन्यस्त करने का नाम वर्तनी या वर्ण-विन्यास है। तात्पर्य यह है कि वर्तनी के अन्तर्गत शब्दग ध्वनियों को जिस क्रम से और जिस रूप में उच्चारित किया जाता है उसी क्रम से और उसी रूप में उन्हें लिखा भी जाता है।
अतः विकल्प (D) सही है।

29. ऊंचाई शब्दों में शुद्ध वर्तनी वाला शब्द है। शब्द में प्रयुक्त ध्वनियों को जिस क्रम से उच्चरित किया जाता है, लिखने में भी उसी क्रम से विन्यस्त करने का नाम वर्तनी या वर्ण-विन्यास है। तात्पर्य यह है कि वर्तनी के अन्तर्गत शब्दग ध्वनियों को जिस क्रम से और जिस रूप में उच्चारित किया जाता है उसी क्रम से और उसी रूप में उन्हें लिखा भी जाता है।
अतः विकल्प (C) सही है।

30. परीक्षा शब्दों में शुद्ध वर्तनी वाला शब्द है। वर्तनी- शब्द में प्रयुक्त ध्वनियों को जिस क्रम से उच्चरित किया जाता है, लिखने में भी उसी क्रम से विन्यस्त करने का नाम वर्तनी या वर्ण-विन्यास है । तात्पर्य यह है कि वर्तनी के अन्तर्गत शब्दग ध्वनियों को जिस क्रम से और जिस रूप में उच्चारित किया जाता है उसी क्रम से और उसी रूप में उन्हें लिखा भी जाता है।
अतः विकल्प (B) सही है।

31. संपूर्ण शब्दों में शुद्ध वर्तनी वाला शब्द है। वर्तनी- शब्द में प्रयुक्त ध्वनियों को जिस क्रम से उच्चरित किया जाता है, लिखने में भी उसी क्रम से विन्यस्त करने का नाम वर्तनी या वर्ण-विन्यास है । तात्पर्य यह है कि वर्तनी के अन्तर्गत शब्दग ध्वनियों को जिस क्रम से और जिस रूप में उच्चारित किया जाता है उसी क्रम से और उसी रूप में उन्हें लिखा भी जाता है।
अतः विकल्प (B) सही है।

32. ज्योत्स्रा शब्दों में शुद्ध वर्तनी वाला शब्द है। वर्तनी- शब्द में प्रयुक्त ध्वनियों को जिस क्रम से उच्चरित किया जाता है, लिखने में भी उसी क्रम से विन्यस्त करने का नाम वर्तनी या वर्ण-विन्यास है । तात्पर्य यह है कि वर्तनी के अन्तर्गत शब्दग ध्वनियों को जिस क्रम से और जिस रूप में उच्चारित किया जाता है उसी क्रम से और उसी रूप में उन्हें लिखा भी जाता है।
अतः विकल्प (B) सही है।

33. उन्नति शब्दों में शुद्ध वर्तनी वाला शब्द है। वर्तनी- शब्द में प्रयुक्त ध्वनियों को जिस क्रम से उच्चरित किया जाता है, लिखने में भी उसी क्रम से विन्यस्त करने का नाम वर्तनी या वर्ण-विन्यास है। तात्पर्य यह है कि वर्तनी के अन्तर्गत शब्दग ध्वनियों को जिस क्रम से और जिस रूप में उच्चारित किया जाता है उसी क्रम से और उसी रूप में उन्हें लिखा भी जाता है।
अतः विकल्प (B) सही है।

34. स्रोत शब्दों में शुद्ध वर्तनी वाला शब्द है। वर्तनी- शब्द में प्रयुक्त ध्वनियों को जिस क्रम से उच्चरित किया जाता है, लिखने में भी उसी क्रम से विन्यस्त करने का नाम वर्तनी या वर्ण-विन्यास है । तात्पर्य यह है कि वर्तनी के अन्तर्गत शब्दग ध्वनियों को जिस क्रम से और जिस रूप में उच्चारित किया जाता है उसी क्रम से और उसी रूप में उन्हें लिखा भी जाता है।
अतः विकल्प (C) सही है।

35. ताम्र शब्दों में शुद्ध वर्तनी वाला शब्द है। वर्तनी- शब्द में प्रयुक्त ध्वनियों को जिस क्रम से उच्चरित किया जाता है, लिखने में भी उसी क्रम से विन्यस्त करने का नाम वर्तनी या वर्ण-विन्यास है । तात्पर्य यह है कि वर्तनी के अन्तर्गत शब्दग ध्वनियों को जिस क्रम से और जिस रूप में उच्चारित किया जाता है उसी क्रम से और उसी रूप में उन्हें लिखा भी जाता है।
अतः विकल्प (A) सही है।

36. अतिरंजित शब्दों में शुद्ध वर्तनी वाला शब्द है। वर्तनी- शब्द में प्रयुक्त ध्वनियों को जिस क्रम से उच्चरित किया जाता है, लिखने में भी उसी क्रम से विन्यस्त करने का नाम वर्तनी या वर्ण-विन्यास है। तात्पर्य यह है कि वर्तनी के अन्तर्गत शब्दग ध्वनियों को जिस क्रम से और जिस रूप में उच्चारित किया जाता है उसी क्रम से और उसी रूप में उन्हें लिखा भी जाता है।
अतः विकल्प (D) सही है।

37. 'मन से शुद्ध लोग सबके प्रिय हो जाते हैं।' वाक्य शुद्ध हैं। वाक्य शुद्ध- अतएव, लिखने या बोलने के समय इस बात का ध्यान रखना चाहिए कि हमारे द्वारा जो कुछ लिखा या कहा जाए, वह बिल्कुल स्पष्ट सार्थक और व्याकरण की दृष्टि से शुद्ध हो। वाक्यों के विभिन्न अंग यथास्थान होना चाहिए। साथ ही विराम-चिह्नों का भी उचित जगहों पर प्रयोग होना चाहिए।
अतः विकल्प (C) सही है।

38. 'भारत में द्रविड़ सभ्यता का विकास होते रहे।'- में क्रिया संबंधी त्रुटियाँ हैं। जैसे- 'होते रहे' क्रिया वाक्यानुरूप नहीं है क्योंकि सभी इकाइयां एकवचन में हैं और क्रिया बहुवचन है। वाक्य शुद्ध- अतएव, लिखने या बोलने के समय इस बात का ध्यान रखना चाहिए कि हमारे द्वारा जो कुछ लिखा या कहा जाए, वह बिल्कुल स्पष्ट सार्थक और व्याकरण की दृष्टि से शुद्ध हो। वाक्यों के विभिन्न अंग यथास्थान होना चाहिए। साथ ही विराम-चिह्नों का भी उचित जगहों पर प्रयोग होना चाहिए।
अतः विकल्प (B) सही है।

39. 'तुम कल को आओगे' अशुद्ध वाक्य है क्योंकि इसमें कारक संबंधी त्रुटि है। इसमें कर्म कारक 'को' का अनावश्यक आगम है। वाक्य शुद्ध- अतएव, लिखने या बोलने के समय इस बात का ध्यान रखना चाहिए कि हमारे द्वारा जो कुछ लिखा या कहा जाए, वह बिल्कुल स्पष्ट सार्थक और व्याकरण की दृष्टि से शुद्ध हो। वाक्यों के विभिन्न अंग यथास्थान होना चाहिए। साथ ही विराम-चिह्नों का भी उचित जगहों पर प्रयोग होना चाहिए।
अतः विकल्प (B) सही है।

40. 'इस वर्ष फसल अच्छा हुआ है।' अशुद्ध वाक्य है क्योंकि इसमें लिंग संबंधी त्रुटि है जैसे 'अच्छा हुआ है'। यहाँ पर फसल स्त्रीलिंग शब्द है और क्रिया 'हुआ है' पुल्लिंग है।

वाक्य-शुद्धि- अतएव, लिखने या बोलने के समय इस बात का ध्यान रखना चाहिए कि हमारे द्वारा जो कुछ लिखा या कहा जाए, वह बिल्कुल स्पष्ट सार्थक और व्याकरण की दृष्टि से शुद्ध हो। वाक्यों के विभिन्न अंग यथास्थान होना चाहिए। साथ ही विराम-चिह्नों का भी उचित जगहों पर प्रयोग होना चाहिए।
अतः विकल्प (A) सही है।

41. 'मेरे से हिसाब मत मांगो' वाक्य अशुद्ध है क्योंकि इसमें सर्वनाम संबंधी दोष है। 'मेरे से' के स्थान पर 'मुझसे' शब्द उचित होगा। वाक्य शुद्ध- अतएव, लिखने या बोलने के समय इस बात का ध्यान रखना चाहिए कि हमारे द्वारा जो कुछ लिखा या कहा जाए, वह बिल्कुल स्पष्ट सार्थक और व्याकरण की दृष्टि से शुद्ध हो। वाक्यों के विभिन्न अंग यथास्थान होना चाहिए। साथ ही विराम-चिह्नों का भी उचित जगहों पर प्रयोग होना चाहिए।
अतः विकल्प (A) सही है।

42. 'कहा जाओगे?' अशुद्ध वाक्य है क्योंकि इस वाक्य में 'कहा' के स्थान पर 'कहाँ' जाओगे उचित शब्द होता। वाक्य शुद्ध- अतएव, लिखने या बोलने के समय इस बात का ध्यान रखना चाहिए कि हमारे द्वारा जो कुछ लिखा या कहा जाए, वह बिल्कुल स्पष्ट सार्थक और व्याकरण की दृष्टि से शुद्ध हो। वाक्यों के विभिन्न अंग यथास्थान होना चाहिए। साथ ही विराम-चिह्नों का भी उचित जगहों पर प्रयोग होना चाहिए।
अतः विकल्प (A) सही है।

43. करण कारक में 'से' विभक्ति का प्रयोग साधन के अर्थ में होता है। कारक ऐसे शब्दों को कहते हैं जो क्रिया के करने से होते हैं। उदाहरण के तौर पर वाक्य "राम को वनवास जाना था" को देखा जा सकता है। इस वाक्य में यह देखा जा सकता है कि राम कर्ता हैं और जाना क्रिया, लेकिन क्रिया एवं करता को मिलाने वाला "को" है। इस वाक्य में "को" कारक है।

करण कारक- जिसकी सहायता से कोई कार्य किया जाए, उसे करण कारक कहते हैं। इसके विभक्ति-चिह्न 'से' के 'द्वारा' है। अथवा - वह साधन जिससे क्रिया होती है, वह करण कहलाता है। अर्थात, जिसकी सहायता से किसी काम को अंजाम दिया जाता वह करण कारक कहलाता है।
अतः विकल्प (C) सही है।

44. "पेड़ से पत्ता गिरता है" में अपादान कारक है। कारक ऐसे शब्दों को कहते हैं जो क्रिया के करने से होते हैं। उदाहरण के तौर पर वाक्य "राम को वनवास जाना था" को देखा जा सकता है। इस वाक्य में यह देखा जा सकता है कि राम कर्ता हैं और जाना क्रिया, लेकिन क्रिया एवं करता को मिलाने वाला "को" है। इस वाक्य में "को" कारक है।

अपादान कारक- अपादान कारक की परिभाषा संज्ञा या सर्वनाम के जिस रूप से अलग होने, निकलने, डरने, रक्षा करने, सीखने, लजाने अथवा दो में से तुलना करने का भाव प्रकट हो तो उसे अपादान कारक कहते है।
अतः विकल्प (D) सही है।

45. "तोता डाली पर बैठा है" में अधिकरण कारक है। कारक ऐसे शब्दों को कहते हैं जो क्रिया के करने से होते हैं। उदाहरण के तौर पर वाक्य "राम को वनवास जाना था" को देखा जा सकता है। इस वाक्य में यह देखा जा सकता है कि राम कर्ता हैं और जाना क्रिया, लेकिन क्रिया एवं करता को मिलाने वाला "को" है। इस वाक्य में "को" कारक है।

अधिकरण कारक- जिस शब्द से क्रिया के आधार का बोध हो, उसे अधिकरण कारक कहते हैं। इसकी विभक्ति चिह्न में और पर होती है। भीतर, अंदर, ऊपर, बीच आदि शब्दों का प्रयोग इस कारक में किया जाता है।
अतः विकल्प (C) सही है।

46. "गीता हाथ से मारती है" में करण कारक है। कारक ऐसे शब्दों को कहते हैं जो क्रिया के करने से होते हैं। उदाहरण के तौर पर वाक्य "राम को वनवास जाना था" को देखा जा सकता है। इस वाक्य में यह देखा जा सकता है कि राम कर्ता हैं और जाना क्रिया, लेकिन क्रिया एवं करता को मिलाने वाला "को" है। इस वाक्य में "को" कारक है।

करण कारक- जिसकी सहायता से कोई कार्य किया जाए, उसे करण कारक कहते हैं। इसके विभक्ति-चिह्न 'से' के द्वारा है। अथवा - वह साधन जिससे क्रिया होती है, वह करण कहलाता है। अर्थात, जिसकी सहायता से किसी काम को अंजाम दिया जाता वह करण कारक कहलाता है।
अतः विकल्प (D) सही है।

47. ऐ रमेश ! यहा आओ। इस वाक्य में संबोधन कारक है। कारक ऐसे शब्दों को कहते हैं जो क्रिया के करने से होते हैं। उदाहरण के तौर पर वाक्य "राम को वनवास जाना था" को देखा जा सकता है। इस वाक्य में यह देखा जा सकता है कि राम कर्ता हैं और जाना क्रिया, लेकिन क्रिया एवं करता को मिलाने वाला "को" है। इस वाक्य में "को" कारक है।

संबोधन कारक- संबोधन कारक "जिस संज्ञापद से किसी को पुकारने, सावधान करने अथवा संबोधित करने का बोध हो, 'संबोधन' कारक कहते हैं।" संबोधन प्रायः कर्ता का ही होता है, इसीलिए संस्कृत में स्वतंत्र कारक नहीं माना गया है। संबोधित संज्ञाओं में बहुवचन का नियम लागू नहीं होता और सर्वनामों का कोई संबोधन नहीं होता, सिर्फ संज्ञा पदों का ही होता है।
अतः विकल्प (C) सही है।

48. सम्प्रदान कारक में 'को' का प्रयोग किस अर्थ में होता है। सम्प्रदान कारक में 'को' का प्रयोग "के लिए" अर्थ में होता है।

सम्प्रदान कारक- सम्प्रदान का अर्थ 'देना' होता है। जब वाक्य में किसी को कुछ दिया जाए या किसी के लिए कुछ किया जाए तो वहां पर सम्प्रदान कारक होता है। सम्प्रदान कारक के विभक्ति चिन्ह के लिए या को हैं।
अतः विकल्प (A) सही है।

49. कारक चिन्हों को परसर्ग कहा जाता है।

कारक- कारक ऐसे शब्दों को कहते हैं जो क्रिया के करने से होते हैं। उदाहरण के तौर पर वाक्य "राम को वनवास जाना था" को देखा जा सकता है। इस वाक्य में यह देखा जा सकता है कि राम कर्ता हैं और जाना क्रिया, लेकिन क्रिया एवं करता को मिलाने वाला "को" है। इस वाक्य में "को" कारक है।
अतः विकल्प (C) सही है।

50. 'ऊपर से नीचे की ओर आने वाला' वाक्यांश के लिए उचित शब्द 'अनुलोम' होगा। जो प्राकृतिक या प्रसम क्रम के ठीक विपरीत हो उसे प्रतिलोम कहते हैं। अनुलोम का विलोम शब्द भी प्रतिलोम होता है।

वाक्यांश- एक वाक्यांश एक वाक्य या खंड के भीतर एक सार्थक इकाई के रूप में काम कर रहे दो या दो से अधिक शब्दों का एक समूह है। एक वाक्यांश को आमतौर पर एक शब्द और एक खंड के बीच एक स्तर पर व्याकरणिक इकाई के रूप में वर्णित किया जाता है।
अतः विकल्प (A) सही है।

51. 'मितव्ययी' शब्द के लिए उचित वाक्यांश 'कम खर्च करने वाला' होगा। मितव्ययी विशेषण शब्द है जिसके पर्यायवाची शब्द हैं- अल्पव्ययी, कम खर्च करनेवाला, किफायतशार, मितव्ययी, कमखर्चीला। मितव्ययी का विलोम शब्द अपव्ययी होगा।

वाक्यांश- एक वाक्यांश एक वाक्य या खंड के भीतर एक सार्थक इकाई के रूप में काम कर रहे दो या दो से अधिक शब्दों का एक समूह है। एक वाक्यांश को आमतौर पर एक शब्द और एक खंड के बीच एक स्तर पर व्याकरणिक इकाई के रूप में वर्णित किया जाता है।
अतः विकल्प (D) सही है।

52. 'उच्छवास' के लिए उचित वाक्यांश 'ऊपर आने वाली श्वांस' होगा। उच्छवास का विलोम शब्द निःश्वांश होगा।

वाक्यांश- एक वाक्यांश एक वाक्य या खंड के भीतर एक सार्थक इकाई के रूप में काम कर रहे दो या दो से अधिक शब्दों का एक समूह है। एक वाक्यांश को आमतौर पर एक शब्द और एक खंड के बीच एक स्तर पर व्याकरणिक इकाई के रूप में वर्णित किया जाता है।
अतः विकल्प (C) सही है।

53. मनुष्य की साधारण मृत्यु के लिए एक शब्द 'प्रमीति' होगा। प्रमीति के अन्य अर्थ हैं- वध, हनन, नाश्ा।

वाक्यांश- एक वाक्यांश एक वाक्य या खंड के भीतर एक सार्थक इकाई के रूप में काम कर रहे दो या दो से अधिक शब्दों का एक समूह है। एक वाक्यांश को आमतौर पर एक शब्द और एक खंड के बीच एक स्तर पर व्याकरणिक इकाई के रूप में वर्णित किया जाता है।
अतः विकल्प (A) सही है।

54. 'जिसकी कीमत कम हो' उसके लिए एक शब्द 'अनर्ध्य' होता है। 'अर्ध्य' शब्द में 'अन्' उपसर्ग के योग से 'अनर्ध्य' शब्द बना है।

वाक्यांश- एक वाक्यांश एक वाक्य या खंड के भीतर एक सार्थक इकाई के रूप में काम कर रहे दो या दो से अधिक शब्दों का एक समूह है। एक वाक्यांश को आमतौर पर एक शब्द और एक खंड के बीच एक स्तर पर व्याकरणिक इकाई के रूप में वर्णित किया जाता है।
अतः विकल्प (B) सही है।

55. 'जो खुशी के पीछे पागल हो - अनसूया' असंगत है। अनसूया के लिए उचित वाक्यांश - 'ईर्ष्या या द्वेष से रहित' होता है। जो खुशी के पीछे पागल हो उसके लिए एक शब्द 'अनुमत्त' होगा। अन्य विकल्प अपने सही क्रम हैं।

वाक्यांश- एक वाक्यांश एक वाक्य या खंड के भीतर एक सार्थक इकाई के रूप में काम कर रहे दो या दो से अधिक शब्दों का एक समूह है। एक वाक्यांश को आमतौर पर एक शब्द और एक खंड के बीच एक स्तर पर व्याकरणिक इकाई के रूप में वर्णित किया जाता है।
अतः विकल्प (B) सही है।

56. 'दिल बहलाव के लिए बातचीत करना' वाक्यांश के लिए उचित शब्द 'वाग्विलास' है। वाग्विलास का संधि विच्छेद 'वाक् + विलास' होगा। यह व्यंजन संधि का उदाहरण है। एक व्यंजन का अन्य किसी व्यंजन अथवा स्वर से मेल होने पर जो विकार (परिवर्तन) होता है, उसे व्यंजन संधि कहते हैं।

वाक्यांश- एक वाक्यांश एक वाक्य या खंड के भीतर एक सार्थक इकाई के रूप में काम कर रहे दो या दो से अधिक शब्दों का एक समूह है। एक वाक्यांश को आमतौर पर एक शब्द और एक खंड के बीच एक स्तर पर व्याकरणिक इकाई के रूप में वर्णित किया जाता है।
अतः विकल्प (A) सही है।

57. वाकबद्ध शब्द के लिए उचित वाक्यांश 'मौन या वचनबद्ध' होगा। पढ़े हुए पाठ को दोहराना के लिए एक शब्द होता है - आमोख्ता। जिस पर अपना अधिकार हो उसके लिए एक शब्द 'आत्मनीन' होगा। बार-बार होने का भाव के लिए एक शब्द 'आसेवन' होगा।

वाक्यांश- एक वाक्यांश एक वाक्य या खंड के भीतर एक सार्थक इकाई के रूप में काम कर रहे दो या दो से अधिक शब्दों का एक समूह है। एक वाक्यांश को आमतौर पर एक शब्द और एक खंड के बीच एक स्तर पर व्याकरणिक इकाई के रूप में वर्णित किया जाता है।
अतः विकल्प (A) सही है।

58. 'स्थानापन्न' के लिए उचित वाक्यांश 'दूसरे के स्थान पर अस्थायी काम करने वाला' होता है। स्थानापन्न का संधि विच्छेद स्थान + आपन्न (अ + आ = आ) होगा। यह दीर्घ संधि का उदाहरण है। जब दो शब्दों की संधि करते समय (अ, आ) के साथ (अ, आ) हो तो 'आ' बनता है, जब (इ, ई) के साथ (इ, ई) हो तो 'ई' बनता है, जब (उ, ऊ) के साथ (उ, ऊ) हो तो 'ऊ' बनता है। इस संधि को हम हस्व संधि भी कह सकते हैं।

वाक्यांश- एक वाक्यांश एक वाक्य या खंड के भीतर एक सार्थक इकाई के रूप में काम कर रहे दो या दो से अधिक शब्दों का एक समूह है। एक वाक्यांश को आमतौर पर एक शब्द और एक खंड के बीच एक स्तर पर व्याकरणिक इकाई के रूप में वर्णित किया जाता है।
अतः विकल्प (B) सही है।

59. 'धनुष की प्रत्यंचा से उत्पन्न ध्वनि' के लिए उचित एक शब्द 'टंकार' होगा। धनुष के लिए अन्य शब्द- धातु आदि की टन-टन, टनाका है। वह शब्द जो कसे हुए डोरे या तार आदि पर उँगली का आघात करने से होता है उसे टंकार कहते हैं।

वाक्यांश- एक वाक्यांश एक वाक्य या खंड के भीतर एक सार्थक इकाई के रूप में काम कर रहे दो या दो से अधिक शब्दों का एक समूह है। एक वाक्यांश को आमतौर पर एक शब्द और एक खंड के बीच एक स्तर पर व्याकरणिक इकाई के रूप में वर्णित किया जाता है।
अतः विकल्प (C) सही है।

60. दिग्पाल छन्द- 24 मात्रिक छन्द, 12, 24 पर यति अनिवार्य।

असंख्य कीर्ति रश्मियाँ,विकीर्ण दिव्य दाह-सी।

सपूत मातृभूमि के, रुको न शूर साहसी।

अराति सैन्य सिन्धु में, सुबाड़वाग्नि से जलो।

प्रवीर हो जयी बनो, बढ़े चलो बढ़े चलो।

दिग्पाल छन्द- यह एक सममात्रिक छंद है। इसमें चार चरण होते हैं। प्रत्येक चरण की यति बारह-बारह मात्राओं पर होती है। इसके दो चरणों का तुकांत मिलना अनिवार्य है।
अतः विकल्प (D) सही है।

61. रौद्र रस यहाँ सही विकल्प है। उक्त पंक्तियों में चूँकि क्रोध अथवा रौद्र की भाषा झलक रही है।

रौद्र रस- इसका स्थायी भाव क्रोध होता है जब किसी एक पक्ष या व्यक्ति द्वारा दूसरे पक्ष या दूसरे व्यक्ति का अपमान करने अथवा अपने गुरुजन आदि कि निन्दा से जो क्रोध उत्पन्न होता है उसे रौद्र रस कहते हैं इसमें क्रोध के कारण मुख लाल हो जाना, दाँत पिसना, शास्त्र चलाना, भौहे चढ़ाना आदि के भाव उत्पन्न होते हैं।
अतः विकल्प (A) सही है।

62. उपर्युक्त सुललित, सुसंगठित, पद्य पंक्ति 'शोभित कर नवनीत लिए घुटरूनी चलत रेनु तन मण्डित मुख दधि लेप किए।' इन पंक्तियों में वात्सल्य रस है।
अतः विकल्प (D) सही है।

63. वसंततालिका में वार्णिक छंद है। इस छंद के प्रत्येक चरण में चौदह वर्ण होते हैं। वर्णों के क्रम में तगण (SSI), भगण (SSI), दो जगण (ISI, ISI) तथा दो गुरु (SS) रहते हैं।

छंद- यह आह्लाद वर्ण या मात्रा की नियमित संख्या के विन्यास से उत्पन्न होता है। इस प्रकार, छंद की परिभाषा होगी 'वर्णों या मात्राओं के नियमित संख्या के विन्यास से यदि आह्लाद पैदा हो, तो उसे छंद कहते हैं'।
अतः विकल्प (A) सही है।

64. दी गयी पंक्तियां चौपाई का उदाहरण है। चौपाई- चौपाई में चार चरण होते हैं, प्रत्येक चरण में 16 मात्राएँ होती हैं। चरण के अन्त में जगण (। । S) अथवा तगण (S । ।) नहीं होना चाहिए, अन्तिम दो वर्ण गुरु-लघु (S ।) भी नहीं होने चाहिए।
अतः विकल्प (A) सही है।

65. रौद्र रस स्थायी भाव 'क्रोध' होता है जब किसी एक पक्ष या व्यक्ति द्वारा दूसरे पक्ष या दूसरे व्यक्ति का अपमान करने अथवा अपने गुरुजन आदि कि निन्दा से जो क्रोध उत्पत्र होता है उसे रौद्र रस कहते हैं इसमें क्रोध के कारण मुख लाल हो जाना, दाँत पिसना, शास्त चलाना, भौंहे चढ़ाना आदि के भाव उत्पन्न होते हैं।
अतः विकल्प (A) सही है।

66. 'पिउ सो कहेव सन्देसड़ा, हे भौंरा हे काग। सो धनि विरही जरिमुई, तेहिक धुवाँ हम लाग।' यहाँ कौआ और भ्रमर के काले होने का वास्तविक कारण विरहिणी के विरहाग्नि में जल कर मरने का धुवाँ नहीं हो सकता है फिर भी उसे कारण माना गया है। यहाँ उत्प्रेक्षा अलंकार है। जहाँ उपमेय में उपमान की सम्भावना व्यक्त की जाए वहाँ उत्प्रेक्षा अलंकार होता है।
अतः विकल्प (C) सही है।

67. उपरोक्त पंक्ति में यमक अलंकार है। यमक अलंकार - जहाँ एक ही शब्द जितनी बार आए उतने ही अलग-अलग अर्थ दे।
अतः विकल्प (A) सही है।

68. जहां पर किसी एक शब्द का अनेक अर्थों में प्रयोग हो, वहाँ 'श्लेष अलंकार' होता है। जैसे-रहिमन पानी राखिए, बिन पानी सब सून। पानी गए न ऊबरै, मोती मानुष चून।' यहाँ पानी का प्रयोग तीन बार किया गया है किन्तु दूसरी पंक्ति में प्रयुक्त पानी शब्द के तीन अर्थ हैं; मोती के सन्दर्भ में पानी का अर्थ चमक या कान्ति, मनुष्य के सन्दर्भ में पानी का अर्थ इज्जत (सम्मान), चूने के सन्दर्भ में पानी का अर्थ साधारण पानी(जल) है।
अतः विकल्प (D) सही है।

69. 'मंगन को देखि पट देत बार-बार हैं' इस पंक्ति में श्लेष अलंकार है। पंक्तियों में पट शब्द के दो अर्थ है, पट-वस्त्र एवं पट- किवाड़। इसलिए यहां पर श्लेष अलंकार हैं। जहां एक शब्द एक बार आए परंतु उसके अर्थ कई हों, वहाँ श्लेष अलंकार होता है।
अतः विकल्प (D) सही है।

70. उपर्युक्त सुललित, सुसंगठित, पद्य पंक्ति" मेरी भव बाधा हरी राधा नागरि सोई। जा तन की झाई परैं स्याम हरित दुति होई।।' इन पंक्तियों में भक्ति रस है।
अतः विकल्प (D) सही है।

71. वीभत्स रस का स्थायी भाव जुगुप्सा है। स्थायी भाव- साहित्य में वे मूल तत्व जो मूलतः मनुष्यों के मन में प्रायः सदा निहित रहते और कुछ विशिष्ट अवसरों पर अथवा कुछ विशिष्ट कारणों से स्पष्ट रूप से प्रकट होते हैं। जैसे-प्रेम, हर्ष या उससे उत्पन्न होने वाला हास्य, खेद, दुःख, शोक, भय, वैराग्य आदि।
अतः विकल्प (C) सही है।

72. "चरण कमल बंदौ हरि राई" में 'रूपक अलंकार' है। रूपक अलंकार- जब गुण की अत्यंत समानता के कारण उपमेय को ही उपमान बता दिया जाए यानी उपमेय ओर उपमान में अभिन्रता दर्शायी जाए तब वह रूपक अलंकार कहलाता है।
अतः विकल्प (C) सही है।

73. उपर्युक्त पद्य में अतिश्योक्ति अलंकार है, जहाँ पर बात को बहुत बड़ा - चढ़ा कर बताया जाये वहां अतिश्योक्ति अलंकार होता है। यहाँ पर राम जी के वियोग में सीता जी इतनी पतली हों गयी कि मानो उनकी अंगूठी कंगना के समान हो गयी है।
अतः विकल्प (C) सही है।

74. 'तू मोहन के उरबसी हो , उरबसी समान।' इस में 'उरबासी' के दो अर्थ है 1. उरबसी - हृदय में बसी हुई, 2. उरबसी - उर्वशी नामक अप्सरा। इसलिए यह यमक अलंकार का उदाहरण है। यमक अलंकार में एक शब्द का दो या दो

से अधिक बार प्रयोग होता है और प्रत्येक प्रयोग में अर्थ की भित्तता होती है।
अतः विकल्प (B) सही है।

75. दि गयी पंक्ति मे 'यमक अलंकार' है। यमक अलंकार - जहाँ एक ही शब्द जितनी बार आए उतने ही अलग-अलग अर्थ दे। जैसे - काली 'घटा' का घमंड 'घटा'।
अतः विकल्प (B) सही है।

76. 'सोरठा' छंद अर्द्ध मात्रिक छंद है। इसमें कुल 24 मात्राएँ होती हैं। प्रथम और तृतीय में 11-11 तथा द्वितीय और चतुर्थ में 13-13 मात्राएँ होती हैं। 'दोहा' भी अर्द्ध मात्रिक छंद है। इसमें कुल 24 मात्राएँ होती हैं। प्रथम और तृतीय में 13-13 तथा द्वितीय और चतुर्थ में 11-11 मात्राएँ होती हैं। इस आधार पर 'सोरठा' इसका विपरीत है।
अतः विकल्प (C) सही है।

77. उपर्युक्त सुललित, सुसंगठित, पद्य पंक्ति" उस काल कारे क्रोध के तन कांपने उसका लगा । मानो हवा के जोर से, सोता हुआ सागर जगा ।। "इन पंक्तियों में रौद्र रस है।
अतः विकल्प (B) सही है।

78. 'कुल कानन कुंडल मोर पखा, उर पे बनमाल विराजति हैं।' में 'क' वर्ण कई बार आया है इसलिए यहाँ अनुप्रास अलंकार है। जहां एक ही वर्ण की आवृत्ति एक से अधिक बार हो, वहाँ अनुप्रास अलंकार होता है।
अतः विकल्प (D) सही है।

79. 'परमार्थ' का संधि-विच्छेद परम + अर्थ है, 'परमार्थ' में संधि- दीर्घ 'परमार्थ' का अर्थ- परोपकार। संधि-विच्छेद- वर्णों में संधि करने पर स्वर, व्यंजन अथवा विसर्ग में परिवर्तन आता है। जब किसी एक शब्द को दो भागों में तोड़ा जाता हैं और तोड़े हुए दोनों शब्द अपने अलग-अलग सही अर्थ देते है तब इस प्रक्रिया को ही संधि विच्छेद कहते है अर्थात संधि में पदों को मूल रूप में पृथक कर देना ही संधि विच्छेद कहलाता है।
अतः विकल्प (A) सही है।

80. नमस्कार का सही संधि विच्छेद विसर्ग संधि के अनुसार नमः +कार होगा, वर्णों में संधि करने पर स्वर, व्यंजन अथवा विसर्ग में परिवर्तन आता है। जब किसी एक शब्द को दो भागों में तोड़ा जाता हैं और तोड़े हुए दोनों शब्द अपने अलग-अलग सही अर्थ देते है तब इस प्रक्रिया को ही संधि विच्छेद कहते है अर्थात संधि में पदों को मूल रूप में पृथक कर देना ही संधि विच्छेद कहलाता है।
अतः विकल्प (B) सही है।

81. देवेन्द्र का सही संधि विच्छेद देव + इंद्र है, जिसमें गुण संधि विद्यमान है। संधि विच्छेद- वर्णों में संधि करने पर स्वर, व्यंजन अथवा विसर्ग में परिवर्तन आता है। जब किसी एक शब्द को दो भागों में तोड़ा जाता हैं और तोड़े हुए दोनों शब्द अपने अलग-अलग सही अर्थ देते है तब इस प्रक्रिया को ही संधि विच्छेद कहते है अर्थात संधि में पदों को मूल रूप में पृथक कर देना ही संधि विच्छेद कहलाता है।
अतः विकल्प (D) सही है।

82. अत्याचार शब्द में यण संधि है। संधि विच्छेद- वर्णों में संधि करने पर स्वर, व्यंजन अथवा विसर्ग में परिवर्तन आता है। जब किसी एक शब्द को दो भागों में तोड़ा जाता हैं और तोड़े हुए दोनों शब्द अपने अलग-अलग सही अर्थ देते है तब इस प्रक्रिया को ही संधि विच्छेद कहते है अर्थात संधि में पदों को मूल रूप में पृथक कर देना ही संधि विच्छेद कहलाता है।
अतः विकल्प (B) सही है।

83. 'सज्जन' का संधि-विच्छेद सत् + जन होगा। संधि विच्छेद- वर्णों में संधि करने पर स्वर, व्यंजन अथवा विराग गें परिवर्तन आता है। जब किसी एक शब्द को दो भागों में तोड़ा जाता हैं और तोड़े हुए दोनों शब्द अपने अलग-अलग सही अर्थ देते है तब इस प्रक्रिया को ही संधि विच्छेद कहते है अर्थात संधि में पदों को मूल रूप में पृथक कर देना ही संधि विच्छेद कहलाता है।
अतः विकल्प (B) सही है।

84. यदि ए, ऐ, ओ तथा औ के बाद भिन्न स्वर आए तथा इनके स्थान पर क्रमश: 'अय, आय, अप्' 'आव' हो जाए तो अयादि संधि होती है।
अतः विकल्प (D) सही है।

85. दिए गए विकल्पों में से 'शालाच्छादन' शब्द का सही संधि विच्छेद शाला+छादन है।

हृस्व के बाद 'छ' हो तो उसके पहले 'च' जुड़ जाता है।

संधि का प्रकार : व्यंजन संधि

अतः विकल्प (D) सही है।

86. दिए गए विकल्पों में से 'दिक्+अंत' दिगंत का संधि विच्छेद है। संधि विच्छेद- वर्णों में संधि करने पर स्वर, व्यंजन अथवा विसर्ग में परिवर्तन आता है। जब किसी एक शब्द को दो भागों में तोड़ा जाता हैं और तोड़े हुए दोनों शब्द अपने अलग-अलग सही अर्थ देते हैं तब इस प्रक्रिया को ही संधि विच्छेद कहते है अर्थात संधि में पदों को मूल रूप में पृथक कर देना ही संधि विच्छेद कहलाता है।
अतः विकल्प (C) सही है।

87. 'हिम + आलय = हिमालय' संधि में 'दीर्घ संधि' है। संधि विच्छेद- वर्णों में संधि करने पर स्वर, व्यंजन अथवा विसर्ग में परिवर्तन आता है। जब किसी एक शब्द को दो भागों में तोड़ा जाता हैं और तोड़े हुए दोनों शब्द अपने अलग-अलग सही अर्थ देते है तब इस प्रक्रिया को ही संधि विच्छेद कहते है अर्थात संधि में पदों को मूल रूप में पृथक कर देना ही संधि विच्छेद कहलाता है।
अतः विकल्प (A) सही है।

88. दिए गए विकल्पों में से 'सत्कार' शब्द का सही संधि विच्छेद सत्+कार है, तथा यह व्यंजन संधि है। संधि विच्छेद- वर्णों में संधि करने पर स्वर, व्यंजन अथवा विसर्ग में परिवर्तन आता है। जब किसी एक शब्द को दो भागों में तोड़ा जाता हैं और तोड़े हुए दोनों शब्द अपने अलग-अलग सही अर्थ देते है तब इस प्रक्रिया को ही संधि विच्छेद कहते है अर्थात संधि में पदों को मूल रूप में पृथक कर देना ही संधि विच्छेद कहलाता है।
अतः विकल्प (C) सही है।

89. 'भरपेट' में अव्ययीभाव समास होगा। इसमें पूर्व पद अव्यय (प्रधान) है। समास- हिन्दी व्याकरण में समास का शाब्दिक अर्थ होता है छोटा रूप; जब दो या दो से अधिक शब्दों से मिलकर जो नया और छोटा शब्द बनता है उस शब्द को हिन्दी में समास कहते हैं। दूसरे शब्दों में कहा जाए तो समास वह क्रिया है, जिसके द्वारा हिन्दी में कम-से-कम शब्दों मे अधिक-से-अधिक अर्थ प्रकट किया जाता है।
अतः विकल्प (B) सही है।

90. 'चिड़ियाघर' का समास विग्रह 'चिड़िया के लिए घर' होगा। इसमें सम्प्रदान तत्पुरुष समास है। इसका समास-विग्रह करने पर दोनों पदों के बीच संप्रदान कारक के लिए' धिप गया है। समास- हिन्दी व्याकरण में समास का शाब्दिक अर्थ होता है छोटा रूप; जब दो या दो से अधिक शब्दों से मिलकर जो नया और छोटा शब्द बनता है उस शब्द को हिन्दी में समास कहते हैं। दूसरे शब्दों में कहा जाए तो समास वह क्रिया है, जिसके द्वारा हिन्दी में कम-से-कम शब्दों मे अधिक-से-अधिक अर्थ प्रकट किया जाता है।

अतः विकल्प (B) सही है।

91. 'जेबकतरा' का समास विग्रह 'जेब को कतरने वाला' इसमें 'को' विभक्ति का लोप हुआ है, इसलिए इसमें कर्म तत्पुरुष समास है। समास- हिन्दी व्याकरण में समास का शाब्दिक अर्थ होता है छोटा रूप; जब दो या दो से अधिक शब्दों से मिलकर जो नया और छोटा शब्द बनता है उस शब्द को हिन्दी में समास कहते हैं। दूसरे शब्दों में कहा जाए तो समास वह क्रिया है, जिसके द्वारा हिन्दी में कम-से-कम शब्दों मे अधिक-से-अधिक अर्थ प्रकट किया जाता है।
अतः विकल्प (D) सही है।

92. 'करुणापूर्ण' का समास विग्रह 'करुणा से पूर्ण' होगा। इसमें करण तत्पुरुष समास है। इसमें 'से' विभक्ति का लोप हुआ है। समास- हिन्दी व्याकरण में समास का शाब्दिक अर्थ होता है छोटा रूप; जब दो या दो से

अधिक शब्दों से मिलकर जो नया और छोटा शब्द बनता है उस शब्द को हिन्दी में समास कहते हैं। दूसरे शब्दों में कहा जाए तो समास वह क्रिया है, जिसके द्वारा हिन्दी में कम-से-कम शब्दों मे अधिक-से-अधिक अर्थ प्रकट किया जाता है।

अतः विकल्प (B) सही है।

93. 'रामसुंदर' का उचित समास-विग्रह 'राम जो सुंदर है' होगा। इसमें कर्मधारय समास है क्योंकि इसमें पहला पद विशेषण और दूसरा विशेष्य (जिसकी विशेषता बताई जा रही हो) है। समास- हिन्दी व्याकरण में समास का शाब्दिक अर्थ होता है छोटा रूप; जब दो या दो से अधिक शब्दों से मिलकर जो नया और छोटा शब्द बनता है उस शब्द को हिन्दी में समास कहते हैं। दूसरे शब्दों में कहा जाए तो समास वह क्रिया है, जिसके द्वारा हिन्दी में कम-से-कम शब्दों मे अधिक-से-अधिक अर्थ प्रकट किया जाता है।
अतः विकल्प (D) सही है।

94. इसमें कर्मधारय समास है। 'प्रधानमंत्री' का समास विग्रह 'मंत्रियों में जो प्रधान हो' होगा।

जिसका पहला पद विशेषण और दूसरा पद विशेष्य अथवा एक पद उपमान तथा दूसरा पद उपमेय हो तो, वह 'कर्मधारय समास' कहलाता है।

प्रधान शब्द विशेषण है और मंत्री शब्द विशेष्य है।

अतः विकल्प (B) सही है।

95. इसमें अव्ययीभाव समास है। 'बेनाम' का समास-विग्रह- 'बिना नाम के' होगा। इसमें पूर्व पद अव्यय है। अव्यय वे शब्द होते हैं जिनके मूल रूप में लिंग, वचन, कारक, पुरुष आदि के कारण कोई विकार उत्पन्न नहीं होता है। समास- हिन्दी व्याकरण में समास का शाब्दिक अर्थ होता है छोटा रूप; जब दो या दो से अधिक शब्दों से मिलकर जो नया और छोटा शब्द बनता है उस शब्द को हिन्दी में समास कहते हैं। दूसरे शब्दों में कहा जाए तो समास वह क्रिया है, जिसके द्वारा हिन्दी में कम-से-कम शब्दों मे अधिक-से-अधिक अर्थ प्रकट किया जाता है।

अतः विकल्प (B) सही है।

96. इसमें चरणकमल समास है। इसका समास विग्रह 'कमल के समान चरण' होगा। इस शब्द का विग्रह करने पर दोनों शब्दों के बीच विशेषण-विशेष्य अथवा उपमान-उपमेय के मध्य के समान' आया है और ये कर्मधारय समास की पहचान है, इसलिए यहाँ पर कर्मधारय समास होगा। समास- हिन्दी व्याकरण में समास का शाब्दिक अर्थ होता है छोटा रूप; जब दो या दो से अधिक शब्दों से मिलकर जो नया और छोटा शब्द बनता है उस शब्द को हिन्दी में समास कहते हैं। दूसरे शब्दों में कहा जाए तो समास वह क्रिया है, जिसके द्वारा हिन्दी में कम-से-कम शब्दों मे अधिक-से-अधिक अर्थ प्रकट किया जाता है।

अतः विकल्प (B) सही है।

97. "चौमासा" अर्थात चार मासों का समाहार। इसमें पहला पद संख्यावाचक विशेषण है और चौमासा का समस्त पद चार मासों के समाहार का बोध करा रहा है, इसलिए यहाँ 'द्विगु समास' है। समास- हिन्दी व्याकरण में समास का शाब्दिक अर्थ होता है छोटा रूप; जब दो या दो से अधिक शब्दों से मिलकर जो नया और छोटा शब्द बनता है उस शब्द को हिन्दी में समास कहते हैं। दूसरे शब्दों में कहा जाए तो समास वह क्रिया है, जिसके द्वारा हिन्दी में कम-से-कम शब्दों मे अधिक-से-अधिक अर्थ प्रकट किया जाता है।
अतः विकल्प (D) सही है।

98. 'राजपुरुष' का समास विग्रह होगा 'राजा का पुरुष'। इसमें 'तत्पुरुष समास' है। समास- हिन्दी व्याकरण में समास का शाब्दिक अर्थ होता है छोटा रूप; जब दो या दो से अधिक शब्दों से मिलकर जो नया और छोटा शब्द बनता है उस शब्द को हिन्दी में समास कहते हैं। दूसरे शब्दों में कहा जाए तो समास वह क्रिया है, जिसके द्वारा हिन्दी में कम-से-कम शब्दों मे अधिक-से-अधिक अर्थ प्रकट किया जाता है।
अतः विकल्प (D) सही है।

99. खड़ी बोली पश्चिमी हिंदी की बोली है। भाषा वह साधन है, जिसके द्वारा मनुष्य बोलकर, सुनकर, लिखकर व पढ़कर अपने मन के भावों या विचारों का आदान-प्रदान करता है।
अतः विकल्प (C) सही है।

100. उसने पढ़ा था। इस वाक्य में भूतकाल है। व्याकरण वह विध्या है जिसके द्वारा हमे किसी भाषा का शुद्ध बोलना, लिखना एवं समझना आता है। भाषा की संरचना के कुछ नियम होते हैं और भाषा की अभिव्यक्तियाँ असीमित। भाषा के इन नियमों को एक साथ जिस शास्त्र के अंतर्गत अध्ययन किया जाता है उस शास्त्र को व्याकरण कहते हैं।
अतः विकल्प (A) सही है।

101. राम धीरे धीरे पढता है इस वाक्य में 'धीर धीरे' शब्द में क्रिया-विशेषण है। जिसके द्वारा हम अपने भावों को लिखित अथवा कथित रूप से दूसरों को समझा सके और दूसरों के भावों को समझ सके उसे भाषा कहते है।
अतः विकल्प (A) सही है।

102. पुरुषवाचक 'विशेषण' का भेद नही है। विशेषण- संज्ञा अथवा सर्वनाम शब्दों की विशेषता (गुण, दोष, संख्या, परिमाण आदि) बताने वाले शब्द विशेषण कहलाते हैं। जैसे - बड़ा, काला, लंबा, दयालु, भारी, सुन्दर, कायर, टेढ़ा-मेढ़ा, एक, दो आदि।
अतः विकल्प (D) सही है।

103. उसका कोट पुराना था। वाक्य में 'पुराना' विशेषण है। संज्ञा अथवा सर्वनाम शब्दों की विशेषता (गुण, दोष, संख्या, परिमाण आदि) बताने वाले शब्द विशेषण कहलाते हैं। जैसे - बड़ा, काला, लंबा, दगालु, भारी, सुन्दर, कायर, टेढ़ा-मेढ़ा, एक, दो आदि।
अतः विकल्प (A) सही है।

104. मै यह काम अपने आप ही कर लूंगा। इस वाक्य में 'आप' निजवाचक सर्वनाम है। निजवाचक सर्वनाम- वह सार्वनामिक शब्द जो स्वयं के लिए प्रयोग करते हैं जैसे – आप , अपना आदि जिससे स्वयं का बोध हो वह निजवाचक कहलाते हैं। जो सर्वनाम तीनों पुरुषों (उत्तम, मध्यम और अन्य) में निजत्व का बोध कराता है, उसे निजवाचक सर्वनाम कहते हैं। जैसे- मैं खुद लिख लूँगा। तुम अपने आप चले जाना।
अतः विकल्प (C) सही है।

105. राम ने कहा की वह बाजार जा रहा है। इस वाक्य में 'वह' सर्वनाम है। सर्वनाम- सर्वनाम का अर्थ होता है – सब का नाम। जो शब्द संज्ञा के नामों की जगह प्रयुक्त होते हैं उसे सर्वनाम कहते हैं। अर्थात संज्ञा के स्थान पर प्रयुक्त होने वाले शब्दों को सर्वनाम कहते हैं अर्थात भाषा को प्रभावशाली बनाने के लिए जो शब्द संज्ञा के स्थान पर प्रयोग किये जाते हैं उसे सर्वनाम कहते हैं।
अतः विकल्प (C) सही है।

106. बालक पढता है। वाक्य में 'पढता' क्रिया है। क्रिया- जिन शब्दों से किसी कार्य का करना या होना व्यक्त हो उन्हें क्रिया कहते हैं। जैसे- रोया, खा रहा, जायेगा आदि। उदाहरणस्वरूप अगर एक वाक्य 'मैंने खाना खाया' देखा जाये तो इसमें क्रिया 'खाया' शब्द है। 'इसका नाम मोहन है' में क्रिया 'है' शब्द है।
अतः विकल्प (D) सही है।

107. लड़का दौड़ता है। वाक्य में 'लड़का' जातिवाचक संज्ञा का उदाहरण है। जातिवाचक संज्ञा- जो शब्द किसी व्यक्ति, वस्तु या स्थान की संपूर्ण जाति का बोध कराते हैं, उन शब्दों को जातिवाचक संज्ञा कहते हैं। यानी, जातिवाचक संज्ञा शब्दों से एक जाति के अंतर्गत आने वाले सभी व्यक्तियों, वस्तुओं व स्थानों का बोध होता है।
अतः विकल्प (A) सही है।

108. यह निश्चयवाचक सर्वनाम का उदाहरण है। निश्चयवाचक सर्वनाम- जिन सर्वनाम शब्दों से किसी वस्तु, व्यक्ति या स्थान की निश्चितता का बोध हो वे शब्द निश्चयवाचक सर्वनाम कहलाते हैं।सरल शब्दों में- जो सर्वनाम शब्द किसी निश्चित व्यक्ति, वस्तु अथवा घटना की ओर संकेत करे, उसे निश्चयवाचक सर्वनाम कहते हैं। जैसे- यह, वह, ये, वे आदि।
अतः विकल्प (A) सही है।

109. 'मै' का बहुवचन हम है। बहुवचन- शब्द के जिस रूप से अनेकता का बोध हो उसे बहुवचन कहते हैं। जैसे-लड़के, गायें, कपड़े, टोपियाँ, मालाएँ, माताएँ, पुस्तकें, वधुएँ, गुरुजन, रोटियाँ, स्त्रियाँ, लताएँ, बेटे आदि।
अतः विकल्प (D) सही है।

110. देखो कौन आया है? में प्रश्नवाचक है। जिन शब्दों का प्रयोग किसी वस्तु, व्यक्ति आदि के बारे में कोई सवाल पूछने या उसके बारे में जाने के लिए किया जाता है, उन शब्दों को प्रश्नवाचक सर्वनाम कहते हैं।
अतः विकल्प (A) सही है।

111. खड़ी बोली पश्चिमी हिंदी की महत्वपूर्ण बोली है। जिस हिंदी भाषा का प्रयोग हम मानक रूप में करते हैं वह खड़ी बोली का ही विकसित रूप है। 19वीं-20वीं शताब्दी तक यह सशक्त जन-संपर्क भाषा थी। इसके अन्य नाम कौरवी और नागरी हैं।
अतः विकल्प (C) सही है।

112. बुन्देली पश्चिमी हिंदी की महत्वपूर्ण बोली है। यह शौरसेनी अपभ्रंश के दक्षिणी रूप से विकसित हुई है। यह उत्तर प्रदेश के दक्षिणी भाग और मध्य प्रदेश के कई स्थानों में बोली जाती है।
अतः विकल्प (D) सही है।

113. मालवी भाषाओं के इंडो-आर्यन समूह का एक हिस्सा है, जो पश्चिमी क्षेत्र के अंतर्गत आता है। मालवी का विकास शौरसेनी अपभ्रंश के उपनागर से हुआ है। यह मध्य प्रदेश और राजस्थान के इलाकों में बोली जाती है।
अतः विकल्प (C) सही है।

114. 'हूला' का मतलब खड़ी बोली में 'मुक्का' होता है। 'हूला' अवधी भाषा का शब्द है। अवधी पूर्वी हिंदी की प्रमुख बोली है। यह अवध प्रदेश के अंतर्गत आती है।
अतः विकल्प (B) सही है।

115. पंजाबी भाषा देवनागरी लिपि में नहीं लिखी जाती। इसकी लिपि गुरुमुखी है।
अतः विकल्प (D) सही है।

116. 'गले मढ़ना' मुहावरे का सही अर्थ है - जबरदस्ती देना। मुहावरे- मुहावरे अरबी भाषा का शब्द है जिसका शाब्दिक अर्थ अभ्यास करना होता है "जो शब्द अपने साधारण अर्थ को छोड़ कर विशेष अर्थ को व्यक्त करते है हिंदी मे ऐसे वाक्यांश को मुहावरा कहा जाता हैं।"
अतः विकल्प (A) सही है।

117. 'आंख उठाना' मुहावरे का सही अर्थ है - साहस करना। मुहावरे- मुहावरे अरबी भाषा का शब्द है जिसका शाब्दिक अर्थ अभ्यास करना होता है "जो शब्द अपने साधारण अर्थ को छोड़ कर विशेष अर्थ को व्यक्त करते है हिंदी मे ऐसे वाक्यांश को मुहावरा कहा जाता हैं।"
अतः विकल्प (B) सही है।

118. 'हुक्का पानी बंद कर देना' मुहावरे का सही अर्थ है - बिरादरी से अलग करना। मुहावरे- मुहावरे अरबी भाषा का शब्द है जिसका शाब्दिक अर्थ अभ्यास करना होता है "जो शब्द अपने साधारण अर्थ को छोड़ कर विशेष अर्थ को व्यक्त करते है हिंदी मे ऐसे वाक्यांश को मुहावरा कहा जाता हैं।"
अतः विकल्प (B) सही है।

119. 'ठंठ होना' मुहावरे के उचित अर्थ हैं - बेवकूफ होना, जड़ होना, जिसको फर्क न पड़े। मुहावरे- मुहावरे अरबी भाषा का शब्द है जिसका शाब्दिक अर्थ अभ्यास करना होता है "जो शब्द अपने साधारण अर्थ को छोड़ कर विशेष अर्थ को व्यक्त करते है हिंदी मे ऐसे वाक्यांश को मुहावरा कहा जाता हैं।"
अतः विकल्प (D) सही है।

120. 'पापड़ बेलना' मुहावरे के उचित अर्थ हैं - विषम परिस्थितियों में रहना, कई तरह के काम करना, कठिन परिश्रम करना। मुहावरे- मुहावरे अरबी भाषा का शब्द है जिसका शाब्दिक अर्थ अभ्यास करना होता है "जो शब्द अपने साधारण अर्थ को छोड़ कर विशेष अर्थ को व्यक्त करते है हिंदी मे ऐसे वाक्यांश को मुहावरा कहा जाता हैं।"
अतः विकल्प (C) सही है।

121. हिन्दी साहित्य के आरंभिक काल को आचार्य रामचन्द्र शुक्ल ने वीरगाथा काल कहा है। वीरगाथा काल- हिन्दी साहित्य के इतिहास में लगभग 7वीं शताब्दी से लेकर 14वीं शताब्दी के मध्य तक के काल को आदिकाल कहा जाता है। ... आचार्य रामचंद्र शुक्ल ने इस काल को "वीरगाथा काल" तथा विश्वनाथ प्रसाद मिश्र ने इस काल को "वीरकाल" नाम दिया है।
अतः विकल्प (C) सही है।

122. नामदेव वीरगाथा काल के कवि नहीं है। हिन्दी साहित्य के इतिहास में लगभग 7वीं शताब्दी से लेकर 14वीं शताब्दी के मध्य तक के काल को आदिकाल कहा जाता है। आचार्य रामचंद्र शुक्ल ने इस काल को "वीरगाथा काल" तथा विश्वनाथ प्रसाद मिश्र ने इस काल को "वीरकाल" नाम दिया है।
अतः विकल्प (B) सही है।

123. कुलशेरत आलवार भक्त नही है। हिन्दी साहित्य के इतिहास में भक्ति काल महत्वपूर्ण स्थान रखता है। आदिकाल के बाद आये इस युग को 'पूर्व मध्यकाल' भी कहा जाता है। यह हिंदी साहित्य का श्रेष्ठ युग है जिसको जॉर्ज ग्रियर्सन ने स्वर्णकाल, श्यामसुंदर दास ने स्वर्णयुग, आचार्य राम चंद्र शुक्ल ने भक्ति काल एवं हजारी प्रसाद द्विवेदी ने लोक जागरण कहा।

अतः विकल्प (D) सही है।

124. भक्तिकालीन समस्त भक्ति धाराएं लोकोन्मुखी थी। हिन्दी साहित्य के इतिहास में भक्ति काल महत्वपूर्ण स्थान रखता है। आदिकाल के बाद आये इस युग को 'पूर्व मध्यकाल' भी कहा जाता है। यह हिंदी साहित्य का श्रेष्ठ युग है जिसको जॉर्ज ग्रियर्सन ने स्वर्णकाल, श्यामसुंदर दास ने स्वर्णयुग, आचार्य राम चंद्र शुक्ल ने भक्ति काल एवं हजारी प्रसाद द्विवेदी ने लोक जागरण कहा।
अतः विकल्प (D) सही है।

125. भक्ति काल में प्रचलित दो प्रधान धर्म हिन्दू और मुस्लिम थे। हिन्दी साहित्य के इतिहास में भक्ति काल महत्वपूर्ण स्थान रखता है। आदिकाल के बाद आये इस युग को 'पूर्व मध्यकाल' भी कहा जाता है। यह हिंदी साहित्य का श्रेष्ठ युग है जिसको जॉर्ज ग्रियर्सन ने स्वर्णकाल, श्यामसुंदर दास ने स्वर्णयुग, आचार्य राम चंद्र शुक्ल ने भक्ति काल एवं हजारी प्रसाद द्विवेदी ने लोक जागरण कहा।
अतः विकल्प (D) सही है।

Q.1 "खाई से निकलकर खंदक में कूदना" का अर्थ है-
A. एक परेशानी या मुसीबत से निकलकर दूसरी में जाना
B. झमेले में पड़ना, रुक जाना
C. वीरगति पाना
D. मारा-मारा फिरना

Q.2 "खीरे-ककड़ी की तरह काटना" का अर्थ है:
A. कठिन काम के लिए प्रेरित करना
B. अत्यधिक प्रशंसा करना
C. अप्रिय लगना
D. अंधाधुंध मारना-काटना

Q.3 "गिन-गिनकर पैर रखना" का अर्थ है:
A. सुस्त चलना, हद से ज्यादा सावधानी बरतना
B. क्रोध दबाना
C. लापता होना
D. गरीब के घर में गुणवान का उत्पत्र होना

Q.4 "गूलर का फूल होना" का अर्थ है:
A. लापता होना
B. क्रोध दबाना
C. डींग हाँकना
D. खूब याद रखना

Q.5 निर्देश: निम्नलिखित वाक्य में प्रयोग किये गए मुहावरे का अर्थ बताईये।
उसकी **गज भर की छाती है** तभी तो अकेले ने ही चार-चार आतंकवादियों को मार दिया।
A. अत्यधिक साहसी होना
B. कठिन काम करना
C. मूर्ख बनाना
D. कमाल करना

Q.6 निर्देश: निम्नलिखित वाक्य में प्रयोग किये गए मुहावरे का अर्थ बताईये।
उसे रुपया उधार देकर मेरी तो **गर्दन फँस गई** हैं।
A. मूर्ख बनाना
B. झंझट या परेशानी में फँसना
C. किसी की ठगना
D. किसी को जिम्मेदार ठहराना

Q.7 "गाजर-मूली समझना" का अर्थ है -
A. धोखा देना
B. कष्टदायक होना
C. बहुत प्रिय होना
D. तुच्छ समझना

Q.8 "गूँगी का गुड़" का अर्थ है -
A. मुद्राएं बनाना
B. तेवर बदलना
C. बखेड़ा खड़ा करना
D. वर्णनातीत अर्थत जिसका वर्णन न किया जा सके

Q.9 "घर फूँककर तमाशा देखना" का अर्थ है -
A. पराजय स्वीकार कर लेना
B. मरने के लिए तैयार होना
C. अपना घर स्वयं उजाड़ना या अपना नुकसान खुद करना
D. अत्यन्त लज्जित होना

Q.10 "चादर से बाहर पैर पसारना" का अर्थ है-
A. आय से अधिक व्यय करना
B. व्यर्थ निन्दा या सम्माननीय का अनादर करना
C. स्त्री की-सी असमर्थता प्रकट करना
D. खूब आमदनी करना

Q.11 "चूँ-चूँ का मुरब्बा" का अर्थ है-
A. बेमेल चीजों का योग
B. नष्ट करना
C. पीछे-पीछे निंदा करना
D. सेवा करना

Q.12 राम ने रोटी खाई में कौन सा कारक है?
A. कर्ता कारक
B. कर्म कारक
C. संबंध कारक
D. करण कारक

Q.13 "लोगों ने चोर को मारा।" में कौन सा कारक है?
A. कर्ता कारक
B. करण कारक
C. कर्म कारक
D. अपादान कारक

Q.14 संबंध कारक के लिए प्रयुक्त होने वाला चिन्ह है?
A. में
B. के लिए
C. रा
D. पर

Q.15 वह कुल्हाड़ी से वृक्ष काटता है।" में कारक बताइए।
A. कर्म कारक
B. करण कारक
C. अपादान कारक
D. कर्ता कारक

Q.16 "पेड़ से फल गिरा।" में कौन सा कारक है?
A. संबंध कारक
B. कर्म कारक
C. करण कारक
D. अपादान कारक

Q.17 संज्ञा या सर्वनाम के जिस रुप से किसी अन्य शब्द के साथ संबंध या लगाव प्रतीत हो उसे कहते हैं?
A. अपादान कारक
B. कर्म कारक
C. करण कारक
D. संबंध कारक

Q.18 "हिमालय से गंगा निकलती है।" इसमें कौन सा कारक है?
A. संबंध कारक
B. अपादान कारक
C. करण कारक
D. कर्ता कारक

Q.19 कर्म कारक के लिए प्रयुक्त होने वाला चिन्ह है?
A. ने
B. का
C. को
D. से

Q.20 "हरी ने बैल को मारा।" में कौन सा कारक है?
A. कर्म कारक
B. करण कारक
C. संबंध कारक
D. कर्ता कारक

Q.21 कारक को प्रकट करने के लिए प्रयुक्त किया जाने वाला चिन्ह क्या कहलाता है?
A. विभक्ति
B. क्रिया
C. करण
D. सम्प्रदान

Ques (22-27):निर्देश: दिए गए वाक्यांश के लिए एक शब्द बताएं।

Q.22 जो अपने स्थान गा शिति से अलग न किया जा सके
A. अच्युत
B. अनुरक्त
C. अनिरुद्ध
D. अनुगृहीत

Q.23 जिसका भाषा द्वारा वर्णन असंभव हो
A. अग्रणी
B. अतिशयोक्ति
C. अनिर्वचनीय
D. अग्रज

Q.24 जिस पुस्तक में आठ अध्याय हो

A. अल्पवृष्टि   **B.** अनावृष्टि   **C.** अतिवृष्टि   **D.** अष्टाध्यायी

Q.25 इंद्रियों की पहुँच से बाहर

A. अतीन्द्रिय   **B.** अतिक्रमण   **C.** अतीत   **D.** अथाह

Q.26 जो आज तक से सम्बन्ध रखता है

A. अधिसूचना   **B.** अद्यतन
C. अध्यादेश   **D.** अधिकृत

Q.27 वह स्त्री जिसके पति ने दूसरी शादी कर ली हो

A. अन्योढ़ा   **B.** अनभिज्ञ   **C.** अध्यूढ़ा   **D.** अमर

Ques (28-30):निर्देश: दिए गए वाक्यांश के लिए एक शब्द बताएं।

Q.28 जो बाह्य संसार के ज्ञान से अनभिज्ञ हो

A. अनिश्चित   **B.** अलोकज्ञ   **C.** अपव्ययी   **D.** अल्पभाषी

Q.29 जो बिना वेतन के कार्य करता हो

A. अप्रवासी   **B.** अनन्त   **C.** अवैतनिक   **D.** अदम्य

Q.30 वास्तविक मूल्य से अधिक लिया जाने वाला मूल्य

A. अधिमूल्य   **B.** अन्नतर   **C.** अनिकेत   **D.** अंतःकथा

Ques (31-35):निर्देश: नीचे दिए गए अनुच्छेदों के पहले और अन्तिम वाक्यों को क्रमश: 1 और 6 की संज्ञा दी गई है। इनके मध्यवर्ती वाक्यों को चार भागों में बाँटकर य, र, ल व की संज्ञा दी गई है। चारों वाक्य व्यवस्थित क्रम में नहीं हैं। इन्हे ध्यान से पढ़कर दिए गए विकल्पों मे से उचित क्रम चुनिए जिससे सही अनुच्छेद का निर्माण हो।

Q.31 1. परछाइयों से
य. कि आसपास ही कहीं
र. क्योंकि उनकी उपस्थिति का
ल. सीधा – सा अर्थ यह है
व. कभी मत डरों
6. रोशनी चमक रही है

A. व र ल य   **B.** ल य र व
C. र व ल य   **D.** इनमें से कोई नहीं

Q.32 1. जब कोई युवा पुरुष
य. स्थिति जमाता है, तब
र. पहली कठिनता उसे
ल. अपने घर से बाहर निकलकर
व. बाहरी संसार में अपनी
6. मित्र चुनने में आती है

A. ल व र य   **B.** व ल य र   **C.** व ल र य   **D.** ल व य र

Q.33 1. कदाचित आज
य. कि हम अपनी दुर्बलताओं को
र. यह सोचने की
ल. माननीय बनाने का
व. आवश्यकता आ पड़ी है
6. यल तो नहीं कर रहे है

A. य व र ल   **B.** र व य ल   **C.** र व ल य   **D.** य र व ल

Q.34 1. घोड़े ने स्वभाविक
य. और जोर से
र. मेघा से अपने
ल. चाप को पहचान लिया
व. स्वामी के पाँवों की
6. हिनहिनाया

A. र व य ल   **B.** र व ल य   **C.** व र य ल   **D.** ल य र व

Q.35 1. श्रीनगर में अनेक
य. काश्मीरी कला कृतियों का
र. दर्शनीय स्थान है
ल. एम्पोरियम और
व. परन्तु सबसे महत्वपूर्ण
6. डल झील है

A. व र ल य   **B.** य र ल व   **C.** र व य ल   **D.** ल य र व

Q.36 किस तिथि को हिन्दी को राजभाषा बनाने का निर्णय लिया गया?

A. 15 अगस्त, 1947 ई०   **B.** 26 जनवरी, 1950 ई०
C. 14 सितम्बर, 1949 ई०   **D.** 14 सितम्बर, 1950 ई०

Q.37 वर्ष 1955 ई. में गठित प्रथम राजभाषा आयोग के अध्यक्ष थे -

A. बी. जी. खेर   **B.** सुनीति कुमार चटर्जी
C. जी. बी. पन्त   **D.** पी. सुब्योरोयान

Q.38 हिन्दी की आदि जननी है:

A. संस्कृत   **B.** पालि   **C.** प्राकृत   **D.** अपभ्रंश

Q.39 विकास की दृष्टि से प्राकृत की पूर्वकालीन अवस्था का नाम है?

A. पालि   **B.** संस्कृत   **C.** हिन्दी   **D.** अवहट्ट

Q.40 अर्धमागधी अपभ्रंश से विकसित बोली है?

A. बांगरू   **B.** बघेली   **C.** ब्रजभाषा   **D.** भोजपुरी

Q.41 हिंदी की विशिष्ट बोली ब्रजभाषा सबसे अधिक प्रसिद्ध है:

A. राजभाषा रूप में   **B.** तकनीकी भाषा रूप में
C. राष्ट्रभाषा रूप में   **D.** काव्यभाषा रूप में

Q.42 रसिकप्रिया तथा कविप्रिया कितने प्रकाशों में विभक्त है?

A. 16, 16   **B.** 10, 16   **C.** 20,16   **D.** 16, 20

Q.43 'ज्ञ ' वर्ण किन वर्णों के सहयोग से बना है?

A. ज+ञ   **B.** ज्+ञ   **C.** ज+य   **D.** ज+न्य

Q.44 उपनिषदों की संख्या कितनी है?

A. 106   **B.** 108   **C.** 110   **D.** 112

Q.45 निम्नलिखित में कौन सी बोली अथवा भाषा हिन्दी के अंतर्गत नहीं आती है ?

A. कन्नौज   **B.** बाँगरू   **C.** तेलुगु   **D.** अवधी

Q.46 निम्नलिखित में विशेषण है -

A. सुलेख   **B.** पुष्पित   **C.** हव्य   **D.** पौरुष

Q.47 निम्न में अल्पप्राण वर्ण कौन-सा है ?

A. क ,ग   **B.** अ ,आ   **C.** फ ,भ   **D.** थ ,ध

Q.48 शुद्ध शब्द क्या है?

A. कवयीत्री   **B.** कवयित्री
C. कवइत्री   **D.** इनमें से कोई नहीं

Q.49 'इतिहास' शब्द का शुद्ध विशेषण है-

A. इतिहासिक   **B.** इतिहासक
C. एतिहासिक   **D.** ऐतिहासिक

Q.50 प्रेममार्गी कवियों की रचनायें:

A. खडी बोली में हैं   **B.** ब्रज भाषा में हैं
C. ठेठ अवधी में हैं   **D.** मागधी में हैं

Q.51 'प्राचीन' का विलोम है-

A. भूतकालीन   **B.** अर्वाचीन

C. पूर्वकालीन   **D.** आदिम

Q.52 'मनुष्यता' का विपरीतार्थक है-
A. निरीह   **B.** क्रूरता
C. बर्बरता   **D.** आदिमानवता

Q.53 संस्कृत से सर्वाधिक प्रभावित द्रविड़ भाषा है?
A. तमिल   **B.** तेलुगु   **C.** कन्नड़   **D.** मलयालम

Q.54 भाषा के सम्बन्ध में 'हिन्दी' शब्द का प्रयोग सर्वप्रथम किसने किया?
A. अमीर ख़ुसरो   **B.** मलूक दास
C. माखनलाल चतुर्वेदी   **D.** रामधारी सिंह दिनकर

Q.55 भारतीय संविधान में हिन्दी को कहा गया है?
A. राष्ट्रभाषा   **B.** देशभाषा   **C.** राजभाषा   **D.** देवभाषा

Q.56 राजभाषा आयोग के प्रथम अध्यक्ष थे?
A. बी.जी. खेर   **B.** फ़जल अली
C. के. एम. पणीक्कर   **D.** हृदयनाथ कुंजरू

Q.57 उर्दू किस भाषा का शब्द है?
A. तुर्की   **B.** फ़ारसी   **C.** अरबी   **D.** संस्कृत

Q.58 निम्नलिखित भारतीय भाषाओं में कौन-सी भाषा द्रविड़ भाषा की उत्पत्ति नहीं है?
A. कन्नड़   **B.** मराठी   **C.** मलयालम   **D.** तेलुगु

Q.59 'पल्लव' के रचयिता हैं-
A. सुमित्रानंदन पंत   **B.** जयशंकर प्रसाद
C. महादेवी वर्मा   **D.** सूर्यकांत त्रिपाठी निराला

Q.60 'चिंतामणि' के रचयिता हैं-
A. जयशंकर प्रसाद
B. आचार्य महावीर प्रसाद द्विवेदी
C. रामचन्द्र शुक्ल
D. हरिऔध

Q.61 निम्नलिखित में से सबसे पहले अपनी आत्मकथा हिन्दी में किसने लिखी?
A. श्यामसुन्दर दास   **B.** जवाहर लाल नेहरु
C. राजेन्द्र प्रसाद   **D.** सेठ गोविन्द दास

Q.62 आंचलिक रचनाएँ किससे संबंधित होती हैं?
A. देश विशेष से   **B.** क्षेत्र विशेष से
C. लोक विशेष से   **D.** जाति विशेष से

Q.63 निर्गुण भक्ति काव्य का प्रमुख कवि है-
A. सूरदास   **B.** कबीरदास   **C.** तुलसीदास   **D.** केशवदास

Q.64 'निराला के राम तुलसीदास के राम से भिन्न और भवभूति के राम के निकट हैं।' यह कथन किस हिन्दी आलोचक का है?
A. डॉ. रामस्वरूप चतुर्वेदी   **B.** डॉ. सूर्यप्रसाद दीक्षित
C. डॉ. रामविलास शर्मा   **D.** डॉ. गंगाप्रसाद पाण्डेय

Q.65 दिए गए विकल्पों में से 'उदय' का विलोम शब्द कौन-सा है?
[UP Police Sub Inspector, 2017]

A. अस्त   **B.** अन्त   **C.** आदि   **D.** मंद

Q.66 'भारत भारती' (काव्य) के रचनाकार हैं-
A. गोपालशरण सिंह नेपाली   **B.** मैथिलीशरण गुप्त
C. नरेश मेहता   **D.** धर्मवीर भारती

Q.67 'मनुष्य के आचरण के प्रवर्तक भाव या मनोविकार ही होते हैं, बुद्धि नहीं।' यह कथन है-
A. सरदार पूर्णसिंह   **B.** रामचन्द्र शुक्ल
C. महावीर प्रसाद द्विवेदी   **D.** बालकृष्ण भट्ट

Q.68 तितिक्षा का विलोम शब्द है:
A. सहनशीलता   **B.** क्षमा
C. सहिष्णुता   **D.** असहिष्णुता

Q.69 'गिला' कहानी के लेखक का नाम है?
A. मुंशी प्रेमचंद   **B.** यशपाल
C. अज्ञेय   **D.** निर्मल वर्मा

Q.70 'गंगावतरण' काव्य के रचयिता हैं:
A. अयोध्यासिंह उपाध्याय 'हरिऔध'
B. जगन्नाथदास रत्नाकर
C. श्रीधर पाठक
D. रामनरेश त्रिपाठी

Q.71 छायावादी कवियों ने जब आध्यात्मिक प्रेम को अपनी कविताओं में व्यक्त किया तो ऐसी कविताओं को किस वाद के अंतर्गत रखा गया है?
A. छायावाद   **B.** प्रतीकवाद   **C.** रहस्यवाद   **D.** बिम्बवाद

Q.72 गोवा की स्वीकृत राजभाषा कौन सी है?
A. कोंकणी   **B.** पुर्तग़ाली   **C.** अंग्रेज़ी   **D.** गुजराती

Q.73 'ध्रुव स्वामिनी' नाटक के रचयिता हैं:
A. राम कुमार वर्मा   **B.** रामवृक्ष बेनीपुरी
C. जयशंकर प्रसाद   **D.** भारतेन्दु हरिश्चन्द्र

Q.74 जलप्लावन भारतीय इतिहास की ऐसी प्राचीन घटना है, जिसको आधार बनाकर छायावादी युग में एक महाकाव्य लिखा गया। उसका नाम है-
A. लोकायतन   **B.** कुरुक्षेत्र   **C.** कामायनी   **D.** चिदम्बरा

Q.75 "शब्दार्थौ सहित काव्यम्" यह उक्ति किसकी है?
A. मम्मट   **B.** कुंतक   **C.** भामह   **D.** चिंतामणि

Q.76 'ढ़ाई आखर प्रेम के, पढ़ै सो पंडित होय॥' प्रस्तुत पंक्ति के रचयिता कौन है?
A. मीराबाई   **B.** जायसी   **C.** तुलसीदास   **D.** कबीरदास

Q.77 चौपाई के प्रत्येक चरण में कितनी मात्राएँ होती हैं?
A. 11   **B.** 13   **C.** 16   **D.** 15

Q.78 भक्तिकालीन कवियों में एक ऐसा ख्यातिलब्ध रचनाकार भी था, जो अपने काव्य में लोकव्यापी प्रभाव वाले कर्म और लोकव्यापिनी दशाओं के वर्णन में माहिर था। वह था-
A. जायसी   **B.** सूरदास   **C.** तुलसीदास   **D.** रविदास

Q.79 "रहिमन पानी राखिये,बिन पानी सब सून।
पानी गये न ऊबरै, मोती मानुष चून।।" में कौन-सा अलंकार है?
A. श्लेष   **B.** यमक
C. अनुप्रास   **D.** अतिशयोक्ति

Q.80 "जो घनीभूत पीड़ा थी मस्तक में स्मृति सी छाई। दुर्दिन में आंसू बनकर आज बरसने आई।" में कौन-सा अलंकार है?
A. श्लेष   **B.** यमक
C. अनुप्रास   **D.** अतिशयोक्ति

Q.81 'भ्रमरगीत' के रचयिता हैं?

A. सूरदास **B.** विद्यापति **C.** घनानन्द **D.** शिवसिंह	**A.** रूपक अलंकार **B.** उल्लेख अलंकार
	C. उपमा अलंकार **D.** यमक अलंकार

Q.82 'ईदगाह' कहानी के रचनाकार हैं?
A. प्रेमचंद
B. अज्ञेय
C. जयशंकर प्रसाद
D. जैनेन्द्र कुमार

Q.83 'समांतर कहानी' के प्रवर्तक कौन थे?
A. कमलेश्वर
B. हिमांशु जोशी
C. मोहन राकेश
D. मन्मथनाथ गुप्त

Q.84 इनमें संख्यावाचक विशेषण कौन सा है?
A. सात **B.** काला **C.** रावण **D.** खट्टा

Q.85 'तरुवर फल नहिं खात है, सरवर पियहिं न पान'। इस पंक्ति के रचयिता हैं-
A. रहीम **B.** कबीरदास **C.** बिहारी **D.** रसखान

Q.86 'तरनि-तनूजा-तट तमाल तरुवर बहु छाए'। इस पंक्ति के रचयिता हैं-
A. भारतेन्दु हरिश्चन्द्र
B. रामधारी सिंह दिनकर
C. माखनलाल चतुर्वेदी
D. रामनरेश त्रिपाठी

Q.87 भूषण की कविता का प्रधान स्वर है-
A. व्यंग्यात्मक
B. प्रशस्तिपरक
C. कारुणिक
D. श्रृंगारिक

Q.88 'अनिल' का पर्यायवाची शब्द क्या है?
A. पवन **B.** पावस **C.** चक्रवात **D.** अनल

Q.89 'कठिन काव्य का प्रेत' किस कवि के लिए कहा गया है?
A. निराला **B.** बिहारी **C.** अज्ञेय **D.** केशवदास

Q.90 'मुख रूपी चाँद पर राहु भी धोखा खा गया', इन पंक्तियों में कौन-सा अलंकार है?
A. श्लेष **B.** वक्रोक्ति **C.** रूपक **D.** उपमा

Q.91 वियोगी हरि जी का पूर्ण नाम क्या था?
A. श्री रामप्रसाद द्विवेदी
B. श्री हरिहर प्रसाद द्विवेदी
C. श्री हरि द्विवेदी
D. श्री गिरधर द्विवेदी

Q.92 निम्नलिखित वाक्य में कौन-सा विशेषण है?
वह रोज चार सेब खाता है।
A. संख्यावाचक विशेषण
B. गुणवाचक विशेषण
C. परिमाणवाचक विशेषण
D. सार्वनामिक विशेषण

Q.93 किस वाक्य में 'अच्छा' शब्द का प्रयोग विशेषण के रूप में हुआ है?
A. तुमने अच्छा किया जो आ गये।
B. यह स्थान बहुत अच्छा है।
C. अच्छा तुम घर जाओ।
D. अच्छा है वह अभी आ जाए।

Q.94 साहित्य को क्या माना गया है?
A. कठिन साधना और तपस्या
B. लेखक का महान् यज्ञ
C. कठिन तपस्या और महान् यज्ञ
D. लेखन तपस्या और कठिन साधना

Q.95 निम्न में से किन्हें 'राष्ट्रकवि' कहा जाता है?
A. रामधारी सिंह दिनकर
B. जयशंकर प्रसाद
C. नागार्जुन
D. सुमित्रानंदन पंत

Q.96 "नवल सुन्दर श्याम" में कौन-सा अलंकार है?

Q.97 'कामायनी' किस प्रकार का ग्रंथ है?
A. खण्ड काव्य
B. मुक्तक काव्य
C. महाकाव्य
D. चम्पू काव्य

Q.98 कालिदास की अन्तिम रचना 'अभिज्ञान शाकुन्तलम्' का हिन्दी अनुवाद किसने किया था?
A. सदासुख लाल
B. गोस्वामी विट्ठलनाथ
C. राजा लक्ष्मण सिंह
D. राजा शिवप्रसाद

Q.99 तुलसीदास ने अपनी रचनाओं में किसका वर्णन किया है?
A. शिव **B.** कृष्ण **C.** राम **D.** विष्णु

Q.100 ज्ञानपीठ पुरस्कार पाने वाले हिन्दी के प्रथम साहित्यकार हैं?
A. सुमित्रानन्दन पंत
B. रामधारी सिंह दिनकर
C. अज्ञेय
D. महादेवी वर्मा

Q.101 सर्वनाम कितने प्रकार के होते हैं?
A. पाँच **B.** छ: **C.** आठ **D.** आठ

Q.102 भरतमुनि ने अपभ्रंश को नाम दिया है?
A. लोकभाषा
B. जनभाषा
C. देशभाषा
D. अशुद्धभाषा

Q.103 'महोदय' में कौन-सी संधि है?
A. दीर्घ **B.** यण् **C.** गुण **D.** वृद्धि

Q.104 'कोयल मीठा गाती है'- क्रिया विशेषण का कौन सा भेद है?
A. रीतिवाचक
B. स्थानवाचक
C. कालवाचक
D. परिमाणवाचक

Q.105 'उद्धवशतक' किसकी कृति है?
A. सत्यनारायण कविरत्न
B. गयाप्रसाद शुक्ल सनेही
C. जगन्नाथदास रत्नाकर
D. नाथूराम शर्मा शंकर

Q.106 विशेषण की विशेषता बताने वाले शब्द ___ कहलाते हैं।
A. विशेष्य **B.** सुविशेषण **C.** विशेषण **D.** प्रविशेषण

Q.107 विशेषण शब्द, जिन संज्ञा या सर्वनाम शब्दों की विशेषता बताते हैं उन संज्ञा या सर्वनाम शब्दों को निम्न में से क्या कहा जाता है?
A. सर्वनाम **B.** विशेष्य **C.** विशेषण **D.** प्रविशेषण

Q.108 'बरवै रामायण' किसकी रचना है?
A. सूरदास **B.** नंददास **C.** तुलसीदास **D.** केशवदास

Q.109 निम्नलिखित में से अर्द्ध स्वर कौन-सा है?
A. य **B.** प **C.** क्ष **D.** ज्ञ

Q.110 हिन्दी की मूल उत्पत्ति किससे हुई है?
A. लौकिक संस्कृत
B. मागधी
C. वैदिक संस्कृत
D. शौरसेनी अपभ्रंश

Q.111 संज्ञा के कितने भेद हैं?
A. तीन **B.** चार **C.** पाँच **D.** आठ

Q.112 निम्नलिखित में से कौन-सी रचना खड़ी बोली की है?
A. वाल्मिकि रामायण
B. पद्मावत
C. साकेत
D. कवितावली

Q.113 'ठेले पर हिमालय' किसकी रचना है?

A. धर्मवीर भारती   B. अज्ञेय
C. निर्मल वर्मा   D. शरद जोशी

Q.114 भागीरथी का पर्यायवाची शब्द है:
A. सरिता   B. गंगा   C. यमुना   D. निझिरिणी

Q.115 निकेतन का पर्यायवाची शब्द है:
A. विहार   B. इला   C. घर   D. नग

Q.116 निम्नलिखित में से कौन-सी रचना रामधारी सिंह दिनकर की है?
A. उर्वशी   B. पल्लव   C. अंधा युग   D. नीहार

Q.117 मैथिली का विकास किस अपभ्रंश से माना जाता है?
A. शौरसेनी अपभ्रंश   B. मागधी अपभ्रंश
C. अर्धमागधी अपभ्रंश   D. महाराष्ट्रीय अपभ्रंश

Q.118 रामकथा पर आधारित काव्य कौन-सा है?
A. आत्मजयी   B. अग्निलीक   C. भूमिजा   D. रश्मिरथी

Q.119 काव्य क्षेत्र में 'प्रबन्ध शिरोमणि' की उपाधि किसे दी गई है?
A. सूर्यकांत त्रिपाठी   B. हरिवंशराय बच्चन
C. मैथिलीशरण गुप्त   D. हरिऔध

Q.120 जहाँ उपमेय में अनेक उपमानों की शंका होती है, वहाँ कौन-सा अलंकार होता है?
A. यमक   B. श्लेष   C. भ्रांतिमान   D. संदेह

Q.121 अपभ्रंश शब्द का प्रयोग सर्वप्रथम किसने किया?
A. भरतमुनि   B. पतंजलि   C. राजशेखर   D. भामह

Q.122 भारतेन्दु हरिशचंद्र के अनुसार हिन्दी नयी चाल में कब ढली?
A. 1880 ई.   B. 1857 ई.   C. 1873 ई.   D. 1860 ई.

Q.123 'तोड़ती पत्थर' कैसी कविता है?
A. व्यंग्यपरक   B. उपदेशात्मक
C. यथार्थवादी   D. आदर्शवादी

Q.124 'शोभित कर नवनीत लिए, घुटरुनि चलत रेनु तन मण्डित मुख दधि लेप किए'। इन पंक्तियों में कौन-सा रस है?
A. श्रृंगार रस   B. हास्य रस
C. करुण रस   D. वात्सल्य रस

Q.125 रीतिकाल के वह कौन-सा कवि है, जो अपनी मात्र एक कृति से हिन्दी साहित्य में अमर हो गये?
A. रहीम   B. मतिराम   C. बिहारी   D. देव

// स्मार्ट उत्तर पुस्तिका //

सही उत्तर — उन छात्रों के प्रतिशत को इंगित करता है जिन्होंने प्रश्नों का सही उत्तर दिया था।

छोड़ दिया — उन छात्रों के प्रतिशत को इंगित करता है जिन्होंने प्रश्नों को छोड़ दिया था।

प्रश्न संख्या	उत्तर	सही उत्तर / छोड़ दिया
1	A	53.58 % / 1.69 %
2	D	59.92 % / 1.99 %
3	A	62.87 % / 1.8 %
4	A	59.55 % / 1.49 %
5	A	67.63 % / 1.5 %
6	B	47.4 % / 1.87 %
7	D	69.68 % / 1.29 %
8	D	67.95 % / 1.29 %
9	C	67.42 % / 1.87 %
10	A	45.21 % / 1.79 %
11	A	52.93 % / 2.0 %
12	A	44.78 % / 1.15 %
13	C	80.02 % / 0.0 %
14	C	52.75 % / 1.35 %
15	B	65.34 % / 1.93 %
16	D	58.46 % / 1.07 %
17	D	13.69 % / 4.76 %
18	B	51.95 % / 1.77 %
19	C	77.57 % / 0.0 %
20	A	49.1 % / 1.71 %
21	A	32.1 % / 4.31 %
22	A	66.66 % / 1.97 %
23	C	65.3 % / 1.19 %
24	D	13.45 % / 3.89 %
25	A	44.95 % / 1.63 %
26	B	51.76 % / 1.98 %
27	C	63.1 % / 2.0 %
28	B	63.89 % / 1.67 %
29	C	67.42 % / 1.59 %
30	A	12.27 % / 3.24 %
31	A	63.02 % / 1.43 %
32	D	53.43 % / 1.81 %
33	A	25.89 % / 4.26 %
34	B	53.29 % / 1.96 %
35	C	68.01 % / 1.54 %
36	C	61.42 % / 1.32 %
37	A	50.72 % / 1.66 %
38	A	45.09 % / 1.37 %
39	A	66.23 % / 1.2 %
40	B	51.3 % / 1.23 %
41	D	56.4 % / 1.91 %
42	A	47.14 % / 1.39 %
43	B	82.47 % / 0.0 %
44	B	40.9 % / 1.71 %
45	C	68.51 % / 1.57 %
46	C	61.3 % / 1.9 %
47	A	58.75 % / 1.9 %
48	B	88.67 % / 0.0 %
49	D	61.42 % / 1.32 %
50	C	46.65 % / 1.37 %
51	B	64.6 % / 1.32 %
52	C	44.3 % / 1.64 %
53	B	20.62 % / 3.41 %
54	A	30.61 % / 4.97 %
55	C	46.09 % / 1.92 %
56	A	59.83 % / 1.83 %
57	A	69.51 % / 1.04 %
58	B	18.27 % / 4.08 %
59	A	62.8 % / 1.83 %
60	C	61.95 % / 1.75 %
61	C	58.15 % / 1.73 %
62	B	66.79 % / 1.68 %
63	B	54.32 % / 1.38 %
64	C	27.55 % / 3.88 %
65	A	80.69 % / 0.0 %
66	B	48.69 % / 1.25 %
67	B	66.46 % / 1.43 %
68	D	41.06 % / 1.41 %
69	A	60.25 % / 1.92 %
70	B	58.56 % / 1.15 %
71	C	14.47 % / 4.72 %
72	A	69.03 % / 1.8 %
73	C	44.41 % / 1.15 %
74	C	63.63 % / 1.6 %
75	C	41.27 % / 1.79 %
76	D	25.31 % / 3.83 %
77	C	49.28 % / 1.7 %
78	C	14.41 % / 3.15 %
79	A	42.33 % / 1.48 %
80	A	29.8 % / 3.49 %

प्रश्न संख्या	उत्तर	सही उत्तर / छोड़ दिया	प्रश्न संख्या	उत्तर	सही उत्तर / छोड़ दिया	प्रश्न संख्या	उत्तर	सही उत्तर / छोड़ दिया	प्रश्न संख्या	उत्तर	सही उत्तर / छोड़ दिया	प्रश्न संख्या	उत्तर	सही उत्तर / छोड़ दिया
81	A	56.41 % / 1.96 %	90	C	56.04 % / 1.62 %	99	C	40.87 % / 1.45 %	108	C	69.16 % / 1.37 %	117	B	67.33 % / 1.31 %
82	A	32.0 % / 4.12 %	91	C	53.97 % / 1.33 %	100	A	65.47 % / 1.03 %	109	A	60.91 % / 1.61 %	118	B	60.68 % / 1.8 %
83	A	42.58 % / 1.13 %	92	A	66.47 % / 1.8 %	101	B	61.06 % / 1.83 %	110	C	53.49 % / 1.56 %	119	C	63.49 % / 1.92 %
84	A	51.12 % / 1.45 %	93	B	40.57 % / 1.66 %	102	D	67.56 % / 1.11 %	111	C	64.66 % / 1.38 %	120	D	45.91 % / 1.11 %
85	A	69.16 % / 1.57 %	94	C	49.4 % / 1.17 %	103	C	66.77 % / 1.85 %	112	C	58.92 % / 1.51 %	121	B	56.83 % / 1.66 %
86	A	68.57 % / 1.06 %	95	A	11.88 % / 3.09 %	104	A	21.46 % / 3.62 %	113	A	28.53 % / 4.45 %	122	C	24.77 % / 4.97 %
87	B	81.42 % / 0.0 %	96	B	55.78 % / 1.89 %	105	C	61.11 % / 1.84 %	114	B	51.98 % / 1.15 %	123	C	65.91 % / 1.1 %
88	A	89.18 % / 0.0 %	97	C	41.16 % / 1.31 %	106	D	63.31 % / 1.6 %	115	C	67.84 % / 1.03 %	124	D	17.74 % / 4.34 %
89	D	17.9 % / 4.06 %	98	C	65.89 % / 1.3 %	107	B	69.34 % / 1.72 %	116	A	47.36 % / 1.9 %	125	C	63.28 % / 1.97 %

कार्य विश्लेषण	
औसत अंक (%)	61.41%
टॉपर्स स्कोर (%)	66.82%
आपका स्कोर	

//संकेत और समाधान//

1. मुहावरा – खाई से निकलकर खंदक में कूदना

अर्थ – एक परेशानी या मुसीबत से निकलकर दूसरी में जाना

वाक्य प्रयोग – मुझे ज्ञात नहीं था कि मैं खाई से निकलकर खंदक में कूदने जा रहा हूँ।

अतः विकल्प (A) सही है।

2. मुहावरा – खीरे-ककड़ी की तरह काटना

अर्थ – अंधाधुंध मारना-काटना

वाक्य प्रयोग – 1857 की लड़ाई में रानी लक्ष्मीबाई ने अंग्रेजों को खीरे-ककड़ी की तरह काट दिया था।

अतः विकल्प (D) सही है।

3. मुहावरा – गिन-गिनकर पैर रखना

अर्थ – सुस्त चलना, हद से ज्यादा सावधानी बरतना

वाक्य प्रयोग – माना कि थक गये हो, मगर गिन-गिनकर पैर क्या रख रहे हो ? शाम के पहले घर पहुँचना है या नहीं?

अतः विकल्प (A) सही है।

4. मुहावरा – गूलर का फूल होना

अर्थ – लापता होना

वाक्य प्रयोग – वह तो ऐसा गूलर का फूल हो गया है कि उसके बारे में कुछ कहना मुश्किल है।

अतः विकल्प (A) सही है।

5. मुहावरा – गज भर की छाती होना

अर्थ – अत्यधिक साहसी होना

वाक्य प्रयोग – भारतीय सैनिको की गज भर की छाती देख कर अन्य देश के सैनिकों की ताकतें फीकी पड़ जाती है।

अतः विकल्प (A) सही है।

6. मुहावरा – गर्दन फँसना

अर्थ – झंझट या परेशानी में फँसना

वाक्य प्रयोग – उससे लैपटॉप लेकर मेरी तो गर्दन फँस गई हैं।

अतः विकल्प (B) सही है।

7. मुहावरा – गाजर-मूली समझना

अर्थ – तुच्छ समझना

वाक्य प्रयोग – मोहन ने कहा कि उसे कोई गाजर-मूली न समझे, वह बहुत कुछ कर सकता है।

अतः विकल्प (D) सही है।

8. मुहावरा – गूँगे का गुड़

अर्थ – वर्णनातीत अर्थात जिसका वर्णन न किया जा सके

वाक्य प्रयोग – दादाजी कहते हैं कि ईश्वर के ध्यान में जो आनंद मिलता है, वह तो गूँगे का गुड़ है।

अतः विकल्प (D) सही है।

9. मुहावरा – घर फूँककर तमाशा देखना

अर्थ – अपना घर स्वयं उजाड़ना या अपना नुकसान खुद करना

वाक्य प्रयोग – जुए में सब कुछ बर्बाद करके राजू अब घर फूँक के तमाशा देख रहा है।

अतः विकल्प (C) सही है।

10. मुहावरा – चादर से बाहर पैर पसारना

अर्थ – आय से अधिक व्यय करना

वाक्य प्रयोग – डेढ़ सौ ही कमाते हो और इतनी खर्चीली लतें पाल रखी है। चादर के बाहर पैर पसारना कौन-सी अक्लमन्दी है?

अतः विकल्प (A) सही है।

11. मुहावरा – चूँ-चूँ का मुरब्बा

अर्थ – बेमेल चीजों का योग

वाक्य प्रयोग – यह पार्टी तो चूँ-चूँ का मुरब्बा है। न जाने इस पार्टी में कहाँ-कहाँ के लोग शामिल हैं।

अतः विकल्प (A) सही है।

12. कर्ता कारक- संज्ञा या सर्वनाम के जिस रूप से क्रिया करने वाले का बोध होता है, उसे कर्ता कारक कहते हैं।।

राम ने रोटी खाई में कर्ता कारक है।

अतः विकल्प (A) सही है।

13. जिस शब्द पर क्रिया का फल /प्रभाव जिस संज्ञा/सर्वनाम पर पड़ता है, उसे कर्म कारक कहते हैं।

"लोगों ने चोर को मारा।" में कर्म कारक है।

अतः विकल्प (C) सही है।

14. संज्ञा या सर्वनाम का वह रूप जो हमें किन्हीं दो वस्तुओं के बीच संबंध का बोध कराता है, वह संबंध कारक कहलाता है।

सम्बन्ध कारक के विभक्ति चिन्ह का, के, की, ना, ने, नो, **रा**, रे, री आदि हैं।

अतः विकल्प (C) सही है।

15. करण कारक- संज्ञा या सर्वनाम के जिस रूप की सहायता से क्रिया सम्पत्र होती हैं, उसे करण कारक कहते हैं। अथवा वाक्य मे कर्ता जिस माध्यम या साधन से क्रिया करता है, उसे करण कारक कहते है।

"वह कुल्हाड़ी से वृक्ष पड़ता है।" में करण कारक है।

अतः विकल्प (B) सही है।

16. संज्ञा या सर्वनाम के जिस रूप से अलग होने, निकलने, डरने, रक्षा करने, सीखने, लजाने अथवा दो में से तुलना करने का भाव प्रकट हो तो उसे अपादान कारक कहते है।

"पेड़ से फल गिरा।" में अपादान कारक है।

अतः विकल्प (D) सही है।

17. संज्ञा या सर्वनाम के जिस रुप से किसी अन्य शब्द के साथ संबंध या लगाव प्रतीत हो उसे संबंध कारक कहते हैं

जैसे- गंगा हिमालय से निकलती है।

अतः विकल्प (D) सही है।

18. संज्ञा या सर्वनाम के जिस रूप से अलग होने, निकलने, डरने, रक्षा करने, सीखने, लजाने अथवा दो में से तुलना करने का भाव प्रकट हो तो उसे अपादान कारक कहते है।

"हिमालय से गंगा निकलती है।" इसमें अपादान कारक है।

अतः विकल्प (B) सही है।

19. वह वस्तु या व्यक्ति जिस पर वाक्य में की गयी क्रिया का प्रभाव पड़ता है वह कर्म कहलाता है। कर्म कारक का विभक्ति चिन्ह 'को' होता है।

अतः विकल्प (C) सही है।

20. वह वस्तु या व्यक्ति जिस पर वाक्य में की गयी क्रिया का प्रभाव पड़ता है वह कर्म कहलाता है। कर्म कारक का विभक्ति चिन्ह 'को' होता है।

"हरी ने बैल को मारा।" में कर्म कारक है।

अतः विकल्प (A) सही है।

21. जो कारक ओर वचन विशेष का बोध कराये ,उसे विभक्ति कहते हे। दूसरे शब्दों में, जिसके द्वारा कारकों और संख्याओं को विभक्ति किया जाता है उसे विभक्ति कहते हैं।

विभक्ति के प्रकार-

1. प्रथमा
2. द्वितीया
3. तृतीया
4. चतुर्थी
5. पंचमी
6. षष्ठी
7. सप्तमी

अतः विकल्प (A) सही है।

22. अच्युत- जो अपने स्थान या स्थिति से अलग न किया जा सके

अनुरक्त- जिसका किसी में लगाव या प्रेम हो

अनिरुद्ध- जिसका विरोध न हुआ हो या न हो सके

अनुगृहीत- जो अनुग्रह (कृपा) से युक्त हो

अतः विकल्प (A) सही है।

23. अनिर्वचनीय- जिसका भाषा द्वारा वर्णन असंभव हो

अग्रणी- सबसे आगे रहने वाला

अतिशयोक्ति- अत्यधिक बढ़ा–चढ़ा कर कही गई बात

अग्रज- जो पहले जन्मा हो

अतः विकल्प (C) सही है।

24. अष्टाध्यायी- जिस पुस्तक में आठ अध्याय हो

अल्पवृष्टि- बहुत कम बरसात होना

अनावृष्टि- बरसात बिल्कुल न होना

अतिवृष्टि- बहुत कम बरसात होना

अतः विकल्प (D) सही है।

25. अतीन्द्रिय- इंद्रियों की पहुँच से बाहर

अतिक्रमण- सीमा का अनुचित उल्लंघन

अतीत- जो बीत गया हो

अथाह- जिसकी गहराई का पता न लग सके

अतः विकल्प (A) सही है।

26. अद्यतन- जो आज तक से सम्बन्ध रखता हो

अधिसूचना- जो आज तक से सम्बन्ध रखता है

अध्यादेश- आदेश जो निश्चित अवधि तक लागू हो

अधिकृत- जिस पर किसी ने अधिकार कर लिया हो

अतः विकल्प (B) सही है।

27. अध्यूढ़ा- वह स्त्री जिसके पति ने दूसरी शादी कर ली हो

अन्योढ़ा- दूसरे की विवाहित स्त्री

अनभिज्ञ- जिसे किसी बात का पता न हो

अमर- जो कभी मरता न हो

अतः विकल्प (C) सही है।

28. अलोकज्ञ- जो बाह्य संसार के ज्ञान से अनभिज्ञ हो

अनिश्चित- जिसके बारे में कोई निश्चय न हो

अपव्ययी- जो धन को व्यर्थ ही खर्च करता हो

अल्पभाषी- जो कम बोलता हो

अतः विकल्प (B) सही है।

29. अवैतनिक- जो बिना वेतन के कार्य करता हो

अप्रवारी- जो व्यक्ति विदेश में रहता हो

अनन्त- जिसका कभी अन्त न हो

अदम्य- जिसका दमन न किया जा सके

अतः विकल्प (C) सही है।

30. अधिमूल्य- वास्तविक मूल्य से अधिक लिया जाने वाला मूल्य

अनन्तर- जो बिना अन्तर के घटित हो

अनिकेत- जिसका कोई घर (निकेत) न हो

अंतःकथा- मूलकथा में आने वाला प्रसंग, लघु कथा

अतः विकल्प (A) सही है।

31. दिए गए विकल्पों मे से उचित क्रम 'व र ल य' है।

इस प्रकार वाक्य,

परछाइयों से कभी मत डरों क्योंकि उनकी उपस्थिति का सीधा – सा अर्थ यह है कि आसपास ही कहीं रोशनी चमक रही है।

अतः विकल्प (A) सही है।

32. दिए गए विकल्पों मे से उचित क्रम 'ल व य र' है।

इस प्रकार वाक्य,

जब कोई युवा पुरुष अपने घर से बाहर निकलकर बाहरी संसार में अपनी स्थिति जमाता है, तब पहली कठिनता उसे मित्र चुनने में आती है।

अतः विकल्प (D) सही है।

33. दिए गए विकल्पों मे से उचित क्रम 'य व र ल' है।

इस प्रकार वाक्य,

कदाचित आज कि हम अपनी दुर्बलताओं को आवश्यकता आ पड़ी है यह सोचने की माननीय बनाने का यल तो नहीं कर रहे है।

अतः विकल्प (A) सही है।

34. दिए गए विकल्पों मे से उचित क्रम 'र व ल य' है।

इस प्रकार वाक्य,

घोड़े ने स्वभाविक मेघा से अपने स्वामी के पाँवों की चाप को पहचान लिया और जोर से हिनहिनाया।

अतः विकल्प (B) सही है।

35. दिए गए विकल्पों मे से उचित क्रम 'र व य ल' है।

इस प्रकार वाक्य,

श्रीनगर में अनेक दर्शनीय स्थान है परन्तु सबसे महत्वपूर्ण काश्मीरी कला कृतियों का एम्पोरियम और डल झील है।

अतः विकल्प (C) सही है।

36. 14 सितंबर 1949 ई० को राजेन्द्र सिन्हा के 50 वें जन्मदिन पर संविधान सभा द्वारा हिंदी को भारत की आधिकारिक भाषा के रूप में चुन लिया गया। यह निर्णय 26 जनवरी 1950 को भारतीय संविधान के लागू होने के साथ ही प्रभाव में आया था।

अतः विकल्प (C) सही है।

37. भारत के राष्ट्रपति ने भारत के संविधान के अनुच्छेद 344 (1) में प्रदत्त शक्तियों का प्रयोग करते हुए 7 जून 1955 को श्री बी. जी. खेर की अध्यक्षता में निम्नांकित विषयों पर सिफारिशें करने के लिए राजभाषा आयोग का गठन किया।

अतः विकल्प (D) सही है।

38. हिन्दी की आदि जननी संस्कृत है। संस्कृत पाली, प्राकृत भाषा से होती हुई अपभ्रंश तक पहुंचती है।

अतः विकल्प (A) सही है।

39. विकास की दृष्टि से प्राकृत की पूर्वकालीन अवस्था का नाम पालि है। पालि प्राचीन उत्तर भारत के लोगों की भाषा थी जो पूर्व में बिहार से पश्चिम में हरियाणा-राजस्थान तक और उत्तर में नेपाल-उत्तर प्रदेश से दक्षिण में मध्यप्रदेश तक बोली जाती थी।

अतः विकल्प (A) सही है।

40. अर्धमागधी अपभ्रंश से विकसित बोली बघेली है। बघेली या बाघेली, हिन्दी की एक बोली है जो भारत के बघेलखण्ड क्षेत्र में बोली जाती है। यह मध्य प्रदेश के रीवा, सतना, सीधी, उमरिया, एवं शहडोल,अनूपपुर; उत्तर प्रदेश के इलाहाबाद एवं मिर्जापुर जिलों में तथा छत्तीसगढ़ के बिलासपुर एवं कोरिया जनपदों में बोली जाती है। इसे "बघेलखण्डी", "रिमही" और "रिवई" भी कहा जाता है।

अतः विकल्प (B) सही है।

41. हिंदी की विशिष्ट बोली ब्रजभाषा काव्यभाषा रूप में सबसे अधिक प्रसिद्ध है। ब्रजभाषा भक्तिकाल की समृद्ध भाषा है जो की ब्रज प्रदेश अर्थात मथुरा एवं उसके आस-पास के क्षेत्रो में बोली जाती है। कृष्ण भक्ति धारा के कवियों ने काव्य भाषा के रूप में इसका प्रयोग किया था। ब्रजभाषा ब्रज क्षेत्र से निकलकर बांग्ला ,महाराष्ट्र, राजस्थान एवं पंजाब तक पहुंच गयी थी।

अतः विकल्प (D) सही है।

42. कविप्रिया रीति काल के प्रसिद्ध कवि केशव द्वारा लिखा गया ग्रंथ है। अपने इस ग्रंथ में केशव ने 'अलंकार' शब्द को उसी व्यापक अर्थ में ग्रहण किया है, जैसे दण्डी, वामन आदि आचार्यों ने। रसिकप्रिया यह आचार्य केशवदास की प्रसिद्ध रचना है। काव्यशास्त में रसविवेचन का प्रमुख स्थान है, इस दृष्टि से केशव ने इस इस ग्रंथ में रस का विशद वर्णन किया है। रसिकप्रिया तथा कविप्रिया 16, 16 प्रकाशों में विभक्त है।

अतः विकल्प (D) सही है।

43. 'ज्ञ' हिन्दी वर्णमाला का संयुक्त व्यंजन है जो कि ज+ञके संयोग से बना है।

अतः विकल्प (B) सही है।

44. उपनिषदों की कुल संख्या 108 है। उपनिषद का शाब्दिक अर्थ समीप बैठना है। उपनिषदों को वेदांत भी कहा जाता है।

अतः विकल्प (B) सही है।

45. तेलुगु द्रविड़ परिवार की भाषा है जो आंध्रा प्रदेश एवं तेलंगाना में बोली जाती है। कन्नौज एवं अवधी पूर्वी हिन्दी की बोली है।

अतः विकल्प (C) सही है।

46. हव्य का अर्थ हवनीय है। हव्य विशेषण शब्द है। सुलेख पुलिंग है। पुष्पित का अर्थ पुष्पों से युक्त है।

अतः विकल्प (C) सही है।

47. जिन वर्णों के उच्चारण में वायु की सामान्य मात्रा रहती है और हकार जैसी ध्वनि बहुत ही कम होती है। वे अल्पप्राण कहलाते हैं। प्रत्येक वर्ग का पहला, तीसरा और पाँचवाँ वर्ण अल्पप्राण व्यंजन हैं। जैसे- क, ग, ङ; ज, ञ; ट, ड, ण; त, द, न; प, ब, म,। जिन व्यंजनों के बोलने से मुख से कम वायु निकले वो अल्पप्राण व्यंजन होते हैं। क ,ग,ङ,च ,ज,ट आदि

अतः विकल्प (A) सही है।

48. कवयित्री शुद्ध शब्द है। कवि का स्तीलिंग कवयित्री है। कवित्री भी प्रयुक्त होता है। कवियत्री या कवियित्री दोनों ही अशुद्ध वर्तनी हैं।

अतः विकल्प (B) सही है।

49. जिस शब्द से संज्ञा या सर्वनाम की विशेषता प्रगट हो उसे विशेषण कहते हैं। विशेषण ऐसा विकारी शब्द होता है, जो सर्वथा संज्ञा या सर्वनाम की विशेषता बताता है। जैसे: नीला, सुंदर, खट्टा, लोभी आदि।

'इतिहास' शब्द का शुद्ध विशेषण ऐतिहासिक है।

उदाहरण:

आगरा एक **ऐतिहासिक** नगर है जिसके प्रमाण यह अपने चारों ओर समेटे हुए है।

अतः विकल्प (D) सही है।

50. प्रेममार्गी कवियों की रचनायें ठेठ अवधी में हैं। प्रेमाश्रयी शाखा के मुस्लिम सूफी कवियों की काव्य-धारा को 'प्रेममार्गी' माना गया, क्योंकि प्रेम से ही प्रभु मिलते हैं, ऐसी उनकी मान्यता थी।

प्रेममार्गी शाखा के कवि और उनकी रचनाएँ,

- मलिक मुहम्मद जायसी : आखिरी कलाम, अखरावट,चित्ररेखा, मसलानामा, कहरनामा,पद्मावत- भाषा ठेठ अवधि
- शेख कुतबन : मृगावती
- मंझन :मधुमालती
- मुल्ला दाऊद : चंदायन (चंदावत)

अतः विकल्प (A) सही है।

51. 'प्राचीन' का विलोम अर्वाचीन है।

प्राचीन: पुराना

अर्वाचीन: आधुनिक

अन्य सभी "प्राचीन" के पर्यायवाची शब्द है।

अतः विकल्प (B) सही है।

52. मनुष्यता: मनुष्य होने की अवस्था, आदमीपन

बर्बरता: असभ्यता एवं जंगलीपन

निरीह: इच्छा एवं तृष्णा से रहित

क्रूरता: कठोर तथा बुरे काम करने की क्षमता

आदिमानवता: सभ्यता के प्रथम चरण के मानव

अतः विकल्प (C) सही है।

53. संस्कृत से सर्वाधिक प्रभावित द्रविड़ भाषा तेलुगु है। द्रविड़ भाषाएँ लगभग 73 भाषाएं हैं और मुख्य रूप से दक्षिणी भारत के लोगों और पूर्वी और मध्य भारत के कुछ हिस्सों में शामिल हैं जिनमें अफ़गानिस्तान, बांग्लादेश, पाकिस्तान, नेपाल, ईरान, पूर्वोत्तर श्रीलंका और विदेशों के कुछ अन्य हिस्से शामिल हैं।

अतः विकल्प (B) सही है।

54. हिन्दी खड़ी बोली के पहले लोकप्रिय कवि अमीर ख़ुसरो ने कई ग़ज़ल, ख़याल, कव्वाली, रुबाई, तराना की रचना की है। अमीर ख़ुसरो का जन्म सन् 1253 ई. में एटा, उत्तरप्रदेश के पटियाली नामक क़स्बे में गंगा किनारे हुआ था। अमीर ख़ुसरो मध्य एशिया की लाचन जाति के तुर्क सैफ़द्दीन के पुत्र हैं। लाचन जाति के तुर्क चंगेज़ ख़ाँ के आक्रमणों से पीड़ित होकर बलबन (1266-1286 ई.) के राज्यकाल में शरणार्थी के रूप में भारत में आ बसे थे।

अतः विकल्प (A) सही है।

55. संविधान सभा ने लम्बी चर्चा के बाद 14 सितम्बर सन् 1949 को हिन्दी को भारत की राजभाषा स्वीकारा गया। इसके बाद संविधान में अनुच्छेद 343 से 351 तक राजभाषा के सम्बन्ध में व्यवस्था की गयी।

अतः विकल्प (C) सही है।

56. भारत के राष्ट्रपति ने भारत के संविधान के अनुच्छेद 344 (1) में प्रदत्त शक्तियों का प्रयोग करते हुए 7 जून 1955 को श्री बी.जी. खेर की अध्यक्षता में निम्नांकित विषयों पर सिफारिशें करने के लिए राजभाषा आयोग का गठन किया –

(क) संघ के सरकारी कामकाज के लिए हिन्दी भाषा का क्रमशः अधिक से अधिक से प्रयोग,

(ख) संघ के सभी या कुछ सरकारी कामों के लिए अंग्रेजी भाषा के प्रयोग की मनाही,

(ग) संविधान के अनुच्छेद 348 में वर्णित सभी अथवा कुछ कार्यों के लिए किस भाषा का प्रयोग किया जाए,

(घ) संघ के किसी या किन्ही खास कार्य के लिए प्रयोग में आने वाले अंकों का रूप,

(ङ) एक समग्र अनुसूची तैयार करना जिसमें ये बताया जाए कि कब और किस प्रकार संघ की राजभाषा तथा संघ एवं राज्यों के बीच और एक राज्य और दूसरे राज्यों के बीच संचार की भाषा के रूप में अंग्रेजी का स्थान धीरे-धीरे हिन्दी ले।

अतः विकल्प (A) सही है।

57. उर्दू भाषा हिन्द आर्य भाषा है। उर्दू भाषा हिन्दुस्तानी भाषा की एक मानकीकृत रूप मानी जाती है। उर्दू में संस्कृत के तत्सम शब्द न्यून हैं और अरबी-फ़ारसी और संस्कृत से तद्भव शब्द अधिक हैं। ये मुख्यतः दक्षिण एशिया में बोली जाती है। 'उर्दू' शब्द मूलतः तुर्की भाषा का है तथा इसका अर्थ है- 'शाही शिविर' या 'खेमा' (तम्बू)।

अतः विकल्प (A) सही है।

58. मराठी भाषा पश्चिमी और मध्य भारत में बोली जाने वाली भारतीय-आर्य भाषा है। इसका क्षेत्र मुंबई के उत्तर से गोवा के पश्चिमी तट और पूर्व में दक्कन तक फैला हुआ है। भाषाई स्तर पर यह एक आर्य भाषा है जिसका विकास संस्कृत से अपभ्रंश तक का सफर पूरा होने के बाद आरंभ हुआ। मराठी भारत की प्रमुख भाषाओं में से एक है। मराठी भाषा द्रविड़ भाषा की उत्पत्ति नहीं है।

अतः विकल्प (B) सही है।

59. 'पल्लव' के रचयिता सुमित्रानंदन पंत हैं। पल्लव सुमित्रानंदन पंत का तीसरा कविता संग्रह है जो 1928 में प्रकाशित हुआ था। यह हिन्दी साहित्य में छायावादी युग के प्रारंभ का समय था और इसकी लगभग सभी कविताएँ प्रकृति के प्रति प्रेम में डूबी हुई हैं।

अतः विकल्प (A) सही है।

60. चिंतामणि सन् 1939 में प्रकाशित आचार्य रामचंद्र शुक्ल द्वारा रचित हिन्दी का निबंधात्मक (समालोचना) ग्रंथ है। इस पुस्तक के तीन भाग हैं। चिंतामणि के प्रमुख निबन्ध हैं- भाव या मनोविकार, उत्साह, श्रद्धा और भक्ति, करुणा, लज्जा और ग्लानि, घृणा, ईर्ष्या, भय, क्रोध, कविता क्या है, काव्य में लोक मंगल की साधनावस्था।

अतः विकल्प (C) सही है।

61. राजेन्द्र प्रसाद ने सबसे पहले अपनी आत्मकथा हिन्दी में लिखी। राजेन्द्र प्रसाद भारत के प्रथम राष्ट्रपति एवं महान भारतीय स्वतंत्रता सेनानी थे। वे भारतीय स्वाधीनता आंदोलन के प्रमुख नेताओं में से थे और उन्होंने भारतीय राष्ट्रीय कांग्रेस के अध्यक्ष के रूप में प्रमुख भूमिका निभाई। उन्होंने भारतीय संविधान के निर्माण में भी महत्वपूर्ण योगदान दिया था।

अतः विकल्प (C) सही है।

62. आंचलिक रचनाएँ क्षेत्र विशेष से संबंधित होती है। इसमें उस क्षेत्र के लोगों की भाषा, रहन-सहन व कार्यों का वर्णन करते हुए कहानी का ताना-बाना बुना जाता है उदाहरण के लिए फणीश्वर नाथ रेणु का मैला आँचल एक आंचलिक उपन्यास है।

अतः विकल्प (B) सही है।

63. निर्गुण भक्ति काव्य का प्रमुख कवि कबीरदास है। निर्गुण भक्ति धारा का सबसे बड़ा ग्रंथ गुरु ग्रंथ साहिब है, जिसमें 6 सिख गुरुओं और ,18 हिन्दू संतो की वाणी का संग्रह है। कबीरदास 15वीं सदी के भारतीय रहस्यवादी कवि और संत थे। वे हिन्दी साहित्य के भक्तिकालीन युग में ज्ञानाश्रयी-निर्गुण शाखा की काव्यधारा के प्रवर्तक थे।

अतः विकल्प (B) सही है।

64. 'निराला के राम तुलसीदास के राम से भिन्न और भवभूति के राम के निकट हैं।' यह कथन हिन्दी आलोचक डॉ. रामविलास शर्मा का है। डॉ. रामविलास शर्मा आधुनिक हिन्दी साहित्य के सुप्रसिद्ध आलोचक, निबंधकार, विचारक एवं कवि। व्यवसाय से अंग्रेजी के प्रोफेसर, दिल से हिन्दी के प्रकांड पंडित और महान विचारक, ऋग्वेद और मार्क्स के अध्येता, कवि, आलोचक, इतिहासवेत्ता, भाषाविद, राजनीति-विशारद ये सब विशेषण उन पर समान रूप से लागू होते हैं।

अतः विकल्प (C) सही है।

65. 'उदय' का विलोम शब्द 'अस्त' होता है। अन्य सभी विकल्प असंगत हैं।

अतः विकल्प (A) सही है।

66. 'भारत भारती' (काव्य) के रचनाकार मैथिलीशरण गुप्त हैं। राष्ट्रकवि मैथिलीशरण गुप्त हिन्दी के प्रसिद्ध कवि। हिन्दी साहित्य के इतिहास में वे खड़ी बोली के प्रथम महत्त्वपूर्ण कवि। उन्हें साहित्य जगत में 'दद्दा' नाम से सम्बोधित किया जाता था। उनकी कृति भारत-भारती (1912) भारत के स्वतन्त्रता संग्राम के समय में काफी प्रभावशाली सिद्ध हुई थी और इसी कारण महात्मा गांधी ने उन्हें 'राष्ट्रकवि' की पदवी भी दी थी।

अतः विकल्प (B) सही है।

67. 'मनुष्य के आचरण के प्रवर्तक भाव या मनोविकार ही होते हैं, बुद्धि नहीं।' यह कथन रामचन्द्र शुक्ल का है। रामचन्द्र शुक्ल हिन्दी आलोचक, निबन्धकार, साहित्येतिहासकार, कोशकार, अनुवादक, कथाकार और कवि थे। उनके द्वारा लिखी गई सर्वाधिक महत्त्वपूर्ण पुस्तक है "हिन्दी साहित्य का इतिहास", जिसके द्वारा आज भी काल निर्धारण एवं पाठ्यक्रम निर्माण में सहायता ली जाती है।

अतः विकल्प (B) सही है।

68. तितिक्षा का विलोम शब्द असहिष्णुता होगा, और अन्य सभी तितिक्षा के पर्यायवाची शब्द है।

'विलोम' शब्द का अर्थ है-उल्टा या विपरीत। अत: किसी शब्द का उल्टा अर्थ व्यक्त करने वाला शब्द विलोमार्थक शब्द कहलाता है।

अतः विकल्प (D) सही है।

69. 'गिला' कहानी के लेखक का नाम मुंशी प्रेमचंद है। मुंशी प्रेमचंद भारत के उपन्यास सम्राट मुंशी प्रेमचंद (जन्म- 31 जुलाई, 1880 - मृत्यु- 8 अक्टूबर, 1936) के युग का विस्तार सन् 1880 से 1936 तक है। यह कालखण्ड भारत के इतिहास में बहुत महत्त्व का है। इस युग में भारत का स्वतंत्रता-संग्राम नई मंज़िलों से गुज़रा।

अतः विकल्प (A) सही है।

70. 'गंगावतरण' काव्य के रचयिता जगन्नाथदास रत्नाकर हैं। जगन्नाथदास रत्नाकर भारत के प्रसिद्ध कवियों में गिने जाते थे। इन्हें प्राचीन संस्कृति, मध्यकालीन हिन्दी काव्य, उर्दू, फ़ारसी, अंग्रेज़ी, हिन्दी, आयुर्वेद, संगीत, ज्योतिष तथा दर्शनशास्त्र की अच्छी जानकारी थी। इन्होंने प्रचुर साहित्य सेवा की थी।

अतः विकल्प (B) सही है।

71. छायावादी कवियों ने जब आध्यात्मिक प्रेम को अपनी कविताओं में व्यक्त किया तो ऐसी कविताओं को रहस्यवाद के अंतर्गत रखा गया है। रहस्यवाद वह भावनात्मक अभिव्यक्ति है जिसमें कोई व्यक्ति या रचनाकार उस अलौकिक, परम, अव्यक्त सत्ता से अपना प्रेम प्रकट करता है जो सम्पूर्ण सृष्टि का आधार है।

अतः विकल्प (C) सही है।

72. गोवा की स्वीकृत राजभाषा कोंकणी है। कोंकणी गोवा, महाराष्ट्र के दक्षिणी भाग, कर्नाटक के उत्तरी भाग, केरल के कुछ क्षेत्रों में बोली जाती है। भाषायी तौर पर यह 'आर्य' भाषा परिवार से संबंधित है और मराठी से इसका काफ़ी निकट का संबंध है।

अतः विकल्प (A) सही है।

73. जयशंकर प्रसाद हिन्दी नाट्य जगत और कथा साहित्य में एक विशिष्ट स्थान रखते हैं। कथा साहित्य के क्षेत्र में भी उनकी देन महत्त्वपूर्ण है। भावना-प्रधान कहानी लिखने वालों में जयशंकर प्रसाद अनुपम थे। 'ध्रुव स्वामिनी' नाटक के रचयिता जयशंकर प्रसाद हैं।

अतः विकल्प (C) सही है।

74. जलप्लावन भारतीय इतिहास की ऐसी प्राचीन घटना है, जिसको आधार बनाकर छायावादी युग में एक महाकाव्य लिखा गया। उसका नाम कामायनी है। कामायनी हिंदी भाषा का एक महाकाव्य है। इसके रचयिता जयशंकर प्रसाद हैं। यह आधुनिक छायावादी युग का सर्वोत्तम और प्रतिनिधि हिंदी महाकाव्य है।

अतः विकल्प (C) सही है।

75. आचार्य भामह संस्कृत भाषा के सुप्रसिद्ध आचार्य थे। इन्हें अलंकार संप्रदाय का जनक कहते हैं। "शब्दार्थौ सहितौ काव्यम्" इनकी सर्वाधिक प्रसिद्ध काव्य परिभाषा है। जिसका अर्थ है - शब्द और अर्थ का समन्वय काव्य है।

अतः विकल्प (C) सही है।

76. 'ढाई आखर प्रेम के, पढ़ै सो पंडित होय॥' प्रस्तुत पंक्ति के रचयिता कबीरदास है।

अत्यंत प्रचलित इस दोहे की पूरी पंक्ति है -

पोथी पढ़ि पढ़ि जग मुआ, पंडित भया न कोय।

ढाई आखर प्रेम का, पढ़े सो पंडित होय।।

इसे दोहे का भाव है -

कबीरदास जी कहते हैं कि बड़ी बड़ी पुस्तकें पढ़ कर संसार में कितने ही लोग मृत्यु के द्वार पहुँच गए, पर सभी विद्वान न हो सके। यदि कोई प्रेम या प्यार के केवल ढाई अक्षर ही अच्छी तरह पढ़ ले, अर्थात प्यार का वास्तविक रूप पहचान ले तो वही सच्चा ज्ञानी होगा।

अतः विकल्प (D) सही है।

77. चौपाई मात्रिक सम छन्द का एक भेद है। प्राकृत तथा अपभ्रंश के १६ मात्रा के वर्णनात्मक छन्दों के आधार पर विकसित हिन्दी का सर्वप्रिय और अपना छन्द।चौपाई में चार चरण होते हैं, प्रत्येक चरण में 16-16 मात्राएँ होती हैं तथा अन्त में गुरु होता है।

अतः विकल्प (C) सही है।

78. भक्तिकालीन कवियों में एक ऐसा ख्यातिलब्ध रचनाकार भी था, जो अपने काव्य में लोकव्यापी प्रभाव वाले कर्म और लोकव्यापिनी दशाओं के वर्णन में माहिर था। वह तुलसीदास थे। तुलसीदास (1511 - 1623) हिन्दी साहित्य के महान सन्त कवि थे। रामचरितमानस इनका गौरव ग्रंथ है। इन्हें आदि काव्य रामायण के रचयिता महर्षि वाल्मीकि का अवतार भी माना जाता है।

अतः विकल्प (C) सही है।

79. जब किसी शब्द का प्रयोग एक बार ही किया जाता है लेकिन उससे अर्थ कई निकलते हैं तो वह श्लेष अलंकार कहलाता है।

रहिमन पानी राखिये,बिन पानी सब सून।

पानी गये न ऊबरै, मोती मानुष चून।।

इस दोहे में रहीम ने पानी को तीन अर्थों में प्रयोग किया है :

1. पानी का पहला अर्थ मनुष्य के संदर्भ में है जब इसका मतलब विनम्रता से है। रहीम कह रहे हैं कि मनुष्य में हमेशा विनम्रता (पानी) होना चाहिए।

2. पानी का दूसरा अर्थ आभा, तेज या चमक से है. रहीम कहते हैं कि चमक के बिना मोती का कोई मूल्य नहीं ।

3. पानी का तीसरा अर्थ जल से है जिसे आटे (चून) से जोड़कर दर्शाया गया है। रहीम का कहना है कि जिस तरह आटे का अस्तित्व पानी के बिना नम्र नहीं हो सकता और मोती का मूल्य उसकी आभा के बिना नहीं हो सकता है, उसी तरह मनुष्य को भी अपने व्यवहार में हमेशा पानी (विनम्रता) रखना चाहिए जिसके बिना उसका मूल्यहास होता है। अतः यह उदाहरण श्लेष के अंतर्गत आएगा ।

अतः विकल्प (A) सही है।

80. दी गयी पंक्तियाँ,

जो घनीभूत पीड़ा थी मस्तक में स्मृति सी छाई। दुर्दिन में आंसू बनकर आज बरसने आई।

जब किसी शब्द का प्रयोग एक बार ही किया जाता है लेकिन उससे अर्थ कई निकलते हैं तो वह श्लेष अलंकार कहलाता है। जैसा की आप देख सकते हैं यहाँ घनीभूत शब्द से दो अर्थ निकल रहे हैं। पहला अर्थ है मनुष्य के मन में कुछ समय से इकट्ठी पीड़ा जो अब आँसू के रूप में बह निकली है। दूसरा अर्थ है मेघ बनी हुई अर्थात बादल जो कुछ दिनों से पानी को इकट्ठा कर रहे थे वे अब उसे बरसा रहे हैं।

अतः विकल्प (A) सही है।

81. 'भ्रमरगीत' के रचयिता सूरदास हैं। सूरदास जी के पिता श्री रामदास गायक थे। सूरदास जी के जन्मांध होने के विषय में भी मतभेद हैं। आगरा के समीप गऊघाट पर उनकी भेंट श्री वल्लभाचार्य से हुई और वे उनके शिष्य बन गए। वल्लभाचार्य ने उनको पुष्टिमार्ग में दीक्षा देकर कृष्णलीला के (काव्य) पद गाने का आदेश दिया।

अतः विकल्प (A) सही है।

82. 'ईदगाह' कहानी के रचनाकार प्रेमचंद हैं। भारत के उपन्यास सम्राट मुंशी प्रेमचंद (जन्म- 31 जुलाई, 1880 - मृत्यु- 8 अक्टूबर, 1936) के युग का विस्तार सन् 1880 से 1936 तक है। यह कालखण्ड भारत के इतिहास में बहुत महत्त्व का है। इस युग में भारत का स्वतंत्रता-संग्राम नई मंज़िलों से गुज़रा।

अत: विकल्प (A) सही है।

83. 'समांतर कहानी' के प्रवर्तक कमलेश्वर थे। कमलेश्वर नदी लेखक कमलेश्वर बीसवीं शती के सबसे सशक्त लेखकों में से एक समझे जाते हैं। कहानी, उपन्यास, पत्रकारिता, स्तंभ लेखन, फिल्म पटकथा जैसी अनेक विधाओं में उन्होंने अपनी लेखन प्रतिभा का परिचय दिया।

अत: विकल्प (A) सही है।

84. ऐसे विशेषण शब्द जो किसी संज्ञा या सर्वनाम की संख्या का बोध कराते हैं, वे संख्यावाचक विशेषण कहलाते हैं। जैसे: दुनिया में सात अजूबे हैं। इस वाक्य में विश्व में कितने अजूबे हैं ये हमें सात शब्द से पता चल रहा है। सात शब्द हमें अजूबों की संख्या की विशेषता बता रहा है।

अत: विकल्प (A) सही है।

85. 'तरुवर फल नहिं खात है, सरवर पियहिं न पान'। इस पंक्ति के रचयिता रहीम हैं। रहीम दास कहते हैं कि पेड़ स्वयं अपने फल कभी नहीं खाता। तालाब कभी अपना पानी नहीं पीता है अर्थात उनका फल और पानी दूसरों के लिए होता है। उसी तरह सज्जन लोग भी जो कार्य करते हैं, वो स्वयं के लिए नहीं करते बल्कि दूसरों की भलाई के लिए करते हैं। सज्जन लोग दूसरों के हित के लिए ही संपत्ति का संग्रह करते हैं ताकि उससे परोपकार का कार्य कर सकें। सज्जनों का गुण पेड़ और तालाब के समान होता है जो सदैव दूसरों के लिए जीते हैं।

अत: विकल्प (A) सही है।

86. 'तरनि-तनूजा-तट तमाल तरुवर बहु छाए'। इस पंक्ति के रचयिता भारतेन्दु हरिश्चन्द्र हैं। भारतेन्दु हरिश्चन्द्र आधुनिक हिंदी साहित्य के पितामह कहे जाते हैं। वे हिन्दी में आधुनिकता के पहले रचनाकार थे। इनका मूल नाम 'हरिश्चन्द्र' था, 'भारतेन्दु' उनकी उपाधि थी। उनका कार्यकाल युग की सन्धि पर खड़ा है।

अत: विकल्प (A) सही है।

87. भूषण शिवाजी और छत्रसाल के दरबारी कवि थे। भूषण की कविता का प्रधान स्वर प्रशस्तिपरक था।

अत: विकल्प (B) सही है।

88. 'अनिल' का पर्यायवाची शब्द पवन है।

पावस: वर्षा काल, बरसात

चक्रवात: बवंडर, बगूला

अनल: अग्नि

अत: विकल्प (A) सही है।

89. हिन्दी में सर्वप्रथम केशवदास जी ने ही काव्य के विभिन्न अंगों का शास्त्रीय पद्धति से विवेचन किया। यह ठीक है कि उनके काव्य में भाव पक्ष की अपेक्षा कला पक्ष की प्रधानता है और पांडित्य प्रदर्शन के कारण उन्हें 'कठिन काव्य का प्रेत' कहकर पुकारा जाता है, किंतु उनका महत्त्व बिल्कुल समाप्त नहीं हो जाता। भाव और रस कवित्व की आत्मा है। केशव अपने रचना-चमत्कार द्वारा श्रोता और पाठकों को चमत्कृत करने के प्रयास में रहे हैं।

अत: विकल्प (D) सही है।

90. जहाँ पर उपमेय और उपमान में कोई अंतर न दिखाई दे वहाँ रूपक अलंकार होता है अथार्त जहाँ पर उपमेय और उपमान के बीच के भेद को समाप्त करके उसे एक कर दिया जाता है वहाँ पर रूपक अलंकार होता है।

'मुख रूपी चाँद पर राहु भी धोखा खा गया', इन पंक्तियों में रूपक अलंकार है।

अत: विकल्प (C) सही है।

91. वियोगी हरि का जन्म सन् 1896 में मध्य प्रदेश के छतरपुर में एक ब्राह्मण परिवार में हुआ था। इनका वास्तविक नाम हरिप्रसाद द्विवेदी था। वियोगी हरि जी में साहित्य-सृजन की प्रतिभा बाल्यकाल से ही विद्यमान थी। दस वर्ष की अल्पायु से ही इन्होंने 'सवैया' एवं 'कुण्डलिया' लिखना आरम्भ कर दिया था।

अत: विकल्प (C) सही है।

92. ऐसे विशेषण शब्द जो किसी संज्ञा या सर्वनाम की संख्या का बोध कराते हैं, वे संख्यावाचक विशेषण कहलाते हैं। ऊपर दिए गए वाक्य में चार शब्द का प्रयोग किया गया है, जो सेब की संख्या के बारे में बता रहे हैं।

अत: विकल्प (A) सही है।

93. 'यह स्थान बहुत अच्छा है।' वाक्य में 'अच्छा' शब्द का प्रयोग विशेषण के रूप में हुआ है।

जो शब्द गुण, दोष, भाव, संख्या, परिमाण आदि से संबंधित विशेषता का बोध कराते हैं, उसे विशेषण कहते हैं। जैसे- बड़ा, काला, लम्बा, दयालु, भारी, सुंदर, कायर, टेढ़ा–मेढ़ा, एक, दो, वीर पुरुष, गोरा, अच्छा, बुरा, मीठा, खट्टा, आदि।

अत: विकल्प (B) सही है।

94. साहित्य को कठिन तपस्या और महान् यज्ञ माना गया है। किसी भाषा के वाचिक और लिखित (शास्त्रसमूह) को साहित्य कह सकते हैं। दुनिया में सबसे पुराना वाचिक साहित्य हमें आदिवासी भाषाओं में मिलता है। इस दृष्टि से आदिवासी साहित्य सभी साहित्य का मूल स्रोत है। साहित्य - स+हित+य के योग से बना है।

अत: विकल्प (C) सही है।

95. हिन्दी के सुविख्यात कवि रामधारी सिंह दिनकर का जन्म 23 सितंबर, 1908 ई. में सिमरिया, मुंगेर ज़िला (बिहार) में एक सामान्य किसान 'रवि सिंह' तथा उनकी पत्नी 'मनरूप देवी' के पुत्र के रूप में हुआ था। रामधारी सिंह दिनकर एक ओजस्वी राष्ट्रभक्ति से राष्ट्रकवि के रूप में जाने जाते थे। उनकी कविताओं में छायावादी युग का प्रभाव होने के कारण श्रृंगार रस के भी प्रमाण मिलते हैं।

अत: विकल्प (A) सही है।

96. जब एक ही वस्तु का अनेक व्यक्तियों द्वारा अनेक प्रकार से वर्णन होता है, वहाँ 'उल्लेख अलंकार' होता है। "नवल सुन्दर श्याम" में उल्लेख अलंकार है।

अत: विकल्प (B) सही है।

97. कामायनी हिंदी भाषा का एक महाकाव्य है। इसके रचयिता जयशंकर प्रसाद हैं। यह आधुनिक छायावादी युग का सर्वोत्तम और प्रतिनिधि हिंदी महाकाव्य है। 'प्रसाद' जी की यह अंतिम काव्य रचना 1936 ई. में प्रकाशित हुई, परंतु इसका प्रणयन प्राय: 7-8 वर्ष पूर्व ही प्रारंभ हो गया था।

अत: विकल्प (C) सही है।

98. राजा लक्ष्मण सिंह भारतेंदु हरिश्चंद्र युग से पूर्व की हिन्दी गद्यशैली के प्रमुख विधायक थे। इन्होने हिन्दी को हिन्दी संस्कृति के अनुकूल संस्कृतनिष्ठ बनाने की चेष्टा की। इन्होने आगरा से प्रजा-हितैषी पत्र निकाला और कालिदास के अभिज्ञान शाकुन्तलम्, रघुवंश एवं मेघदूतम् का हिन्दी में अनुवाद किया।

अत: विकल्प (C) सही है।

99. हिन्दू धर्म में, राम, विष्णु के 10 अवतारों में से एक हैं। राम का जीवनकाल एवं पराक्रम, महर्षि वाल्मिकि द्वारा रचित, संस्कृत महाकाव्य रामायण के रूप में लिखा गया है। उनके ऊपर तुलसीदास ने भक्ति काव्य श्री रामचरितमानस रचा था। तुलसीदास ने अपनी रचनाओं में राम का वर्णन किया है।

अत: विकल्प (C) सही है।

100. सुमित्रानंदन पंत को अन्य पुरस्कारों के अलावा पद्म भूषण (1961) और ज्ञानपीठ पुरस्कार (1968) से सम्मानित किया गया। कला और बूढ़ा चाँद के

लिए साहित्य अकादमी पुरस्कार, लोकायतन पर 'सोवियत लैंड नेहरु पुरस्कार' एवं चिदंबरा पर इन्हें भारतीय ज्ञानपीठ पुरस्कार प्राप्त हुआ।

अतः विकल्प (A) सही है।

101. किसी संज्ञा के बारे में बोलने या बुलाने के लिए संज्ञा के स्थान पर प्रयुक्त होने वाले शब्द सर्वनाम कहलाते हैं। जैसे-हम, तुम, मैं आदि।

सर्वनाम के प्रकार,

1. पुरुषवाचक सर्वनाम
2. निश्चयवाचक सर्वनाम
3. अनिश्चयवाचक सर्वनाम
4. सम्बन्धवाचक सर्वनाम
5. प्रश्नवाचक सर्वनाम
6. निजवाचक सर्वनाम

अतः विकल्प (B) सही है।

102. भरतमुनि ने अपभ्रंश को अशुद्धभाषा नाम दिया है। भरतमुनि ने नाट्यशास्त्र नामक ग्रंथ लिखा। भरतमुनि नाट्यशास्त्र के गहन जानकार और विद्वान थे । इनके द्वारा रचित ग्रंथ 'नाट्यशास्त्र' भारतीय नाट्य और काव्यशास्त्र का आदिग्रन्थ है। इसमें सर्वप्रथम रस सिद्धांत की चर्चा तथा इसके प्रसिद्ध सूत्र - 'विभावानुभाव संचारीभाव संयोगद्रस निष्पति:" की स्थापना की गयी है।

अतः विकल्प (D) सही है।

103. महोदय में गुण संधि है।

नियमः आद् गुण: = ए ,ओ ,अर् ,अल् को अदेड्. गुण: सूत्रानुसार गुण संज्ञा होती है।

महा + उदय = महोदय

अतः विकल्प (C) सही है।

104. कोयल मीठा गाती है : रीतिवाचक क्रिया विशेषण भेद होता है।

रीतिवाचक क्रिया विशेषण: ऐसे अविकारी शब्द जो हमें क्रिया के होने के तरीके या विधि के बारे में बताते हैं, वे शब्द रीतिवाचक क्रिया विशेषण कहलाते है।

रीतिवाचक क्रिया विशेषण में धीरे-धीरे, जल्दी-जल्दी, तेज, सहसा, शीघ्र, मीठा, शायद, मानो, ऐसे, अचानक, स्वयं, यथाशक्ति, निःसंदेह आदि शब्दों का प्रयोग किया जाता है ।

उदाहरण :-

सीता मधुर गाती है।

राम तेज दौड़ता है।

मोहन धीमे बोलता है।

अतः विकल्प (A) सही है।

105. 'उद्धवशतक' जगन्नाथदास रत्नाकर की कृति है। जगन्नाथदास रत्नाकर आधुनिक युग के श्रेष्ठ ब्रजभाषा कवि थे। इनके हिंदी काव्यगुरु सरदार कवि थे। ये मथुरा के प्रसिद्ध कवि 'नवनीत' चतुर्वेदी से भी बड़े प्रभावित हुए थे। रत्नाकर जी का ब्रजभाषा पर अद्भुत अधिकार था और उनकी प्रसिद्ध ब्रजभाषा रचनाओं में सुंदर प्रयोगों एवं ठेठ शब्दावली का व्यवहार हुआ। रत्नाकर जी स्वच्छ कल्पना के कवि हैं। उसके द्वारा प्रस्तुत दृश्यावली सदैव अनुभूति सनी है और संवेदना को जाग्रत करनेवाली है।

अतः विकल्प (C) सही है।

106. जो शब्द विशेषण की भी विशेषता बताए उसे प्रविशेषण कहते हैं। उदाहरण के लिए बहुत गहरा पानी। यहाँ 'गहरा' शब्द पानी की विशेषता

बता रहा है और 'बहुत' शब्द गहरा शब्द की विशेषता बता रहा है। अतः वह प्रविशेषण शब्द है।

अतः विकल्प (D) सही है।

107. विशेषण जिस संज्ञा या सर्वनाम की विशेषता बताता है उसे विशेष्य कहते हैं। संज्ञा या सर्वनाम की विशेषता बताने वाले शब्द को विशेषण कहते हैं। विशेष्य या तो संज्ञा रूप में होता है या क्रिया रूप में। जब यह संज्ञा रूप में होता है तो इसे संज्ञा विशेषण कहते हैं।

अत: विकल्प (B) सही है।

108. अपने जीवनकाल में तुलसीदास जी ने 12 ग्रन्थ लिखे और उन्हें संस्कृत विद्वान होने के साथ ही हिन्दी भाषा के प्रसिद्ध और सर्वश्रेष्ठ कवियों में एक माना जाता है। तुलसीदासजी को महर्षि वाल्मीकि का भी अवतार माना जाता है जो मूल आदिकाव्य रामायण के रचयिता थे। 'बरवै रामायण' तुलसीदास जी की रचना है।

अतः विकल्प (C) सही है।

109. इन ध्वनियों के उच्चारण में उच्चारण अवयवों में कहीं भी पूर्ण स्पर्श नहीं होता तथा श्वासवायु अनवरोधित रहती है। हिन्दी में (य, व)अर्धस्वर हैं। ईषत्/अंत:स्थ व्यंजन अथवा अर्ध स्वर व्यंजन कहलाते है - य, र, ल, व को अंत:स्थ व्यंजन कहते हैं। यह आधे स्वर और आधे व्यंजन कहलाते हैं।

अतः विकल्प (A) सही है।

110. हिंदी की उत्पत्ति अपभ्रंश भाषाओं से है और अपभ्रंश भाषाओं की उत्पत्ति प्राकृत से है। प्राकृत अपने पहले की पुरानी बोल-चाल की संस्कृत से निकली है और परिमार्जित संस्कृत भी (जिसे हम आज कल केवल संस्कृत कहते हैं) किसी पुरानी बोल-चाल की वैदिक संस्कृत से निकली है।

अतः विकल्प (C) सही है।

111. किसी व्यक्ति, स्थान, वस्तु आदि तथा नाम के गुण, धर्म, स्वभाव का बोध कराने वाले शब्द को संज्ञा कहते हैं। जैसे- श्याम, आम, मिठास, हाथी आदि।

संज्ञा के पांच भेद होते हैं:

1. व्यक्तिवाचक संज्ञा
2. भाववाचक संज्ञा
3. जातिवाचक संज्ञा
4. द्रव्यवाचक संज्ञा
5. समूहवाचक या समुदायवाचक संज्ञा

अतः विकल्प (C) सही है।

112. साकेत राष्ट्रकवि मैथिलीशरण गुप्त की वह अमर कृति है। इस कृति में राम के भाई लक्ष्मण की पत्नी उर्मिला के विरह का जो चित्रण गुप्त जी ने किया है वह अत्यधिक मार्मिक और गहरी मानवीय संवेदनाओं और भावनाओं से ओत-प्रोत है। साकेत रचना खड़ी बोली की है।

अतः विकल्प (C) सही है।

113. धर्मवीर भारती अपना शोधकार्य पूरा करने के बाद वहीं पर विश्वविद्यालय में हिन्दी के प्राध्यापक के रूप में नियुक्ति हो गई। देखते ही देखते बहुत लोकप्रिय अध्यापक के रुप में उनकी प्रशंसा होने लगी। उसी दौरान 'नदी प्यासी थी' नामक 'एकांकी नाटक संग्रह' और 'चाँद और टूटे हुए लोग' नाम से कहानी संग्रह छपे। 'ठेले पर हिमालय' नाम से ललित रचनाओं का संग्रह छपा और शोध प्रबंध 'सिद्ध साहित्य' भी छप गया।

अतः विकल्प (A) सही है।

114. भागीरथी का पर्यायवाची शब्द सुरसरिता, सुरधुनी, गंगा है।

सरिता का पर्यायवाची शब्द नदी, तटिनी, दरिया, सलिला है।

यमुना का पर्यायवाची शब्द जमुना व सूर्यसुता है।

निर्झरिणी का पर्यायवाची शब्द शैलजा, जलमाला, नद, शैवालिनी है।

अतः विकल्प (B) सही है।

115. निकेतन का पर्यायवाची शब्द घर है।

विहार का पर्यायवाची शब्द कुटी, आश्रम, स्तर है।

इला का पर्यायवाची शब्द पृथ्वी, धरा, धरती, भू है।

नग का पर्यायवाची शब्द भूधर, महीधर, शैल है।

अतः विकल्प (C) सही है।

116. "उर्वशी" रचना रामधारी सिंह दिनकर की है। रामधारी सिंह दिनकर हिन्दी के एक प्रमुख लेखक, कवि व निबन्धकार थे। वे आधुनिक युग के श्रेष्ठ वीर रस के कवि के रूप में स्थापित हैं। 'दिनकर' स्वतन्त्रता पूर्व एक विद्रोही कवि के रूप में स्थापित हुए और स्वतन्त्रता के बाद 'राष्ट्रकवि' के नाम से जाने गये।

अतः विकल्प (A) सही है।

117. प्राचीन मैथिली के विकास का शुरूआती दौर प्राकृत और अपभ्रंश के विकास से माना जाता है। लगभग 700 ई. के आसपास इसमें रचनाएं की जाने लगी। विद्यापति मैथिली के आदिकवि तथा सर्वाधिक ज्ञाता कवि हैं। विद्यापति ने मैथिली के अतिरिक्त संस्कृत तथा अवहट्ट में भी रचनाएं लिखीं।

अतः विकल्प (B) सही है।

118. भारत भूषण अग्रवाल कृत 'अग्निलीक' एक काव्य नाटक है इस कृति में भारत भूषण अग्रवाल जी ने रामकथा की मिथकीय आयाम प्रदान करके आधुनिक युग-परिवेशनुसार चित्रित किया है इस रचना में 'राम' को सामन्तवादी प्रवृत्तियों के समर्थक और राज्य-लोभी के रूप वर्णित कर राम के चरित्र के अन्तर्विरोधों की खोज की है।

अतः विकल्प (B) सही है।

119. मैथिलीशरण गुप्त को काव्य क्षेत्र में "प्रबन्ध शिरोमणि" की उपाधि दी गई है। मैथिलीशरण गुप्त जी की प्रसिद्धी का मूलाधार 'भारत–भारती' है। भारत–भारती उन दिनों राष्ट्रीय स्वतंत्रता संग्राम का घोषणापत्र बन गई थी। साकेत और जयभारत, दोनों महाकाव्य हैं। साकेत रामकथा पर आधारित है, किन्तु इसके केन्द्र में लक्ष्मण की पत्नी उर्मिला है।

अतः विकल्प (C) सही है।

120. रूप-रंग, आदि के साद्रश्य से जहां उपमेय में उपमान का संशय बना रहे या उपमेय के लिए दिए गए उपमानों में संशय (शंका) रहे, वहाँ सन्देह अलंकार होता है। यह अलंकार उभयालंकार का भी एक अंग है।

उदाहरण:

सारी बीच नारी है कि नारी बीच सारी है।

सारी ही की नारी है कि नारी ही की सारी है।

स्पष्टीकरण: साड़ी के बीच नारी है या नारी के बीच साड़ी इसका निश्चय नहीं हो पाने के कारण सन्देह अलंकार है।

अतः विकल्प (D) सही है।

121. पतंजलि ने अपभ्रंश शब्द का प्रयोग सर्वप्रथम किया। महाभाष्यकार पतंजलि ने जिस प्रकार 'अपभ्रंश' शब्द का प्रयोग किया है उससे पता चलता है कि संस्कृत या साधु शब्द के लोकप्रचलित विविध रूप अपभ्रंश या अगशब्द कहलाते थे।

अतः विकल्प (B) सही है।

122. भारतेन्दु हरिशचंद्र ने अपनी पुस्तक 'कालचक्र' में लिखा कि हिंदी नई चाल में सन 1873 में ढली। यह सरल-सुबोध खड़ीबोली हिंदी थी जिस पर न संस्कृत की छाया थी न उर्दू की न बाँग्ला की। आधुनिक हिंदी का विकास भारतेन्दु युग की इसी गद्य शैली की नींव पर हुआ है।

अतः विकल्प (C) सही है।

123. 'तोड़ती पत्थर' कविता सुप्रसिद्ध कवि सूर्यकान्त त्रिपाठी 'निराला' द्वारा रचित है। मजदूर वर्ग की दयनीय दशा को उभारने वाली एक मार्मिक कविता है। इस कविता में कवि 'निराला' जी ने एक पत्थर तोड़ने वाली मजदूरी के माध्यम से शोषित समाज के जीवन की विषमता का वर्णन किया है। 'तोड़ती पत्थर' यथार्थवादी कविता है।

अतः विकल्प (C) सही है।

124. 'शोभित कर नवनीत लिए, घुटरुनि चलत रेनु तन मण्डित मुख दधि लेप किए'। इन पंक्तियों में वात्सल्य रस है। इसका स्थायी भाव वात्सल्यता (अनुराग) होता है माता का पुत्र के प्रति प्रेम, बड़ों का बच्चों के प्रति प्रेम, गुरुओं का शिष्य के प्रति प्रेम, बड़े भाई का छोटे भाई के प्रति प्रेम आदि का भाव स्नेह कहलाता है यही स्नेह का भाव परिपुष्ट होकर वात्सल्य रस कहलाता है।

अतः विकल्प (D) सही है।

125. रीतिकाल के वह कवि बिहारी जी है, जो अपनी मात्र एक कृति से हिन्दी साहित्य में अमर हो गये। बिहारी हिन्दी साहित्य के रीतिकाल के कवियों में बिहारी लाल का नाम महत्त्वपूर्ण है। महाकवि बिहारीलाल का जन्म 1595 के लगभग ग्वालियर में हुआ। वे जाति के माथुर चौबे थे। उनके पिता का नाम केशवराय था।

अतः विकल्प (C) सही है।

Q.1 'श्री गणेश' शब्द का विलोम है:

A. इति   B. इतिश्री   C. अथ   D. इत्यालम्

Q.2 'कृतज्ञ' का विलोम है:

A. अकृतज्ञ   B. संवेदनहीन   C. कृतघ्न   D. जड़

Q.3 'ऋजु' शब्द का विलोम है:

A. वक्र   B. तक्र   C. सीधा   D. विरल

Q.4 निम्नलिखित विलोम युग्मों में एक शब्द युग्म शुद्ध नहीं है:

A. आयात-निर्यात   B. पाप-पुण्य

C. बद्ध-मुक्त   D. नूतन-सनातन

Q.5 निम्नलिखित में से गलत विलोम शब्द युग्म कौन है?

A. प्रवेश - नवेश   B. मूक-वाचाल

C. भूत - भविष्य   D. पुरस्कार - तिरस्कार

Q.6 'आहूत' का विलोम शब्द है:

A. हूत   B. अनहूत   C. अपहूत   D. अनाहूत

Q.7 'मार' शब्द पर्यायवाची है -

A. 'जादू' का   B. 'स्वर्ण' का   C. 'अधम' का   D. 'अनंग' का

Q.8 'षट्पद' का पर्यायवाची शब्द है-

A. तितली   B. भ्रमर   C. मकड़ी   D. केकड़ा

Q.9 इनमें एक शब्द 'वात' का पर्यायवाची शब्द नहीं है:

A. प्रकम्पन   B. मारुति   C. हुताशन   D. अनिल

Q.10 'पुत्र' को यह नहीं कहते हैं:

A. आत्मज   B. अपर्णा   C. तनुज   D. तनय

Q.11 'तालाब' के लिए पर्यायवाची है:

A. सरसी   B. तूणीर   C. दिवस   D. त्रिदश

Q.12 'रात्रि' के लिए पर्यायवाची शब्द नहीं है:

A. यामिनी   B. रजनी   C. शर्वरी   D. सागर

Q.13 "यशोदा" का सन्धि विच्छेद है:

A. यशो + दा   B. यश + दा   C. यश: + दा   D. य + शोदा

Q.14 "प्रतिच्छवि:" शब्द की सन्धि विच्छेद है:

A. प्रति + च्छवि   B. प्रति + छवि

C. प्र + छवि   D. प्राति + चवि

Q.15 यदि 'ई', 'इ', 'उ', 'ऊ' और 'ऋ' के बाद कोई भिन्न स्वर आये तो इनका परिवर्तन क्रमशः 'य', 'व' और 'र' में हो तो उसमें कौन-सी संधि होगी:

A. गुण स्वर संधि   B. यण स्वर संधि

C. वृद्धि स्वर संधि   D. अयादि स्वर संधि

Q.16 मनोविज्ञान में कौन सी संधि है:

A. व्यंजन संधि   B. विसर्ग संधि

C. यण संधि   D. दीर्घ संधि

Q.17 'तेजोमय' का सही सन्धि-विच्छेद है:

A. तेज + ओमय   B. तेज: + अमय

C. तेज: + मय   D. तेजो + मय

Q.18 नवोढा का संधि विच्छेद है:

A. नव + उढा   B. नवो + ढा

C. नव + ऊढ़ा   D. न + ओढ़ा

Q.19 'उड़ती चिड़ियाँ के पंख गिनना' मुहावरे का सही अर्थ होगा:

A. अनुभवी होना   B. वाक्चतुर होना

C. प्रतिभाशाली होना   D. विजय प्राप्त होना

Q.20 'नियम विरुद्ध कार्य करना' अर्थ के अनुकूल सही मुहावरा है:

A. सूरज को दिया दिखाना   B. उल्टी गंगा बहाना

C. दाई से पेट छिपाना   D. नौ दा ग्यारह हो जाना

Q.21 'ढाक के तीन पात' का अर्थ है:

A. एक समान स्थिती रहना   B. साफ इंकार कर देना

C. बेकार घूमना   D. परवाह न करना

Q.22 'पढ़े फारसी बेचे तेल, यह देखो कुदरत का खेल' का अर्थ है:

A. शिक्षित होकर बेकार रहना

B. योग्यता होते हुए भी विवशता के कारण निम्न स्तर का कार्य करना

C. विद्या का अपमान करना

D. फ़ारसी पढ़े लोगों को प्रायः तेल बेचना पड़ता है

Q.23 'घड़ों पानी पड़ना' मुहावरे का अर्थ होगा:

A. नहाना   B. काँपना

C. लज्जित होना   D. सर्दी लगाना

Q.24 'कागजी घोड़े दौड़ाना' मुहावरे का अर्थ होगा:

A. नकली घोड़े दौड़ाना

B. बहुत परिश्रम करना

C. व्यर्थ की लिखा-पढ़ी करना

D. जाँच-पड़ताल करना

Q.25 'घड़ी में तोला घड़ी में माशा' का अर्थ है:

A. बहुत ही नाजुक मिजाज

B. डण्डी मारने में कुशल व्यापारी

C. ऐसा व्यापार जिसमें एक पल मुनाफा हो तो दूसरे पल नुकसान

D. जरा सी बात पर खुश और नाराज होना

Q.26 'तन पर नहीं लत्ता, पान खाये अलबत्ता' का सही अर्थ होगा-

A. झूठा दिखावा करना

B. बुरी आदत का शिकार होना

C. बहुत गरीब होना

D. रोब डालना

Q.27 प्रिय पति वह मेरा प्राण प्यारा कहाँ है?

दुःख जल निधि डूबी का सहारा कहाँ है ?

इन पंक्तियों में कौन-सा स्थायी भाव है ?

A. विस्मय   B. रति   C. शोक   D. क्रोध

Q.28 उस कल मारे कोध के,

तन काँपने उसका लगा।

मानो हवा के जोर से,

सोता हुआ सागर जगा।

प्रस्तुत पंक्तियों में कौन-सा रस है ?

A. वीर रस   B. रौद्र रस   C. अद्भुत रस   D. करुण रस

Q.29 मन की उत्पत्त वेदना, मन ही मन में बहती थी।
चुप रहकर अन्तर्मन में, मौन व्यथा कहती थी।
दुर्गम पथ पर चलने का वो
संबल छूट गया था।
अविचल, अविकल वह प्राणी,
भीतर से टूट गया था।
उपर्युक्त काव्य-पंक्तियों में कौन-सा रस अभिव्यंजित हो रहा है?

A. शांत रस   B. वियोग श्रृंगार रस
C. करुण रस   D. वातसल्य रस

Q.30 भरतमुनि के अनुसार रसों की संख्या है:

A. आठ   B. नौ   C. ग्यारह   D. दस

Q.31 निम्नलिखित पंक्तियों में कौन-सा रस है?
'एक ओर अजगरहि लखि, एक ओर मृगराय।
विकल बटोही बीच ही, परयों मूरछा खाय।।'

A. भयानक   B. करुण   C. शांत   D. भक्ति

Q.32 'रौद्र' रस का स्थायी भाव क्या है?

A. उत्साह   B. विस्मय   C. क्रोध   D. भय

Q.33 शुद्ध वर्तनी वाला शब्द है:

A. धोबिन   B. धोबिनी   C. धोबनी   D. धोबीन

Q.34 शुद्ध वर्तनी वाला शब्द है:

A. विरिहणी   B. विरहणी   C. विरहिणी   D. विरिहणी

Q.35 नीचे दिये शब्दों में से किसकी वर्तनी शुद्ध है ?

A. पूज्यानीया   B. द्वारका   C. अन्तर्ध्यान   D. अहिल्यिया

Q.36 नीचे दिये शब्दों में से किसकी वर्तनी शुद्ध है ?

A. संन्यासी   B. आकाल   C. अनुग्रहीत   D. आजीवका

Q.37 इनमें से एक शब्द की वर्तनी अशुद्ध है:

A. अधीन   B. भागीरथी   C. जागृत   D. अनुगृहीत

Q.38 निम्नलिखित में शुद्ध वर्तनी वाला शब्द है:

A. सदृश्य   B. सदृश   C. सदृष्य   D. सद्रश

Q.39 इनमें से शुद्ध वर्तनी वाला शब्द कौन-सा है:

A. आर्शीवाद   B. आशीर्वाद   C. असीवार्द   D. असीरवाद

Q.40 निम्न में शुद्ध रूप कौन सा है:

A. प्रदर्शिनी   B. प्रदर्शनी   C. प्रर्दशिनी   D. प्रर्दिशनी

Q.41 'पंचवटी' शब्द में समास होगा:

A. बहुव्रीहि   B. कर्मधारय   C. द्वन्द्व   D. द्विगु

Q.42 निम्नलिखित शब्दों में से कौन-सा शब्द बहुव्रीहि समास का उदाहरण है?

A. शूलपाणि   B. यथाक्रम   C. हँसमुख   D. हथकड़ी

Q.43 'यथाशक्ति' में कौन सा समास है?

A. बहुव्रीहि समास   B. अव्ययीभाव समास
C. करण तत्पुरुष समास   D. द्वन्द्व समास

Q.44 जिन समस्त पदों में पहला शब्द संख्यावाची हो और उससे समुदाय का बोध होता हो तो उसे कहते हैं:

A. द्विगु समास   B. द्वन्द्व समास

C. कर्मधारय समास   D. अव्ययीभाव समास

Q.45 'जय-पराजय' में कौन-सा समास है:

A. द्वन्द्व समास   B. कर्मधारय समास
C. द्विगु समास   D. तत्पुरुष समास

Q.46 अति मलीन वृषभानुकुमारी।
अधोमुख रहति , उरध नहिं चितवत,
ज्यों गथ हारे थकित जुआरी।
छूटे चिहुर बदन कुम्हिलानो,
ज्यों नलिनी हिमकर की मारी।
प्रस्तुत पंक्तियों में कौन-सा अलंकार है?

A. अनुप्रास   B. उत्प्रेक्षा   C. रूपक   D. उपमा

Q.47 'संदेसनि मधुबन-कूप भरे' में कौन-सा अलंकार है?

A. रूपक   B. वक्रोति
C. अन्योक्ति   D. अतिशयोक्ति

Q.48 'कुन्द इन्दु सम देह, उमा रमन करुणा अयन' में कौन-सा अलंकार है?

A. श्लेष   B. उपमा   C. अनुप्रास   D. रूपक

Q.49 पूत कपूत तो क्यों धन संचय।
पूत सपूत तो क्यों धन संचय।।
प्रस्तुत पंतियों में कौन-सा अलंकार है?

A. छेकानुप्रास   B. लाटानुप्रास
C. वृत्यनुप्रास   D. अन्त्यानुप्रास

Q.50 जहाँ बिना कारण के कार्य का होना पाया जाए वहाँ कौन सा अलंकार होता है?

A. विरोधाभास   B. विशेषोक्ति
C. विभावना   D. भ्रांतिमान

Q.51 'समादर' व ' संरक्षण' में उपसर्ग है:

A. सम्   B. प्रति   C. वि   D. उ

Q.52 प्रत्युपकार, प्रतिदिन व प्रत्युपदेश में कौन उपसर्ग निहित है?

A. वि   B. प्रति   C. नि   D. उ

Q.53 खंडहर, लुटेरा शब्द में कौन-सा प्रत्यय है?

A. हर, ऐरा   B. ईला, तर
C. वत, तर   D. इनमें से कोई नहीं

Q.54 धातु में प्रत्यय जोड़ने से बने शब्द कहलाते हैं:

A. विशेषण   B. कृदन्त   C. क्रिया   D. तद्धितांत

Q.55 निम्नलिखित शब्दों में से कौन सा नामधातु क्रिया है?

A. पढ़ना   B. बतियाना   C. खेलना   D. सोना

Q.56 क्रिया के जिस रुप से यह जाना जाए कि क्रिया भूतकाल में हो रही थी लेकिन उसकी समाप्ति का पता न चले उसे ___ कहते हैं।

A. अपूर्णभूत   B. पूर्णभूत   C. संदिग्धभूत   D. आसन्नभूत

Q.57 हैतुहेतुमद्भूत का उदाहरण है;

A. तुम आते तो मेरा काम बन जाता
B. लड़के थक गए थे
C. श्याम ने खाना खाया
D. घोड़े के चार पैर और दो कान होते हैं

Q.58 'धीरे चलो' - में अव्यय का कौन-सा प्रकार है?

A. क्रियाविशेषण   B. सम्बन्धबोधक

C. समुच्चयबोधक   D. विस्मयादिबोधक

Q.59 छन्द पढ़ते समय आने वाले विराम को कहते हैं:
A. गति   B. यति   C. तुक   D. गण

Q.60 दोहा और सोरठा किस प्रकार के छन्द है?
A. समवर्णिक   B. सममात्रिक
C. अर्द्धसममात्रिक   D. विषम मात्रिक

Q.61 चौपाई के प्रत्येक चरण में मात्राएँ होती हैं:
A. 11   B. 13   C. 15   D. 16

Q.62 गणों की सही संख्या है:
A. छः   B. आठ   C. दस   D. बारह

Q.63 निम्नलिखित विकल्पों में से किस विकल्प में सभी शब्द समूहवाचक संज्ञाएँ हैं?
A. सेना, कक्षा, सभा
B. अध्यापक, मिठाई, समाचार
C. पशु, मानव, अच्छा
D. चोरी, गुरुता, साधु

Q.64 लिंग की दृष्टि से मोटा किस प्रकार का शब्द है:
A. पुल्लिंग   B. स्त्रीलिंग
C. नपुंसकलिंग   D. इनमें से कोई नहीं

Q.65 "भगवान्" का स्त्रीलिंग शब्द होगा:
A. देवी   B. भगवती   C. भाग्यवान   D. लक्ष्मी

Q.66 निम्न में से कौन सा शब्द स्त्रीलिंग है?
A. सिन्धु   B. मक्खन   C. सोमवार   D. अरावली

Q.67 "सनसनाहट" लिंग की दृष्टि से किस प्रकार का शब्द है?
A. पुल्लिंग   B. स्त्रीलिंग
C. नपुंसकलिंग   D. इनमें से कोई नहीं

Q.68 'राहु' लिंग की दृष्टि से किस प्रकार का शब्द है?
A. पुल्लिंग   B. स्त्रीलिंग
C. नपुंसकलिंग   D. इनमें से कोई नहीं

Q.69 "प्रियतम" शब्द का स्त्रीलिंग होगा:
A. प्रियतमा   B. प्रियतमी
C. प्रियतमे   D. इनमें से कोई नहीं

Q.70 निम्न में से कौन सा शब्द सदैव बहुवचन में प्रयुक्त होता है?
A. जनता   B. सामान   C. सोना   D. होश

Q.71 'खूँटी' शब्द का बहुवचन बताइए:
A. खूँटियाँ   B. खूँटियों   C. खूँटिया   D. खूँटियौं

Q.72 "वधू" का बहुवचन क्या होगा:
A. वधूएँ   B. वधुओं   C. वधुएँ   D. वधुए

Q.73 "पाठक" शब्द का बहुवचन होगा:
A. पाठकों   B. पाठकगण   C. पाठकगणों   D. पाठकें

Q.74 "रात" शब्द का बहुवचन होगा:
A. रात्रि   B. रातों   C. रातें   D. रातैं

Q.75 निम्नलिखित शब्दों में बहुवचन शब्द नहीं है :
A. पैसे   B. छाता   C. गायें   D. पुस्तकें

Q.76 'चूहा बिल से बाहर निकला'- में कौन सा कारक है?

A. सम्प्रदान कारक   B. अपादान कारक
C. करण कारक   D. सम्बन्ध कारक

Q.77 'ठीक समय पर आ जाना' में कौन-सा कारक है?
A. कर्म   B. करण   C. सम्प्रदान   D. अधिकरण

Q.78 "बच्चे बस से पाठशाला जाते हैं।" इस वाक्य में कौन-सा कारक है?
A. अपादान   B. सम्प्रदान   C. कर्म   D. करण

Q.79 'राम की गाय चरती है' वाक्य में कौन-सा कारक है?
A. कर्ता   B. कर्म   C. सम्बन्ध   D. अधिकरण

Q.80 राजा <u>सेवक को</u> कम्बल देता है, वाक्य में रेखांकित पद मे कौन-सा कारक है?
A. कर्म कारक   B. सम्बन्ध कारक
C. सम्प्रदान कारक   D. कर्ता कारक

Q.81 'कर्म कारक' का चिह्न है:
A. ने   B. से, द्वारा
C. को   D. को, के लिये, हेतु

Q.82 'जिसका इलाज न हो सके' इसके लिए उपयुक्त शब्द है:
A. असाध्य   B. दुःसाध्य   C. साधनहीन   D. श्रमसाध्य

Q.83 'जिस पुरुष की पत्नी साथ नहीं है' वाक्यांश के लिए एक शब्द है:
A. अपत्नीक   B. वियोगी   C. विधुर   D. विपत्नीक

Q.84 'जिस पेड़ के पत्ते झड़ गये हों'-के लिए एक शब्द है:
A. प्रपर्ण   B. अपर्ण   C. पत्रहीन   D. अपत

Q.85 'अपना उद्देश्य पूर्ण होने पर संतुष्ट' ऐसे व्यक्ति के लिए एक शब्द है:
A. चिरप्रसन्न   B. कृतज्ञ   C. आभारी   D. कृतार्थ

Q.86 'जो नभ में चलता है' के लिए शब्द है:
A. खेचर   B. खच्चर   C. नभोत्पन्न   D. नभचाली

Q.87 "वह सूचना जो सरकार की ओर से जारी हो" वाक्य के लिए एक शब्द होगा:
A. अधिनियम   B. अध्यादेश
C. अधिसूचना   D. अद्यतन

Q.88 "जिसका मन कहीं अन्यत्र लगा हो" वाक्य के लिए एक शब्द है:
A. अकिंचन   B. अन्यमनस्क
C. अलंघनीय   D. अनिश्चित

Q.89 "जो बाह्य संसार के ज्ञान से अनभिज्ञ हो" वाक्य के लिए एक शब्द है:
A. अलौकिक   B. अलोकज्ञ   C. अभेद्य   D. अनादि

Q.90 "जिसको त्यागा न जा सके" वाक्य के लिए एक शब्द है:
A. अकाट्य   B. अनुरक्त   C. अगाध   D. अत्याज्य

Q.91 "जिसका वर्णन न हो सके" वाक्य के लिए एक शब्द है:
A. अखंडनीय   B. अवर्णनीय   C. अज्ञेय   D. अनुपम

Q.92 "वाह कितना सुन्दर ताजमहल है।" इस वाक्य में किस चिन्ह का प्रयोग उचित होगा?
A. अल्पविराम   B. विस्मयादिबोधक
C. प्रश्न चिन्ह   D. कोष्ठक चिन्ह

Q.93 पूर्ण विराम चिह्न का प्रयोग किया जाता है:
A. वाक्य के अन्त में   B. वाक्य के आरम्भ में
C. वाक्य के बीच में   D. कहीं भी नहीं

Q.94 एक ही वाक्य में जब एक से अधिक उपवाक्य, शब्द तथा वाक्यांश समान रुप से प्रयुक्त होते हैं तब किस विराम चिन्ह का प्रयोग किया जाता है?
A. अल्पविराम
B. पूर्णविराम
C. निर्देशक चिन्ह
D. अर्द्ध विराम

Q.95 पुनरुक्ति शब्दों के बीच में कौन सा चिन्ह प्रयोग किया जाता है?
A. -
B. :
C. _
D. !

Q.96 विस्मरण चिन्ह का प्रयोग किया जाता है:
A. वाक्य के अन्त में
B. किसी शब्द को लिखने से भूल जाने पर
C. ऊपर लिखे वाक्य के किसी अंश को दोबारा लिखने से बचने के लिए
D. इनमें से कोई नहीं

Q.97 इनमें से तुल्यता सूचक का चिन्ह कौन सा है?
A. #
B. =
C. -
D. :-

Q.98 "स्वप्रवासवदत्ता" के रचयिता कौन हैं?
A. चाणक्य
B. शूद्रक
C. भास
D. भरतमुनि

Q.99 निम्न में से कौन सी रचना भर्तृहरि द्वारा की गई है?
A. मालती माधव
B. अष्टाध्यायी
C. नीतिशतक
D. भट्टिकाव्य

Q.100 सूक्तिरत्नाकर के रचयिता कौन है?
A. हरीदीक्षित
B. शेषनारायण
C. पुरुषोत्तम देव
D. रामचन्द्र

Q.101 निम्न में से रचना और रचनाकार का कौन सा युग्म सही सुमेलित है?
A. विठ्ठल - प्रसादम्
B. कल्हण - वार्तिक
C. दंडी - शब्द रत्न
D. पतंजलि - दशकुमारचरितम्

Q.102 निम्न में से कौन सा युग्म गलत सुमेलित हैं?
A. भर्तृहरि - वैराग्य शतक
B. भवभूति - महावीरचरितम्
C. हर्षवर्धन - प्रियदर्शिका
D. विशाखदत्त - कपूरमंजरी

Q.103 निम्न में से रचना-रचनाकार का कौन सा युग्म सही सुमेलित है?
A. माघ - शिशुपालवध
B. विशाखदत्त - काव्यमीमांसा
C. अश्वघोष - गीत गोविन्द
D. जयदेव - बुद्धचरित

Q.104 कुमारपालचरितम के रचनाकार कौन हैं?
A. हेमचन्द्र
B. जयदेव
C. श्रीहर्ष
D. इनमें से कोई नहीं

Q.105 निम्नलिखित वाक्यों में से कौन-सा सही है?
A. मेरे को दिल्ली जाने का है
B. मुझे दिल्ली जाना है
C. मेरे को दिल्ली जाना है
D. मन्ने दिल्ली जाना है

Q.106 निम्न में से शुद्ध वाक्य हैं:
A. बन्दूक एक उपयोगी शस्त्र है।
B. श्री कृष्ण के अनेक नाम है।
C. यह मेरा पुस्तक है।
D. बाघ और बकरी एक घाट पर पानी पीती है।

Q.107 वाक्य के अशुद्ध भाग का चयन कीजिए :

यह जरूरी नहीं है कि गरीब घर में पैदा होने वाला बालक आजन्म पर्यन्त गरीब ही रहे।
A. यह जरूरी नहीं है कि
B. गरीब घर में पैदा होने वाला बालक
C. आजन्म पर्यन्त गरीब ही रहे।
D. कोई त्रुटि नहीं

Q.108 वाक्य के अशुद्ध भाग का चयन कीजिए :
क्षमा कीजिए मैं कल नहीं आ पाऊंगा क्योंकि मैंने पटना जाना है।
A. क्षमा कीजिए
B. मैं कल नहीं आ पाऊंगा
C. क्योंकि मैंने पटना जाना है।
D. कोई त्रुटि नहीं

Q.109 वाक्य के अशुद्ध भाग का चयन कीजिए :
कृपया आप ही यह बताने की कृपा करें कि दिल्ली कब चलना है।
A. कृपया आप ही
B. यह बताने की कृपा करें
C. कि दिल्ली कब
D. चलना है।

Q.110 वाक्य के अशुद्ध भाग का चयन कीजिए :
संसार के प्रत्येक कोने-कोने में अनगिनत भाषाएँ बोली जाती हैं।
A. संसार के
B. प्रत्येक कोने-कोने
C. में अनगिनत भाषाएँ
D. बोली जाती है।

Q.111 प्रेमचन्द के अधूरे उपन्यास का नाम है:
A. गबन
B. रंगभूमि
C. मंगलसूत्र
D. सेवासदन

Q.112 'रसिक प्रिया' के रचयिता हैं:
A. मलूकदास
B. बिहारीलाल
C. दादूदयाल
D. केशवदास

Q.113 अमिय हलाहल, मदभरे, सेत स्याम, रतनार।
जियत, मरत, झुकि-झुकि परत जेहि चितवत इक बार।।
प्रस्तुत पंक्ति के रचयिता हैं:
A. आलम
B. रसलीन
C. बिहारी
D. मतिराम

Q.114 द्विवेदी युग के प्रवर्तक कौन थे?
A. रामचन्द्र शुक्ल
B. हजारीप्रसाद द्विवेदी
C. महावीर प्रसाद द्विवेदी
D. भारतेन्दु हरिश्चन्द्र

Q.115 "एक मनई के दुई बेटवे रहिन" यह अवतरण हिन्दी की किस बोली में है?
A. भोजपुरी
B. अवधी
C. कन्नौजी
D. बघेली

Q.116 हिन्दी साहित्य के इतिहास के रचयिता कौन है?
A. चन्दबरदाई
B. रामचन्द्र शुक्ल
C. भारतेन्दु हरिश्चन्द्र
D. मैथिलीशरण गुप्त

Q.117 'पूस की रात' कहानी के लेखक कौन है?
A. प्रेमचन्द
B. जयशंकर प्रसाद
C. महादेवी वर्मा
D. चन्द्रधर शर्मा 'गुलेरी'

Q.118 एकांकी विधा के प्रमुख तत्व हैं:
A. कथावस्तु
B. संवाद या कथोपकथन
C. अभिनेयता
D. उपरोक्त सभी

Q.119 उपेन्द्रनाथ 'अश्क' द्वारा रचित एकांकी है:
A. लक्ष्मी का स्वागत
B. चिलमन
C. अन्धी गली
D. उपरोक्त सभी

Q.120 निम्न में से किन्हें उपन्यास सम्राट के रुप में जाना जाता है?

A. जयशंकर

B. गोपालराम गहमरी

C. किशोरीलाल गोस्वामी

D. मुंशी प्रेमचन्द

Q.121 भारतेन्दुयुगीन सुप्रसिद्ध निबन्धकार हैं:

A. बालकृष्ण भट्ट

B. श्यामसुन्दर दास

C. डॉ.वासुदेवशरण अग्रवाल

D. प्रेमचन्द

Q.122 निम्न में से किस कहानी की रचना जैनेन्द्र द्वारा नहीं की गई है?

A. फाँसी   **B.** एक रात   **C.** भिक्षुराज   **D.** वातायन

Q.123 निम्न में से कृष्णाश्रयी शाखा के कवियों में सम्मिलित नहीं है:

A. सूरदास

B. मीरा

C. केशवदास

D. कुम्भनदास

Q.124 निम्न में से किसका सम्बन्ध रीतिकाल से नही है:

A. केशव   **B.** बिहारी   **C.** मतिराम   **D.** नंददास

Q.125 निम्न में से रचना और रचनाकार का कौन सा युग्म सही सुमेलित है?

A. छाया - जयशंकर प्रसाद

B. पंचतन्त्र - विष्णु शर्मा

C. वीणा - सुमित्रानन्दन पंत

D. उपरोक्त सभी

// स्मार्ट उत्तर पुस्तिका //

सही उत्तर उन छात्रों के प्रतिशत को इंगित करता है जिन्होंने प्रश्नों का सही उत्तर दिया था।

छोड़ दिया उन छात्रों के प्रतिशत को इंगित करता है जिन्होंने प्रश्नों को छोड़ दिया था।

प्रश्न संख्या	उत्तर	सही उत्तर / छोड़ दिया	प्रश्न संख्या	उत्तर	सही उत्तर / छोड़ दिया	प्रश्न संख्या	उत्तर	सही उत्तर / छोड़ दिया	प्रश्न संख्या	उत्तर	सही उत्तर / छोड़ दिया	प्रश्न संख्या	उत्तर	सही उत्तर / छोड़ दिया
1	B	78.41 % / 0.0 %	17	C	53.15 % / 1.42 %	33	A	80.41 % / 0.0 %	49	B	32.11 % / 3.73 %	65	B	77.85 % / 0.0 %
2	C	67.75 % / 1.64 %	18	C	40.3 % / 1.96 %	34	C	83.97 % / 0.0 %	50	C	85.86 % / 0.0 %	66	A	26.15 % / 3.59 %
3	A	77.38 % / 0.0 %	19	A	87.81 % / 0.0 %	35	B	49.97 % / 1.08 %	51	A	83.82 % / 0.0 %	67	B	43.46 % / 1.02 %
4	D	40.78 % / 1.91 %	20	B	89.9 % / 0.0 %	36	A	77.48 % / 0.0 %	52	B	87.49 % / 0.0 %	68	A	67.13 % / 1.55 %
5	A	89.32 % / 0.0 %	21	A	85.57 % / 0.0 %	37	C	65.45 % / 1.51 %	53	A	79.97 % / 0.0 %	69	A	84.89 % / 0.0 %
6	D	52.75 % / 1.76 %	22	B	45.42 % / 1.75 %	38	A	80.61 % / 0.0 %	54	B	89.74 % / 0.0 %	70	D	69.09 % / 1.15 %
7	D	17.84 % / 3.45 %	23	C	81.72 % / 0.0 %	39	B	83.55 % / 0.0 %	55	B	45.51 % / 1.27 %	71	A	82.45 % / 0.0 %
8	B	19.34 % / 3.11 %	24	C	79.4 % / 0.0 %	40	B	87.9 % / 0.0 %	56	A	81.46 % / 0.0 %	72	C	80.1 % / 0.0 %
9	C	31.31 % / 3.92 %	25	D	63.42 % / 1.91 %	41	D	45.12 % / 1.78 %	57	A	64.3 % / 1.77 %	73	B	85.07 % / 0.0 %
10	B	77.83 % / 0.0 %	26	A	87.06 % / 0.0 %	42	A	67.02 % / 1.89 %	58	A	81.97 % / 0.0 %	74	C	80.83 % / 0.0 %
11	A	63.72 % / 1.3 %	27	C	12.07 % / 4.85 %	43	B	83.42 % / 0.0 %	59	B	86.57 % / 0.0 %	75	B	85.4 % / 0.0 %
12	D	89.81 % / 0.0 %	28	B	48.06 % / 1.57 %	44	A	80.31 % / 0.0 %	60	C	60.6 % / 1.01 %	76	B	79.49 % / 0.0 %
13	C	55.76 % / 1.13 %	29	C	23.32 % / 4.19 %	45	A	82.57 % / 0.0 %	61	D	87.65 % / 0.0 %	77	D	49.33 % / 1.7 %
14	B	24.29 % / 3.79 %	30	A	89.53 % / 0.0 %	46	D	29.97 % / 4.32 %	62	B	86.9 % / 0.0 %	78	D	87.16 % / 0.0 %
15	B	76.77 % / 0.0 %	31	A	69.39 % / 1.56 %	47	D	52.42 % / 1.85 %	63	A	85.56 % / 0.0 %	79	C	79.95 % / 0.0 %
16	B	80.32 % / 0.0 %	32	C	80.07 % / 0.0 %	48	C	81.44 % / 0.0 %	64	A	55.77 % / 1.77 %	80	C	81.88 % / 0.0 %

प्रश्न संख्या	उत्तर	सही उत्तर / छोड़ दिया
81	C	76.18 % 0.0 %
82	A	83.16 % 0.0 %
83	D	61.61 % 1.11 %
84	D	58.84 % 1.45 %
85	D	63.27 % 1.96 %
86	A	78.43 % 0.0 %
87	C	82.26 % 0.0 %
88	B	26.64 % 4.72 %
89	B	52.6 % 1.43 %

प्रश्न संख्या	उत्तर	सही उत्तर / छोड़ दिया
90	D	42.14 % 1.03 %
91	B	81.79 % 0.0 %
92	B	77.49 % 0.0 %
93	A	79.44 % 0.0 %
94	A	56.62 % 1.53 %
95	A	84.93 % 0.0 %
96	B	64.67 % 1.93 %
97	B	79.68 % 0.0 %
98	C	58.33 % 1.99 %

प्रश्न संख्या	उत्तर	सही उत्तर / छोड़ दिया
99	C	68.3 % 1.26 %
100	B	66.93 % 1.81 %
101	A	19.92 % 3.2 %
102	D	66.98 % 1.33 %
103	A	42.18 % 1.52 %
104	A	43.61 % 1.18 %
105	B	88.2 % 0.0 %
106	B	80.32 % 0.0 %
107	C	83.16 % 0.0 %

प्रश्न संख्या	उत्तर	सही उत्तर / छोड़ दिया
108	C	85.36 % 0.0 %
109	A	68.09 % 1.5 %
110	B	83.98 % 0.0 %
111	C	79.31 % 0.0 %
112	D	85.22 % 0.0 %
113	B	21.15 % 4.97 %
114	C	81.99 % 0.0 %
115	A	88.84 % 0.0 %
116	B	83.8 % 0.0 %

प्रश्न संख्या	उत्तर	सही उत्तर / छोड़ दिया
117	A	86.98 % 0.0 %
118	D	57.95 % 1.17 %
119	D	20.51 % 4.2 %
120	D	88.19 % 0.0 %
121	A	47.3 % 1.02 %
122	C	48.38 % 1.01 %
123	C	80.31 % 0.0 %
124	D	66.6 % 1.54 %
125	D	20.68 % 3.38 %

कार्य विश्लेषण	
औसत अंक (%)	64.24%
टॉपर्स स्कोर (%)	65.88%
आपका स्कोर	

॥संकेत और समाधान॥

1. 'श्री गणेश' शब्द का अर्थ है - किसी काम की शुरुआत करना

'इतिश्री' का अर्थ है - समाप्त करना

अतः विकल्प (B) सही है।

2. 'कृतज्ञ' का अर्थ है - अपने साथ किया हुआ उपकार माननेवाला

'कृतघ्न' का अर्थ है - किसी के द्वारा अपने प्रति किये गये सत्कार्यों को भूल जाने वाला या न मानने वाला

अतः विकल्प (C) सही है।

3. 'ऋजु' शब्द का अर्थ है - सीधा, सरल

'वक्र' शब्द का अर्थ है - टेढ़ा, तिरछा, झुका हुआ,

अतः विकल्प (A) सही है।

4. "नूतन-सनातन" युग्म गलत है।

नूतन का अर्थ - नया, नवीन। इसका विलोम शब्द 'पुरातन' होगा।

अन्य युग्म सही सुमेलित है।
अतः विकल्प (D) सही है।

5. "प्रवेश - नवेश" युग्म गलत है।

"प्रवेश" का उचित विलोम शब्द "निकास या प्रस्थान" होगा।
अतः विकल्प (A) सही है।

6. 'आहूत' का अर्थ - जिसका आह्वान हुआ हो, जो बुलाया गया हो

अनाहूत का अर्थ - अनिमंत्रित, बिनबुलाया

अतः विकल्प (D) सही है।

7. 'मार' का पर्यायवाची है – कंदर्प, अनंग, मनसिज, रतिनाथ, मीनकेतू, रतिपति, मदन, कामदेव, मन्मथ इत्यादि।
अतः विकल्प (D) सही है।

8. 'षट्पद' का पर्यायवाची भ्रमर है।

'षट्पद' के अन्य पर्यायवाची- अलि, मधुव्रत, शिलीमुख, मधुप, मधुकर, द्विरेप, भृंग, इत्यादि।

अतः विकल्प (B) सही है।

9. 'वात' का पर्यायवाची शब्द है - हवा, अनिल, समीर, वायु, पवन, पवमान, प्रभंजन, मारुति, बयार, प्रकम्पन, मरुत, वाति, समीरण, स्पर्शन, प्रवात आदि।

अतः विकल्प (C) सही है।

10. पुत्र का पर्यायवाची है - बेटा, लड़का, आत्मज, सुत, वत्स, तनुज, तनय, नंदन आदि।

अपर्णा, पार्वती का पर्यायवाची है।
अतः विकल्प (B) सही है।

11. तालाब के पर्यायवाती है - सरोवर, जलाशय, सर, पुष्कर, पोखरा, जलवान, सरसी, ताल आदि।
अतः विकल्प (A) सही है।

12. 'रात्रि' का पर्यायवाची शब्द है - रात, रैन, रजनी, निशा, यामिनी, तमी, निशि, यामा, विभावरी, शर्वरी आदि।
अतः विकल्प (D) सही है।

13. यशोदा का सन्धि विच्छेद होगा - यशः + दा। इसमें विसर्ग सन्धि का प्रयोग हुआ है।

यदि विसर्ग के पहले अ हो और वर्गों के प्रथम तथा द्वितीया वर्ण को छोड़कर अन्य कोई वर्ण अथवा य, र, ल, व, ह हो तो अ और विसर्ग का ओ हो जाता है।
अतः विकल्प (C) सही है।

14. "प्रतिच्छविः" शब्द की सन्धि विच्छेद है - प्रति + छवि। इसमें व्यंजन सन्धि है।

त या द के बाद च अथवा छ हो तो त या द के स्थान पर च हो जाता है।
अतः विकल्प (B) सही है।

15. हस्व अथवा दीर्घ इ,उ,ऋ के बाद यदि कोई (इनसे भिन्न) स्वर आता है, तो इ अथवा ई के बदले य, उ अथवा ऊ के बदले व तथा ऋ के बदले र हो जाता है। इसे यण सन्धि कहते है।

उदाहरण - प्रति + एक = प्रत्येक, देवी + अर्थ = देव्यर्थ इत्यादि।
अतः विकल्प (B) सही है।

16. मनोविज्ञान में विसर्ग सन्धि है।

इसका सन्धि विच्छेद होगा - मन: + विज्ञान।
अतः विकल्प (B) सही है।

17. 'तेजोमय' का सन्धि-विच्छेद है - तेज: + मय।

इसमें विसर्ग सन्धि का प्रयोग हुआ है।
अतः विकल्प (C) सही है।

18. नवोढ़ा का संधि विच्छेद है - नव + ऊढ़ा।

यदि प्रथम शब्द के अंत में हस्व अथवा दीर्घ अ हो और दूसरे शब्द के आदि में हस्व अथवा दीर्घ इ, उ, ऋ में से कोई वर्ण हो तो अ+इ=ए, आ+उ=ओ, अ+ऋ=अर हो जाता है।
अतः विकल्प (C) सही है।

19. 'उड़ती चिड़ियाँ के पंख गिनना' मुहावरे का सही अर्थ होगा - किसी कार्य मे अत्यंत निपुण या दक्ष होना, अनुभवी होना।

वाक्य प्रयोग - धोनी साथ रहते - रहते विराट अब इतना सिद्धहस्त हो गया है कि वह उड़ती चिड़िया के पंख गिनने लगा है।
अतः विकल्प (A) सही है।

20. "उल्टी गंगा बहाना" मुहावरे का अर्थ होता है - नियम विरुद्ध कार्य करना।

कोरोनाकाल में इंजीनियर द्वारा दवा की सलाह दिए जाने पर उनका मित्र उनसे बोला कि भाई आप तो उल्टी गंगा बहा रहे हैं।
अतः विकल्प (B) सही है।

21. 'ढाक के तीन पात' का अर्थ है - एक समान स्थिती रहना।

वाक्य प्रयोग - इतना पढ़ा लिखा होने के बाद भी नरेश तो ढाक के तीन पात निकला।
अतः विकल्प (A) सही है।

22. 'पढ़े फारसी बेचे तेल, यह देखो कुदरत का खेल' का अर्थ है - योग्यता होते हुए भी विवशता के कारण निम्न स्तर का कार्य करना।

बेरोजगारी की समस्या और बढ़ती जनसंख्या के कारण आजकल योग्य व्यक्ति भी ऑटो रिक्शा चला रहे हैं इसे कहते हैं पढ़े फारसी बेचे तेल देख भाई किस्मत का खेल।
अतः विकल्प (B) सही है।

23. 'घड़ों पानी पड़ना' मुहावरे का अर्थ होगा - लज्जित होना।

वाक्य प्रयोग - जब पुलिस वाला अपने अपसरो के सामने रिश्वत लेते पकडा गया तो उस पर घड़ों पानी पड़ गया।
अतः विकल्प (C) सही है।

24. 'कागजी घोड़े दौड़ाना' मुहावरे का अर्थ होगा - व्यर्थ की लिखा-पढ़ी करना।

वाक्य प्रयोग - आजकल सरकारी दफ्तर में सिर्फ कागजी घोड़े दौड़ते हैं, कम कुछ नहीं होता।
अतः विकल्प (C) सही है।

25. 'घड़ी में तोला घड़ी में माशा' का अर्थ है - जरा सी बात पर खुश और नाराज होना

वाक्य प्रयोग - सुभाष बहुत संवेदनशील है छोटी-छोटी बातों से खुश हो जाता है तो कभी किसी की मामूली से बात पे नाराज होने लगता है।
अतः विकल्प (D) सही है।

26. 'तन पर नहीं लत्ता, पान खाये अलबत्ता' का सही अर्थ होगा - झूठा दिखावा करना।

वाक्य प्रयोग - रैना इतनी कमाता है नहीं बातें बड़ी-बड़ी करता है। उसका हाल तो तन पर नहीं लत्ता पान खाए अलबत्ता वाला है।
अतः विकल्प (A) सही है।

27. उपरोक्त पंक्ति में करुण रस है। इसलिए इसका स्थायी भाव शोक है।

जहाँ पर पुनः मिलने कि आशा समाप्त हो जाती है करुण रस कहलाता है इसमें निःश्वास, छाती पीटना, रोना, भूमि पर गिरना आदि का भाव व्यक्त होता है। किसी प्रिय व्यक्ति के चिर विरह या मरण से जो शोक उत्पन्न होता है उसे करुण रस कहते हैं।
अतः विकल्प (C) सही है।

28. उपरोक्त पंक्तियों में रौद्र रस है।

इसका स्थायी भाव क्रोध होता है जब किसी एक पक्ष या व्यक्ति द्वारा दूसरे पक्ष या दूसरे व्यक्ति का अपमान करने अथवा अपने गुरुजन आदि कि निन्दा से जो क्रोध उत्पन्न होता है उसे रौद्र रस कहते हैं इसमें क्रोध के कारण मुख लाल हो जाना, दाँत पिसना, शास्त्र चलाना, भौहे चढ़ाना आदि के भाव उत्पन्न होते हैं।
अतः विकल्प (B) सही है।

29. उपर्युक्त काव्य पंक्तियों में करुण रस अभिव्यंजित हो रहा है।

करुण रस की परिभाषा के अनुसार – किसी प्रिय वस्तु अथवा व्यक्ति आदि के अनिष्ट की आशंका या इनके विनाश से हृदय में उत्पन्न क्षोभ या दुःख को 'करुण रस' कहते हैं। इसका स्थायी भाव 'शोक' है।
अतः विकल्प (C) सही है।

30. 'नाट्यशास्त्र' में भरतमुनि ने रसों की संख्या आठ मानी है-

श्रृंगार, हास्य, करुण, रौद्र, वीर, भयानक, वीभत्स, अद्भुत।
अतः विकल्प (A) सही है।

31. उपरोक्त पंक्तियों में भयानक रस प्रयुक्त हुआ है।

भय इसका स्थायी भाव है। सिंह, सर्प, भंयकर जीव, प्राकृतिक दृश्य, बलवान शत्रु को देखकर या वर्णन सुनकर भय उत्पन्न होता है।
अतः विकल्प (A) सही है।

32. रौद्र रस का स्थायी भाव क्रोध होता है जब किसी एक पक्ष या व्यक्ति द्वारा दूसरे पक्ष या दूसरे व्यक्ति का अपमान करने अथवा अपने गुरुजन आदि कि निन्दा से जो क्रोध उत्पन्न होता है उसे रौद्र रस कहते हैं इसमें क्रोध के कारण मुख लाल हो जाना, दाँत पिसना, शास्त्र चलाना, भौहे चढ़ाना आदि के भाव उत्पन्न होते हैं।
अतः विकल्प (C) सही है।

33. दिए गए विकल्पो में "धोबिन" शब्द की वर्तनी शुद्ध है।

धोबिन, धोबी का स्त्रीलिंग होता है।
अतः विकल्प (A) सही है।

34. "विरहिणी" शब्द की वर्तनी शुद्ध है।

विरहिणी का अर्थ होता है - जिसे अपने प्रिय या पति का वियोग हो, पति या प्रिय के विरह से संतप्त (नायिका)।
अतः विकल्प (C) सही है।

35. "द्वारका" की वर्तनी शुद्ध है।

अन्य शब्दो की शुद्ध वर्तनी होगी-

पूज्यानीया - पूजनीय

अन्तर्धान - अंतर्धान

अहिल्यिया - अहल्या

अतः विकल्प (B) सही है।

36. संन्यासी की वर्तनी शुद्ध है।

अन्य दिए गए शब्दो की शुद्ध वर्तनी होगी -

आकाल - अकाल

अनुग्रहीत - अनुगृहीत

आजीवका - आजीविका

अतः विकल्प (A) सही है।

37. जागृत की वर्तनी अशुद्ध है। इसकी शुद्ध वर्तनी होगी - जाग्रत।

अन्य दिए गए शब्दो की वर्तनी शुद्ध है।
अतः विकल्प (C) सही है।

38. दिए गए विकल्पों में "सदृश्य" शब्द की वर्तनी शुद्ध है।
अतः विकल्प (A) सही है।

39. दिए गए विकल्पो में "आशीर्वाद" शब्द की वर्तनी शुद्ध है।
अतः विकल्प (B) सही है।

40. दिए गए विकल्पो में "प्रदर्शनी" शब्द की वर्तनी शुद्ध है।
अतः विकल्प (B) सही है।

41. पंचवटी में दो पद है -

1. पंच,जिसका अर्थ पाँच होता है।

2. वट, जिसका अर्थ वृक्ष होता है।

जिस समास का पहला पद संख्या वाचक होता है, उसे द्विगु समास कहते है। इसलिए पंचवटी द्विगु समास है।
अतः विकल्प (D) सही है।

42. शूलपाणि का समास विग्रह होता है -शूल है हाथ में जिसके अर्थात् शंकर। यह बहुव्रीहि समास का उदाहरण है।

जिस समस्त पद में कोई पद प्रधान नहीं होता, और समस्तपद किसी अन्य के विशेषण के रूप में प्रयुक्त होता है, उसे बहुव्रीहि समास कहते हैं। इस समास में शब्द अपने अर्थ को इंगित न कर किसी ओर के लिए प्रयुक्त होते है।
अतः विकल्प (A) सही है।

43. जिस समस्त पद में कोई एक पद अव्यय या उपसर्ग हो तथा कोई दूसरा पद संज्ञा, उसे अव्ययीभाव समास कहते हैं। जैसे कि विदित है अव्ययीभाव समास में अव्यय का भाव पाया जाता है। पुनरावृति शब्द भी अव्ययीभाव समास के अन्तर्गत आते हैं।

जैसे - यथार्थ - अर्थ के अनुसार, बखूबी - खूबी के साथ यथाशक्ति - शक्ति के अनुसार, इत्यादि।
अतः विकल्प (B) सही है।

44. जिस समास का पहला पद संख्यावाची विशेषण होता है तथा समस्तपद किसी समूह या फिर किसी समाहार का बोध करता है तो वह द्विगु समास कहलाता है।

उदाहरण - दोपहर, शताब्दी, पंचतंत्र इत्यादि।
अतः विकल्प (A) सही है।

45. द्वन्द्व समास में समस्तपद के दोनों पद प्रधान हों या दोनों पद सामान हों एवं दोनों पदों को मिलाते समय "और, अथवा, या, एवं" आदि योजक लुप्त हो जाएँ, वह समास द्वंद्व समास कहलाता है।

उदाहरण -

अपना-पराया - अपना और पराया,

राजा-रंक - राजा और रंक,

देश-विदेश - देश और विदेश,

रात-दिन - रात और दिन

अतः विकल्प (A) सही है।

46. प्रस्तुत पंक्तियों में उपमा अलंकार है।

उपमा शब्द का अर्थ होता है – तुलना। जब किसी व्यक्ति या वस्तु की तुलना किसी दूसरे यक्ति या वस्तु से की जाए वहाँ पर उपमा अलंकार होता है। अर्थात जब किन्ही दो वस्तुओं के गुण, आकृति, स्वभाव आदि में समानता दिखाई जाए या दो भिन्न वस्तुओं कि तुलना कि जाए, तब वहां उपमा अलंकर होता है।

अतः विकल्प (D) सही है।

47. ऊपर की पंक्ति में एक गोपी अपनी सखी से कह रही है कि हमारे संदेशों से मथुरा के कुएं भर गए अर्थित उसने अपने संदेशों के संबंध में बढ़ा-चढ़ाकर वर्णन किया है इस कारण यहां पर अतिशयोक्ति अलंकार होगा।

अतः विकल्प (D) सही है।

48. 'कुंद इन्दु सम देह, उमा रमन करुणा अयन' में अनुप्रास अलंकार है।

अनुप्रास अलंकार की परिभाषा – जहाँ व्यंजनों की आवृत्ति बार-बार हो, चाहे उनके स्वर मिलें या न मिलें वहाँ अनुप्रास अलंकार होता है।

अतः विकल्प (C) सही है।

49. उपरोक्त पंक्तियों में लाटानुप्रास अलंकार है।

किसी शब्द या वाक्यखंड की आवृत्ति दूसरी पंक्ति में उसी रूप में हो लेकिन दूसरी पंक्ति में वाक्य का अर्थ बदल जाये उसे लाटानुप्रास अलंकार कहते है।

अतः विकल्प (B) सही है।

50. जहाँ कारण के न होते हुए भी कार्य का होना पाया जाता है, वहाँ विभावना अलंकार होता है।

उदाहरण - बिनु पग चलै सुनै बिनु काना। कर बिनु कर्म करै विधि नाना॥

अतः विकल्प (C) सही है।

51. 'समादर' व ' संरक्षण' में "सम" उपसर्ग है।

"सम्" शब्द से बने अन्य शब्द संयम, संयोग, संकीर्ण आदि हैं।

जो शब्दांश शब्दों के आदि में जुड़ कर उनके अर्थ में कुछ विशेषता लाते हैं, वे उपसर्ग कहलाते हैं।

अतः विकल्प (A) सही है।

52. प्रत्युपकार, प्रतिदिन व प्रत्युपदेश में "प्रति" निहित है।

"प्रति" उपसर्ग से बने अन्य शब्द प्रतिदिन, प्रतिवेदन, आदि हैं।

जो शब्दांश शब्दों के प्रारम्भ में जुड़ कर उनके अर्थ में कुछ विशेषता लाते हैं, वे उपसर्ग कहलाते हैं।

अतः विकल्प (B) सही है।

53. खंडहर, शब्द में 'हर' प्रत्यय है। जबकि लुटेरा शब्द में 'एरा' प्रत्यय है।

प्रत्यय वे शब्द हैं जो दूसरे शब्दों के अन्त में जुड़कर, अपनी प्रकृति के अनुसार, शब्द के अर्थ में परिवर्तन कर देते हैं।

अतः विकल्प (A) सही है।

54. धातु पदों को नाम पद बनाने वाले प्रत्ययों को कृत् प्रत्यय कहते है और कृत् प्रत्यय के प्रयोग होने से जिन नए शब्दों का निर्माण होता है उन्हें कृदन्त शब्द

कहते हैं।

अतः विकल्प (B) सही है।

55. संज्ञा, सर्वनाम, विशेषण इत्यादि से बननेवाली क्रिया को नामधातु क्रिया कहते हैं। जैसे - हाथ से हथियाना, बात से बतियाना, दुखना से दुखाना, चिकना से चिकनाना, लाठी से लठियाना, लात से लतियाना, पानी से पनियाना, बिलग से बिलगाना, इत्यादि ।

अतः विकल्प (B) सही है।

56. व्याकरण में क्रिया का वह भूतकाल जिसमें क्रिया की समाप्ति न हो उसे अपूर्णभूत कहा जाता है।

जैसे - जब मैं गया तब मोहन खा रहा था।

अतः विकल्प (A) सही है।

57. क्रिया के जिस रूप से यह पता चले कि क्रिया भूतकाल में होने वाली थी पर किसी कारणवश न हो सकी, उसे हेतुहेतुमद्भूत कहते हैं। जैसे -यदि वह पढ़ता तो परीक्षा में उत्तीर्ण हो जाता।

अतः विकल्प (A) सही है।

58. जो शब्द क्रिया के अर्थ में विशेषता प्रकट करते हैं, उन्हें 'क्रिया विशेषण' कहते हैं। क्रिया विशेषण को अविकारी विशेषण भी कहते हैं। जैसे-धीरे चलो।

वाक्य में 'धीरे' शब्द 'चलो' क्रिया की विशेषता बतलाता है। अत: 'धीरे' शब्द क्रिया विशेषण है।

अतः विकल्प (A) सही है।

59. छन्दों को पढ़ते समय बीच-बीच में कुछ रूकना पड़ता है। इन्हीं विराम स्थलों को 'यति' कहते हैं। सामान्यत: छन्द के चार चरण होते है और प्रत्येक चरण के अन्त में 'यति' होती है।

अतः विकल्प (B) सही है।

60. दोहा और सोरठा अर्द्धसममात्रिक प्रकार के छन्द है।

अर्द्धसम छन्द के पहले और तीसरे तथा दूसरे और चौथे चरणों की मात्राओं या वर्णों में परस्पर समानता होती है।

अतः विकल्प (C) सही है।

61. चौपाई सममात्रिक छन्द होता है तथा इसमें चार चरण होते हैं। इसके प्रत्येक चरण में 16 मात्राएँ होती हैं। चरण के अन्त में दो गुरु होते हैं।

अतः विकल्प (D) सही है।

62. तीन वर्णों के समूह को 'गण' कहते हैं। गणों की संख्या आठ है -

यगण, मगण, तगण, रगण, जगण, भगण, नगण और सगण। इन गणों के नाम रूप 'यमातराजभानसलगा' सूत्र द्वारा सरलता से ज्ञात हो जाते हैं। उल्लेखनीय है कि इन गणों के अनुसार मात्राओं का क्रम वार्णिक वृत्तों या छन्दों में होता है, मात्रिक छन्द इस बन्धन से मुक्त हैं।

अतः विकल्प (B) सही है।

63. जिन संज्ञा शब्दों से एक ही जाति की वस्तुओं के समूह का बोध होता है, उन्हें समूहवाचक संज्ञा कहते हैं।

जैसे - कक्षा, सेना, समूह, दल, सभा, संघ, ढेर इत्यादि।

अतः विकल्प (A) सही है।

64. जिन शब्दों के अन्त में आ, आव, पा, पन, न प्रत्यय हो, जैसे - छोटा, मोटा, पड़ाव, बुढ़ापा, बचपन, लेन-देन आदि शब्द पुल्लिंग हैं।

अतः विकल्प (A) सही है।

65. संस्कृत के 'वान' और 'गान' प्रलगान्त तिशेषण शब्दों में 'वान' तथा 'मान ' को क्रमश: 'वती' और 'मती ' कर देने से स्त्रीलिंग बन जाते हैं।

जैसे - पुत्रवान - पुत्रवती, श्रीमान् - श्रीमती, बुद्धिमान - बुद्धिमती, बलवान - बलवती, भगवान् - भगवती इत्यादि।

अतः विकल्प (B) सही है।

66. सिन्धु शब्द स्त्रीलिंग है क्योंकि नदियों के नाम स्त्रीलिंग होते हैं।

जबकि दिनो, पर्वतो तथा द्रव्यवाचक संज्ञा के नाम पुल्लिंग होते हैं।
अतः विकल्प (A) सही है।

67. जिन शब्दों के अन्त में आई, वट, हट आदि प्रत्यय हों वे प्रायः स्त्रीलिंग होते हैं; जैसे- सिलाई, बुनाई, कटाई, लिखावट, बनावट, घबराहट, चिल्लाहट, सरसराहट, सनसनाहट इत्यादि।
अतः विकल्प (B) सही है।

68. संस्कृत के ऊकारान्त और उकारान्त शब्द पुल्लिंग होते हैं; जैसे- प्रभू, अश्रु, जन्तु, राहु, त्रिशंकु आदि।
अतः विकल्प (A) सही है।

69. संस्कृत के अकारान्त विशेषण शब्दों के अन्त में 'आ' लगा देने से स्त्रीलिंग बन जाते हैं। जैसे- प्रियतम - प्रियतमा, श्याम - श्यामा, चंचल - चंचला, आत्मज - आत्मजा, कान्त-कान्ता आदि।
अतः विकल्प (A) सही है।

70. सदैव बहुवचन में प्रयुक्त होने वाले शब्द - प्राण, दर्शन, आँसू, होश, बाल, हस्ताक्षर आदि हैं।

जबकि जनता, सामान, सोना सदैव एकवचन में प्रयोग किए जाने वाले शब्द हैं।
अतः विकल्प (D) सही है।

71. 'खूँटी' शब्द का बहुवचन खूँटियाँ होगा।

इकारान्त या ईकारान्त स्त्रीलिंग संज्ञाओं में अन्त्य 'ई' को ह्रस्व कर अन्तिम वर्ण के बाद 'याँ' जोड़ने से बहुवचन बनता है।

जैसे - तिथि-तिथियाँ, नारी-नारियाँ, नीति-नीतियाँ, रीति-रीतियाँ इत्यादि।
अतः विकल्प (A) सही है।

72. "वधू" का बहुवचन होगा - वधुएँ।
अतः विकल्प (C) सही है।

73. संज्ञा के पुल्लिंग या स्त्रीलिंग रूपों में प्रायः 'गण', 'वर्ग', 'जन', 'लोग', 'वृन्द' लगाकर बहुवचन बनाया जाता है।

जैसे - पाठक- पाठकगण, नारी- नारिवृन्द इत्यादि।
अतः विकल्प (B) सही है।

74. अकारान्त स्त्रीलिंग शब्दों का बहुवचन संज्ञा के अन्तिम 'अ' को 'एँ' कर देने से बहुवचन बनता है।

जैसे - बात-बातें, बहन-बहनें, रात-रातें, सड़क-सड़कें इत्यादि।
अतः विकल्प (C) सही है।

75. दिए गए विकल्पों में छाता शब्द एकवचन में है। अन्य दिए गए शब्द बहुवचन में है।
अतः विकल्प (B) सही है।

76. 'चूहा बिल से बाहर निकला'- में अपादान कारक है।

वाक्य में जिस स्थान या वस्तु से किसी व्यक्ति या वस्तु की पृथकता अथवा तुलना का बोध होता है, वहाँ अपादान कारक होता है।
अतः विकल्प (B) सही है।

77. 'ठीक समय पर आ जाना' में अधिकरण कारक है।

अधिकरण कारक में अधिकरण का अर्थ होता है- आधार या आश्रय संज्ञा का वह रूप जिससे क्रिया के आधार का बोध हो उसे अधिकरण कारक कहते हैं। इसकी विभक्ति चिह्न में और पर होती है।
अतः विकल्प (D) सही है।

78. उपरोक्त दिए गए वाक्य में करण कारक है।

जिसकी सहायता से कोई कार्य किया जाए, उसे करण कारक कहते हैं। इसके विभक्ति-चिह्न 'से' के 'द्वारा' है। अथवा - वह साधन जिससे क्रिया होती है, वह करण कहलाता है।
अतः विकल्प (D) सही है।

79. 'राम की गाय चरती है' वाक्य में सम्बन्ध कारक है।

वाक्य में जिस पद से किसी वस्तु, व्यक्ति या पदार्थ का दूसरे व्यक्ति, वस्तु या पदार्थ से सम्बन्ध प्रकट हो, 'सम्बन्ध कारक' कहलाता है।
अतः विकल्प (C) सही है।

80. ऊपर्युक्त रेखांकित पद में सम्प्रदान कारक है।

जब वाक्य में किसी को कुछ दिया जाए या किसी के लिए कुछ किया जाए तो वहां पर सम्प्रदान कारक होता है। सम्प्रदान कारक के विभक्ति चिन्ह के लिए या को हैं।
अतः विकल्प (C) सही है।

81. वह वस्तु या व्यक्ति जिस पर वाक्य में की गयी क्रिया का प्रभाव पड़ता है वह कर्म कहलाता है। कर्म कारक का विभक्ति चिन्ह 'को' होता है।
अतः विकल्प (C) सही है।

82. असाध्य - जिसका इलाज न हो सके।
अतः विकल्प (A) सही है।

83. विपत्नीक - 'जिस पुरुष की पत्नी साथ नहीं है

विधुर - जिसकी स्त्री मर चुकी हो।
अतः विकल्प (D) सही है।

84. दिए गए वाक्य का उपयुक्त एक शब्द होगा -

अपत - जिस पेड़ के पत्ते झड़ गये हों

अन्य शब्दों को अर्थ है-

प्रपर्ण - गिरा हुआ पत्ता

अपर्ण - वह जिसने पत्ते तक (खाने) छोड़ दिये

पत्रहीन - जो पल्लव रहित हो
अतः विकल्प (D) सही है।

85. कृतार्थ - अपना उदेश्य पूर्ण होने पर संतुष्ट

चिरप्रसन्न - जिसका चित्त प्रसन्न हो

कृतज्ञ - उपकार माननेवाला

आभारी - एहसान माननेवाला
अतः विकल्प (D) सही है।

86. खेचर - जो नभ में चलता है

खच्चर - घोड़े एवं गधे की मिश्रित संतान
अतः विकल्प (A) सही है।

87. अधिसूचना - वह सूचना जो सरकार की ओर से जारी हो

अधिनियम - विधायिका द्वारा स्वीकृत नियम

अध्यादेश - आदेश जो निश्चित अवधि तक लागू हो

अद्यतन - जो आज तक से सम्बन्ध रखता है
अतः विकल्प (C) सही है।

88. अन्यमनस्क - जिसका मन कहीं अन्यत्र लगा हो

अकिंचन - जिसके पास कुछ न हो अर्थात् दरिद्र

अलंघनीय - जिसे लाँघा न जा सके

अनिश्चित - जिसके बारे में कोई निश्चय न हो
अतः विकल्प (B) सही है।

89. अलोकज्ञ - जो बाह्य संसार के ज्ञान से अनभिज्ञ हो

अलौकिक - जो चीज इस संसार में न हो

अभेद्य - जिसको भेदा न जा सके

अनादि - जिसके आदि (प्रारम्भ) का पता न हो
अतः विकल्प (B) सही है।

90. अत्याज्य - जिसको त्यागा न जा सके

अकाट्य - जिसको काटा न जा सके

अनुरक्त - जिसका किसी में लगाव या प्रेम हो

अगाध - जो बहुत गहरा हो
अतः विकल्प (D) सही है।

91. अवर्णनीय - जिसका वर्णन न हो सके

अखंडनीय - जिसका खंडन न किया जा सके

अज्ञेय - जिसे जाना न जा सके

अनुपम - जिसकी कोई उपमा न हो
अतः विकल्प (B) सही है।

92. दिए गए वाक्यों में विस्मयादिबोधक चिन्ह का प्रयोग करना उचित होगा।

वाह! कितना सुन्दर ताजमहल है।

विस्मयादिबोधक चिन्ह (!)का प्रयोग वाक्य में हर्ष, विवाद, विस्मय, घृणा, आश्चर्य, करुणा, भय इत्यादि का बोध कराने के लिए किया जाता है अर्थात् इसका प्रयोग अव्यय शब्द से पहले किया जाता है।
अतः विकल्प (B) सही है।

93. जब वाक्य खत्म हो जाता है तब वाक्य के अंत में पूर्ण विराम (।) लगाया जाता है।

उदाहरण - मोहन स्कूल जाता है।
अतः विकल्प (A) सही है।

94. अल्पविराम - एक ही वाक्य में जब एक से अधिक उपवाक्य, शब्द तथा वाक्यांश समान रुप से प्रयुक्त होते हैं तब अल्पविराम का प्रयोग करते हैं।

जैसे - मोहन सुबह आता है, नाश्ता करता है, पानी भरता है और चला जाता है।
अतः विकल्प (A) सही है।

95. पुनरुक्ति शब्दों के बीच में योजक चिन्ह का प्रयोग किया जाता है ।

उदाहरण - सुख-दुःख, लाभ-हानि, दिन-रात, यश-अपयश, तन-मन-धन।
अतः विकल्प (A) सही है।

96. विस्मरण चिन्ह (^) का प्रयोग लिखते समय किसी शब्द को भूल जाने पर किया जाता है।

उदाहरण -

राम ^ जाएगा।

श्याम ^ में रहते थे।
अतः विकल्प (B) सही है।

97. किसी शब्द अथवा गणित के अंकों के मध्य की तुल्यता (समानता या बराबरी आदि) को दर्शाने के लिए तुल्यता सूचक (=) चिन्ह का प्रयोग किया जाता है।
अतः विकल्प (B) सही है।

98. स्वप्नवासवदत्ता की रचना भास द्वारा की गई है।

भास संस्कृत साहित्य के प्रसिद्ध नाटककार थे।
अतः विकल्प (C) सही है।

99. नीतिशतक - भर्तृहरि

मालती माधव - भवभूति

अष्टाध्यायी - पाणिनी

भट्टिकाव्य - भट्टि
अतः विकल्प (C) सही है।

100. सूक्तिरत्नाकर के रचयिता शेषनारायण हैं।

सूक्तिरत्नाकर, संस्कृत का एक व्याकरण ग्रन्थ है।
अतः विकल्प (B) सही है।

101. "विठ्ठल - प्रसादम्" युग्म सही सुमेलित हैं।

अन्य युग्मों का सही सुमेल है -

कल्हण - राजतरंगिणी

दंडी - दशकुमारचरितम्

पतंजलि - महाभाष्य
अतः विकल्प (A) सही है।

102. "विशाखदत्त - कपूरमंजरी" युग्म गलत सुमेलित है।

कपूरमंजरी के रचयिता राजशेखर हैं।
अतः विकल्प (D) सही है।

103. "माघ - शिशुपालवध" सही सुमेलित है।

अन्य युग्मों का सही सुमेल है -

राजशेखर - काव्यमीमांसा

जयदेव - गीत गोविन्द

अश्वघोष - बुद्धचरित
अतः विकल्प (A) सही है।

104. कुमारपालचरितम की रचना हेमचन्द्र द्वारा की गई है।
अतः विकल्प (A) सही है।

105. दिए गए विकल्पों में शुद्ध वाक्य है - मुझे दिल्ली जाना है।
अतः विकल्प (B) सही है।

106. श्री कृष्ण के अनेक नाम है। - यह वाक्य शुद्ध है।

अन्य दिए गए वाक्यों का शुद्ध रुप होगा -

बन्दूक एक उपयोगी अस्त्र है।

यह मेरी पुस्तक है।

बाघ और बकरी एक घाट पर पानी पीते है।
अतः विकल्प (B) सही है।

107. "आजन्म पर्यन्त गरीब ही रहे" के अंश में त्रुटि हैं। वाक्य का शुद्ध रुप होगा -

यह जरूरी नहीं है कि गरीब घर में पैदा होने वाला बालक जीवन पर्यन्त गरीब ही रहे।
अतः विकल्प (C) सही है।

108. "क्योंकि मैंने पटना जाना है।" - अंश में अशुद्धि है। शुद्ध वाक्य होगा -

क्षमा कीजिए मैं कल नहीं आ पाऊंगा क्योंकि मुझे पटना जाना है।
अतः विकल्प (C) सही है।

109. "कृपया आप ही" अशुद्ध भाग है। वाक्य का शुद्ध रुप होगा -

आप ही यह बताने की कृपा करें कि दिल्ली कब चलना है।
अतः विकल्प (A) सही है।

110. "प्रत्येक कोने-कोने" अंश में अशुद्धि है। यहाँ वाक्य का शुद्ध रुप होगा -

संसार के प्रत्येक कोने में अनगिनत भाषाएँ बोली जाती हैं।
अतः विकल्प (B) सही है।

111. मंगलसूत्र, प्रेमचन्द का अधूरा उपन्यास है। जिसे उनके पुत्र अमृतराय ने पूरा किया।
अतः विकल्प (C) सही है।

112. 'रसिक प्रिया' की रचना केशवदास द्वारा की गई है।
अतः विकल्प (D) सही है।

113. उपरोक्त दी गई पंक्ति की रचना रसलीन द्वारा की गई है। रसलीन का पूरा नाम सैयद गुलाम नबी था। ये रसलीन उपनाम से कविता लिखते थे।

इनके लिखे दो ग्रंथ अत्यन्त प्रसिद्ध हैं- अंग दर्पण, जिसकी रचना सन् 1737 ई० में हुई और इसमें 180 दोहे हैं। दूसरा रस प्रबोध जिसमें 1127 दोहे हैं, इसकी रचना सन् 1747 ई० में हुई है।
अतः विकल्प (B) सही है।

114. द्विवेदी युग के प्रवर्तक महावीर प्रसाद द्विवेदी थे।

द्विवेदी युग हिंदी साहित्य में भारतेंदु युग के बाद का समय है। इस युग का नाम महावीर प्रसाद द्विवेदी के नाम से रखा गया है। महावीर प्रसाद द्विवेदी एक ऐसे साहित्यकार थे, जो बहुभाषी होने के साथ ही साहित्य के इतर विषयों में भी समान रुचि रखते थे।
अतः विकल्प (C) सही है।

115. दिया गया अवतरण भोजपुरी भाषा में है।

भाषाई परिवार के स्तर पर भोजपुरी एक आर्य भाषा है। भोजपुरी प्राचीन समय में कैथी लिपि में लिखी जाती थी।

भोजपुरी की प्रमुख विशेषताएँ -

भोजपुरी में र का लोप हो जाता है। जैसे-लरिका > लइका।

भोजपुरी में स्त्रीलिंग संज्ञाएँ इ अथवा ईकारान्त रूप में मिलती है। जैसे- बहिनि, आगि आदि।
अतः विकल्प (A) सही है।

116. रामचंद्र शुक्ल, जिन्हें आचार्य शुक्ल के नाम से जाना जाता है को विस्तृत संसाधनों के साथ अनुभवजन्य अनुसंधान का उपयोग करते हुए एक वैज्ञानिक प्रणाली में हिंदी साहित्य के इतिहास का पहला संहिताकार माना जाता है।
अतः विकल्प (B) सही है।

117. 'पूस की रात' कहानी के लेखक प्रेमचन्द हैं।

कहानी का शाब्दिक अर्थ है, कहना। जो कुछ भी कहा जाय, कहानी है; किन्तु विशिष्ट अर्थ में किसी रोचक घटना का वर्णन कहानी है। कहानी के अनिवार्य लक्षण हैं –

(1) गद्य में रचित होना।

(2) मनोरंजक या कौतूहलवर्द्धक होना।

(3) अन्त में किसी चमत्कारपूर्ण घटना की योजना।
अतः विकल्प (A) सही है।

118. एकांकी एक अंक का वह दृश्य काव्य है जिसमें एक कथा तथा एक उद्देश्य को कुछ पात्रों के माध्यम से प्रस्तुत किया जाता है।

एकांकी के प्रमुख तत्त्व हैं –

कथावस्तु, पात्र एवं चरित्र – चित्रण, संकलन – त्रय, द्वन्द्व संघर्ष, संवाद या कथोपकथन, भाषा – शैली, अभिनेयता आदि।
अतः विकल्प (D) सही है।

119. उपेन्द्रनाथ 'अश्क' के सामाजिक, प्रतीकात्मक और मनोवैज्ञानिक एकांकी सर्वाधिक लोकप्रिय हुए। उनके एकांकी इस प्रकार हैं –

पास, लक्ष्मी का स्वागत, आपस का समझौता, स्वर्ग की झलक, विवाह के दिन, जोक, चरवाहे, चिलमन, चमत्कार, सूखी डाली, अंधी गली इत्यादि।
अतः विकल्प (D) सही है।

120. उपन्यास गद्य की एक महत्त्वपूर्ण विधा है। उपन्यास एक वृहत् आकार का आख्यान या वृत्तान्त है जिसके अन्तर्गत वास्तविक जीवन के पात्रों और कार्यों का चित्रण किया जाता है।

मुंशी प्रेमचन्द जी का नाम 'उपन्यास सम्राट' के रूप में जाना जाता है। इन्होंने अनेक प्रसिद्ध उपन्यास लिखे। जिनमें 'गोदान', 'गबन', 'निर्मला', 'कर्मभूमि' प्रसिद्ध हैं।
अतः विकल्प (D) सही है।

121. भारतेन्दुयुगीन सुप्रसिद्ध निबन्धकार बालकृष्ण भट्ट हैं।

बालकृष्ण भट्ट हिन्दी के सफल पत्रकार, उपन्यासकार, नाटककार और निबंधकार थे। उन्हें आज की गद्य प्रधान कविता का जनक माना जा सकता है। हिन्दी गद्य साहित्य के निर्माताओं में उनका प्रमुख स्थान है।
अतः विकल्प (A) सही है।

122. भिक्षुराज, की रचना आचार्य चतुरसेन शास्त्री द्वारा की गई है।

अन्य सभी रचनाएं जैनेन्द्र द्वारा की गई हैं।
अतः विकल्प (C) सही है।

123. कृष्णाश्रयी शाखा के प्रमुख कवि हैं- सूरदास, नंददास, कुम्भनदास, छीतस्वामी, गोविन्द स्वामी, चतुर्भुज दास, कृष्णदास, मीरा, रसखान, रहीम आदि।

केशवदास का सम्बन्ध रामाश्रयी शाखा से है।
अतः विकल्प (C) सही है।

124. हिन्दी साहित्य का रीति काल संवत 1700 से 1900 तक माना जाता है यानी 1643 ई० से 1843 ई० तक। रीति का अर्थ है बना बनाया रास्ता या बंधी-बंधाई परिपाटी। इस काल को रीतिकाल कहा गया क्योंकि इस काल में अधिकांश कवियों ने श्रृंगार वर्णन, अलंकार प्रयोग, छंद बद्धता आदि के बंधे रास्ते की ही कविता की। हालांकि घनानंद, बोधा, ठाकुर, गोबिंद सिंह जैसे रीति-मुक्त कवियों ने अपनी रचना के विषय मुक्त रखे। इस काल को रीतिबद्ध, रीतिसिद्ध और रीतिमुक्त तीन भागों में बांटा गया है।

केशव, बिहारी, भूषण, मतिराम, घनानन्द, सेनापति आदि इस युग के प्रमुख रचनाकार रहे।
अतः विकल्प (D) सही है।

125. उपरोक्त दिए गए रचना एवं रचनाकार के सभी युग्म सही सुमेलित हैं।
अतः विकल्प (D) सही है।

Q.1 शिवा बावनी' के रचनाकार हैं -

A. पद्माकर   B. भूषण   C. केशवदास   D. जगनिक

Q.2 'ऋग्वेद' का सन्धि-विच्छेद क्या है?

[UPTET Paper - I, 2019]

A. ऋग + वेद   B. ऋ + वेद
C. ऋक् + वेद   D. ऋ + गवेद

Q.3 'आपबीती' शब्द में कौन सा समास है?

A. द्वन्द्व समास   B. तत्पुरुष समास
C. द्विगु समास   D. कर्मधारय समास

Q.4 कौन सा शब्द 'प्रयोजन' का समानार्थी नहीं है?

A. नियोजन   B. उद्देश्य   C. हेतु   D. लक्ष्य

Q.5 कौन सा शब्द 'ऋजु' का विलोम है?

A. सीधा   B. त्रिकोण   C. वक्र   D. सरल

Q.6 निग्रलिखित विकल्पों में किस विकल्प में विशेषण का निर्देश अशुद्ध है?

A. छब्बीस – पूर्णांक बोधक
B. ढाई – अपूर्णांक बोधक
C. वह नौकर – कोई विशेषण नहीं है
D. दूसरा – क्रमवाचक

Q.7 'आप भला तो जग भला' वाक्य में सर्वनाम के किस भेद का बोध होता है?

[UPTET Paper - I, 2019]

A. अनिश्चय वाचक सर्वनाम   B. सम्बन्ध वाचक सर्वनाम
C. प्रश्नवाचक सर्वनाम   D. निजवाचक सर्वनाम

Q.8 सखि वे मुझसे कह कर जाते। प्रस्तुत पंक्ति के रचयिता हैं -

A. अज्ञेय   B. मैथिलीशरण गुप्त
C. हरिऔध   D. जयशंकर प्रसाद

Q.9 'कनुप्रिया' के रचनाकार कौन है?

A. रांगेय राघव   B. नागार्जुन
C. भगवतीचरण वर्मा   D. धर्मवीर भारती

Q.10 प्रकाशन वर्ष की दृष्टि से डॉ. हरिवंश राय बच्चन की रचनाओं का सही अनुक्रम क्या है?

[UPTET Paper - I, 2019]

A. मधुबाला, मधुशाला, निशा निमंत्रण, मधुकलश
B. मधुशाला, मधुबाला, मधुकलश, निशा निमंत्रण
C. निशा निमंत्रण, मधुबाला, मधुकलश, मधुशाला
D. मधुकलश, मधुबाला, मधुशाला, निशा निमंत्रण

Q.11 निम्नलिखित विकल्पों को सुमेल कीजिए।

A. हिन्दी साहित्य सम्मेलन	i. 1893
B. काशी नगरी प्रचारिणी सभा	ii. 1918
C. राष्ट्रभाषा प्रचार समिति, वर्धा	iii. 1910

A. A– iii, B–ii, C–i   B. A-i, B– ii, C-iii
C. A– iii, B– i, C-ii   D. A–ii, B–i, C- iii

Q.12 'तुलसीदास' के रचनाकार कौन है?

A. महादेवी वर्मा
B. सूर्यकान्त त्रिपाठी 'निराला'
C. डॉ. रामविलास शर्मा
D. केशवदास

Q.13 'अन्या से अनन्या' आत्मकथा किसकी है?

A. प्रभा खेतान   B. उषा प्रियंवदा
C. सुषम वेदी   D. मन्नू भंडारी

Q.14 'प्रभु जी तुम चंदन हम पानी' किसका वाक्य है?

A. दादू   B. रैदास   C. नानक   D. कबीर

Q.15 निम्नलिखित में से कौन-सा शब्द शुद्ध है?

A. अंक   B. अंगना   C. चांद   D. आंख

Q.16 निम्न में से किस शब्द की वर्तनी सही है?

[UPTET Paper - I, 2019]

A. सम्प्रिधि   B. सन्निधि   C. सन्त्रिधि   D. सनिधि

Q.17 उच्चारण स्थान की दृष्टी से कौन सा विकल्प शुद्ध है?

A. ष – तालव्य   B. श – मूर्धन्य
C. स – दन्त्य   D. च – कंठय

Q.18 निम्नलिखित में कौन सा कथन अशुद्ध है?

[UPTET Paper - I, 2019]

A. हिन्दी में ज्ञ का उच्चारण परम्परा से भिन्न हो गया है।
B. विसर्ग कंठय वर्ण है।
C. 'क्ष' संयुक्त व्यंजन है।
D. दो महाप्राण व्यंजनों का उच्चारण एक साथ हो सकता है।

Q.19 निम्नलिखित दोहे में कौन-सा अलंकार है?
रहिमन पानी रखिये बिन पानी सब सुन।
पानी गए न उबरे मोती मानस चुन।

A. रूपक   B. श्लेष   C. उत्प्रेक्षा   D. उपमा

Q.20 'परिसीमन' का विलोम क्या है?

A. ससीम   B. असीमन   C. निरसीमन   D. ससीमन

Q.21 'घूसर' शब्द का पर्यायवाची क्या है?

A. अश्व   B. अजा   C. मेघ   D. गर्दभ

Q.22 'धूतों अर्थात् जीवों द्वारा होने वाला (दुख)' – वाक्य के लिए कौन सा शब्द उपयुक्त है?

A. आधिभौतिक   B. आधिदैविक
C. आत्मघाती   D. आधिदैहिक

Q.23 'ऊँट की चोरी निहुरे निहुरे' का अर्थ क्या है?

[UPTET Science and Maths, 2022], [UPTET Social Studies, 2022]

A. जान जोखिम में डालना
B. अत्यधिक प्रताड़ना की स्थिति में रहना
C. बड़े काम छिपकर नहीं किए जा सकते
D. एक का काम दूसरे को देना

Q.24 'पंकज' में कौन-सा समास है?

[UPTET Science and Maths, 2022], [UPTET Social Studies, 2022]

A. द्वंद्व	**B.** बहुव्रीहि	**C.** द्विगु	**D.** कर्मधारय

C. वीर रस   **D.** करुण रस

Q.25 'से' विभक्ति निम्न में से किस कारक के लिए प्रयुक्त होता है?
[UPTET Science and Maths, 2022], [UPTET Social Studies, 2022]

A. करण   **B.** कर्ता   **C.** कर्म   **D.** सम्प्रदान

Q.26 'विद्यार्थी' में कौन-सी संधि है?
[UPTET Science and Maths, 2022], [UPTET Social Studies, 2022]

A. वृद्धि संधि   **B.** दीर्घ संधि   **C.** यण संधि   **D.** गुण संधि

Q.27 कानन का पर्यायवाची शब्द क्या है?
[UPTET Science and Maths, 2022], [UPTET Social Studies, 2022]

A. वन
B. पुष्प
C. विहिप
D. उपर्युक्त में से कोई नहीं

Q.28 हिन्दी साहित्य के इतिहास के संबंध में 'मॉडर्न वरनाक्यूलर लिटरेचर ऑफ हिन्दोस्तान' किसने लिखा है?
[UPTET Science and Maths, 2022], [UPTET Social Studies, 2022]

A. सुमित कुमार चटर्जी
B. जॉर्ज अब्राहम ग्रियर्सन
C. धीरेन्द्र वर्मा
D. गार्सा द तासी

Q.29 निम्नलिखित पंक्ति किसकी है?
"विरहनी बावरी सी भई ऊँची चढ़ि अपने भवन में टेरत हाय दई
ले अंचरा मुख अँसुवन पोंछत उघरे गात सही।"
[UPTET Science and Maths, 2022], [UPTET Social Studies, 2022]

A. मीराबाई
B. सहजोबाई
C. दयाबाई
D. झीमा चारिणी

Q.30 हिन्दी का पहला पत्र कौन सा है?
[UPTET Science and Maths, 2022], [UPTET Social Studies, 2022]

A. इतिहास तिमिरनाशक
B. बनारस अखबार
C. उदंत मार्तण्ड
D. हरिश्चन्द्र मैगजीन

Q.31 'गुड़िया भीतर गुड़िया' के रचनाकार कौन हैं?
[UPTET Science and Maths, 2022], [UPTET Social Studies, 2022]

A. मैत्रेयी पुष्पा
B. कृष्णा सोबती
C. उषा प्रियंवदा
D. प्रभा खेतान

Q.32 'सौ अजान एक सुजान' के रचनाकार का नाम क्या है?
[UPTET Science and Maths, 2022], [UPTET Social Studies, 2022]

A. सरदार पूर्ण सिंह
B. बालमुकुन्द गुप्त
C. बदरीनारायण चौधरी
D. बालकृष्ण भट्ट

Q.33 गोस्वामी तुलसीदास का निधन वाराणसी के किस घाट पर हुआ?
[UPTET Science and Maths, 2022], [UPTET Social Studies, 2022]

A. अस्सी घाट
B. दशाश्वमेध घाट
C. मणिकर्णिका घाट
D. राम घाट

Q.34 'भक्तमाल' के रचनाकार कौन हैं?
[UPTET Science and Maths, 2022], [UPTET Social Studies, 2022]

A. केशव दास
B. नाभा दास
C. सुन्दर दास
D. विष्णू दास

Q.35 निम्नलिखित पंक्तियों में कौन सा रस प्रयुक्त है?
एक ओर अजरहिं लखि एक ओर मृगराय।
विकल बटोही बीच ही पर्यो मूरछा खाय॥
A. भयानक रस   **B.** रौद्र रस

Q.36 सूफी संतों की छंद की शैली क्या है?
[UPTET Science and Maths, 2022], [UPTET Social Studies, 2022]

A. मसनवी   **B.** मर्सिया   **C.** तर्जुमा   **D.** गजल

Q.37 इन पंक्तियों में कौन सा अलंकार प्रयुक्त है?
बिनु पग चलै सुनै बिनु काना।
कर बिनु कर्म करै विधि नाना।।
A. विशेषोक्ति   **B.** विभावना   **C.** दृष्टांत   **D.** असंगति

Q.38 कौन-सा वाक्य शुद्ध है?
A. गलियों को चौड़ा करना आवश्यक है
B. खेतों में लम्बे-लम्बे घास उग आए
C. परशुराम के क्रोधाग्नि ने क्षत्रियों को जला दिया
D. वृक्षों पर कोयल कूक रही है

Q.39 'वह द्वार-द्वार भीख मांगते चलता है' वाक्य में कौन-सा कारक है?
A. सम्बोधन   **B.** अधिकरण   **C.** अपादान   **D.** सम्बन्ध

Q.40 'आयुष्मान' का स्त्रीलिंग क्या है?
[UPTET Science and Maths, 2019], [UPTET Social Studies, 2019]

A. आयुष्यमयी
B. आयुषी
C. आयुष्मती
D. आयुष्मयी

Q.41 "मिट्टी का माधो" होने से क्या अर्थ है?
[UPTET Science and Maths, 2019], [UPTET Social Studies, 2019]

A. बहुत ही मुर्ख
B. कृष्ण की मूर्ति
C. मिट्टी की मूर्ति
D. समझदार होना

Q.42 'तद्धित' का सन्धि-विच्छेद क्या है?
A. तद + हित
B. तत् + हित
C. तद + धित
D. तत + धित

Q.43 निम्नलिखित में कौन-सा शब्द एकवचन तथा बहुवचन दोनों में प्रयोग हो सकता है?
[UPTET Science and Maths, 2019], [UPTET Social Studies, 2019]

A. बालिका   **B.** लड़का   **C.** बेटा   **D.** मुनि

Q.44 किस शब्द में तत्पुरुष समास है?
[UPTET Science and Maths, 2019], [UPTET Social Studies, 2019]

A. मधुमक्खी   **B.** दौड़धुप   **C.** पीताम्बर   **D.** त्रिभुवन

Q.45 'सर पर सवार रहना' मुहावरे का अर्थ क्या है?
[UPTET Science and Maths, 2019], [UPTET Social Studies, 2019]

A. भाग जाना
B. पीछे पड़ना
C. मरने-मारने पर उतारू होना
D. बाधक होना

Q.46 कौन सा विकल्प 'बाण' का पर्यायवाची नहीं है?
[UPTET Science and Maths, 2019], [UPTET Social Studies, 2019]

A. आशुग   **B.** सारंग   **C.** शिलीमुख   **D.** विशिख

Q.47 निम्नलिखित पंक्तियों में कौन-सा अलंकार है?
'बीती विभावरी जागरी
अम्बर पनघट में डुबो रही
तारघट उषा नागरी'

A. उपमा   **B.** रूपक   **C.** उर्प्रेक्षा   **D.** यमक

Q.48 निम्न में कौन सा अलंकार प्रयुक्त है?
बिन घनस्याम धाम – धाम ब्रज मण्डल में,
उधौ नित बसति बहार बरसा की है ॥

A. रूपक   **B.** यमक   **C.** श्लेष   **D.** उपमा

Q.49 हिन्दी कविता को छंदों की परिधि से मुक्त कराने वाले थे?

A. सुमित्रानंदन पन्त   **B.** जयशंकर प्रसाद
C. महादेवी वर्मा   **D.** सूर्यकांत त्रिपाठी निराला

Q.50 "लोग आजीवन टट्टू की तरह जुते रहते हैं।" 'टट्टू' शब्द का बहुवचन बताओ।

A. टट्टूएँ   **B.** टट्टुओं   **C.** टट्टू   **D.** टट्टूयों

Q.51 निम्न में से "यण संधि " का उदाहरण नहीं है -

A. देव्यागमन   **B.** नाविक   **C.** अन्वेषण   **D.** स्वागत

Q.52 "प्रतिध्वनि" शब्द में समास है।

A. अव्ययीभाव समास   **B.** तत्पुरुष समास
C. द्वन्द समास   **D.** कर्मधारय समास

Q.53

आंचलिक रचनाएँ किससे संबंधित होती है?

A. देश विशेष से   **B.** लोक विशेष से
C. क्षेत्र विशेष से   **D.** जाती विशेष से

Q.54 निम्नलिखित में से कौन-सा शब्द देशज है?

A. लाश   **B.** औरत   **C.** धड़ाम   **D.** पतलून

Q.55 निम्नलिखित में से कौन-सा वर्ण दंत से उच्चारण की दृष्टि से सही नहीं है ?

A. त   **B.** न   **C.** ध   **D.** ट

Q.56 संविधान के किस अनुच्छेद के अनुसार हिन्दी भारत की राजभाषा है?

A. अनुच्छेद 345   **B.** अनुच्छेद 351
C. अनुच्छेद 344   **D.** अनुच्छेद 343

Q.57 'ज' ध्वनि का उच्चारण स्थान क्या है?

A. दंतालु   **B.** तालु   **C.** दंत   **D.** मुद्धरा

Q.58 कालक्रम की दृष्टि से निम्नलिखित कहानियों का सही अनुक्रम क्या है?

A. वापसी, यक्षगान, मिठाईवाला, इन्दुमति
B. मिठाईवाला, वापसी, यक्षगान, इन्दुमति
C. इन्दुमति, मिठाईवाला, वापसी, यक्षगान
D. यक्षगान, इन्दुमति, वापसी, मिठाईवाला

Q.59 प्रकाशन वर्ष की दृष्टि रामधारी सिंह दिनकर की रचनाओं का सही क्रम है:

A. उर्वशी, रश्मिरथी, कुरुक्षेत्र, परशुराम की प्रतीक्षा
B. रश्मिमरथी, उर्वशी, परशुराम की प्रतीक्षा, कुरुक्षेत्र
C. कुरुक्षेत्र, रश्मिरथी, उर्वशी, परशुराम की प्रतीक्षा
D. कुरुक्षेत्र, उर्वशी, रश्मिरथी, परशुराम की प्रतीक्षा

Q.60 निम्न में से "जयशंकर प्रसाद" की रचना नहीं है।

A. झरना   **B.** आंसू   **C.** स्वर्णधूलि   **D.** कामायनी

Q.61 निम्नलिखित में से कौन-सा तद्भव शब्द है?

A. चित्रकार   **B.** अचरज   **C.** घृत   **D.** नियंत्रण

Q.62 "मधुकलश" के रचनाकार निम्न में से कौन है?

A. बालकृष्ण शर्मा नवीन   **B.** सुमित्रा नन्दन पन्त
C. कृष्ण दास   **D.** हरिवंशराय बच्चन

Q.63 "परमाल रासो" किस कवि की रचना है?

A. कुंभनदास   **B.** जगनिक   **C.** तुलसीदास   **D.** नन्ददास

Q.64 "कादम्बरी" के लेखक हैं।

A. भारतेन्द हरिशचन्द्र   **B.** प्रताप नारायण मिश्र
C. बाणभट्ट   **D.** बद्री नारायण चौधरी

Q.65 'बिल्ली छत से कूद पड़ी। वाक्य में कौन-सा कारक है?

A. कर्म कारक   **B.** अधिकरण कारक
C. सम्प्रदान कारक   **D.** अपादान कारक

Q.66 पुल्लिंग और स्त्रीलिंग में कौन-सा जोड़ा सही नहीं है?

A. दाता - दानी   **B.** तेली - तेलिन
C. मोटा - मोटी   **D.** धोबी- धोबिन

Q.67 'परोपकार' शब्द का संधि-विच्छेद होगा-

A. पर + उपकार   **B.** परा + उपकार
C. परोप + कार   **D.** परो + पकार

Q.68 "युद्धभूमि" शब्द में कौन-सा समास है?

A. सम्प्रदान तत्पुरुष समास
B. करण तत्पुरुष समास
C. सम्बन्ध तत्पुरुष समास
D. अधिकरण तत्पुरुष समास

Q.69 'प्नन्ति' क्रियापद में लकार है -

A. लृट्   **B.** लोट्   **C.** लट्   **D.** लड लकार

Q.70 "वधू" शब्द के चतुर्थी विभक्ति के एकवचन का रूप होगा-

A. वधम्   **B.** वध्वा   **C.** वध्यै   **D.** वध्:

Q.71 'मनसा ध्यानं करोति' वाक्य का हिंदी अनुवाद होगा-

A. मंसा ध्यान करती है
B. मनसा का ध्यान जाता है
C. मन से ध्यान करता है
D. मन का ज्ञान होता है

Q.72 वर्णो, शब्दों, पदों और वाक्यों का क्या रूप और क्या प्रयोग है, इन तत्वों का निरीक्षण करके जो शास्त्र किसी भाषा के नियम निर्धारित करता है, उसे क्या कहते हैं?

A. ध्वनि विज्ञान   **B.** लिपि
C. व्याकरण   **D.** भाषा विज्ञान

Q.73 हिन्दी का पाणिनि किसे कहा गया है?

A. राहुल सांकृत्यायन
B. अम्बिका दत्त वार्स
C. आचार्य किशोरीदास वाजपेयी
D. पं कामता प्रसाद गुरु

Q.74 उस प्रत्यय विशेष को जो प्रतिपादिक (शब्द या धातु) में संलग्न होकर वाक्य में व्याकरणिक सम्बन्धों (अर्थों) को स्पष्ट करने में सहायक होता है। उसे क्या कहते हैं ?

A. विभक्ति   **B.** प्रत्यय   **C.** उपसर्ग   **D.** प्रत्याहार

Q.75 "जिसका अस्तित्व होता है या होने की कल्पना की जा सकती है", उसे क्या कहते हैं ?

A. क्रिया	B. संज्ञा	C. वस्तु	D. विशेषण

C. लक्ष्मी नारायण लाल   D. गोविन्द वल्लभ पंत

Q.76 वस्तुओं के नाम बताने वाले शब्द को क्या कहा जाता है?
A. सर्वनाम   B. संज्ञा   C. विशेषण   D. अव्यय

Q.77 राम, कृष्ण, बुद्ध, कलकत्ता, कामायनी, सूर्य आदि हैं –
A. जातिवाचक   B. भाववाचक
C. व्यक्तिवाचक   D. समूहवाचक

Q.78 जिन ध्वनियों के संयोग से शब्दों का निर्माण होता है, उन्हे कहते हैं –
A. प्रतिध्वनि   B. ध्वनि   C. वाणी   D. वर्ण

Q.79 स्वरों के दो प्रकार कौन – कौन हैं?
A. मूल स्वर और संधि   B. स्वर और व्यंजन
C. ध्वनि और वर्ण   D. उपर्युक्त सभी

Q.80 जिन स्वरों के उच्चारण में मूल स्वरों की सहायता लेनी पड़ती है, उन्हे कहते हैं–
A. स्वर संधि   B. दीर्घ स्वर
C. मूल स्वर   D. संयुक्त स्वर

Q.81 हिन्दी की देवनागरी वर्णमाला में स्पर्श व्यंजन हैं –
A. 27   B. 28   C. 26   D. 25

Q.82 चाय किस भाषा का शब्द है?
A. चीनी   B. जापानी   C. अंग्रेज़ी   D. फ्रेंच

Q.83 'दर्शन' का तत्सम रूप है।
A. दर्सन   B. दरसन   C. दर्स   D. दसर्न

Q.84 निम्न में कौन सा शब्द तत्सम है?
A. उद्म   B. खेत   C. कोर्ट   D. अजीब

Q.85 'कठिन काव्य का प्रेत' किस कवि को कहा जाता हैं?
A. मतिराम को   B. सेनापति को
C. केशवदास को   D. चिन्तामणि को

Q.86 'भक्तमाल' भक्तिकाल के कवियों की प्राथमिक जानकारी देता है, इसके रचयिता थे?
A. गार्सा द तासी   B. नरेश जयसिंह
C. भवभूति   D. नाभादास

Q.87 माला फेरत जुग भया, फिरा न मन का फेर।
कर का मन का डारि दै, मन का मनका फेर।।
उपर्युक्त पंक्ति में कौन सा अलंकार है?
A. यमक अलंकार   B. अनुप्रास अलंकार
C. श्लेष अलंकार   D. उत्प्रेक्षा अलंकार

Q.88 कहती हुई यों उत्तरा के नेत्र जल से भर गए।
हिम के कणों से पूर्ण मानो हो गए पंकज नए।
उपर्युक्त पंक्तियों में कौन-सा अलंकार है?
A. उत्प्रेक्षा अलंकार   B. मानवीकरण अलंकार
C. रूपक अलंकार   D. उपमा अलंकार

Q.89 "कहै जु पावै कौन, विद्या धन उद्दम बिना।
ज्यों पंखे की पौन, बिना डुलाए ना मिलें।"
निम्न में से कौन सा छंद है?
A. सोरठा   B. चौपाई   C. रोला   D. दोहा

Q.90 'जन्मेजय का नागयज्ञ' किसकी कृति है ?
A. सेठ गोविंद दास   B. जयशंकर प्रसाद

Q.91 "जसोदा हरि पालने झुलावे, हलरावै दुलराय मल्हावै, जोई सोई कछु गावे"
इन पंक्तियों में कौन-सा रस है?
A. करुण रस   B. रौद्र रस
C. वात्सल्य रस   D. शांत रस

Q.92 कमल किस प्रकार का शब्द है?
A. रूढ़   B. यौगिक
C. योगरूढ़   D. इनमें से कोई नहीं

Q.93 निम्न में से "बद" उपसर्ग से बना शब्द नहीं है।
A. बदतमीज   B. बाकायदा   C. बदबू   D. बददिमाग

Q.94 "जठराग्नि" शब्द का क्या अर्थ है?
A. वन की आग   B. घर की आग
C. जल की आग   D. पेट की आग

Q.95 दिये गए विकल्पों में से शब्द 'स्थावर' का विलोम क्या होगा?
A. चंचल   B. सज्जन   C. जंगम   D. वर

Q.96 दिये गए विकल्पों में रेखांकित शब्द का विलोम क्या होगा?
परोक्ष रूप से भगवान का रूप मानव पहचान नहीं पाता।
A. वाचाल   B. विकीर्ण   C. वाम   D. प्रत्यक्ष

Q.97 दिये गए विकल्पों में से 'मृदुल' शब्द का विलोम बताइये।
A. कठिन   B. कठोर   C. खराब   D. रुष्ट

Q.98 दिये गए विकल्पों में से 'अपकीर्ति' का विलोम बताइये।
A. कीर्ति   B. परवर्ती   C. अनुरक्ति   D. स्फूर्ति

Q.99 'नाक कटना' मुहावरे का अर्थ है-
A. खून बहना   B. बदनामी होना
C. नुकसान होना   D. इज्जत करना

Q.100 'एक तो दोष था ही उस पर दूसरा दोष लग जाना' की सही कहावत होगी:
A. अधजल गगरी छलकत जाए
B. हाथ कंगन को आरसी क्या
C. एक तो करेला दूजे नीम चढ़ा
D. छोटा मुँह बड़ी बात

Q.101 'गागर में सागर भरना' मुहावरे का अर्थ है:
A. थोड़ा काम करना   B. बहुत ज्यादा कहना
C. थोड़े में बहुत कहना   D. ज्यादा में थोड़ा कहना

Q.102 'शैतान की आंत' का अर्थ है:
A. अत्यंत धूर्त व्यक्ति
B. नगण्य वस्तु
C. बहुत लम्बी वस्तु
D. अत्यन्त लाभदायक वस्तु

Q.103 "एक परेशानी या मुसीबत से निकलकर दूसरी में जाना" किस मुहावरे का अर्थ है?
A. खटाई में पड़ना
B. खेल खेलाना
C. खटाई में डालना
D. खाई से निकलकर खंदक में कूदना

Q.104 "परिश्रम कोई व्यक्ति करे और लाभ किसी दूसरे को हो जाए।"इस वाक्य से किस मुहावरें का सम्बन्ध हैं।

A. अंडे सेवे कोई, बच्चे लेवे कोई

B. अढ़ाई दिन की बादशाहत

C. अब पछताए होत क्या जब चिडिया चुग गई खेत

D. अन्न जल उठ जाना

Q.105 'चमड़ी जाए पर दमड़ी न जाए' लोकोक्ति का अर्थ होगा:

A. अत्यधिक कंजूस होना   B. धन की हानि होना

C. आपस में फूट पड़ना   D. चोट लगना

Q.106 'पानी में आग लगाना' - मुहावरे के अर्थ का दिए गए विकल्पों में से चयन कीजिए:

A. असंभव कार्य को संभव कर डालना

B. शांति में विघ्न डालना

C. क्षुब्ध होना

D. पुरानी दुश्मनी को ताजा करना

Q.107 'भीगी बिल्ली होना' का क्या अभिप्राय है?

A. भीग जाना

B. बिल्ली की आवाज निकालना

C. डर जाना

D. सर्दी लग जाना

Q.108 'अपना हाथ जगन्नाथ' का क्या अर्थ है?

A. मनमानी करना

B. अपना हाथ पूजनीय होता है

C. अपने हाथ से काम करना ही उपयुक्त होता है

D. अपने हाथ से दान करना

Q.109 शुद्ध वर्तनी का चयन कीजिए –

A. कुमुदनी   B. कुमुदुनी   C. कुमुदिनी   D. कुमदुनी

Q.110 दिए गये शब्दों में शुद्ध वर्तनी वाला शब्द है:

A. सचिदानन्द   B. सच्चीदानंद

C. सच्चिदानंद   D. सचितानंद

Q.111 यह रास्ता द्रुग्म है, सावधानी से चलें को शुद्ध करें-

A. दुग्रम   B. दुरगम   C. दुर्गिम   D. दुर्गम

Q.112 शुद्ध वर्तनी का चयन कीजिए।

A. श्रृष्टि   B. श्रृष्टि   C. सृष्टि   D. श्री

Q.113 शुद्ध वर्तनी का चयन कीजिए।

A. तहसीलदारी   B. तहिसीलदारी

C. तहशीलदारी   D. तहीसलदारी

Q.114 'लुहार' शब्द का स्त्रीलिंग रूप क्या है?

A. लुहारी   B. लुहारिन   C. लोहारिन   D. लुहराइन

Q.115 'तुम आ जाते एक बार।
कितनी करुणा, कितने सन्देश,
पथ में बिछ जाते बन पराग।'
इन पंक्तियों में कौन-सा रस सृजित होता। है?"

A. श्रृंगार रस   B. वीभत्स रस

C. वीर रस   D. अदभुत रस

Q.116 मृगनयनी उपन्यास के रचनाकार हैं -

A. उपेन्द्र नाथ अश्क   B. यशपाल

C. जैनेन्द्र कुमार   D. वृन्दावन लाल वर्मा

Q.117 "माता ऐसा बेटा जनिये,
कै शूरां कै कहाय।"
इन पंक्तियों में कौन-सा रस सृजित होता है?"

A. अद्भुत रस   B. वीभत्स रस

C. श्रृंगार रस   D. वीर रस

Q.118 "दुख ही जीवन की कथा रही,
क्या कहूँ, आज जो नहीं कही।'
इन पंक्तियों में कौन-सा रस सृजित होता है? "

A. करुण रस   B. श्रृंगार रस

C. वीभत्स रस   D. अद्भुत रस

Q.119 निम्नलिखित में से कौन-सी पुस्तक प्रेमचंद द्वारा लिखित नहीं है?

A. कायाकल्प   B. जय पराजय

C. रंगभूमि   D. प्रेमाश्रम

Q.120 'मैथिल कोकिल' किसे कहा जाता है?

A. विद्यापति   B. अमीर खुसरो

C. चंदबरदाई   D. हेमचन्द्र

Q.121 'प्रकृति के सुकुमार कवि' किसे कहा जाता है?

A. जयशंकर प्रसाद   B. सुमित्रानंदन पंत

C. महादेवी वर्मा   D. निराला

Q.122 बाल चित्रण में कौन -सा कवि श्रेष्ठ है?

A. रसखान   B. मीराबाई   C. सूरदास   D. कबीरदास

Q.123 'कथा सम्राट' किसे कहा जाता है?

A. प्रेमचंद   B. जैनेन्द्र कुमार

C. अज्ञेय   D. फणीश्वरनाथ 'रेणु'

Q.124 'एक भारतीय आत्मा' किसे कहा जाता है?

A. जयशंकर प्रसाद   B. माखनलाल चतुर्वेदी

C. रामधारी सिंह 'दिनकर'   D. सुमित्रानंदन पंत

Q.125 'कस्तूरी कुंडल बसै' आत्मकथा है?

A. शीला झुनझुनवाला   B. मैत्रेयी पुष्पा की

C. कुसुम अंचल की   D. गोपाल प्रसाद व्यास की

// स्मार्ट उत्तर पुस्तिका //

सही उत्तर — उन छात्रों के प्रतिशत को इंगित करता है जिन्होंने प्रश्नों का सही उत्तर दिया था।

छोड़ दिया — उन छात्रों के प्रतिशत को इंगित करता है जिन्होंने प्रश्नों को छोड़ दिया था।

प्रश्न संख्या	उत्तर	सही उत्तर / छोड़ दिया	प्रश्न संख्या	उत्तर	सही उत्तर / छोड़ दिया	प्रश्न संख्या	उत्तर	सही उत्तर / छोड़ दिया	प्रश्न संख्या	उत्तर	सही उत्तर / छोड़ दिया	प्रश्न संख्या	उत्तर	सही उत्तर / छोड़ दिया
1	B	61.44 % / 1.42 %	17	C	49.61 % / 1.12 %	33	A	68.57 % / 2.0 %	49	D	50.66 % / 1.02 %	65	D	48.8 % / 1.15 %
2	C	89.12 % / 0.0 %	18	D	62.64 % / 1.25 %	34	B	52.31 % / 1.26 %	50	B	63.38 % / 1.27 %	66	A	54.28 % / 1.79 %
3	B	50.65 % / 1.63 %	19	B	43.49 % / 1.45 %	35	A	55.24 % / 1.01 %	51	B	45.7 % / 1.3 %	67	A	56.13 % / 1.58 %
4	A	64.13 % / 1.18 %	20	B	56.4 % / 1.3 %	36	A	62.78 % / 1.73 %	52	A	44.57 % / 1.98 %	68	A	56.19 % / 1.1 %
5	C	43.5 % / 1.25 %	21	D	48.13 % / 1.68 %	37	B	65.48 % / 1.04 %	53	C	54.62 % / 1.42 %	69	C	47.79 % / 1.84 %
6	C	47.24 % / 1.09 %	22	A	55.9 % / 1.88 %	38	A	57.35 % / 1.6 %	54	C	66.59 % / 1.79 %	70	C	56.43 % / 1.53 %
7	D	43.53 % / 1.07 %	23	C	48.57 % / 1.11 %	39	B	42.35 % / 1.14 %	55	D	55.82 % / 1.08 %	71	C	49.78 % / 1.85 %
8	B	45.42 % / 1.8 %	24	B	43.61 % / 1.09 %	40	C	41.69 % / 1.83 %	56	D	60.03 % / 1.14 %	72	C	69.29 % / 1.25 %
9	D	64.73 % / 1.41 %	25	A	52.51 % / 1.86 %	41	A	58.73 % / 1.19 %	57	B	62.32 % / 1.13 %	73	C	60.6 % / 1.84 %
10	B	56.06 % / 1.04 %	26	B	46.24 % / 1.72 %	42	B	52.2 % / 1.22 %	58	C	40.73 % / 1.14 %	74	A	66.14 % / 1.25 %
11	C	64.57 % / 1.54 %	27	A	67.62 % / 1.89 %	43	D	44.27 % / 1.44 %	59	C	46.0 % / 1.22 %	75	C	43.38 % / 1.35 %
12	B	40.61 % / 1.16 %	28	B	61.18 % / 1.37 %	44	A	52.28 % / 1.27 %	60	C	49.61 % / 1.57 %	76	B	53.23 % / 1.39 %
13	A	59.86 % / 1.98 %	29	A	56.07 % / 1.81 %	45	B	60.17 % / 1.79 %	61	B	68.21 % / 1.12 %	77	C	57.59 % / 1.8 %
14	B	64.45 % / 1.9 %	30	C	55.15 % / 1.75 %	46	B	64.62 % / 1.26 %	62	D	58.08 % / 1.85 %	78	D	46.57 % / 1.9 %
15	A	76.62 % / 0.0 %	31	A	56.85 % / 1.73 %	47	B	40.67 % / 1.54 %	63	B	62.59 % / 1.68 %	79	A	50.33 % / 1.3 %
16	B	65.73 % / 1.92 %	32	D	60.0 % / 1.84 %	48	C	40.81 % / 1.51 %	64	C	57.18 % / 1.39 %	80	A	56.81 % / 1.29 %

प्रश्न संख्या	उत्तर	सही उत्तर / छोड़ दिया
81	D	54.59 % / 1.82 %
82	A	44.15 % / 1.62 %
83	B	58.68 % / 1.23 %
84	A	50.98 % / 1.23 %
85	C	52.74 % / 1.09 %
86	D	86.39 % / 0.0 %
87	A	43.71 % / 1.75 %
88	A	61.63 % / 1.18 %
89	A	61.27 % / 1.74 %

प्रश्न संख्या	उत्तर	सही उत्तर / छोड़ दिया
90	B	59.48 % / 1.4 %
91	C	47.34 % / 1.95 %
92	A	62.1 % / 1.82 %
93	B	55.69 % / 1.27 %
94	D	56.54 % / 1.96 %
95	C	44.09 % / 1.2 %
96	D	50.59 % / 1.13 %
97	B	51.7 % / 1.39 %
98	A	69.69 % / 1.83 %

प्रश्न संख्या	उत्तर	सही उत्तर / छोड़ दिया
99	B	54.72 % / 1.56 %
100	C	51.64 % / 1.8 %
101	C	65.34 % / 1.19 %
102	C	47.22 % / 1.45 %
103	D	52.21 % / 1.89 %
104	A	67.23 % / 1.07 %
105	A	59.38 % / 1.58 %
106	A	59.71 % / 1.04 %
107	C	45.4 % / 1.99 %

प्रश्न संख्या	उत्तर	सही उत्तर / छोड़ दिया
108	C	52.35 % / 1.81 %
109	C	58.52 % / 1.12 %
110	C	47.13 % / 1.18 %
111	C	57.28 % / 1.04 %
112	C	43.83 % / 1.97 %
113	A	49.02 % / 1.18 %
114	B	68.52 % / 1.16 %
115	A	55.29 % / 1.08 %
116	D	68.91 % / 1.95 %

प्रश्न संख्या	उत्तर	सही उत्तर / छोड़ दिया
117	D	59.32 % / 1.1 %
118	A	57.48 % / 1.2 %
119	B	42.63 % / 1.08 %
120	A	65.47 % / 1.87 %
121	B	45.62 % / 1.4 %
122	C	69.3 % / 1.88 %
123	A	68.67 % / 1.09 %
124	B	65.8 % / 1.44 %
125	B	51.61 % / 1.53 %

कार्य विश्लेषण	
औसत अंक (%)	44.47%
टॉपर्स स्कोर (%)	57.88%
आपका स्कोर	

//संकेत और समाधान//

1. शिवा बावनी भूषण द्वारा रचित बावन (52) छन्दों का काव्य है जिसमें छत्रपति शिवाजी महाराज के शौर्य, पराक्रम आदि का ओजपूर्ण वर्णन है। इसमें इस बात का वर्णन है कि किस प्रकार उन्होंने हिन्दू धर्म और राष्ट्र की रक्षा की।

अत: विकल्प (B) सही है।

2. 'ऋग्वेद' का सन्धि-विच्छेद 'ऋक् + वेद' है, इसमें व्यंजन संधि है।

व्यंजन संधि में यदि प्रथम वर्ण + घोष वर्ण (पंचम वर्ण को छोड़कर) आये तो प्रथम वर्ण अपने वर्ग के तृतीय वर्ण में रूपांतरित हो जाएगा।

अत: विकल्प (C) सही है।

3. 'आपबीती' शब्द में 'तत्पुरुष' समास है, इसका विग्रह 'आप पर बीती' है, यहाँ समास होने पर विभक्ति 'पर' का लोप होता है अर्थात यहाँ 'तत्पुरुष समास' है।

अत: विकल्प (B) सही है।

4. दिए गए विकल्पों में 'नियोजन' शब्द 'प्रयोजन' का समानार्थी नहीं है। 'नियोजन' का अर्थ 'नियुक्त करना' होता है।

'प्रयोजन' के अन्य समानार्थी शब्द हैं 'ध्येय, मकसद, अभिप्राय'।

अत: विकल्प (A) सही है।

5. 'ऋजु' का विलोम शब्द 'वक्र'। 'ऋजु' का अर्थ है 'सीधा, ईमानदार, सच्चा' तथा 'वक्र' का अर्थ है 'टेढ़ा, तिरछा, झुका हुआ, नत, कुटिल'।

- 'सीधा' का विलोम है 'उल्टा'।

- 'त्रिकोण' का विलोम है 'षट्कोण'।

- 'सरल' का विलोम है 'कठिन'।

अत: विकल्प (C) सही है।

6. उपर्युक्त विकल्पों में 'वह नौकर – कोई विशेषण नहीं है' में विशेषण का निर्देश अशुद्ध है।

विशेषण - जो शब्द संज्ञा या सर्वनाम शब्दों की विशेषता बताते हैं।

अत: विकल्प (C) सही है।

7. 'आप भला तो जग भला' वाक्य में सर्वनाम के 'निजवाचक' भेद का बोध होता है।

अत: विकल्प (D) सही है।

8. 'सखि वे मुझसे कहकर जाते' कविता युग प्रवर्तक छायावादी कवि मैथिलीशरण गुप्त द्वारा रचित है। 'जयद्रथ-वध' और 'भारत भारती' के प्रकाशन से लोकप्रियता के शिखर पर पहुंचे मैथिलीशरण गुप्त को 1930 में महात्मा गांधी ने कवि से राष्ट्रकवि कहा था।

अत: विकल्प (B) सही है।

9. 'कनुप्रिया' के रचनाकार 'धर्मवीर भारती'। धर्मवीर भारती की कृति 'कनुप्रिया', कनु अर्थात कृष्ण की प्रिया राधा की अनुभूतियों की गाथा है। ऐसा लगता है जैसे धर्मवीर भारती ने नारी के अंतर्मन की एक एक परत खोल कर देखी है। इस रचना में नारी के मन की संवेदनाओं और प्यार के नैसर्गिक सौन्दर्य का अप्रतिम चित्रण है। कनुप्रिया का प्रथम संस्करण सन 1959 में प्रकाशित हुआ था।

अत: विकल्प (D) सही है।

10.
प्रकाशन वर्ष की दृष्टि से डॉ. हरिवंश राय बच्चन की रचनाओं का सही अनुक्रम निम्नलिखित है -

- मधुशाला - 1935
- मधुबाला - 1936
- मधुकलश - 1937
- निशा निमंत्रण - 1938

अत: विकल्प (B) सही है।

11.

A.हिन्दी साहित्य सम्मेलन	iii. 1910
B.काशी नगरी प्रचारिणी सभा	i. 1893
C.राष्ट्रभाषा प्रचार समिति, वर्धा	ii. 1918

अत: विकल्प (C) सही है।

12. 'तुलसीदास' के रचनाकार 'सूर्यकान्त त्रिपाठी 'निराला हैं। तुलसीदास में स्वाधीनता की भावना का पूर्ण प्रस्फुटन हुआ है। भारत के सांस्कृतिक सूर्य के अस्त होने पर देश में किस तरह अंधकार छाया हुआ है इसका मार्मिक चित्रण करते हुए निराला ने दिखलाया है कि किस प्रकार एक कवि इस अंधकार को दूर करने की चेष्ट करता है। तुलसीदास के रुप में निराला ने आधुनिक कवि के स्वाधीनता-संबंधी भावों के उद्रम और विकास का चित्रण किया है।

अत: विकल्प (B) सही है।

13. 'अन्या से अनन्या' आत्मकथा 'प्रभा खेतान' की है। इन्होने 'सिमोन द बोउवा' के विश्व प्रसिद्ध उपन्यास 'द सेकेंड सेक्स' का हिंदी में अनुवाद किया था।

अत: विकल्प (A) सही है।

14. 'प्रभु जी तुम चंदन हम पानी' 'रैदास' का वाक्य है। यह संत रैदास (रविदास) द्वारा रचित 'पद' है।

अत: विकल्प (B) सही है।

15. उपर्युक्त शब्दों में से शुद्ध शब्द 'अंक' है।

- आंख: आँख
- चांद: चाँद
- अंगना: आँगन

अत: विकल्प (A) सही है।

16. दिए गए विकल्पों में 'सन्निधि' की वर्तनी शुद्ध है जिसका शाब्दिक अर्थ है 'आमने सामने की स्थिति, सन्निधान, समीपता, निकटता, पड़ोस'।

अन्य शब्द

अशुद्ध वर्तनी	शुद्ध वर्तनी	अर्थ
खरोच	खरोंच	किसी चीज़ के रगड़ जाने से या छिलने से बनने वाला चिह्न या निशान, खराश।
वरिष्ट	वरिष्ठ	ज्येष्ठ, वरीय, श्रेष्ठ, पूज्य, सबसे बढ़कर, बड़ा।
यानि	यानी	अर्थात, मतलब यह कि।

अत: विकल्प (B) सही है।

17. उच्चारण स्थान की दृष्टि से 'स – दन्त्य' विकल्प शुद्ध है।

अन्य विकल्प -

तालव्य - च, छ, ज, झ, ञ, य, श

दन्त्य - त, थ, द, ध, न, ल, स

मूर्धन्य - ट, ठ, ड, ढ, ण, र, ष

कण्ठय - क, ख, ग, घ, ड़, अ, ०ा:

अत: विकल्प (C) सही है।

18.
उपर्युक्त विकल्पों में से 'दो महाप्राण व्यंजनों का उच्चारण एक साथ हो सकता है।' कथन अशुद्ध है।

दो महाप्राण व्यंजनों का उच्चारण एक साथ नहीं हो सकता; इसलिए उनके संयोग में पूर्व वर्ण अल्पप्राण ही रहता है। जैसे, रक्खा, अच्छा, पत्थर आदि।

अत: विकल्प (D) सही है।

19. उपर्युक्त दोहे में 'श्लेष' अलंकार है।

श्लेष अलंकार - जब एक ही शब्द के विभिन्न अर्थ निकलते हों। जैसे –रहिमन पानी राखिए बिन पानी सब सून 'पानी' गए न ऊबरे मोती मानस चून' यहाँ 'पानी' मोती के सन्दर्भ में 'चमक', मनुष्य के सन्दर्भ में 'विनम्रता' तथा 'चून (आटा)' के सन्दर्भ में 'जल अर्थात पानी' है।

अत: विकल्प (B) सही है।

20. 'परिसीमन' का विलोम 'असीमन' है। 'परिसीमन' का अर्थ 'सीमा निश्चित करना' है और 'असीमन' का अर्थ 'सीमा का समापन' है।

अत: विकल्प (B) सही है।

21. 'घूसर' शब्द का पर्यायवाची 'गर्दभ' है। 'घूसर' के अन्य पर्यायवाची 'खर, धूसर, शीतलावाहन, चक्रीवान, गधा आदि हैं।

- मेघ: बादल, जलधर, पयोद, पयोधर, घन
- अश्व: हय, घोटक, सैंधव, तुरंग, रवि, पुत्र, बाजि, घोड़ा, तुरंगम, वाह
- अजा: छेरी, बकरी, छागी ।

अत: विकल्प (D) सही है।

22. 'धूतों अर्थात् जीवों द्वारा होने वाला (दुख)' – वाक्य के लिए एक शब्द 'आधिभौतिक' है।

शब्द	वाक्यांश
आधिदैविक	देव अथवा प्रकृति द्वारा होने वाले दुःख
आधिदैहिक	देह या शरीर द्वारा होने वाले दुःख
आत्मघाती	ऐसा कार्य जो स्वयं के लिए घातक हो

अत: विकल्प (A) सही है।

23. 'ऊँट की चोरी निहुरे निहुरे' का अर्थ 'बड़े काम छिपकर नहीं किए जा सकते' हैं।

- जान हथेली पर रखना: जान जोखिम में डालना ।
- उठते जूती, बैठते लात: अत्यधिक प्रताड़ना की स्थिति में रहना ।
- इसकी टोपी, उसके सर: एक का काम दूसरे को देना ।

अत: विकल्प (C) सही है।

24. 'पंकज' में 'बहुव्रीहि समास' है क्योंकि इसका पहला और उत्तर पद प्रधान नहीं है जबकि इसका संयुक्त रूप या अन्य पद प्रधान है।

जिस समास में दोनों पद प्रधान नहीं होते हैं और दोनों पद मिलकर किसी अन्य विशेष अर्थ की ओर संकेत कर रहे होते हैं।

अत: विकल्प (B) सही है।

25. 'से' विभक्ति उपर्युक्त में से 'करण' कारक के लिए प्रयुक्त होता है।

कारक - कारक यानी कि किसी कार्य को करने वाला। जो कार्य को करने में भूमिका निभाता हो कारक कहलाता है।

अत: विकल्प (A) सही है।

26. 'विद्यार्थी' में 'दीर्घ संधि' है।

दीर्घ स्वर संधि के नियमानुसार इसका विच्छेद 'विद्या + अर्थी = विद्यार्थी' है, नियम 'आ + अ = आ' है।

संधि - दो शब्दों के मेल से जो विकार (परिवर्तन) होता है उसे संधि कहते हैं।

अत: विकल्प (B) सही है।

27. कानन का पर्यायवाची 'वन' है। 'कानन' के अन्य पर्यायवाची 'अरण्य, जंगल, कान्तार, विपिन' हैं।

पुष्प के पर्यायवाची शब्द हैं 'फूल, सुमन, कुसुम, मंजरी'।

विहिप का कोई पर्यायवाची शब्द नहीं है (यह विश्व हिन्दू परिषद का संक्षेपण है)।

अत: विकल्प (A) सही है।

28. 'मॉडर्न वरनाक्यूलर लिटरेचर ऑफ हिन्दोस्तान' 'जॉर्ज अब्राहम ग्रियर्सन' ने लिखा है।

यह किताब 1989 में लिखी गयी थी जिसमें पहली बार हिंदी साहित्य के काल विभाजन का प्रयास किया गया था।

इसमें हिंदी साहित्य के काल को दस अध्यायों में बाँटा गया था।

अत: विकल्प (B) सही है।

29. उपर्युक्त पंक्तियाँ 'मीराबाई' द्वारा रचित हैं।

इस पद में उन्होंने कृष्ण के प्रति अपनी विरह भावना को दर्शाया है।

मीराबाई कृष्णभक्त कवयित्री थी।

इनकी प्रसिद्ध रचनायें - 'गीतगोविन्द टीका, नरसी जी का मायरा, राग‌गोविन्द आदि हैं।

अत: विकल्प (A) सही है।

30. हिन्दी का पहला पत्र 'उदंत मार्तण्ड' है।

इस पत्र का संपादन पंडित जुगल किशोर शुक्ल द्वारा 30 मई 1826 को कलकत्ता में हुआ था।

इसे हिंदी का पहला समाचार पत्र माना जाता है।

अत: विकल्प (C) सही है।

31. 'गुड़िया भीतर गुड़िया' के रचनाकार 'मैत्रेयी पुष्पा' हैं।

यह उनकी आत्मकथा का दूसरा भाग है, इसका पहला भाग 'कस्तूरी कुण्डल बसै' है।

अत: विकल्प (A) सही है।

32. 'सौ अजान एक सुजान' के रचानाकार 'बालकृष्ण भट्ट' हैं।

पं. बालकृष्ण भट्ट हिंदी साहित्य के सफल पत्रकार, उपन्यासकार, नाटककार और निबंधकार थे।

इन्हे आज की गद्य प्रधान कविताओं का जनक माना जा सकता है।

वे 'सौ अजान एक सुजान' को एक प्रबंध - कल्पना मानते थे।

अत: विकल्प (D) सही है।

33. गोस्वामी तुलसीदास का निधन वाराणसी के 'अस्सी घाट' पर हुआ।

संवत 1680 (सन् 1623 ई) में असी घाट पर वे परमधाम को सिधारे।

उनकी मृत्यु के सम्बन्ध में एक दोहा प्रचलित है -

"संवत सोलह सौ असी, असी गंग के तीर।

श्रावण शुक्ला सप्तमी, तुलसी तज्यो शरीर।।"

अत: विकल्प (A) सही है।

34. 'भक्तमाल' के रचनाकार 'नाभा दास' हैं।

'भक्तमाल' इनका प्रसिद्ध ग्रन्थ है जिसमें लगभग दो सौ भक्तों का चरित्रगान है।

अत: विकल्प (B) सही है।

35. उपर्युक्त पंक्तियों में 'भयानक रस' है क्योंकि इसमें 'भय' का भाव युक्त है।

- उपर्युक्त दोहे में 'एक ओर अजगर और दूसरी ओर सिंह का देखकर व्याकुल होकर यात्री बीच में मूर्छित होकर गिर पड़ा।

- यहाँ यात्री आश्रय है। अजगर और सिंह आलंबन है। अजगर की फुँकार और सिंह की गर्जना तथा उनकी भयंकर चेष्टाएँ उद्दीपन हैं।

- यात्री का कांपना व मूर्छा अनुभाव हैं, व्याकुलता चिंता, डर आदि संचारी भाव, इन सबसे पुष्ट होकर भय स्थायी भाव भयानक रस में परिणीत हुआ है।

अत: विकल्प (A) सही है।

36. सूफी संतों की शैली 'मसनवी' है। जिस रचना के प्रारंभ में ईश वंदना, पैगंबर की स्तुति एवं शाहेवक्त की प्रशंसा की जाती है वह मसनवी शैली कहलाती है।

अत: विकल्प (A) सही है।

37. जहाँ कारण के न होते हुए भी कार्य सिद्ध हो वहां विभावना अलंकार होता है। यहाँ भगवान के बारे में कहा जा रहा है कि वह बिना पैर के चलता है और बिना कानों के सुनता है। यहाँ कारण के आभाव में कार्य हो रहा है अर्थात यहाँ विभावना अलंकार है।

अत: विकल्प (B) सही है।

38. उपर्युक्त विकल्पों में से शुद्ध वाक्य है - 'गलियों को चौड़ा करना आवश्यक है'।

अन्य वाक्य-

अशुद्ध वाक्य	शुद्ध वाक्य
खेतों में लम्बे-लम्बे घास उग आए	खेतों में लम्बी - लम्बी घास उग आयी।
परशुराम के क्रोधाग्नि ने क्षत्रियों को जला दिया	परशुराम की क्रोधाग्नि ने क्षत्रियों को जला दिया
वृक्षों पर कोयल कूक रही है	वृक्ष पर कोयल कूक रही है।

अत: विकल्प (A) सही है।

39. 'वह द्वार-द्वार भीख माँगता चलता है' वाक्य में 'अधिकरण' कारक है क्योंकि इसमें 'द्वार-द्वार' के बाद 'पर' का लोप हो रहा है। इसीलिए यहाँ अधिकरण कारक है। अधिकरण कारक का विभक्ति चिन्ह या परसर्ग 'में, पर' होता है।

अत: विकल्प (B) सही है।

40. 'आयुष्मान' का स्त्रीलिंग शब्द 'आयुष्मती' है।

'आयुष्मान' का अर्थ चिरंजीवी, दीर्घायु है। 'आयुष्मती' का अर्थ 'चिरंजीवी या अधिक आयु पाने वाली' है।

अत: विकल्प (C) सही है।

41. उपर्युक्त मुहावरा 'मिट्टी का माधो' का अर्थ 'बहुत ही मुर्ख' है।

वाक्य प्रयोग - सोहन को कुछ भी समझाना व्यर्थ है वह तो 'मिट्टी का माधो' है।

अत: विकल्प (A) सही है।

42. 'तद्धित' का सन्धि-विच्छेद 'तत् + हित' है। यहाँ व्यंजन संधि है।

व्यंजन संधि में वर्गों के अंतिम वर्णों को छोड़, शेष वर्णों के बाद 'ह' आये, तो 'ह' पूर्व वर्ण के वर्ग का चतुर्थ वर्ण में बदल जाता है और 'ह' के पूर्व वर्ण अपने वर्ग का तृतीय वर्ण हो जाता है।

अत: विकल्प (B) सही है।

43. 'मुनि' शब्द एकवचन तथा बहुवचन दोनों में प्रयोग हो सकता है।

- एकवचन - मुनि ने बालक को आशीर्वाद दिया।

- बहुवचन - मुनि भोजन कर रहे हैं।

अत: विकल्प (D) सही है।

44. उपर्युक्त विकल्पों में से 'मधुमक्खी' में तत्पुरुष समास है। इसका समास विग्रह 'मधु की मक्खी' होगा तथा इसमें 'की' का लोप होने से ये 'संबंध तत्पुरुष समास' है।

अत: विकल्प (A) सही है।

45. 'सर पर सवार रहना' मुहावरे का अर्थ 'पीछे पड़ना' है। जैसे - परीक्षा के वक्त शिक्षकगण सर पर सवार रहते हैं।

अत: विकल्प (B) सही है।

46. ''बाण' का पर्यायवाची 'सारंग' नहीं है। शेष विकल्प 'आशुग, शिलीमुख, विशिख' बाण के पर्यायवाची शब्द हैं।

अत: विकल्प (B) सही है।

47. उपर्युक्त पद्य में 'रूपक' अलंकार है क्योंकि इसमें 'अम्बर' (उपमेय) पर 'पनघट' (उपमान) का 'तारा' (उपमेय) पर 'घट' (उपमान) का तथा 'उषा' (उपमेय) पर 'नागरी' (उपमान) का अभेद आरोप है। इस प्रकार इसमें 'रूपक अलंकार' प्रयुक्त है।

अत: विकल्प (B) सही है।

48. उपर्युक्त पद्य में 'श्लेष' अलंकार है। इसमें 'घनश्याम' शब्द के एक से अधिक अर्थ हैं। एक अर्थ 'श्रीकृष्ण' दूसरा अर्थ 'बादल' है इसीलिए यहाँ 'श्लेष अलंकार' है।

अत: विकल्प (C) सही है।

49. सूर्यकांत त्रिपाठी निराला को मुक्त छंद का प्रयोग करने वाला कभी माना जाता है और ऐसा माना जाता है कि निराला जी की कविता को छंदों से पहली बार मुक्त कराया और मुक्त छंद का प्रयोग किया था।

अत: विकल्प (D) सही है।

50. दिये गये विकल्पों में से 'टट्टू' का बहुवचन 'टट्टुओं' होगा, जबकि शेष सभी विकल्प बहुवचन की दृष्टि से असंगत हैं।

अत: विकल्प (B) सही है।

51. नाविक शब्द में अयादि संधि है, अन्य विकल्पों में यण संधि है।

संधि - सन्धि (सम् + धि) शब्द का अर्थ है 'मेल' या जोड़। दो निकटवर्ती वर्णों के परस्पर मेल से जो विकार (परिवर्तन) होता है वह संधि कहलाता है।

नाविक = नौ + इक (अयादि संधि)

अत: विकल्प (B) सही है।

52. समास - समास का तात्पर्य होता है - संधिप्तीकरण। इसका शाब्दिक अर्थ होता है छोटा रूप। अथार्त जब दो या दो से अधिक शब्दों से मिलकर जो नया और छोटा शब्द बनता है उस शब्द को समास कहते हैं।

प्रतिध्वनि = ध्वनि ही ध्वनि - (अव्ययीभाव समास)

अव्ययीभाव समास - इस समास में पहला पद (पूर्व पद) प्रधान होता है और पूरा पद अव्यय होता है। इसमें पहला पद उपसर्ग होता है जैसे अ, आ, अनु, प्रति, हर, भर, नि, निर, यथा, यावत आदि उपसर्ग शब्द का बोध होता है।

अत: विकल्प (A) सही है।

53. आंचलिक रचनाएँ क्षेत्र विशेष से संबंधित होती है। क्षेत्र विशेष के सर्वांगीण जीवन को जिसमें वहाँ के साधारण-असाधारण विवरण, परिचित-अपरिचित भूमियों का उद्घाटन, विविध छवियों का अंकन आदि निहित होता है, वस्तु

मुखी दृष्टि से रूपायित करता है तथा इसमें रचनाशीलता का नया आग्रह एवं लोकधर्मी भाषा, बोलियों-उपबोलियों की भी विविध भंगिमाएँ निहित होती।

अतः विकल्प (C) सही है।

54. दिए गए विकल्पों में धड़ाम शब्द देशज शब्द है आनी शब्द विदेशी शब्द है

देशज शब्द - जिन शब्दों की उत्पत्ति हमारे देश की भाषाओं से हुई है, उन्हें देशी शब्द कहा जाता है।

जैसे:- लोटा, डोसा, इटली, धड़ाम

विदेशी भाषाओं के शब्द 'विदेशी' कहलाते हैं।

तुर्की शब्द - उर्दू, मुग़ल, तलाश, बेगम, बहादुर, लाश, लफंगा।

अतः विकल्प (C) सही है।

55. वर्ण - वर्णों के समुदाय को ही वर्णमाला कहते हैं। हिन्दी वर्णमाला में 52 वर्ण हैं। ट वर्ण का उच्चारण की दृष्टि से दन्त वर्ण नहीं है, ट वर्णों का उच्चारण मूर्धा से होता है। वर्णों का उच्चारण-

कण्ठय - क, ख, ग, घ, ङः

तालव्य - च, छ, ज, झा, व

मूर्धन्य - ट, ठ, ड, ढ, ण

दन्ये - त, थ, द, ध, न

ओष्ठय - प, फ़ ब, भ. म

अन्तःस्थ - य, र, ल. व

अतः विकल्प (D) सही है।

56. हिन्दी को भारत की राजभाषा के रूप में 14 सितम्बर सन् 1949 को स्वीकार किया गया। इसके बाद संविधान में राजभाषा के सम्बन्ध में धारा 343 से 351 तक की व्यवस्था की गयी। इसकी स्मृति को ताजा रखने के लिये 14 सितम्बर का दिन प्रतिवर्ष हिन्दी दिवस के रूप में मनाया जाता है।

धारा 343(1) के अनुसार भारतीय संघ की राजभाषा हिन्दी एवं लिपि देवनागरी होगी।

अतः विकल्प (D) सही है।

57. वर्णों का उचारण स्थान:

किसी भी वर्ण का उच्चारण मुख द्वारा होता है। जिह्वा (जीभ) मुख के जिस भाग को स्पर्श करती है, उन्हीं स्थानों को वर्णों का उच्चारण स्थान कहते है।

तालु से उचारण होने वाले वर्ण : इ,च,छ, ज, झ, ज, य, श।

अतः विकल्प (B) सही है।

58. कहानी प्रकाशन वर्ष कहानीकार-

इन्दुमति 1900 ई. किशोरीलाल गोस्वामी

मिठाईवाला 1942 ई. भगवती प्रसाद बाजपेयी

वापसी 1960 ई. उषा प्रियंवदा

यक्षगान 1997 ई. अखिलेश

अतः विकल्प (C) सही है।

59. प्रकुरूक्षेत्र (1946)

रश्मिरथी (1952)

उर्वशी (1961)

परशुराम की प्रतीक्षा (1963)

रामधारी सिंह 'दिनकर' हिन्दी के एक प्रमुख लेखक, कवि व निबन्धकार थे। वे आधुनिक युग के श्रेष्ठ वीर रस के कवि के रूप में स्थापित हैं।

अतः विकल्प (C) सही है।

60. स्वर्णधूलि सुमित्रानन्दन पंत का सातवाँ काव्य-संकलन है। इसका प्रकाशन सन् 1947 ई. में हुआ। जयशंकर प्रसाद- हिन्दी कवि, नाटककार, उपन्यासकार तथा निबन्धकार थे। वे हिन्दी के छायावादी युग के चार प्रमुख स्तंभों में से एक हैं। जयशंकर प्रसाद के द्वारा लिखित रचनाएं- कामायनी, आंसू झरना, लहर, कानन कुसुम, प्रेम पथिक आदि हैं।

अतः विकल्प (C) सही है।

61. दिए गए विकल्पों में अचरज शब्द तद्भव है अन्य शब्द तत्सम शब्द है:

तत्सम - तद्भव

आश्चर्य - अचरज

घृत- घी

चित्रकार - चितेरा

नियंत्रण - नेवता

अतः विकल्प (B) सही है।

62. 'मधुकलश' के रचनाकार हरिवंशराय बच्चन हैं। हरिवंशराय बच्चन की अन्य प्रमुख रचनाए मधुशाला, मधुकलश ,निशा निमंत्रण, एकांत-संगीत ,खादी के फूल,प्रणय पत्रिका आदि है।

अतः विकल्प (D) सही है।

63. परमाल रासो आदिकालीन हिंदी साहित्य का प्रसिद्ध वीरगाथात्मक रासोकाव्य है। वर्तमान समय में इसका केवल आल्ह खंड उपलब्ध है जो वीरगाथात्मक लोकगाथा के रूप में उत्तर भारत में बेहद लोकप्रिय रहा है। इसके रचयिता जगनिक हैं। वे कालिंजर तथा महोबा के शासक परमाल (परमर्दिदेव) के दरबारी कवि थे।

अतः विकल्प (B) सही है।

64. "कादम्बरी" के लेखक बाणभट्ट हैं। बाणभट्ट की अन्य प्रमुख रचनाए हर्षचरितम्, कादम्बरी आदि है। कादम्बरी संस्कृत साहित्य का महान उपन्यास है।

अतः विकल्प (C) सही है।

65. जिस संज्ञा से अलग होने का भाव प्रकट हो उसे 'अपादान कारक' कहते हैं। जैसे - बिल्ली छत से कूद पड़ी' बिल्ली का छत से गिरने का बोध हो रहा है, उसमें अपादान कारक है।

अतः विकल्प (D) सही है।

66. दाता पुल्लिंग शब्द है, जिसका स्त्रीलिंग दात्री होता है। दाता का अर्थ - देनेवाला दात्री का अर्थ - देनेवाली अन्य शब्दों के विकल्प सही है:

धोबी - धोबिन,

मोटा - मोटी,

तेली - तेलिन

अतः विकल्प (A) सही है।

67. सांधे - सांधे (सम् + धि) शब्द का अर्थ है 'मेल' या जोड़। दो निकटवर्ती वर्णों के परस्पर मेल से जो विकार (परिवर्तन) होता है वह संधि कहलाता है।

अतः विकल्प (A) सही है।

68. समास - दो या दो से अधिक शब्दों से मिलकर जो नया और छोटा शब्द बनता है उस शब्द को हिन्दी में समास कहते हैं।

अत: विकल्प (A) सही है।

69. क्रियापद में लट् लकार है यह हन् धातु लट् लकार प्रथम पुरुष बहुवचन का रूप है।

अत: विकल्प (C) सही है।

70. 'वधू' शब्द के चतुर्थी विभक्ति के एकवचन का रूप होगा वध्वै। संज्ञा के जिस रूप से एक व्यक्ति या एक वस्तु होने का ज्ञान हो, उसे एकवचन कहते है अर्थात जिस शब्द के कारण हमें किसी व्यक्ति, वस्तु, प्राणी, पदार्थ आदि के एक होने का पता चलता है उसे एकवचन कहते हैं।

अत: विकल्प (C) सही है।

71. 'मनसा ध्यानं करोति' वाक्य का हिंदी अनुवाद- मन से ध्यान करता है होगा, यहां तृतीया विभक्ति कारक है।

अत: विकल्प (C) सही है।

72. वर्णे, शब्दों, पदों और वाक्यों का क्या रूप और क्या प्रयोग है, इन तत्वों का निरीक्षण करके जो शास्त्र किसी भाषा के नियम निर्धारित करता है, उसे व्याकरण कहते हैं।

अत: विकल्प (C) सही है।

73. हिन्दी का पाणिनि आचार्य किशोरीदास वाजपेयी कहा गया है। शब्द और अर्थ का सहभाव ही साहित्य है। कुछ विद्वानों के अनुसार हितकारक रचना का नाम साहित्य है। आज काव्य का अर्थ केवल कविता है और साहित्य शब्द को व्यापक अर्थ में लिया जाता है। साहित्य का तात्पर्य अब कविता, कहानी, उपन्यास, नाटक, आत्मकथा अर्थात गद्य और पद्य की सभी विधाओं से है।

अत: विकल्प (C) सही है।

74. उस प्रत्यय विशेष को जो प्रतिपादिक (शब्द या धातु) में संलग्न होकर वाक्य में व्याकरणिक सम्बन्धों (अर्थों) को स्पष्ट करने में सहायक होता है। उसे विभक्ति कहते हैं।

अत: विकल्प (A) सही है।

75. जिसका अस्तित्व होता है या होने की कल्पना की जा सकती है, उसे वस्तु कहते हैं। व्याकरण वह विधा है जिसके द्वारा हमे किसी भाषा का शुद्ध बोलना, लिखना एवं समझना आता है। भाषा की संरचना के कुछ नियम होते हैं और भाषा की अभिव्यक्तियाँ असीमित। भाषा के इन नियमों को एक साथ जिस शास्त्र के अंतर्गत अध्ययन किया जाता है उस शास्त्र को व्याकरण कहते हैं।

अत: विकल्प (C) सही है।

76. वस्तुओं के नाम बताने वाले शब्द को संज्ञा कहा जाता है। संज्ञा- संज्ञा वह शब्द है जो किसी व्यक्ति ,प्राणी ,वस्तु ,स्थान, भाव आदि के नाम के स्वरूप में प्रयुक्त होते हैं। अत: सभी नामपदों को संज्ञा कहते हैं। पद:- सार्थक वर्ण-समूह शब्द कहलाता है, किंतु जब इसका प्रयोग वाक्य में होता है तो वह व्याकरण के नियमों में बँध जाता है और इसका रूप भी बदल जाता है।

अत: विकल्प (B) सही है।

77. राम, कृष्ण, बुद्ध, कलकत्ता, कामायनी, सूर्य आदि व्यक्तिवाचक हैं। व्यक्तिवाचक- किसी भी विशेष व्यक्ति, वस्तु या स्थान के नाम का बोध कराने वाली संज्ञा ही व्यक्तिवाचक संज्ञा कहलाती है। यानी, व्यक्तिवाचक संज्ञा सभी व्यक्ति, वस्तु या स्थान की संपूर्ण जाती में से ख़ास का नाम बताती हैं।

अत: विकल्प (C) सही है।

78. जिन ध्वनियों के संयोग से शब्दों का निर्माण होता है, उन्हे वर्ण कहते हैं। वर्ण- वर्ण उस मूल ध्वनि को कहते हैं, जिसके खंड या टुकड़े नहीं किये जा सकते। जैसे- अ, ई, व, च, क, ख इत्यादि। वर्ण भाषा की सबसे छोटी इकाई है, इसके और खंड नहीं किये जा सकते।

अत: विकल्प (D) सही है।

79. स्वरों के दो प्रकार मूल स्वर और संधि हैं। स्वर: उन ध्वनियों को कहते हैं जो बिना किसी अन्य वर्णों की सहायता के उच्चारित किये जाते हैं। स्वतंत्र रूप से बोले जाने वाले वर्ण,स्वर कहलाते हैं। हिन्दी भाषा में मूल रूप से ग्यारह स्वर होते हैं। ग्यारह स्वर के वर्ण: अ,आ,इ,ई,उ,ऊ,ऋ,ए,ऐ,ओ,औ आदि।

अत: विकल्प (A) सही है।

80. जिन स्वरों के उच्चारण में मूल स्वरों की सहायता लेनी पड़ती है, उन्हे स्वर संधि कहते हैं। स्वर संधि- दो स्वरों के आपस में मिलने से जो विकार या परिवर्तन होता है, उसे स्वर संधि कहते हैं, जैसे-देव + इंद्र = देवेंद्र। अर्थात इसमें दो स्वर 'अ' और 'इ' आस-पास हैं तथा इनके मेल से (अ + इ) 'ए' बन जाता है।

अत: विकल्प (A) सही है।

81. हिन्दी की देवनागरी वर्णमाला में स्पर्श व्यंजन 25 हैं। ऐसा व्यंजन होता है जिसमें व्यंजन उच्चारित करते हुए मुख के किन्हीं दो भागों का स्पर्श कराने से वायु-प्रवाह पूरी तरह से रोक दिया जाए। उदाहरण के लिए 'ब' और 'प' में होंठ जोड़कर, 'क' और 'ग' में गले में वायु-बहाव रोककर, 'त' और 'द' में जिह्वा को दांतों से छुआ कर, तथा 'ट' और 'ड' में जिह्वा को तालू से छू कर यह व्यंजन उच्चारित करे जाते हैं।

अत: विकल्प (D) सही है।

82. चाय चीनी भाषा का शब्द है। भाषा, मुख से उच्चारित होने वाले शब्दों और वाक्यों आदि का वह समूह है जिनके द्वारा मन की बात बताई जाती है। मुख से उच्चारित होने वाले शब्दों और वाक्यों आदि का वह समूह जिनके द्वारा मन की बात बताई जाती है जैसे - बोली, जबान, वाणी विशेष। सामान्यतः भाषा को वैचारिक आदान-प्रदान का माध्यम कहा जा सकता है।

अत: विकल्प (A) सही है।

83. 'दर्शन' शब्द का तत्सम रूप 'दरसन' है। संस्कृत के कुछ शब्द ऐसे होते हैं जो हिंदी में भी बिना परिवर्तन के प्रयुक्त होते हैं। उन शब्दों को तत्सम शब्द कहते हैं ।

अत: विकल्प (B) सही है।

84. उद्रम शब्द तत्सम है। तत्सम- तत्सम दो शब्दों से मिलकर बना है – तत +सम , जिसका अर्थ होता है ज्यों का त्यों। जिन शब्दों को संस्कृत से बिना किसी परिवर्तन के ले लिया जाता है उन्हें तत्सम शब्द कहते हैं। इनमें ध्वनि परिवर्तन नहीं होता है।

तन्द्रव शब्द:-संस्कृत भाषा के वे शब्द जिनमे थोड़ा बहुत परिवर्तन करके हिंदी भाषा में प्रयुक्त किया जाता हैं उन्हें तन्द्रव शब्द कहते है।

अत: विकल्प (A) सही है।

85. केशवदास अलंकार सम्प्रदायवादी आचार्य कवि थे।अलंकारों के प्रति विशेष रुचि होने के कारण काव्यपक्ष दब गया है और सामान्य: ये सहृदय कवि नहीं माने जाते। अपनी क्लिष्टता के कारण ये कठिन काव्य के प्रेत कहे गए हैं।

अत: विकल्प (C) सही है।

86. 'भक्तमाल' की रचना ब्रजभाषा में हुई इसके रचिता नाभादास है भक्तों और भक्तकवियों के जीवनचरित को सुरक्षित रखने में 'भक्तमाल' का योगदान अत्यंत महत्वपूर्ण है।

नाभादास की रचनाएँ - 'भक्तमाल', 'अष्टयाम'

अत: विकल्प (D) सही है।

87. यहां "मन का" शब्द की एक से अधिक बार आवृति हो रही है।

1.मन का - हमारे मन के बारे में बता रहा है

2.मन का - माला के दाने का बोध हो रहा है।

यमक अलंकार - जब शब्द की एक से ज़्यादा बार आवृति होती है एवं विभिन्न अर्थ निकलते हैं तो वहाँ यमक अलंकार होता है।

अत: विकल्प (A) सही है।

88. कहती हुई यों उत्तरा के नेत्र जल से भर गए। हिम के कणों से पूर्ण मानो हो गए पंकज नए। पंक्तियों में उत्तरा के अश्रुपूर्ण नेत्रों (उपमेय) में ओस जल-कण युक्त पंकज (उपमान) की संभावना प्रकट की गयी है। वाक्य में "मानो" वाचक शब्द प्रयोग हुआ है अत: पंक्तियों में उत्प्रेक्षा अलंकार है।

उत्प्रेक्षा अलंकार - जहाँ उपमेय में उपमान की सम्भावना की जाती है, वहां उत्प्रेक्षा अलंकार होता है। यदि पंक्ति में -मनु, जनु मेरे, जानते, मनहु, मानो, निश्चय, ईव आदि आता है, वहां उत्प्रेक्षा अलंकार होता है।

अत: विकल्प (A) सही है।

89. सोरठा छंद - यह अर्धसममात्रिक छंद है। यह दोहा छंद के विपरीत होता है। इसमें प्रथम और तृतीय चरण में 11-11 तथा द्वितीय और चतुर्थ चरण में 13-13 मात्राएँ होती हैं।

IS I SS SI SS II ISI SI

"कहे जु पावै कौन , विद्या धन उद्दम बिना।

S SS S SI IS ISS S IS

ज्यों पंखे की पौन, बिना दुलाए ना मिलें।"

अत: विकल्प (A) सही है।

90. जन्मेजय का नाग यज्ञ जयशंकर प्रसाद का एक महत्वपूर्ण ऐतिहासिक नाटक है। महाभारत में वर्णित खांडव प्रदेश को अर्जुन ने श्रीहीन कर दिया था, जिससे अनेकों जीव-जातियों का विनाश हो गया था।

अत: विकल्प (B) सही है।

91. "जसोदा हरि पालने झुलावे, हलरावै दुलराय मल्हावै, जोई सोई कछु गावे" पंक्ति से यशोदा जी के द्वारा कृष्ण को झुला झुलाना और खिलाना और गीत गाने का भाव प्रस्तुत है जिससे श्रोता के मन में एक बचपन की झलक उत्पन्न होती है इसलिए पंक्ति में वात्सल्य रस है।

वात्सल्य रस - वात्सल्य रस का स्थायी भाव वात्सल्यता होता है वात्सल्य रस में माता का पुत्र के प्रति प्रेम, बड़ों का बच्चों के प्रति प्रेम, और यही स्नेह और प्रेम का भाव वात्सल्य रस कहलाता है।

अत: विकल्प (C) सही है।

92. कमल 'रूढ़' का शब्द है। जिन शब्दों के खंडों का कोई अर्थ न हो, वे रूढ़ कहलाते हैं। जैसे- कमल शब्द का अर्थ जलज है परन्तु इसके खण्डों क,म,ल का कोई अर्थ नहीं है।

अत: विकल्प (A) सही है।

93. बदतमीज – बद + तमीज

बदबू – बद + बू

बाकायदा – बा + कायदा

बददिमाग – बद + दिमाग

अत: विकल्प (B) सही है।

94. जठराग्नि शब्द का सही अर्थ - पेट की आग होता है अन्य विकल्प जठराग्नि शब्द के सही अर्थ नहीं है।

अन्य विकल्पों के अर्थ

जल की आग - बड़वाग्नि

वन की आग - दावानल

अत: विकल्प (D) सही है।

95. स्थावर का अर्थ- स्थिर या स्थायी

जंगम का अर्थ- जिसे कहीं लाया या ले जया जा सके

एक़-दूसरे के विपरीत या उल्टा अर्थ देने वाले शब्द विलोम कहलाते है। विस्तार में : जो शब्द किसी दूसरे शब्द का उल्टा अर्थ बताते हैं, उन्हें विलोम शब्द या विपरीतार्थक शब्द कहते है। जैसे- अपेक्षा- नगद, आय- व्यय, आजादी-गुलाम, नवीन- प्राचीन शब्द एक दूसरे के उलटे अर्थ वाले शब्द है। इन्हें 'विलोम शब्द' कहते हैं।

अत: विकल्प (C) सही है।

96. परोक्ष का अर्थ: जो सामने न हो

प्रत्यक्ष का अर्थ: जो सामने हो

एक़-दूसरे के विपरीत या उल्टा अर्थ देने वाले शब्द विलोम कहलाते है। विस्तार में : जो शब्द किसी दूसरे शब्द का उल्टा अर्थ बताते हैं, उन्हें विलोम शब्द या विपरीतार्थक शब्द कहते है। जैसे- अपेक्षा- नगद, आय- व्यय, आजादी-गुलाम, नवीन- प्राचीन शब्द एक दूसरे के उलटे अर्थ वाले शब्द है। अतः इन्हें 'विलोम शब्द' कहते हैं।

अत: विकल्प (D) सही है।

97. मृदुल का अर्थ: कोमल, मुलायम

कठोर का अर्थ: निष्ठुर, कड़ा

एक़-दूसरे के विपरीत या उल्टा अर्थ देने वाले शब्द विलोम कहलाते है। विस्तार में : जो शब्द किसी दूसरे शब्द का उल्टा अर्थ बताते हैं, उन्हें विलोम शब्द या विपरीतार्थक शब्द कहते है। जैसे- अपेक्षा- नगद, आय- व्यय, आजादी-गुलाम, नवीन- प्राचीन शब्द एक दूसरे के उलटे अर्थ वाले शब्द है। अतः इन्हें 'विलोम शब्द' कहते हैं।

अत: विकल्प (B) सही है।

98. अपकीर्ति का अर्थ: बदनामी, अपयश

कीर्ति का अर्थ: प्रसिद्धि, ख्याति

एक़-दूसरे के विपरीत या उल्टा अर्थ देने वाले शब्द विलोम कहलाते है। विस्तार में : जो शब्द किसी दूसरे शब्द का उल्टा अर्थ बताते हैं, उन्हें विलोम शब्द या विपरीतार्थक शब्द कहते है। जैसे- अपेक्षा- नगद, आय- व्यय, आजादी-गुलाम, नवीन- प्राचीन शब्द एक दूसरे के उलटे अर्थ वाले शब्द है। अतः इन्हें 'विलोम शब्द' कहते हैं।

अत: विकल्प (A) सही है।

99. 'नाक कटना' मुहावरे का अर्थ है- 'बदनामी होना', मुहावरे अरबी भाषा का शब्द है जिसका शाब्दिक अर्थ अभ्यास करना होता है "जो शब्द अपने साधारण अर्थ को छोड़ कर विशेष अर्थ को व्यक्त करते है हिंदी मे ऐसे वाक्यांश को मुहावरा कहा जाता हैं।"

उदाहरण: यदि हम 'नौ दो ग्यारह होना 'मुहावरे' का वाक्य प्रयोग करेंगे तो सबसे पहले उसके अर्थ पर ध्यान देंगे। नौ दो ग्यारह होना, मुहावरे का अर्थ भाग जाना है और इस मुहावरे का वाक्य प्रयोग इस प्रकार करेंगे कि भाग जाना अर्थ न लिख कर नौ दो ग्यारह लिखेंगे।

अत: विकल्प (B) सही है।

100. 'एक तो दोष था ही उस पर दूसरा दोष लग जाना' की सही कहावत होगी -"एक तो करेला दूजे नीम चढ़ा" अन्य विकल्प असंगत है।

लोक + उक्ति' शब्दों से मिलकर बना है जिसका अर्थ है- लोक में प्रचलित उक्ति या कथन। जब कोई पूरा कथन किसी प्रसंग विशेष में उद्धृत किया जाता है तो लोकोक्ति कहलाता है। इसी को कहावत कहते हैं। लोकोक्ति वाक्यांश न होकर स्वतंत्र वाक्य होते हैं।

अत: विकल्प (C) सही है।

101. 'गागर में सागर भरना' मुहावरे का अर्थ ;थोड़े में बहुत कहना' है।

मुहावरे अरबी भाषा का शब्द है जिसका शाब्दिक अर्थ अभ्यास करना होता है "जो शब्द अपने साधारण अर्थ को छोड़ कर विशेष अर्थ को व्यक्त करते है हिंदी मे ऐसे वाक्यांश को मुहावरा कहा जाता हैं।"

अत: विकल्प (C) सही है।

102. 'शैतान की आंत' का अर्थ होता है- 'बहुत लम्बी वस्तु'।

मुहावरे अरबी भाषा का शब्द है जिसका शाब्दिक अर्थ अभ्यास करना होता है "जो शब्द अपने साधारण अर्थ को छोड़ कर विशेष अर्थ को व्यक्त करते है हिंदी मे ऐसे वाक्यांश को मुहावरा कहा जाता हैं।"

अत: विकल्प (C) सही है।

103. ".खाई से निकलकर खंदक में कूदना " विकल्प सटीक उत्तर है।

मुहावरे अरबी भाषा का शब्द है जिसका शाब्दिक अर्थ अभ्यास करना होता है "जो शब्द अपने साधारण अर्थ को छोड़ कर विशेष अर्थ को व्यक्त करते है हिंदी मे ऐसे वाक्यांश को मुहावरा कहा जाता हैं।"

अत: विकल्प (D) सही है।

104. "परिश्रम कोई व्यक्ति करे और लाभ किसी दूसरे को हो जाए।" यह "अंडे सेवे कोई, बच्चे लेवे कोई"मुहावरे का अर्थ हैं।

मुहावरे अरबी भाषा का शब्द है जिसका शाब्दिक अर्थ अभ्यास करना होता है "जो शब्द अपने साधारण अर्थ को छोड़ कर विशेष अर्थ को व्यक्त करते है हिंदी मे ऐसे वाक्यांश को मुहावरा कहा जाता हैं।"

अत: विकल्प (A) सही है।

105. 'चमड़ी जाए पर दमड़ी न जाए' लोकोक्ति का अर्थ "अत्यधिक कंजूस होना" होगा।

लोक + उक्ति' शब्दों से मिलकर बना है जिसका अर्थ है- लोक में प्रचलित उक्ति या कथन। जब कोई पूरा कथन किसी प्रसंग विशेष में उद्धृत किया जाता है तो लोकोक्ति कहलाता है। इसी को कहावत कहते है। लोकोक्ति वाक्यांश न होकर स्वतंत्र वाक्य होते हैं।

अत: विकल्प (A) सही है।

106. 'पानी में आग लगाना' मुहावरे का अर्थ है 'असंभव कार्य को संभव कर डालना'

मुहावरे अरबी भाषा का शब्द है जिसका शाब्दिक अर्थ अभ्यास करना होता है "जो शब्द अपने साधारण अर्थ को छोड़ कर विशेष अर्थ को व्यक्त करते है हिंदी मे ऐसे वाक्यांश को मुहावरा कहा जाता हैं।"

अत: विकल्प (A) सही है।

107. 'भीगी बिल्ली होना' का अभिप्राय 'डर जाना' है।

मुहावरे अरबी भाषा का शब्द है जिसका शाब्दिक अर्थ अभ्यास करना होता है "जो शब्द अपने साधारण अर्थ को छोड़ कर विशेष अर्थ को व्यक्त करते है हिंदी मे ऐसे वाक्यांश को मुहावरा कहा जाता हैं।"

अत: विकल्प (C) सही है।

108. 'अपना हाथ जगन्नाथ' का अर्थ है- 'अपने हाथ से काम करना ही उपयुक्त होता है'

मुहावरे अरबी भाषा का शब्द है जिसका शाब्दिक अर्थ अभ्यास करना होता है "जो शब्द अपने साधारण अर्थ को छोड़ कर विशेष अर्थ को व्यक्त करते है हिंदी मे ऐसे वाक्यांश को मुहावरा कहा जाता हैं।"

अत: विकल्प (C) सही है।

109. कुमुदिनी शुद्ध वर्तनी है।

वर्तनी- वर्तनी के अन्तर्गत शब्दग ध्वनियों को जिस क्रम से और जिस रूप में उच्चारित किया जाता है उसी क्रम से और उसी रूप में उन्हें लिखा भी जाता है। अतः शुद्ध वर्तनी के लिए पहली शर्त है शुद्ध उच्चारण करना। जैसे-यदि हम 'अक्षर' का उच्चारण 'अच्छर' करेंगे तो 'अक्षर' की वर्तनी शुद्ध नहीं लिख सकते।

अत: विकल्प (C) सही है।

110. सच्चिदानंद शुद्ध वर्तनी शब्द है। वर्तनी के अन्तर्गत शब्दग ध्वनियों को जिस क्रम से और जिस रूप में उच्चारित किया जाता है उसी क्रम से और उसी रूप में उन्हें लिखा भी जाता है। अतः शुद्ध वर्तनी के लिए पहली शर्त है शुद्ध उच्चारण करना। जैसे-॰-यदि हम 'अक्षर' का उच्चारण 'अच्छर' करेंगे तो 'अक्षर' की वर्तनी शुद्ध नहीं लिख सकते।

अत: विकल्प (C) सही है।

111. 'यह रास्ता दुर्गम है, सावधानी से चलें' का शुद्ध वाक्य "यह रास्ता दुर्गम है, सावधानी से चलें" है।

वर्तनी के अन्तर्गत शब्दग ध्वनियों को जिस क्रम से और जिस रूप में उच्चारित किया जाता है उसी क्रम से और उसी रूप में उन्हें लिखा भी जाता है। अतः शुद्ध वर्तनी के लिए पहली शर्त है शुद्ध उच्चारण करना। जैसे-यदि हम 'अक्षर' का उच्चारण 'अच्छर' करेंगे तो 'अक्षर' की वर्तनी शुद्ध नहीं लिख सकते।

अत: विकल्प (C) सही है।

112. "सृष्टि" शुद्ध वर्तनी है। वर्तनी के अन्तर्गत शब्दग ध्वनियों को जिस क्रम से और जिस रूप में उच्चारित किया जाता है उसी क्रम से और उसी रूप में उन्हें लिखा भी जाता है। अतः शुद्ध वर्तनी के लिए पहली शर्त है शुद्ध उच्चारण करना। जैसे-यदि हम 'अक्षर' का उच्चारण 'अच्छर' करेंगे तो 'अक्षर' की वर्तनी शुद्ध नहीं लिख सकते।

अत: विकल्प (C) सही है।

113. तहसीलदारी शुद्ध वर्तनी है। वर्तनी के अन्तर्गत शब्दग ध्वनियों को जिस क्रम से और जिस रूप में उच्चारित किया जाता है उसी क्रम से और उसी रूप में उन्हें लिखा भी जाता है। अतः शुद्ध वर्तनी के लिए पहली शर्त है शुद्ध उच्चारण करना। जैसे-यदि हम 'अक्षर' का उच्चारण 'अच्छर' करेंगे तो 'अक्षर' की वर्तनी शुद्ध नहीं लिख सकते।

अत: विकल्प (A) सही है।

114. 'लुहार' शब्द का स्त्रीलिंग रूप लुहारिन है।

स्त्रीलिंग- जिन संज्ञा शब्दों से स्त्री जाति का पता चलता है, उसे स्त्रीलिंग कहते हैं। जैसे - हंसिनी, लडकी, बकरी, माता, रानी, जूं सुई, गर्दन, लज्जा, नदी, शाखा, मुर्गी, गाय, बहन, यमुना, बुआ, लक्ष्मी, गंगा, नारी, झोंपड़ी, लोमड़ी आदि।

अत: विकल्प (B) सही है।

115. 'तुम आ जाते एक बार।

कितनी करुणा, कितने सन्देश,

पथ में बिछ जाते बन पराग।'

इन पंक्तियों में श्रृंगार रस सृजित होता है"

अत: विकल्प (A) सही है।

116. "मृगनयनी" उपन्यास के रचनाकार-वृन्दावन लाल वर्मा है।

अत: विकल्प (D) सही है।

117. उपर्युक्त पंक्तियों में वीर रस सृजित होता है। वीर रस, नौ रसों में से एक प्रमुख रस है। जब किसी रचना या वाक्य आदि से वीरता जैसे स्थायी भाव की उत्पत्ति होती है, तो उसे वीर रस कहा जाता है। बुन्देलों हरबोलो के मुह हमने सुनी कहानी थी। खूब लड़ी मरदानी वह तो झाँसी वाली रानी थी॥

अत: विकल्प (D) सही है।

118. उपर्युक्त पंक्तियों में करुण रस सृजित होता है।

करुण रस: इसका स्थायी भाव शोक होता है इस रस में किसी अपने का विनाश या अपने का वियोग, द्रव्यनाश एवं प्रेमी से सदैव विछुड़ जाने या दूर चले जाने से जो दुःख या वेदना उत्पन्न होती है उसे करुण रस कहते हैं। यधपि वियोग श्रृंगार रस में भी दुःख का अनुभव होता है लेकिन वहाँ पर दूर जाने वाले से पुनः मिलन कि आशा बंधी रहती है।

अत: विकल्प (A) सही है।

119. "जय पराजय" पुस्तक प्रेमचंद द्वारा लिखित नहीं है। उन्होंने सेवासदन, प्रेमाश्रम, रंगभूमि, निर्मला, गबन, कर्मभूमि, गोदान आदि लगभग डेढ़ दर्जन उपन्यास तथा कफन, पूस की रात, पंच परमेश्वर, बड़े घर की बेटी, बूढ़ी काकी, दो बैलों की कथा आदि तीन सौ से अधिक कहानियाँ लिखीं।

अत: विकल्प (B) सही है।

120. अयोध्यासिंह उपाध्याय 'हरिऔध' ने उनके काव्य की प्रशंसा करते हुए लिखा है- "गीत गोविन्द के रचनाकार जयदेव की मधुर पदावली पढ़कर जैसा अनुभव होता है, वैसा ही विद्यापति की पदावली पढ़ कर। अपनी कोकिल कंठता के कारण ही उन्हें 'मैथिल कोकिल' कहा जाता है।" विद्यापति ने संस्कृत, अवहट्टू, एवं मैथिली में कविता रची।

अत: विकल्प (A) सही है।

121. छायावादी युग के महान कवि सुमित्रानंदन पंत जी को 'प्रकृति के सुकुमार कवि' के नाम से हिंदी साहित्य में जाना जाता है। पंत जी की आधी से ज्यादा कविता ही प्रकृति पर आधारित है। वह प्रकृति को अपनी मां मानते थे और अपनी समस्त रचनाओं के लिए प्रेरणा का स्रोत भी वह प्रकृति को ही मानते थे।

अत: विकल्प (B) सही है।

122. महाकवि सूरदास को बाल-प्रकृति तथा बालसुलभ चित्रणों की दृष्टि से विश्व में अद्वितीय माना गया है।

अत: विकल्प (C) सही है।

123. हिंदी कथा साहित्य को तिलस्मी कहानियों के झुरमुट से निकालकर जीवन के यथार्थ की ओर मोड़कर ले जाने वाले कथाकार मुंशी प्रेमचंद देश ही नहीं, दुनिया में विख्यात हुए और कथा सम्राट कहलाए। प्रेमचंद का नाम असली नाम धनपत राय था।

अत: विकल्प (A) सही है।

124. माखनलाल चतुर्वेदी सरल भाषा और ओजपूर्ण भावनाओं के अनूठे हिन्दी रचनाकार थे। उन्हें 'एक भारतीय आत्मा' उपनाम से भी जाना जाता था। राष्ट्रीयता माखनलाल चतुर्वेदी के काव्य का कलेवर तथा रहस्यात्मक प्रेम उनकी आत्मा रही। उन्होंने स्वतंत्रता आंदोलन में भी सक्रिय रूप से भाग लिया।

अत: विकल्प (B) सही है।

125. मैत्रेयी पुष्पा की सद्यःप्रकाशित आत्मकथा 'कस्तूरी कुंडल बसै' में यह सच्चाई हालांकि आत्मकथा का मुख्य उद्देश्य नहीं है। मुख्य मुद्दा तो पुरूषवादी व्यवस्था द्वारा स्त्री पर सदियों से लादी गई गुलामी से मुक्ति और स्त्री सशक्तिकरण ही है। लेकिन अप्रत्यक्ष रूप से आत्मकथा की अन्तर्धारा में यह सच्चाई प्रवहमान नज़र आती है।

अत: विकल्प (B) सही है।

Q.1 'सु' उपसर्ग से बना शब्द निम्न से कौन सा नहीं है?
A. सुलेख   B. सुसंगत   C. सुमति   D. स्वस्थ

Q.2 'प्र' उपसर्ग से बना शब्द निम्न में से कौन-सा नहीं है?
A. प्रबल   B. प्रचार   C. प्रकाश   D. प्रशासन

Q.3 निम्नलिखित में से शुद्ध वर्तनी का चयन कीजिए।
A. गौविंद   B. अधीकार   C. राधीका   D. कृपा

Q.4 रामानन्द किसकी शिष्य परम्परा में हैं?
A. रंगाचार्य   B. नाथमुनि
C. रामानुजाचार्य   D. पुंडरीकाक्ष

Q.5 'शावक' में कौन-सी संधि है?
A. दीर्घ   B. विसर्ग   C. व्यंजन   D. अयादि

Q.6 'विद्यालय' में कौन सी संधि है?
A. स्वर   B. व्यंजन
C. विसर्ग   D. उपरोक्त सभी

Q.7 दिनभर में कौन-सा समास है?
A. द्विगु   B. द्वंद्व
C. अव्ययीभाव   D. कर्मधारय

Q.8 ख्यातिप्राप्त में कौन सा समास है?
A. द्विगु   B. अव्ययीभाव
C. बहुव्रीहि   D. तत्पुरुष

Q.9 निम्नलिखित में से कौन-सा शब्द तत्सम है?
A. अश्रु   B. अच्छर   C. अंगरक्षक   D. आसरा

Q.10 निम्नलिखित में से कौन-सा शब्द तत्सम है?
A. आगे   B. अस्थि   C. अदरक   D. आँवला

Q.11 अग्नि शब्द का उचित पर्यायवाची है?
A. अनिल   B. वपु   C. अनल   D. पंकज

Q.12 अधम निम्न में से किसका समानार्थी हैं?
A. असुर   B. नीच   C. आकृति   D. आनन्द

Q.13 निम्नलिखित विकल्पों में से मित्र का विलोम होगा-
A. शत्रु   B. कठोर   C. काज   D. काला

Q.14 नवीन का विपरीतार्थक शब्द है–
A. अचेत   B. आरोह   C. प्राचीन   D. आर्य

Q.15 निम्नलिखित में कौन सा शब्द तद्भव है?
A. नग्न   B. नृत्य   C. नाक   D. निद्रा

Q.16 निम्नलिखित में कौन सा शब्द तद्भव है?
A. घर   B. घी
C. चैत   D. उपरोक्त सभी

Ques (17-18):निर्देश: दिए गए वाक्यांश के लिए एक शब्द दीजिये-

Q.17 'जिसके पास कुछ ना हो'
A. दरिद्र   B. नंगा   C. निर्धन   D. अकिंचन

Q.18 'जिसका अनुभव न किया गया हो'
A. अनुकरण   B. अनुभूत   C. अनुभव   D. अनु

Q.19 उच्चारण के आधार पर वर्त्स्य वर्ग व्यंजन कौन सा है?
A. ढ   B. घ   C. र   D. व

Q.20 दिये गए विकल्पों में से रेखांकित भाग के लिए उचित अर्थ का चयन कीजिये।
क्या फायदा है जब **थूक कर ही चाटना** है, इससे बेहतर है कि चुप ही रहो।
A. नष्ट करना, तितर बितर करना
B. व्यर्थ समझकर दूर हटाना
C. कह कर मुकर जाना
D. मौके की तलाश में रहना

Q.21 'जिसमें कुछ करने की क्षमता न हो' इस वाक्यांश के उचित एक शब्द ज्ञात कीजिए।
A. अक्षम्य   B. अक्षम   C. अदम्य   D. अक्षय

Q.22 दिए गए विकल्पों में 'विद्वान' शब्द क्या है?
A. संज्ञा   B. सर्वनाम   C. क्रिया   D. विशेषण

Q.23 दिये गए वाक्यों में किस वाक्य में अकर्मक क्रिया है?
A. राधा खाना खाती है।
B. राम सोता है।
C. श्याम फल खाता है।
D. सीता फिल्म देख रही है।

Q.24 निम्नलिखित में से कौन सा विकल्प जातिवाचक संज्ञा नहीं है?
A. नदी   B. पर्वत   C. लड़की   D. गंगा

Q.25 खीरा बहुत **कड़वा** है। इसमें रेखांकित शब्द क्या है?
A. उद्देश्य विशेषण   B. विशेष्य
C. विशेषण   D. प्रविशेषण

Q.26 व्यंजन वर्गीकरण की दृष्टि से ड़, ढ़ को किस वर्ग भेद में रखा जाता है?
A. मूर्धन्य व्यंजन   B. तालव्य व्यंजन
C. उत्क्षिप्त व्यंजन   D. कंठ्य व्यंजन

Q.27 निम्नलिखित में से कौन से ऊष्म व्यंजन हैं?
A. य, र   B. र, स   C. स, ह   D. ल, श

Q.28 स्वजाती शब्द के लिए उपयुक्त विलोम शब्द:
A. गहरा   B. गत   C. चाह   D. विजाती

Q.29 क्रेता का विलोम शब्द क्या होगा?
A. खरा   B. विक्रेता   C. हँसाना   D. पापपाप

Q.30 माता का समानार्थी शब्द नहीं है:
A. जननी   B. मात   C. अम्बा   D. ज्योति

Q.31 निम्न में से प्रकाश शब्द का पर्यायवाची है:
A. आलोक   B. प्रसून   C. मनुज   D. दल

Q.32 निम्नलिखित में से शुद्ध वर्तनी का चयन कीजिए:
A. ओद्योगिक   B. बाल्मीकि   C. अकर्मक   D. नबाब

Q.33 निम्नलिखित में से शुद्ध वर्तनी का चयन कीजिए:

A. अतिरंजित   B. सकरमक   C. आनंत   D. अतिथी

A. मूर्धा   B. कण्ठ   C. तालु   D. ओष्ठ

Ques (34-35):निर्देश: दिए गए वाक्यांश के लिए एक शब्द दीजिये:

Q.49 निम्न में से कौन सा शब्द सर्वनाम है।

A. पानी   B. आकार   C. ये   D. दिन

Q.34 सांसारिक वस्तुओं को प्राप्त करने की इच्छा

A. ऊहापोह   B. एकीकृत   C. एषणा   D. ऊषा

Q.50 झूठा आदमी विश्वास के योग्य नहीं 'होता' इस वाक्य में 'विश्वास' है-

A. अकर्मक क्रिया   B. जातिवाचक संज्ञा
C. गुणवाचक विशेषण   D. भाववाचक संज्ञा

Q.35 जिसे अपने मत या विश्वास का अधिक आग्रह हो

A. कंकाल   B. कथोपकथन
C. कसेरा   D. कट्टर

Q.51 भाषा शिक्षण में दृश्य-श्रव्य साधनों के प्रयोग का मुख्य प्रयोजन है-

A. शिक्षण में विविधता लाना
B. विद्यार्थियों की विभिन्न इन्द्रियों को क्रियाशील बनाना
C. रोचकता का संचार करना
D. मनोरंजन करना

Q.36 'अभ्यर्थी' में कौन सी सन्धि है?

A. वृद्धि   B. अयादि   C. यण   D. गुण

Q.52 अनुकरण विधि रचना के लिए उपयुक्त है-

A. शिशु स्तर पर   B. उच्च स्तर पर
C. प्रारंभिक स्तर पर   D. इनमें से कोई नहीं

Q.37 'विद्यालय' में कौन सी सन्धि है?

A. दीर्घ   B. गुण   C. व्यंजन   D. विसर्ग

Q.53 अर्थग्रहण के कौशल के विकास के लिए अधिक उपयोगी है-

A. व्याकरण शिक्षा   B. समाचार वाचन
C. मौन वाचन   D. सस्वर वाचन

Q.38 अद्वितीय में कौन सा समास है?

A. बहुब्रीहि   B. अव्ययीभाव
C. द्विगु   D. द्वंद्व

Q.54 उपलब्धि परीक्षण के सम्बन्ध में कौन कथन उपयुक्त नहीं है?

A. मौखिक परीक्षा में पक्षपात की आशंका रहती है
B. निबंधात्मक प्रश्नों के मूल्यांकन में वस्तुपरकता का अभाव रहता है
C. क्रियात्मक परीक्षाओं में शाब्दिक ज्ञान का महत्त्व नहीं होता हैं
D. वस्तुनिष्ठ परीक्षा से मौलिकता का विकास होता है

Q.39 निम्नलिखित में से कौन सा वाक्य शुद्ध है?

A. महाभारत अठारह दिनों तक चलता रह।
B. महाभारत अठारह दिन तक चलता रहे।
C. महाभारत अठारह दिनों तक चलता रहा।
D. महाभारत अठारह दिनों तक चलता ही रहा।

Q.55 पाठ-संसर्ग उपागम के अंतर्गत शब्द शिक्षण की कौन सी युक्तियाँ अपनाई जा सकती है?

A. अर्थ बोध द्वारा
B. शब्द रचना द्वारा
C. विशिष्ट शब्द के प्रयोगों के ज्ञान द्वारा
D. उपरोक्त सभी

Q.40 निम्नलिखित में से कौन सा वाक्य अशुद्ध है?

A. गीता आई और उसने कहा।
B. मैंने यह काम नहीं किया है।
C. वह शीशा तोड़कर भाग गया।
D. आपके रहन सहन का दर्जा ऊँचा है।

Q.56 निम्न में से सही तत्सम शब्द है-

A. परख   B. पीपल   C. पर्ण   D. पुन

Q.41 नीचे दिए गए वाक्य में उचित अव्यय को पहचानिए:
बह बोलते बोलते अचानक रुक गई।

A. संबंध बोधक अव्यय   B. समुच्चयबोधक अव्यय
C. क्रिया-विशेषण अव्यय   D. निपात अव्यय

Q.57 पाठ्यपुस्तक की विषय वस्तु का प्रस्तुतिकरण नहीं होने चाहिए।

A. ज्ञात से अज्ञात की ओर   B. कठिन से सरल की ओर
C. स्थूल से सूक्ष्म की ओर   D. सरल से कठिन की ओर

Q.42 इनमें से 'पयोद' किसका पर्यायवाची शब्द है?

A. मेघ   B. जलज   C. कोकनद   D. माधव

Q.58 व्याकरण शिक्षण की किस प्रणाली को विकृत रूप में सुग्गा प्रणाली भी कहते हैं?

[RTET - Level 2 (Social Studies), 2017]

Q.43 महादेवी वर्मा के काव्य संकलन नीहार की भूमिका किसने लिखी?

A. हरिओध   B. गुप्त
C. पंत   D. एम पी द्विवेदी

A. अव्याकृति प्रणाली   B. सहयोग प्रणाली
C. पाठ्यपुस्तक प्रणाली   D. निगमन प्रणाली

Q.44 भारतेन्दु का जन्म कब हुआ?

A. 1750   B. 1850   C. 1950   D. 1350

Q.59 भाषा-शिक्षण की श्रुतलेखन अभ्यास विधि का प्रमुख उद्देश्य नहीं हैं-

A. वर्तनी दोष दूर करना
B. शुद्ध लेखन की क्षमता का विकास करना
C. नवीन शब्दों का ज्ञान प्राप्त करना
D. हस्तलिपि सुधारना

Q.45 शिवसिँह सरोज' का सही प्रकाशन वर्ष है:

A. 1839 ई.   B. 1878 ई.   C. 1883 ई.   D. 1884 ई.

Q.46 धर्मवीर भारती का प्रथम काव्य संग्रह

A. ठंडा लोहा   B. कनुप्रिया
C. सात गीत वर्ष   D. सपना अभी भी

Q.60 हिंदी शिक्षण में उपलब्धि की जांच की जा सकती है-

A. उपलब्धि परीक्षण से   B. बुद्धि परीक्षण से
C. वस्तुनिष्ठ प्रश्नों से   D. वस्तुनिष्ठ प्रश्नों से

Q.47 किस वाक्य में सकर्मक क्रिया नहीं है।

A. मोहन हँसता है
B. सुधीर कार चलाता है
C. पुलिस ने चोर को पकड़ लिया
D. रामू को दवा पिलाओ

Q.61 मुहावरे एवं लोकोक्तियों का प्रयोग भाषिक अभिव्यक्ति को _______ बनाता है।

Q.48 'अ' स्वर का उच्चारण स्थान क्या है-

A. सजीव   B. अस्पष्ट   C. कठिन   D. शुद्ध

Q.62 लेखन क्रिया के शिक्षण का आरम्भ होता है-
A. सीधी रेखाओं से   B. घुण्डियों से
C. तिरछी रेखाओं से   D. अक्षरों से

Q.63 इनमें से किस शब्द की सन्धि अशुद्ध है-
A. देवी + अवतरण = देव्यवतरण
B. स्त्री + उपयोगी = स्त्रीसोपयोगी
C. अधि + अधीन = अध्यधीन
D. सत् + मार्ग = सन्मार्ग

Q.64 माँ बच्चे को दूध पिला रही है' में कौनसा कारक है?
A. करण कारक   B. सम्प्रदान कारक
C. अपादान कारक   D. कर्म कारक

Q.65 'हल्दी' शब्द का तत्सम रूप है।
A. हरद्रिका   B. हरीदा   C. हरिद्रा   D. हलिद्रा

Q.66 निम्नलिखित कियाओं में से कौन-सी क्रिया अनुकरणात्मक नहीं है?
A. फड़फड़ाना   B. मिमियाना
C. झुठलाना   D. हिनहिना

Q.67 निम्नलिखित वाक्यों में से कौन-सा ऐसा वाक्य है जिसकी क्रिया कर्ता के लिंग के अनुसार ठीक नहीं है?
A. राम आता है।   B. घोड़ा दौड़ता है।
C. हाथी सोती है।   D. लड़की जाती है।

Q.68 काम का नाम बताने वाले शब्द को क्या कहते हैं?
A. संज्ञा   B. सर्वनाम
C. क्रिया   D. क्रिया - विशेषण

Q.69 सम्बन्धवाचक सर्वनाम बताएँ-
A. कोई   B. कौन   C. जो   D. वह

Q.70 आप यहाँ क्या कर रहे है?
उपरोक्त वाक्य में रेखांकित शब्द का सही व्याकरणिक परिचय क्या है?
A. संज्ञा   B. सर्वनाम
C. विशेषण   D. क्रिया - विशेषण

Q.71 जिस मूल शब्द में विकार होने से क्रिया बनती है, उसे क्या कहते है?
A. धातु   B. क्रिया
C. मूल धातु   D. यौगिक धातु

Q.72 निम्न विकल्पों में से विस्मयादि बोधक चिन्ह को पहचानिए।
A. -:   B. ^   C. ?   D. !

Q.73 दो या अधिक उपवाक्य और, तथा, एवं जैसे योजकों से जुड़े हों तो होता है-
A. सरल वाक्य   B. आश्रित वाक्य
C. मिश्र वाक्य   D. संयुक्त वाक्य

Q.74 "तुम नासमझ हो इसलिए मत बोलो।" वाक्य है-
A. मिश्रित वाक्य   B. संयुक्त वाक्य
C. सरल वाक्य   D. अन्य वाक्य

Q.75 "राम बहुत पढ़ता है" वाक्य है-
A. संयुक्त वाक्य   B. सरल वाक्य
C. मिश्रित वाक्य   D. निषेधवाचक वाक्य

Ques (76-77):निर्देश: दिए गए विकल्पों में से मुहावरे के सही अर्थ का चयन करें।

Q.76 एड़ी चोटी का जोर लगाना
A. परेशान होना   B. अत्याधिक दुःखी होना
C. सुनहरा अवसर मिलना   D. बहुत कोशिश करना

Q.77 अक्ल पर पत्थर पड़ना
A. ठग जाना   B. दुखी होना
C. बुद्धि भ्रष्ट होना   D. इसारे पर कार्य करना

Q.78 निर्देश: दिए गए शब्द के पर्यायवाची शब्द का चयन करें।
'मराल'
A. हंस   B. हस्त   C. सलिल   D. शत्रु

Q.79 विशेषण शब्द की विशेषता बताने वाला शब्द कहलाता है?
A. क्रिया-विशेषण   B. प्रविशेषण
C. निपात   D. सर्वनाम

Q.80 निम्नलिखित में से 'पार्श्विक व्यंजन'कौन-सा हैं?
A. ल्   B. व्   C. र्   D. य्

Q.81 वधूत्सव शब्द में कौन सी सन्धि है-
A. गुण सन्धि   B. वृद्धि सन्धि   C. दीर्घ सन्धि   D. यण सन्धि

Q.82 'परमेश्वर' शब्द में समास है?
A. तत्पुरुष समास   B. अव्ययीभाव समास
C. द्विगु समास   D. कर्मधारय समास

Ques (83-84):निर्देश: नीचे दिए वाक्य में रिक्त स्थान के लिए सबसे उपयुक्त शब्द का चयन करें।

Q.83 अपने काम को इमानदारी से न करना सबसे बड़ा _______ है।
A. पाप   B. श्राप   C. कामचोरी   D. घूसखोरी

Q.84 आतंकवादियों ने कई महिलायों की _______ हत्या कर दी।
A. दयनीय   B. निर्भय   C. कठोरता   D. निर्मम

Q.85 निर्देश: नीचे दिए प्रश्न में एक वाक्य दिया हुआ है। वाक्य के जिस भाग में गलती हो, (a), (b) या (c) तो वही भाग आपका उत्तर होगा। यदि कोई गलती न हो, तो आपका उत्तर (d) होगा।
(a) मेरे को /(b) आज ही /(c) कोलकाता जाना है। /(d) कोई त्रुटि नहीं
A. (a)   B. (b)
C. (c)   D. कोई त्रुटि नहीं

Q.86 किस शब्द में 'ऐ' स्वर नहीं है?
A. वैदिक   B. ऐक्य   C. पैतृक   D. स्नेह

Q.87 मानव शब्द में प्रत्यय है।
A. अ   B. व   C. अव   D. नव

Q.88 'कृत्' प्रत्यय किन शब्दों के साथ जुड़ते है?
A. क्रिया   B. संज्ञा   C. सर्वनाम   D. विशेषण

Q.89 निम्नलिखित में से कोई एक 'मरूत' शब्द का पर्यायवाची नहीं है-
A. मेधा   B. पवन   C. वात   D. मारुत

Q.90 निम्नलिखित में से 'अधोलोक' का पर्यायवाची क्या है?
A. वायुलोक   B. गगनलोक   C. पाताल   D. परलोक

Q.91 'अंबुनिधि' किसका पर्यायवाची है?
A. जल   B. कमल   C. सागर   D. मेघ

Q.92 "विपिन घोड़े से गिर गया।" वाक्य में कौन - सा कारक प्रयुक्त हुआ है?
A. अपादान कारक   B. सम्बन्ध कारक

C. अधिकरण कारक   D. सम्बोधन कारक

Q.93 मोहन ऊपर ___ सामान लाने गया है। उक्त वाक्य में कौन-सा कारक चिन्ह प्रयुक्त होगा?

A. से   B. में   C. को   D. के लिए

Q.94 'अरे!' में किस कारक का चिह्न?

A. अपादान   B. संबोधन   C. कर्ता   D. अधिकरण

Q.95 "नानी ने मुझे पैसे दिए" में कौन सा कारक प्रयुक्त हुआ है?

A. अपादान कारक   B. सम्प्रदान कारक
C. सम्बोधन कारक   D. करण कारक

Q.96 हिन्दी खड़ी बोली किस अपभ्रंश से विकसित हुई है?

A. मागधी   B. अर्धमागधी   C. शौरसेनी   D. ब्राचड़

Q.97 भाषा के आधार पर भारतीय राज्यों की पुन: संरचना की गयी थी?

A. 1952 ई. में   B. 1953 ई. में
C. 1954 ई. में   D. 1956 ई. में

Q.98 रचना की दृष्टि से किया के कितने भेद हैं?

A. 2   B. 3   C. 4   D. 5

Q.99 आठवां विश्व हिन्दी सम्मेलन 2007 ई. का आयोजन स्थल था-

A. नागपुर   B. मारिशस   C. लंदन   D. न्यूयार्क

Q.100 निम्नलिखित में से कौन भारोपीय परिवार की भाषा नहीं है?

A. मराठी   B. गुजराती   C. मलयालम   D. हिन्दी

Q.101 'वेदान्तसार' के अनुसार सूक्ष्मशरीर के अवयव हैं-

A. आठ   B. सत्रह   C. बारह   D. अठारह

Q.102 पालि में संस्कृत की यह ध्वनि नहीं मिलती-

A. आ   B. ए   C. ऐ   D. ओ

Q.103 'यतश्च निर्धारणम्' किन विभक्तियों का विधायक है?

A. प्रथमा-तृतीया   B. पञ्चमी-सप्तमी
C. षष्ठी-सप्तमी   D. चतुर्थी-द्वितीया

Q.104 अभिनवगुप्त के मतानुसार 'रसप्रतीति' है-

A. निर्विकल्पकरूप   B. सविकल्पकरूप
C. उभयाभावस्वरूप   D. ज्ञाप्य

Q.105 अधोलिखित में से प्रकरण नामक रूपक है-

A. उत्तररामचरितम्   B. मुद्राराक्षसम्
C. स्वप्नवासवदत्तम्   D. मृच्छकटिकम्

Q.106 अधोलिखितेषु बृहत्तम्यां परिगण्यते-

A. रामायणम्   B. रघुवंशम्
C. शिशुपालवधम्   D. महाभारतम्

Q.107 आदिकाव्ये सर्ग-संख्याऽस्ति-

A. पञ्चाशतम्   B. चतुःशतम्
C. षटशतम्   D. त्रिशतम्

Q.108 प्रथम: वेदकालनिर्णयिकोऽस्ति-

A. राय: B. मैक्समूलर:
C. सायण: D. मैक्डानल:

Q.109 'फटे-पुराने कपड़े पहनने वाला' वाक्यांश के लिए एक शब्द है-

A. मितव्ययी   B. गरीब   C. फटीचर   D. अपव्ययी

Q.110 'जो ममत्व से रहित हो' वाक्यांश के लिए कौन सा शब्द उपयुक्त है?

A. निरुपम   B. निर्मम   C. निर्णायक   D. निष्काम

Q.111 'कर्कश' का विपरीतार्थक शब्द क्या है?

A. कठोर   B. मधुर   C. सख्त   D. प्रबल

Q.112 'चिरंतन' शब्द का विलोम निम्नलिखित में से कौन-सा होगा?
[UPTET Science and Maths, 2018], [UPTET Social Studies, 2018]

A. सनातन   B. अविच्छिन्न   C. शाश्वत   D. नश्वर

Q.113 निम्नलिखित विकल्पों में से शुद्ध वर्तनी का चयन कीजिए।

A. प्राक्कथन   B. औद्योगीकरण
C. स्वच्छंद   D. उपरोक्त सभी

Q.114 निम्नलिखित में से किस शब्द की वर्तनी शुद्ध है?

A. अर्चना   B. मरयादा   C. सलज्ज   D. इकीस

Q.115 निम्न शब्दों में से शुद्ध वर्तनी का चयन कीजिये-

A. जीजिविषा   B. जिजिविषा
C. जिजिबिसा   D. जिजीविषा

Q.116 नीचे दिए गये विकल्पों में से तत्सम शब्द का चयन कीजिए।

A. गोबर   B. गोधूम   C. गधा   D. गवैया

Q.117 'अखाड़ा' का तत्सम शब्द बताइये-

A. अखनि   B. अखाड   C. अक्षवाट   D. अक्षवा

Q.118 निम्न में से कौन-सा यण संधि का नियम नहीं है?

A. इ + ए = ये   B. इ + आ = या
C. उ + ए = व्   D. आ + अ = आ

Q.119 शुभारम्भ का सही सन्धि-विच्छेद कौन-सा है?

A. शुभ+आरंभ   B. शुभा+रंभ
C. सुब+आरंभ   D. शौभा+रांभ

Q.120 'मही + इन्द्र' की संधि क्या होगी?

A. महेंद्र   B. महीन्द्र   C. महेंदर   D. महिंद्र

Q.121 शुद्ध वाक्य का चयन करें।

A. मैं पुस्तक को पढ़ता हूँ।   B. मैं पुस्तक पढ़ लिया हूँ।
C. मैंने पुस्तक पढ़ता हूँ।   D. मैं पुस्तक पढ़ता हूँ।

Q.122 अविकारी शब्द होता है-

A. संज्ञा   B. सर्वनाम   C. विशेषण   D. अव्यय

Q.123 'हिततरंगिणी' किसकी रचना है?

A. चिन्तामणि   B. ग्वाल   C. कृपाराम   D. मुबारक

Q.124 कौन-सी पंक्ति कबीर की नहीं है?

A. एकै साखी सौ सिर खण्डै
B. संस्कीरत है कूपजल भाषा बहता नीर
C. ए अखियां अलसानी, पिया हो सेज चलो
D. अब तो अजपा जपु मन मेरे

Q.125 आलो उजाला नामक कवि ने किस रचना का बंगला अनुवाद किया गया?

A. रामचरित मानस   B. पद्मावत
C. मधुमालती   D. माधवानल-कामकन्दला

// स्मार्ट उत्तर पुस्तिका //

सही उत्तर — उन छात्रों के प्रतिशत को इंगित करता है जिन्होंने प्रश्नों का सही उत्तर दिया था।

छोड़ दिया — उन छात्रों के प्रतिशत को इंगित करता है जिन्होंने प्रश्नों को छोड़ दिया था।

प्रश्न संख्या	उत्तर	सही उत्तर / छोड़ दिया	प्रश्न संख्या	उत्तर	सही उत्तर / छोड़ दिया	प्रश्न संख्या	उत्तर	सही उत्तर / छोड़ दिया	प्रश्न संख्या	उत्तर	सही उत्तर / छोड़ दिया	प्रश्न संख्या	उत्तर	सही उत्तर / छोड़ दिया
1	D	40.21 % / 1.16 %	17	D	42.53 % / 1.61 %	33	A	55.05 % / 1.47 %	49	C	54.53 % / 1.6 %	65	C	68.35 % / 1.09 %
2	C	49.17 % / 1.62 %	18	B	41.51 % / 1.41 %	34	C	56.02 % / 1.53 %	50	D	43.37 % / 1.93 %	66	C	54.04 % / 1.78 %
3	D	65.38 % / 1.05 %	19	C	55.83 % / 1.03 %	35	D	63.74 % / 1.52 %	51	B	26.51 % / 3.63 %	67	C	64.61 % / 1.38 %
4	C	42.29 % / 1.87 %	20	C	63.12 % / 1.68 %	36	C	46.43 % / 1.29 %	52	C	22.63 % / 3.46 %	68	C	79.7 % / 0.0 %
5	D	47.08 % / 1.77 %	21	B	58.19 % / 1.56 %	37	A	41.09 % / 1.5 %	53	C	18.39 % / 4.51 %	69	C	63.52 % / 1.84 %
6	A	55.37 % / 1.85 %	22	D	62.4 % / 1.1 %	38	A	50.57 % / 1.7 %	54	D	15.24 % / 3.29 %	70	B	40.07 % / 1.7 %
7	C	40.1 % / 1.86 %	23	B	55.41 % / 1.13 %	39	C	66.87 % / 1.99 %	55	D	11.26 % / 4.23 %	71	A	45.88 % / 1.37 %
8	D	67.6 % / 1.25 %	24	D	44.35 % / 1.93 %	40	D	69.82 % / 1.03 %	56	C	44.79 % / 1.07 %	72	D	43.58 % / 1.47 %
9	A	62.41 % / 1.39 %	25	C	56.13 % / 1.7 %	41	C	54.17 % / 1.55 %	57	B	65.09 % / 1.7 %	73	D	67.88 % / 1.12 %
10	B	60.66 % / 1.71 %	26	C	43.54 % / 1.81 %	42	A	42.78 % / 1.65 %	58	C	48.39 % / 1.51 %	74	B	62.14 % / 1.11 %
11	C	42.3 % / 1.65 %	27	C	51.67 % / 1.69 %	43	A	50.05 % / 1.77 %	59	D	48.84 % / 1.15 %	75	B	61.49 % / 1.59 %
12	B	47.74 % / 1.81 %	28	D	58.42 % / 1.73 %	44	B	46.24 % / 1.43 %	60	A	46.56 % / 1.41 %	76	D	53.7 % / 1.45 %
13	A	42.37 % / 1.75 %	29	B	64.14 % / 1.63 %	45	C	53.98 % / 1.08 %	61	A	60.4 % / 1.43 %	77	C	64.89 % / 1.82 %
14	C	66.01 % / 1.16 %	30	D	43.27 % / 1.29 %	46	A	58.59 % / 1.94 %	62	A	49.33 % / 1.11 %	78	A	59.5 % / 1.64 %
15	C	56.2 % / 1.7 %	31	A	43.02 % / 1.06 %	47	A	60.38 % / 1.71 %	63	A	64.15 % / 1.58 %	79	B	45.48 % / 1.24 %
16	D	43.93 % / 1.98 %	32	C	42.87 % / 1.14 %	48	B	57.21 % / 1.51 %	64	D	40.49 % / 1.17 %	80	A	53.91 % / 1.22 %

प्रश्न संख्या	उत्तर	सही उत्तर	छोड़ दिया
81	C	43.2 %	1.54 %
82	D	58.45 %	1.11 %
83	A	65.8 %	1.05 %
84	D	44.81 %	1.67 %
85	A	48.97 %	1.35 %
86	D	59.73 %	1.52 %
87	C	64.09 %	1.12 %
88	A	58.48 %	1.14 %
89	A	52.83 %	1.7 %

प्रश्न संख्या	उत्तर	सही उत्तर	छोड़ दिया
90	C	78.19 %	0.0 %
91	C	61.61 %	1.75 %
92	A	61.71 %	1.24 %
93	A	41.91 %	1.61 %
94	B	65.97 %	1.01 %
95	B	55.18 %	1.58 %
96	C	62.09 %	1.52 %
97	D	61.87 %	1.38 %
98	A	45.7 %	1.59 %

प्रश्न संख्या	उत्तर	सही उत्तर	छोड़ दिया
99	D	43.92 %	1.81 %
100	C	63.85 %	1.91 %
101	B	56.66 %	1.69 %
102	C	65.56 %	1.77 %
103	C	61.7 %	1.71 %
104	C	55.53 %	1.74 %
105	D	51.95 %	1.79 %
106	C	23.51 %	3.81 %
107	A	28.66 %	4.22 %

प्रश्न संख्या	उत्तर	सही उत्तर	छोड़ दिया
108	B	58.06 %	1.42 %
109	C	79.17 %	0.0 %
110	B	77.8 %	0.0 %
111	B	77.03 %	0.0 %
112	D	67.59 %	1.5 %
113	D	56.69 %	1.63 %
114	C	69.45 %	1.68 %
115	B	61.32 %	1.68 %
116	B	63.42 %	1.88 %

प्रश्न संख्या	उत्तर	सही उत्तर	छोड़ दिया
117	C	40.96 %	1.42 %
118	D	57.03 %	1.4 %
119	A	59.49 %	1.35 %
120	B	65.67 %	1.14 %
121	D	66.27 %	1.04 %
122	D	47.7 %	1.06 %
123	C	49.49 %	1.12 %
124	D	21.87 %	4.61 %
125	D	66.84 %	1.32 %

कार्य विश्लेषण	
औसत अंक (%)	**54.59%**
टॉपर्स स्कोर (%)	**68.94%**
आपका स्कोर	

//संकेत और समाधान//

1. 'स्वस्थ' यहाँ सही विकल्प है। क्योंकि स्वस्थ शब्द में सु उपसर्ग का प्रयोग नहीं हुआ| 'सु' उपसर्ग से तात्पर्य है 'श्रेष्ठता और साथ में'।

उपसर्ग अर्थात ऐसे शब्दांश जो किसी शब्द के पूर्व जुड़कर उसके अर्थ में परिवर्तन कर देते हैं।

अतः विकल्प (D) सही है।

2. 'प्रकाश' यहाँ सही विकल्प है। क्योंकि प्रकाश शब्द में 'प्र' उपसर्ग का प्रयोग नहीं हुआ है।

उपसर्ग अर्थात ऐसे शब्दांश जो किसी शब्द के पूर्व जुड़कर उसके अर्थ में परिवर्तन कर देते हैं।

अतः विकल्प (C) सही है।

3. कृपा की वर्तनी शुद्ध है।

शुद्ध वर्तनी-

गोविन्द

अधिकार

राधिका

अतः विकल्प (D) सही है।

4. स्वामी रामानंद ने राम भक्ति का द्वार सबके लिए सुलभ कर दिया। साथ ही ग्रहस्तो में वर्णसंकरता ना फैले, इस हेतु विरक्त संन्यासी के लिए कठोर नियम भी बनाए। उन्होंने अनंतानंद, भावानंद, पीपा, सेन नाई, धन्ना, नाभा दास, नरहर्यानंद, सुखानंद, कबीर, रैदास, सुरसरी, पद्मावती जैसे बारह लोगों को अपना प्रमुख शिष्य बनाया, जिन्हे द्वादश महाभागवत के नाम से जाना जाता है।

अतः विकल्प (C) सही है।

5. शावक = शौ + अक

यदि ए/ऐ, ओ/औ के बाद कोई भी स्वर हो तो ए का अय, ऐ का आय ओ का अव, औ का आव बन जाता है। अयादि संधि कहलाती है।

अतः विकल्प (D) सही है।

6. विद्यालय = विद्या + आलय

दो स्वरों से उत्पन्न विकार अथवा रूप-परिवर्तन को स्वर संधि कहते है।

उदाहरण - गिरि + इन्द्र= गिरीन्द्र

अतः विकल्प (A) सही है।

7. अव्ययीभाव यहाँ सही विकल्प है। क्योंकि इस समास में पहला या पूर्वपद अव्यय होता है और उसका अर्थ प्रधान होता है। अव्यय के संयोग से समस्तपद भी अव्यय बन जाता है। इसमें पूर्वपद प्रधान होता है।

अतः विकल्प (C) सही है।

8. ख्यातिप्राप्त में तत्पुरुष समास है।

जिस समास में दूसरा पद प्रधान होता है। यह कारक से जुदा समास होता है। इसमें ज्ञातव्य – विग्रह में जो कारक प्रकट होता है उसी कारक वाला वो समास होता है। इसे बनाने में दो पदों के बीच कारक चिन्हों का लोप हो जाता है उसे तत्पुरुष समास कहते हैं।

अतः विकल्प (D) सही है।

9. 'अश्रु' शब्द तत्सम है।

अश्रु का अर्थ है - आँखो में बहनेवाला तरल पदार्थ आँसू।

ऐसे शब्द जो संस्कृत से ज्यों - के - त्यों ले लिए गए हैं।

अतः विकल्प (A) सही है।

10. 'अस्थि' शब्द तत्सम है जिसका तद्भव 'हड्डी' होगा।

हड्डी का अर्थ है – मनुष्यों, पशुओं, आदि के शरीर के अंदर की वह कड़ी, सफ़ेद वस्तु जो भीतरी ढाँचे के अंग के रूप में होती है।

ऐसे शब्द जो संस्कृत से ज्यों - के - त्यों ले लिए गए हैं।

अतः विकल्प (B) सही है।

11. अनल शब्द अग्नि का सही पर्यायवाची हैं।

अग्नि के अन्य पर्यायवाची - आग, पावक, दहन, ज्वाला, हुताशन।

एक ही अर्थ में प्रयुक्त होने वाले शब्द, जो बनावट में भले ही अलग हों। 'पर्यायवाची-शब्द' को 'समानार्थी-शब्द' भी कहा जाता है।

अतः विकल्प (C) सही है।

12. 'नीच, अधम का समानार्थी शब्द हैं।

अधम के अन्य समानार्थी - पतित, भ्रष्ट, खल, पामर।

समान अर्थ देने वाले शब्दो को समानार्थी शब्द कहते हैं।

अतः विकल्प (B) सही है।

13. मित्र का विलोम शत्रु है।

मित्र का अर्थ – दोस्त।

शत्रु का अर्थ- दुश्मन।

अतः विकल्प (A) सही है।

14. नवीन का विपरीतार्थक शब्द प्राचीन है।

नवीन का अर्थ – नया।

प्राचीन का अर्थ- पुराना।

अतः विकल्प (C) सही है।

15. 'नाक' तद्भव शब्द है।

नाक का तत्सम शब्द नासिका है।

समय और परिस्थितियों के कारण कुछ परिवर्तन होने से जो शब्द बने हैं उन्हें तद्भव शब्द कहते हैं।

अतः विकल्प (C) सही है।

16. 'उपरोक्त सभी' तद्भव शब्द हैं।

घर का तत्सम शब्द गृह है।

घी का तत्सम शब्द घृत है।

चैत का तत्सम शब्द चैत्र है।

समय और परिस्थितियों के कारण कुछ परिवर्तन होने से जो शब्द बने हैं उन्हें तद्भव शब्द कहते हैं।

अतः विकल्प (D) सही है।

17. 'जिसके पास कुछ ना हो' वाक्यांश के लिए एक शब्द 'अकिंचन' होगा।

दरिद्र - जिसके पास धन की कमी हो

नंगा - बिना वस्त्र का

निर्धन - जिसके पास धन न हो

अतः विकल्प (D) सही है।

18. 'जिसका अनुभव न किया गया हो' वाक्यांश के लिए एक शब्द 'अनुभूत' होगा।

अनुभव - काम की जानकारी

अनुकरण - नकल या प्रतिलिपि

अनु - वह मनोवृत्ति जो किसी वस्तु की प्राप्ति की ओर ध्यान ले जाती है

अतः विकल्प (B) सही है।

19. उच्चारण के आधार पर स, ज़, र, ल वर्त्स्य वर्ग के व्यंजन हैं।

उच्चारण के स्थान के आधार पर व्यंजन के भेद-

कंठ्य : (गले से) क ख ग घ ङ

तालव्य : (तालू से) च छ ज झ ज य श

मूर्धन्य : (तालू के मूर्धा भाग से) ट ठ ड ढ ण ड़ ढ़ ष

दन्त्य : (दांतों के मूल से) त थ द ध न

वर्त्स्य : (दंतमूल से) (न) स ज़ र ल

ओष्ठ्य : (दोनों होठो से) प फ ब भ म

दंतोष्ठ्य : (निचले होठ और ऊपर के दांतों से) व फ़

स्वरयंत्रीय : (स्वरयंत्र से) ह

अतः विकल्प (C) सही है।

20. रेखांकित भाग **थूक कर ही चाटना** है, के लिए उचित अर्थ 'कह कर मुकर जाना' है।

तीन तेरह करना - नष्ट करना, तितर बितर करना

ताक पर रखना - व्यर्थ समझकर दूर हटाना

ताक में बैठना - मौके की तलाश में रहना

अतः विकल्प (C) सही है।

21. 'जिसमें कुछ करने की क्षमता न हो' इसके लिए उचित शब्द 'अक्षम' है।

भाषा को सुंदर, आकर्षक और प्रभावशाली बनाने के लिए अनेक शब्दों के स्थान पर एक शब्द का प्रयोग किया जाता है तो वह वाक्यांश के लिए एक शब्द कहलाता है। जैसे-

जिसे देखकर डर लगे – डरावना

अतः विकल्प (B) सही है।

22. यहाँ 'विद्वान' शब्द विशेषण है।

विशेषण- जो शब्द संज्ञा या सर्वनाम की विशेषता बतलाते हैं, वे शब्द विशेषण कहलाते हैं।

अतः विकल्प (D) सही है।

23. 'राम सोता है' इसमें 'सोना' अकर्मक क्रिया है क्योंकि वाक्य में राम 'कर्ता' है और सोने की क्रिया उसी के द्वारा पूरी हो रही है। अतः सोने का फल उसी पर पड़ रहा है। अतः यहाँ पर 'सोना' अकर्मक क्रिया है।

जिन क्रियाओं का व्यापार और फल कर्ता पर हो, वे अकर्मक क्रिया हैं। इनमें कर्म नहीं होता है।

अतः विकल्प (B) सही है।

24. 'गंगा' जातिवाचक संज्ञा नहीं है। नदी, पर्वत, लड़की जातिवाचक संज्ञा के उदाहरण हैं।

जो संज्ञा एक ही प्रकार की वस्तुओं का (पूरी जाति का) बोध कराती है।

अतः विकल्प (D) सही है।

25. जो शब्द संज्ञा की विशेषता बताते हैं उन्हे विशेषण कहा जाता है। इस वाक्य में 'कड़वा' शब्द 'खीरा' की विशेषता बता रहा है।

विशेष्य - जिसकी विशेषता बताई जाती है उसे विशेष्य कहते हैं। जैसे - खीरा (विशेष्य) कड़वा (विशेषण) है।

प्रविशेषण - जिन शब्दों से विशेषण की विशेषता का पता चलता है। जैसे- यह आम बहुत मीठा है।

उद्देश्य विशेषण - विशेष्य से पहले जो विशेषण लगते हैं। जैसे - सुंदर लडकी

अतः विकल्प (C) सही है।

26. ड़, ढ़ को उक्षिप्त या द्विगुण व्यंजन कहते हैं।

उक्षिप्त व्यंजन ऐसा व्यंजन होता है जिसे अचानक मुँह में जिह्वा या अन्य किसी भाग को सिकोड़कर किसी अन्य भाग की ओर ज़ोर से फेंका जाए। उदाहरण के लिए 'ड़' और 'ढ़' के उच्चारण में ऐसा होता है।

अतः विकल्प (C) सही है।

27. वर्णमाला में य, र, ल, व अंतःस्थ व्यंजन हैं, श, ष, स, ह को ऊष्म व्यंजन की श्रेणी में रखा जाता है।

'श, ष, स, ह' – इन चार वर्णों के उच्चारण में मूख से विशेष प्रकार की गर्म (ऊष्म) वायु निकलती है, इसलिए इन्हें ऊष्म व्यंजन कहते है। इनके उच्चारण में श्वास की प्रबलता रहती है।

अतः विकल्प (C) सही है।

28. स्वजाती शब्द के लिए उपयुक्त विलोम शब्द विजाती हैं।

स्वजाती का अर्थ – अपनी जाति।

विजाती का अर्थ – अन्य जाति।

अतः विकल्प (D) सही है।

29. क्रेता का विलोम शब्द विक्रेता है।

क्रेता का अर्थ – खरीददार।

विक्रेता का अर्थ- बेचने वाला।

अतः विकल्प (B) सही है।

30. जननी, मात, अम्बा ये सभी माता के समानार्थी हैं। ज्योति शब्द माता का समानार्थी नहीं हैं।

समान अर्थ देने वाले शब्दो को समानार्थी शब्द कहते हैं।

अतः विकल्प (D) सही है।

31. आलोक का अर्थ होता हैं प्रकाश।

प्रकाश के अन्य पर्यायवाची - उजाला, ज्योति, प्रभाव, विभा, आलोक।

अतः विकल्प (A) सही है।

32. 'अकर्मक' शब्द की वर्तनी शुद्ध है।

शुद्ध वर्तनी-

औद्योगिक

बाल्मीकि

नवाब

अतः विकल्प (C) सही है।

33. 'अतिरंजित' शब्द की वर्तनी शुद्ध है।

शुद्ध वर्तनी-

सकर्मक

अनंत

अतिथि

अतः विकल्प (A) सही है।

34. 'सांसारिक वस्तुओं को प्राप्त करने की इच्छा' के लिए एक शब्द 'एषणा' है।

ऊहापोह- विचारों का ऐसा प्रवाह जिससे कोई निष्कर्ष न निकले

एकीकृत - कई जगह से मिलाकर इकट्ठा किया हुआ

ऊषा - सूर्यास्त के समय दिखने वाली लालिमा

अतः विकल्प (C) सही है।

35. 'जिसे अपने मत या विश्वास का अधिक आग्रह हो' के लिए एक शब्द 'कट्टर' है।

कंकाल -हड्डियों का ढाँचा

कथोपकथन - दो व्यक्तियों के बीच परस्पर होने वाली बातचीत

कसेरा - बर्तन बेचने वाला

अतः विकल्प (D) सही है।

36. 'अभ्यर्थी' में यण सन्धि है।

अभ्यर्थी = अभि + अर्थी

यदि इ/ई के बाद कोई अन्य स्वर हो, तो 'य' बन जाता है, उ/ऊ का 'व' तथा ऋ का 'र' बन जाता है। यण सन्धि कहलाती है।

अतः विकल्प (C) सही है।

37. 'विद्यालय' में दीर्घ सन्धि है।

विद्यालय = विद्या + आलय

जब दो समान स्वर मिलकर दीर्घ रूप धारण करते है, तो दीर्घ सन्धि कहलाती है।

अतः विकल्प (A) सही है।

38. अद्वितीय में बहुव्रीहि समास है। क्योंकि इस समास में दोनों पद प्रधान नहीं होते हैं और दोनों पद मिलकर किसी अन्य विशेष अर्थ की ओर संकेत कर रहे होते हैं।

अतः विकल्प (A) सही है।

39. 'महाभारत अठारह दिनों तक चलता रहा ।' शुद्ध वाक्य है क्योंकि इसमें वचन से संबंधी त्रुटि नहीं है।

संज्ञा या सर्वनाम के जिस रूप से उसके एक या अनेक होने का बोध हो उसे वचन कहते है। हिंदी मे वचन भी संज्ञा, सर्वनाम, विशेषण और क्रिया रूपों मे परिवर्तन करते है। वाक्य में, संज्ञा, सर्वनाम, लिंग, वचन, क्रिया-विशेषण, क्रिया, विशेषण आदि संबंधी अशुद्धियाँ हो सकती हैं।

अतः विकल्प (C) सही है।

40. 'आपके रहन सहन का दर्जा ऊँचा है' अशुद्ध वाक्य है क्योंकि इसमें संज्ञा संबंधी त्रुटि है। जैसे 'दर्जा' के स्थान पर उचित संज्ञा का प्रयोग नहीं है और उसके स्थान पर 'स्तर' संज्ञा प्रयुक्त होगा क्योंकि 'दर्जा' संज्ञा अव्याकरणिक है।

अतः विकल्प (D) सही है।

41. जिन शब्दों से क्रिया की विशेषता का पता चले, वहाँ क्रिया विशेषण अव्यय होता है। 'वह बोलते बोलते अचानक रुक गई।' इसमें 'अचानक' शब्द क्रिया 'बोलने' की विशेषता दर्शा रहा है। अत: यहाँ क्रिया-विशेषण है।

अतः विकल्प (C) सही है।

42. 'मेघ' शब्द पयोद का पर्यायवाची शब्द है।

पयोद के अन्य पर्यायवाची -घन, जलधर, वारिद, बादल, नीरद, वारिधर, अम्बुद, पयोधर।

अतः विकल्प (A) सही है।

43. नीहार महादेवी वर्मा का पहला कविता-संग्रह है। इसका प्रथम संस्करण सन् 1930 ई० में गाँधी हिन्दी पुस्तक भण्डार, प्रयाग द्वारा प्रकाशित हुआ। इसकी भूमिका अयोध्यासिंह उपाध्याय 'हरिऔध' ने लिखी थी। इस संग्रह में महादेवी वर्मा की 1923 ई० से लेकर 1929 ई० तक के बीच लिखी कुल 47 कविताएँ संग्रहीत हैं।

अतः विकल्प (A) सही है।

44. भारतेन्दु हरिश्चन्द्र (9 सितंबर 1850-6 जनवरी 1885) आधुनिक हिंदी साहित्य के पितामह कहे जाते हैं। वे हिन्दी में आधुनिकता के पहले रचनाकार थे। इनका मूल नाम 'हरिश्चन्द्र' था, 'भारतेन्दु' उनकी उपाधि थी। उनका कार्यकाल युग की सन्धि पर खड़ा है। उन्होंने रीतिकाल की विकृत सामन्ती संस्कृति की पोषक वृत्तियों को छोड़कर स्वस्थ परम्परा की भूमि अपनाई और नवीनता के बीज बोए। हिन्दी साहित्य में आधुनिक काल का प्रारम्भ भारतेन्दु हरिश्चन्द्र से माना जाता है।

अतः विकल्प (B) सही है।

45. किसी भारतीय विद्वान द्वारा लिखा गया यह प्रथम हिन्दी-इतिहास है। यह ग्रन्थ हिन्दी विद्वानों में बहुचर्चित रहा है। डॉ रामचन्द्र शुक्ल ने इस ग्रन्थ से काफी सहायता ली। शिवसिंह सरोज का पहला प्रकाशन सन् 1878 में हुआ। 1883 में इसका तृतीय संस्करण प्रकाशित हुआ। इससे इसकी लोकप्रियता का अनुमान लगाया जा सकता है। सन् 1923 में इसका सातवाँ संस्करण प्रकाशित हुआ। 1970 में हिन्दी साहित्य सम्मेलन, प्रयाग से इसका नवीनतम संस्करण प्रकाशित हुआ है।

अतः विकल्प (C) सही है।

46. भारती के कवि की बनावट का सबसे प्रमुख गुण उनकी वैष्णवता है। पावनता और हल्की रोमांटिकता का स्पर्श और उनकी भीनी झनकार भारती की कविताओं में सर्वत्र पाई जाती है। इनका प्रथम काव्य-संग्रह 'ठंडा लोहा' और प्रथम उपन्यास 'गुनाहों का देवता' अत्यंत लोकप्रिय हुए।

अतः विकल्प (A) सही है।

47. मोहन हँसता है में सकर्मक क्रिया नहीं है।

सकर्मक क्रिया उस प्रकार की क्रिया होती है जिसमें कर्ता द्वारा किया गया कार्य किसी अन्य चीज को प्रभावित करता है, तो वहां पर सकर्मक क्रिया होती है

जैसे "राहुल ने केला खाया।"

अतः विकल्प (A) सही है।

48. 'अ' देवनागरी लिपि का पहला वर्ण तथा संस्कृत, हिंदी, मराठी, नेपाली आदि भाषाओं की वर्णमाला का पहला अक्षर एवं ध्वनि है। यह एक स्वर है। यह कण्ठ वर्ण है। इसका उच्चारण स्थान कण्ठ है।

अतः विकल्प (B) सही है।

49. ये शब्द सर्वनाम है।

सर्वनाम संज्ञा के स्थान पर जिन शब्दों का प्रयोग किया जाता है, उन्हें सर्वनाम कहते हैं। "राजीव देर से घर पहुंचा, क्योंकि उसकी ट्रेन देर से चली थी।" इस वाक्य में 'उसकी' का प्रयोग 'राजीव' के लिए हुआ है, इसलिए 'उसकी' शब्द सर्वनाम कहा जाएगा। हिन्दी में सर्वनामों की संख्या 11 हैं।

अतः विकल्प (C) सही है।

50. झूठा आदमी विश्वास के योग्य नहीं होता इस वाक्य में 'विश्वास' में भाववाचक संज्ञा है।

जो शब्द किसी चीज़ या पदार्थ की अवस्था, दशा या भाव का बोध कराते हैं, उन शब्दों को भाववाचक संज्ञा कहते हैं।

जैसे- बचपन, बुढ़ापा, मोटापा, मिठास, उमंग, चढ़ाई, थकावट, मानवता, चतुराई, जवानी, लम्बाई, मित्रता, मुस्कुराहट, अपनापन, परायापन, भूख, प्यास, चोरी, क्रोध, सुन्दरता आदि।

अतः विकल्प (D) सही है।

51. दृश्य-श्रव्य साधन से तात्पर्य ऐसे साधन से है जिनका प्रयोग शिक्षण-अधिगम प्रक्रिया में महत्वपूर्ण रूप से किया जाता है। शिक्षा प्रणाली को रोचक, आकर्षक, प्रभावशाली बनाने के लिए दृश्य-श्रव्य साधन का उपयोग किया जाता है।

भाषा शिक्षण में श्रव्य दृश्य साधनों के प्रयोग का मुख्य प्रयोजन विद्यार्थियों के विभिन्न इन्द्रियों को क्रियाशील बनाना है क्योंकि यह साधन बच्चों के आंख और कान दोनों ज्ञानेंद्रियों को सक्रिय कर के सीखने को सार्थक बनाता है।

ये साधन पाठ को ध्वनि और चित्रों दोनों रूप में प्रभावी तरीके से प्रस्तुत कर शिक्षण प्रक्रिया को आसान बनाता हैं।

ये साधन बच्चों को ज्ञानेंद्रियों के माध्यम से नवीन सूचना संबंधी ज्ञान प्रदान कर उनमें नए अनुभवों का संचार करता है।

ये साधन चलचित्र, टीवी सिस्टम, लेजर प्रोजेक्टर, कंप्यूटर, वीडियो, मल्टीमीडिया आदि के माध्यम से ज्ञानेंद्रियों को गतिशील बनाता हैं।

भाषा शिक्षण में श्रव्य दृश्य साधनों के प्रयोग का अन्य प्रयोजन शिक्षण को प्रभावपूर्ण, रोचक, स्थायी और अर्थपूर्ण बनाना होता है।

इसलिए उपर्युक्त पंक्तियों से स्पष्ट है कि भाषा शिक्षण में दृश्य-श्रव्य साधनों के प्रयोग का मुख्य प्रयोजन विद्यार्थियों की विभिन्न इन्द्रियों को क्रियाशील बनाना है।

अतः विकल्प (B) सही है।

52. अनुकरण, एक व्यक्ति द्वारा दूसरे व्यक्ति की शारीरिक व्यवहार और शारीरिक क्रियाओं की नक़ल करने को कहते हैं। अनुकरण विधि भाषा शिक्षण की ऐसी विधि है जिसके तहत शिक्षक द्वारा किसी शैक्षिक गतिविधि के उपरांत बच्चों द्वारा उन्हें दोहराया जाता है।

इस विधि का प्रयोग उच्चारण, लेखन और रचना कौशल के विकास हेतु किया जाता है।

रचना अनुकरण या अनुकरण विधि के तहत रचना अभ्यास प्रारंभिक स्तर के लिए उपयुक्त होता है।

इसके अन्तर्गत शिक्षक द्वारा प्रदत्त किसी आदर्श रचना शैली के अनुरूप बच्चों द्वारा अपनी भाषा में प्रार्थना पत्र या निबंध आदि लिखे जाते हैं। उदाहरण के लिए, गाय पर लेख बता कर कुत्ता पर लेख लिखवाना।

अनुकरण, एक व्यक्ति द्वारा दूसरे व्यक्ति की शारीरिक व्यवहार और शारीरिक क्रियाओं की नक़ल करने को कहते हैं। अनुकरण विधि भाषा शिक्षण की ऐसी विधि है जिसके तहत शिक्षक द्वारा किसी शैक्षिक गतिविधि के उपरांत बच्चों द्वारा उन्हें दोहराया जाता है।

इस विधि का प्रयोग उच्चारण, लेखन और रचना कौशल के विकास हेतु किया जाता है।

रचना अनुकरण या अनुकरण विधि के तहत रचना अभ्यास प्रारंभिक स्तर के लिए उपयुक्त होता है।

इसके अन्तर्गत शिक्षक द्वारा प्रदत्त किसी आदर्श रचना शैली के अनुरूप बच्चों द्वारा अपनी भाषा में प्रार्थना पत्र या निबंध आदि लिखे जाते हैं। उदाहरण के लिए, गाय पर लेख बता कर कुत्ता पर लेख लिखवाना।

इसलिए उपर्युक्त पंक्तियों से स्पष्ट है कि अनुकरण विधि रचना प्रारंभिक स्तर पर उपयुक्त है। उपर्युक्त पंक्तियों से स्पष्ट है कि अनुकरण विधि रचना प्रारंभिक स्तर पर उपयुक्त है।

अतः विकल्प (C) सही है।

53. पठित वस्तु के अर्थग्रहण के कौशल के विकास के लिए मौन वाचन/पठन अधिक उपयोगी है। द्रुत वाचन तथा गंभीर वाचन, मौन वाचन के ही प्रकार हैं।

मौन वाचन में लिखित सामग्री को बिना आवाज किए भावार्थ को समझते हुए पढ़ना शामिल होता है।

मौन वाचन में नेत्र और मस्तिष्क दोनो सक्रिय होते हैं तथा यह स्वाध्याय की रुचि जागृत करने में सहायक होता है।

मौन वाचन में मुख्य रूप से आत्मकथा, जीवनी, यात्रावृत्तांत और निबंध आदि को विशिष्ट रूप से अर्थग्रहण करते हुए पढ़ा जाता है।

सस्वर वाचन, पठन का एक प्रकार है जो बच्चों द्वारा पाठ को स्वर सहित पढ़ने से सम्बन्धित है। इसका मुख्य उद्देश्य बच्चों में वाचन कौशल का विकास करना होता है जिससे बच्चे उचित हावभाव के साथ पाठ का वाचन करना सीखते हैं।

इसलिए उपर्युक्त विवेचन से स्पष्ट है अर्थग्रहण के कौशल के विकास के लिए मौन वाचन अधिक उपयोगी है।

अतः विकल्प (C) सही है।

54. विद्यालय में औपचारिक शिक्षण के लिए उपलब्धि का मापन अत्यन्त आवश्यक है। शिक्षण प्रक्रिया को पूर्ण एवं प्रभावशाली बनाने एवं अधिगम सोतों के कुशल प्रयोग हेतु विशेष प्रेरणा एवं निर्देशन की आवश्यकता होती है। हिंदी शिक्षण के दौरान बच्चों के भाषा ज्ञान संबंधी उपलब्धि की जांच उपलब्धि परीक्षण से की जाती है।

उपलब्धि परीक्षण: यह परीक्षण विद्यार्थियों के सैद्धांतिक एवं व्यावहारिक ज्ञान के परीक्षण के लिए किया जाता है। यह परिक्षण एक निश्चित समय सीमा के अन्तर्गत विद्यार्थियों के भाषाई ज्ञान का मूल्यांकन करती है।

वस्तुनिष्ठ परीक्षा से मौलिकता का विकास नहीं होता है क्योंकि:-

वस्तुनिष्ठ परीक्षा में आने वाले प्रश्न बहुविकल्पीय होते हैं।

इन प्रश्नों का उत्तर दिए गए विकल्पों में से किसी सही उत्तर को सिर्फ चुन कर दिया जाता है।

इन प्रश्नों के उत्तर प्रायः एक शब्द, अंक या चिन्ह होते हैं अर्थित उत्तर में बच्चों के मौलिक विचार को जगह नहीं मिलता है।

अन्य तीनों कथन उपलब्धि परीक्षण के संबंध में उपयुक्त और सही है।

इसलिए यह कहा जा सकता है कि वस्तुनिष्ठ परीक्षा से बच्चों में मौलिकता का विकास नहीं होता है।

अतः विकल्प (D) सही है।

55. शब्द-शिक्षण की दृष्टि से पाठ-संसर्ग उपागम का प्रयोग विशेष उपयोगी है क्योंकि पाठ पढ़ाते समय स्वाभाविक रूप से शब्द-शिक्षण के अवसर मिलते हैं। पाठ संसर्ग उपागम के अंतर्गत शब्द शिक्षण की निम्न युक्तियाँ अपनाई जा सकती है:

अर्थ बोध द्वारा: पाठ शिक्षण के समय पर्यायवाची, अनेकार्थी, विलोमार्थी, रूढ़ार्थी, प्रतीकात्मक और पारिभाषिक शब्दों का पाठ में यथाप्रसंग अर्थ बताकर शब्दार्थ बोध कराया जा सकता है।

शब्द रचना द्वारा: शब्द रचना का ज्ञान शब्दार्थ और शब्द-भंडार की वृद्धि दोनों में सहायक होता है। शब्द रचना तीन प्रकार से होती है - उपसर्ग, प्रत्यय और समास द्वारा।

विशिष्ट शब्द अयोगों के ज्ञान द्वारा: पाठ में यदि लक्षक और व्यंजक शब्द आए हों तो उनके लक्ष्यार्थ और ग्यंयार्थ स्पष्ट कीजिए और सामान्य अर्थ से उनका अंतर स्पष्ट करना चाहिए। यदि कहावतों और मुहावरों का प्रयोग हुआ है तो अर्थ स्पष्ट करते हुए उनमें प्रयुक्त शब्दों की ओर ध्यान दिलाइए। इस प्रकार विशेष संदर्भों में शब्दों की अर्थ-व्यंजकता और विविध-अर्थद्योतन की शक्ति से शिक्षार्थी अवगत होंगे और उनका शब्द-भंडार भी बढ़ेगा।

अतः विकल्प (D) सही है।

56. तत्सम शब्द- तत्सम दो शब्दों से मिलकर बना है- तत + सम, जिसका अर्थ होता है ज्यों का त्यों। जिन शब्दों को संस्कृत से बिना किसी परिवर्तन के ले लिया जाता है उन्हें तत्सम शब्द कहते हैं।

पर्ण शब्द तत्सम शब्द है अन्य शब्द तद्भव शब्द है-

परीक्षा-परख

पिप्पल-पीपल

पर्ण -पान

पुण्य-पुन

अतः विकल्प (C) सही है।

57. पूरी पाठ्यपुस्तक विषय वस्तु संबंधी तथ्यों पर ही केन्द्रित होती है। पाठ्यपुस्तक से प्राप्त ज्ञान की जांच छात्र स्वयं आवश्यकतानुसार विषय वस्तु को पढ़कर कर सकते हैं।

एक पाठ्यपुस्तक शिक्षण प्रक्रिया में प्रभावी शिक्षण की सुविधा के लिए उपयोग किया जाने वाला एक आवश्यक उपकरण है। पाठ्यपुस्तक की विषय वस्तु का प्रस्तुतीकरण सरल से कठिन, ज्ञात से अज्ञात एवं स्थूल से सूक्ष्म की ओर होना चाहिए।

अतः विकल्प (B) सही है।

58. व्याकरण किसी भाषा के बोलने तथा लिखने के नियमों की व्यवस्थित पद्धति है अर्थात व्याकरण भाषा को व्यवस्थित करने का कार्य करती है। व्याकरण शिक्षण की पाठ्यपुस्तक प्रणाली को विकृत रूप में सुग्गा प्रणाली भी कहते हैं क्योंकि:

यह व्याकरण शिक्षण की अमनोवैज्ञानिक विधि है।

इसमें बच्चे स्वयं पुस्तक में दिए हुए व्याकरण के नियम पढ़ते हैं।

इसमें बच्चों द्वारा पढ़े नियमों को शिक्षक सिर्फ उन्हें एकबार समझता है।

यह प्रणाली मुख्य रूप से बच्चों द्वारा पुस्तक से नियमों को रटे जाने से संबंधित है।

अतः विकल्प (C) सही है।

59. 'श्रुत' का अर्थ होता है,'सुना हुआ', श्रुतलेखन का शाब्दिक अर्थ सुनकर लिखना है, भाषा शिक्षण के श्रुतलेखन अभ्यास विधि के तहत शिक्षक एक-एक शब्दों का शुद्ध उच्चारण करता है तथा बच्चे उन्हें सुन कर शुद्ध-शुद्ध लिखते हैं।

श्रुतलेखन अभ्यास विधि के प्रमुख उद्देश्य:

विद्यालयों में श्रुतलेखन का उपयोग वर्तनी सुधारने हेतु किया जाता है-

भाषा शुद्धता का विकास के लिए

नवीन शब्दो की जानकारी के लिए

शुद्ध लेखन क्षमता का विकास के लिए

श्रवण और लेखन कौशल में वृद्धि के लिए

अतः विकल्प (D) सही है।

60. विद्यालय में ओपचारिक शिक्षण के लिए उपलब्धि का मापन अत्यन्त आवश्यक है। शिक्षण प्रक्रिया को पूर्ण एवं प्रभावशाली बनाने एवं अधिगम स्रोतों के कुशल प्रयोग हेतु विशेष प्रेरणा एवं निर्देशन की आवश्यकता होती है। हिंदी शिक्षण के दौरान बच्चों के भाषा ज्ञान संबंधी उपलब्धि की जांच उपलब्धि परीक्षण से की जाती है।

अतः विकल्प (A) सही है।

61. हिंदी भाषा की सौंदर्य और आंचलिकता बनाए रखने हेतु शिक्षण कार्य के दौरान पाठ में निहित तथ्यों के संदर्भ में मुहावरों और लोकोक्तियों का उचित प्रयोग:

भाषा प्रयोग को प्रभावी बनाता है।

भाषिक अभिव्यक्ति को सजीव बनाता है।

पाठ को अर्थपूर्ण, प्रवाहपूर्ण और रुचिकर बनाता है।

बच्चों में लिखित-मौखिक अभिव्यक्ति कौशल का विकास करता है।

बच्चों को तथ्यों को संदर्भ में जोड़ कर आसानी से समझने में मदद करता है।

इसलिए यह स्पष्ट है कि मुहावरे एवं लोकोक्तियों का प्रयोग भाषिक अभिव्यक्ति को सजीव बनाता है।

अतः विकल्प (A) सही है।

62. पठन के सामान ही लेखन क्रिया/कौशल है जिसमे शिक्षार्थियों लिखने के लिए तत्पर किया जाता है। लेखन कला/कौशल चारो भाषा कौशलों (सुनना, बोलना, पढ़ना, लिखना) में सबसे अंतिम चरण है।

यह बच्चों द्वारा अपने भावों और मौलिक विचारों को अर्थपूर्ण तरीके से लिखित रूप देने तथा विभिन्न उद्देश्यों के लिए लिखने की क्षमता से संबंधित है।

लेखन क्रिया के शिक्षण का आरंभ सीधी रेखाओं से होता है।

प्रारंभ में प्रत्येक बच्चा अपने विकासात्मक स्तर के अनुसार अपने विचारों को आड़ी तिरछी रेखाओं द्वारा लिख कर व्यक्त करता है परन्तु औपचारिक शिक्षण के शुरुवात में ही उन्हें सीधी रेखाओं के प्रयोग द्वारा लिखना सिखाया जाता है।

इसलिए उपर्युक्त पंक्तियों से स्पष्ट है कि लेखन क्रिया के शिक्षण का आरम्भ सीधी रेखाओं से होता है।

अतः विकल्प (A) सही है।

63. देवी + अवतरण = देव्यवतरण की सन्धि अशुद्ध है।

अतः विकल्प (A) सही है।

64. 'माँ बच्चे को दूध पिला रही है' में कर्म कारक है।

कर्म कारक- वह वस्तु या व्यक्ति जिस पर वाक्य में की गयी क्रिया का प्रभाव पड़ता है वह कर्म कहलाता है।

कर्म कारक का विभक्ति चिन्ह 'को' होता है।

उदाहरण- सीता ने गीता को बुलाया।

अतः विकल्प (D) सही है।

65. 'हल्दी' शब्द का तत्सम रूप 'हरिद्रा' है। संस्कृत के कुछ शब्द ऐसे होते हैं जो हिंदी में भी बिना परिवर्तन के प्रयुक्त होते हैं। उन शब्दों को तत्सम शब्द कहते हैं।

अतः विकल्प (C) सही है।

66. झुठलाना में अनुकरणात्मक क्रिया नहीं है।

जो क्रिया रूप ऐसी धातुओं से बनते हैं, जो ध्वनियों के अनुकरण पर या पूर्व ध्वनि के अनुकरण पर बनती हैं। ऐसी क्रियाओं को अनुकरणात्मक क्रियाएँ कहा जाता है।

अतः विकल्प (C) सही है।

67. 'हाथी सोती है।' क्रिया कर्ता के लिंग के अनुसार ठीक नहीं है।

हाथी पुल्लिंग है जाती का प्रयोग स्त्रीलिंग के साथ किया जाता है इसलिये यहाँ पर हाथी जाता होगा।

अतः विकल्प (C) सही है।

68. काम का नाम बताने वाले शब्द को क्रिया कहते हैं।

किसी काम का करना या होना क्रिया है। जैसे- पढ़ना लिखना जाना आना इत्यादि।

मूल धातु में ना लग जाने से क्रिया बन जाती है।

अतः विकल्प (C) सही है।

69. वह सर्वनाम शब्द जो किसी वाक्य में प्रयुक्त संज्ञा अथवा सर्वनाम के संबंध का बोध कराएं उसे सम्बन्धवाचक सर्वनाम कहते हैं जैसे- 'जो', 'सो', 'उसी' आदि।

अतः विकल्प (C) सही है।

70. आप, तुम, मैं, वह, उसका, उसे आदि राभी सर्वनाग शब्द हैं जब संज्ञा के स्थान पर कोई अन्य शब्द बोले जाते हैं, तो वे सर्वनाम कहलाते हैं।

अतः विकल्प (B) सही है।

71. जिस मूल शब्द में विकार होने से क्रिया बनती है, उसे धातु कहते हैं। जैसे 'भागा' क्रिया में 'आ' प्रत्यय है, जो 'भाग' मूल शब्द में लगा है।

अतः विकल्प (A) सही है।

72. विस्मयादि बोधक चिन्ह का सही निशान (!) होता है। इस चिन्ह का प्रयोग विस्मय, शोक, घृणा, प्रेम आदि की स्थिति में किया जाता है।

जैसे- शाबाश! परीक्षा में पूरी कक्षा में प्रथम आने के लिए।

अतः विकल्प (D) सही है।

73. सयुंक्त वाक्य में दो या दो से अधिक उपवाक्य होते हैं तथा उपवाक्य एक दूसरे पर आश्रित नहीं होते एवं सर्योजक अव्यय उन वाक्यों को मिलाते हैं। सयुंक्त वाक्य को और, एवं, तथा, या, अथवा, इसलिए, अतः, आदि का प्रयोग करके जोड़ा जाता है।

उदाहरण- राम स्कूल से आया और खेलने गया

अतः विकल्प (D) सही है।

74. संयुक्त वाक्य में दो या दो से अधिक स्वतंत्र वाक्य योजक चिह्नों के द्वारा जुड़े रहते है। किन्तु, परन्तु, और, तथा, इसलिए, या, अथवा, अन्यथा, अत: इत्यादि योजक शब्द होते हैं।

"तुम नासमझ हो इसलिए मत बोलो।" - वाक्य में इसलिए योजक चिन्ह का प्रयोग किया गया है।

अतः विकल्प (B) सही है।

75. सारल वाक्य जिन वाक्यों में केवल एक ही उद्देश्य और एक ही विधेय हो, उन्हें साधारण वाक्य या सरल वाक्य कहते हैं। सरल वाक्य में एक ही समापिका क्रिया (आता, जायेगा, आएगा) होती है।

"राम बहुत पढ़ता है" वाक्य में राम (उद्देश्य) और पढ़ना (क्रिया)

अतः विकल्प (B) सही है।

76. एड़ी चोटी का जोर लगाना मुहावरे का अर्थ होता है- बहुत कोशिश करना

वाक्य प्रयोग- नन्द ने परीक्षा पास करने के लिय एड़ी चोटी का जोर लगा दिया।

अतः विकल्प (D) सही है।

77. अक्ल पर पत्थर पड़ना मुहावरे का अर्थ होता है- बुद्धि भ्रष्ट होना

वाक्य प्रयोग- दीपक ने नैकरी छोड़ दी मनो उसके बुद्धि में अक्ल पर पत्थर पड़ गया है।

अतः विकल्प (C) सही है।

78. दिए गए विकल्पों में 'मराल' का पर्यायवाची शब्द "हंस" है।

हंस के पर्यायवाची शब्द- मुक्तभुक, सरस्वतिवाहन, मराल।

अतः विकल्प (A) सही है।

79. विशेषण शब्द की विशेषता बताने वाला शब्द प्रविशेषण कहलाते हैं। जॅसे- मोहन बहुत अच्छा लड़का है। (यहाँ पर अच्छा विशेषण है और 'बहुत' शब्द उसकी विशेषता बताता है इसलिए यहाँ पर बहुत प्रविशेषण है।)

अतः विकल्प (B) सही है।

80. व्यंजनों के उच्चारण में मुख के मध्य भाग में दो उच्चारण भाग मिलकर वायु को रोकते हैं।

परन्तु वायु एक पार्श्व या दोनों पार्श्वों से निकलती हैं। इससे पार्श्विक ध्वनि निकलती है।

पार्श्विक व्यंजन "ल" है।

अतः विकल्प (A) सही है।

81. वधूत्सव शब्द में दीर्घ सन्धि है वधू+उत्सव, ऊ+उ=ऊ जब दो समान स्वर मिलकर दीर्घ हो जाते है तो वहां दीर्घ सन्धि होती है।

अतः विकल्प (C) सही है।

82. कर्मधारय समास- जिस समास का उत्तरपद प्रधान हो और पूर्वपद व उत्तरपद में विशेषण-विशेष्य अथवा उपमान-उपमेय का संबंध हो वह कर्मधारय समास कहलाता है। जैसे- परमेश्वर- परम है जो ईश्वर, कर्मधारय समास है।

अतः विकल्प (D) सही है।

83. अपने काम को इमानदारी से न करना सबसे बड़ा पाप है, पाप शब्द से वाक्य का अर्थ स्पष्ट होता है इसलिए यह वाक्य के लिए उपयुक्त है। श्राप का अर्थ शाप होता है।

अतः विकल्प (A) सही है।

84. आतंकवादियों ने कई महिलायों की निर्मम हत्या कर दी। निर्मम शब्द से वाक्य का अर्थ स्पष्ट होता है इसलिए यह वाक्य के लिए उपयुक्त है। निर्मम शब्द का अर्थ ममतारहित या निष्ठुरतापुर्बक तथा निर्भय का अर्थ विना डर के होता है।

अतः विकल्प (D) सही है।

85. मेरे को के स्थान पर मुझको आयेगा।

अतः विकल्प (A) सही है।

86. स्नेह को छोड़कर, सभी में 'ऐ' स्वर है। जिन स्वरों के उच्चारण में ह्रस्व स्वरों से दुग्ना समय लगता है उन्हें दीर्घ स्वर कहते हैं। ये हिन्दी में सात हैं- आ, ई, ऊ, ए, ऐ, ओ, औ।

अतः विकल्प (D) सही है।

87. जो शब्दांश शब्दों के अंत में विशेषता या परिवर्तन ला देते हैं, वे प्रत्यय कहलाते हैं।

जैसे: मानव में अव प्रत्यय है, उदार + ता = उदारता।

अतः विकल्प (C) सही है।

88. जो शब्दांश शब्दों के अंत में लगकर उनके अर्थ को बदल देते हैं वे प्रत्यय कहलाते हैं। कृत् प्रत्यय क्रिया शब्दों के साथ जुड़ते हैं। वे प्रत्यय जो धातु में जोड़े जाते हैं, कृत प्रत्यय कहलाते हैं। कृत प्रत्यय से बने शब्द कृदंत (कृत्+अंत) शब्द कहलाते हैं। जैसे- लेख् + अक = लेखक। यहाँ अक कृत् प्रत्यय है, तथा लेखक कृदंत शब्द है।

अतः विकल्प (A) सही है।

89. 'मेधा' 'मरुत' शब्द का पर्यायवाची नहीं है।

'मेधा' के अन्य पर्यायवाची शब्द 'मनीषा, मति, बुद्धि, प्रज्ञा, विचार' आदि हैं।

'मरुत' शब्द के अन्य पर्यायवाची 'अनिल, पवमान, प्रभंजन, प्रवात, समीरण, मातरिश्वा, बयार, वायु, हवा, समीर' आदि हैं।

अतः विकल्प (A) सही है।

90. 'अधोलोक' का पर्यायवाची 'पाताल' है। इसका अन्य पर्यायवाची शब्द 'रसाताल' है।

अतः विकल्प (C) सही है।

91. 'अंबुनिधि' 'सागर' का पर्यायवाची है। 'अंबुनिधि' के अन्य पर्यायवाची शब्द 'समुंदर, सिंधु जलधि, उदधि, जलेश' आदि हैं।

अतः विकल्प (C) सही है।

92. "विपिन घोड़े से गिर गया।" वाक्य में अपादान कारक है।

वाक्य में विपिन के घोड़े से गिरने से वह घोड़े से अलग हो गया। जहाँ कोई वस्तु किसी अन्य वस्तु से अलग हो जाये वहां अपादान कारक होता है। इसका चिन्ह 'से' (अलग होने के अर्थ में) होता है।

अतः विकल्प (A) सही है।

93. मोहन ऊपर 'से' सामान लाने गया है। इस वाक्य में 'से' कारक चिन्ह प्रयुक्त होगा।

'से' कारक चिह्न दूरी या अलग होने के सन्दर्भ में प्रयुक्त होता है। वाक्य में 'मोहन ऊपर से सामान लाने गया है' में दूरी बताई गयी है। यहाँ अपादान कारक है।

अतः विकल्प (A) सही है।

94. 'अरे!' में 'संबोधन' कारक का चिह्न है।

संबोधन कारक का परसर्ग या चिह्न 'हे ! ओ ! अरे !' है।

अतः विकल्प (B) सही है।

95. "नानी ने मुझे पैसे दिए" में सम्प्रदान कारक प्रयुक्त हुआ है।

उप्पर्युक्त वाक्य में 'देने' का बोध हो रहा है अर्थात जहाँ कर्ता जिसके लिए कुछ कार्य करता है या उसे कुछ देता है वहां सम्प्रदान कारक होता है। यहाँ नानी ने पैसे दिए। इस प्रकार सही विकल्प 'सम्प्रदान' कारक है।

अतः विकल्प (B) सही है।

96. 600 ई.पू से लेकर 1000 ई. सन् तक उत्तर भारत में जो भाषाएं बोली जाती थीं, उनका सामान्य नाम प्राकृत था। किंतु प्रदेश-भेद से इनके अलग-अलग नाम पड़े। उस समय मथुरा और उसके आसपास का क्षेत्र शूरसेन कहलाता था। इसे मध्यदेश भी कहते थे।

यहाँ बोली जानेवाली भाषा शौरसेनी कहलाती थी।

अतः विकल्प (C) सही है।

97. नवंबर 1956 ई. में राज्यों का गठन करने के लिए संविधान में हुआ सातवां संशोधन कुछ ऐसी ही परतों का इतिहास है। आज़ादी के बाद 1953 में भाषा के आधार पर बनने वाला राज्य पहला आंध्र प्रदेश था। इससे भी पहले 1936 में उड़ीसा का गठन हुआ था जिसकी नींव 1895 में हुए संबलपुर विद्रोह से जुड़ी थी।

अतः विकल्प (D) सही है।

98. रचना की दृष्टि से क्रिया के भेद:

1. अकर्मक क्रिया।

2. सकर्मक क्रिया।

अतः विकल्प (A) सही है।

99. आठवां विश्व हिंदी सम्मेलन 13-15 जुलाई 2007 को न्यूयार्क में आयोजित किया गया था।

आठवें विश्व हिंदी सम्मेलन की स्थायी समिति की बैठक विदेश राज्य मंत्री, श्री आनन्द शर्मा जी की अध्यक्षता में दिनांक 26 जून 2007 को आयोजित की गई।

अतः विकल्प (D) सही है।

100. भारोपीय भाषा परिवार विश्व में बोली जाने वाली भाषाओं में सर्वप्रमुख भाषा परिवार है। इसके बोलने वालों की संख्या विश्व में सबसे ज्यादा है। इस भाषा परिवार की प्रमुख भाषाएँ संस्कृत, पालि, प्राकृत, अपभ्रंश, हिन्दी, बंगाली, फ़ारसी, ग्रीक, लेटिन, अंग्रेज़ी, रूसी, जर्मन, पुर्तगाली और इतालवी इत्यादि हैं।

अतः विकल्प (C) सही है।

101. अवयवास्तु ज्ञानेन्द्रियपञ्चकं बुद्धिमनसी कर्मेन्द्रियपञ्चकं वायुपञ्चकं चेति ।सूक्ष्म शरीर ही लिङ्ग शरीर है, जिसके सत्रह अवयव हैं। ये सत्रह अवयव हैं पाँच ज्ञानेन्द्रियाँ, पाँच कर्मेन्द्रियाँ, बुद्धि तथा मन एवं पाँच प्राण।

अतः विकल्प (B) सही है।

102. भाषा की दृष्टि से पालि उस मध्ययुगीन भारतीय आर्यभाषा का एक रूप है जिसका विकास लगभग ई.पू छठी शती से माना जाता है।

उससे पूर्व की आदियुगीन भारतीय आर्यभाषा का स्वरूप वेदों तथा ब्राह्मणों, उपनिषदों एवं रामायण, महाभारत आदि ग्रंथों में प्राप्त होता है, जिन्हें 'वैदिक भाषा' एवं 'संस्कृत भाषा' कहते हैं।

पालि में संस्कृत की ध्वनियों में ऋ, लृ, ऐ, औ - इन स्वरों का अभाव होता है।

अतः विकल्प (C) सही है।

103. जाति, गुण, क्रिया, संज्ञा एतेषां विशेषताधारेण कस्यचित् कस्माचित् समुदायात् पृथक्करणं (आवंटनम्) इत्युच्यते। यस्मात् किमपि निर्धर्यते तस्मिन् षष्ठी उत सप्तमी विभक्तिः भवति।

नृणां नृषु वा ब्राह्मणः श्रेष्ठ- मनुष्यों में ब्राह्मण श्रेष्ठ है।

गवां गोषु वा कृष्णा बहुक्षीरा- गायों में काली गाय अधिक दूध देती है।

अतः विकल्प (C) सही है।

104. अभिनवगुप्त (975-1025) दार्शनिक, रहस्यवादी एवं साहित्यशास्त्र के मूर्धन्य आचार्य। कश्मीरी शैव और तन्त्र के पण्डित। वे संगीतज्ञ, कवि, नाटककार, धर्मशास्त्री एवं तर्कशास्त्री भी थे।

अतः विकल्प (C) सही है।

105. उत्तररामचरितम् महाकवि भवभूति का सात अङ्कं का नाटक है। स्वप्नवासवदत्तम एवं मुद्राराक्षसम् भी नाटक की श्रेणी में आते हैं लेकिन शूद्रक कृत मृच्छकटिकम 10 अङ्कों में विभक्त एक प्रकरण ग्रन्थ है। प्रकरण में भी मिश्र प्रकरण के अन्तर्गत आता है।

अतः विकल्प (D) सही है।

106. अधोलिखित ग्रन्थों में शिशुपालवधम् बृहलयी के अन्तर्गत आता है। इसके अलावा किरातार्जुनीयम् एवं नैषधीयचरितम् भी है। लघुत्रयी के अन्तर्गत-

मेघदूतम्, रघुवंशम् एवं कुमारसम्भवम् आते हैं। जबकि अभिज्ञानशाकुन्तलम् कालिदास का विश्व प्रसिद्ध नाटक ग्रन्थ है।

अतः विकल्प (C) सही है।

107. महर्षि वाल्मीकि कृत आदिकाव्य रामायण में पज्चाशतम् की (500) सर्ग संख्या है। इसमें 24000 श्लोक हैं अतः इसे चतुर्विंशतिसाहस्रीसंहिता कहा जाता है। इस विषय में एक श्लोक दृष्टव्य है चतुर्विंशतिसहस्राणि श्लोकनामुक्तवान् ऋषिः। तथा सर्गशतान पज्च षट्पाण्डानि तथोत्तरम्।।

अतः विकल्प (A) सही है।

108. वेदकाल के निर्णायकों में मैक्समूलर पहले व्यक्ति हैं। इनके अनुसार वेद का समय 1200 ई.पू. माना है। जर्मन विद्वान वेबर के द्वारा भी यही समय निर्धारित। ज्योतिष के आधार पर बालगङ्नाधर तिलक ने वेदों का समय 400 ई.पू. से 600 ई. पूर्व माना है।

अतः विकल्प (B) सही है।

109. 'फटे-पुराने कपड़े पहनने वाला' वाक्यांश के लिए एक शब्द 'फटीचर' है।

अतः विकल्प (C) सही है।

110. 'जो ममत्व से रहित हो' वाक्यांश के लिए एक शब्द 'निर्मम' है।

अतः विकल्प (B) सही है।

111. 'कर्कश' का विपरीतार्थक शब्द 'मधुर' है जिसका अर्थ है 'मीठा, कटुता रहित, कर्णप्रिय वचन'।

अतः विकल्प (B) सही है।

112. 'चिरंतन' शब्द का विलोम 'नश्वर' होगा। चिरंतन का अर्थ 'बहुत दिनों से चला आता रहनेवाला, पुरातन' होता है और नश्वर का अर्थ 'नाश होने वाला' होता है।

अतः विकल्प (D) सही है।

113. दिए गये विकल्पों में सभी शब्दों की वर्तनी शुद्ध है।

प्राक्कथन- पूर्व कथन, पुस्तक के विषय आदि के संबंध में पहले कही जाने वाली बात, प्रस्तावना, भूमिका।

औद्योगिकरण- व्यवस्था को उद्योग प्रधान बनाने की प्रक्रिया, उद्योगों की वृद्धि।

स्वच्छंद- अपनी इच्छानुसार आचरण करने वाला, स्वेच्छाचारी, मनमौजी, मनमाना, निरंकुश, अनियंत्रणीय, दुराचारी।

अतः विकल्प (D) सही है।

114. दिए गये विकल्पों में 'सलज्ज' की वर्तनी शुद्ध है, जिसका अर्थ है 'लज्जाशील'।

सलज्ज- जिसे लज्जा हो।

अतः विकल्प (C) सही है।

115. उपर्युक्त विकल्पों में से 'जिजीविषा' शब्द की वर्तनी शुद्ध है। 'जिजीविषा' का अर्थ 'जीवित रहने की इच्छा' होता है।

अतः विकल्प (B) सही है।

116. दिए गये विकल्पों में 'गोधूम' तत्सम शब्द है। अन्य विकल्प तद्भव शब्द हैं।

गोधूम- गेहूँ

तत्सम शब्द- ऐसे शब्द जो संस्कृत से ज्यों - के - त्यों ले लिए गए हैं। जैसे - आम्र, उष्ट्र, ऐश्वर्य, षष्ठी आदि।

अतः विकल्प (B) सही है।

117. 'अखाड़ा' का तत्सम शब्द 'अक्षवाट' है। अन्य विकल्प त्रुटिपूर्ण हैं।

अक्षवाट-जुआ खेलने का स्थान।

अतः विकल्प (C) सही है।

118. उपर्युक्त में से 'आ + अ = आ' यण संधि का नियम नहीं है। 'आ + अ = आ' दीर्घ स्वर संधि का नियम है। इसका उदाहरण 'विद्या + आलय = विद्यालय' है। शेष विकल्प यण संधि के नियम हैं। अतः सही विकल्प 'आ + अ = आ' है।

अतः विकल्प (D) सही है।

119. शुभारम्भ का सही सन्धि-विच्छेद 'शुभ + आरम्भ' है।

शुभारम्भ में दीर्घ स्वर सन्धि है - 'शुभ + आरम्भ = शुभारम्भ' (अ + आ = आ)

अतः विकल्प (A) सही है।

120. 'मही + इन्द्र' की संधि महीन्द्र है तथा यहाँ 'दीर्घ स्वर संधि' है।

दीर्घ संधि- दो सवर्ण, ह्रस्व या दीर्घ, स्वरों के मेल होने पर दीर्घ स्वर बन जाता है। जैसे- शिव + आलय (अ + आ) = शिवालय, गिरि + इन्द्र (इ + इ) = गिरीन्द्र।

अतः विकल्प (B) सही है।

121. दिए गये वाक्यों में 'मैं पुस्तक को पढ़ता हूँ' सही नहीं है यहाँ 'को' अतिरिक्त कारक है।

'मैं पुस्तक पढ़ लिया हूँ' यहाँ क्रिया का प्रयोग सही नहीं है,

'मैंने पुस्तक पढ़ता हूँ' यहाँ कर्ता का उपयुक्त प्रयोग नहीं किया गया है तथा 'मैं पुस्तक पढ़ता हूँ' वाक्य बिल्कुल सटीक लिखा गया है।

अतः विकल्प (D) सही है।

122. वाक्य मे प्रयोग किये जाने वाले जिन शब्दों में कोई बदलाव नहीं आता है, वे अविकारी शब्द कहलाते हैं।

अर्थित वे शब्द जिन्हे लिंग, वचन, काल व कारक के आधार पर बदला न जा सके, अविकारी शब्द कहलाते हैं।

जैसे- अब, कब, क्यों, पर, में, बहुत, अधिक, कम, हाँ, नहीं, लेकिन, जल्दी, शीघ्र आदि।

अतः विकल्प (D) सही है।

123. कृपाराम हिंदी काव्यशास्त्र के प्रथम लेखक थे जो सोलहवीं शती के पूर्वार्द्ध में हुए थे। इनकी एकमात्र ज्ञात रचना 'हिततरंगिणी' है।

इनका कुछ वृतांत ज्ञात नहीं है। इन्होंने संवत् 1598 में रसरीति पर 'हिततरंगिणी' नामक ग्रन्थ दोहों में रचा। रीति या लक्षण ग्रंथो में यह बहुत पुराना ग्रन्थ है।

अतः विकल्प (C) सही है।

124. 'अब तो अजपा जपु मन मेरे' पंक्ति कबीर की नहीं मलूकदास जी की है।

इनकी दो पुस्तकें प्रसिद्ध हैं 'रत्नखान' और 'ज्ञानबोध'।

हिंदुओं और मुसलमानों दोनों को उपदेश देने में प्रवृत्त होने के कारण दूसरे निर्गुणमार्गी संतों के समान इनकी भाषा में भी फारसी और अरबी शब्दों का बहुत प्रयोग है। इसी दृष्टि से बोलचाल की 'खड़ी बोली' का पुट इन सब संतों की बानी में एक सा पाया जाता है। इन सब लक्षणों के होते हुए भी इनकी भाषा सुव्यवस्थित और सुंदर है। कहीं-कहीं अच्छे कवियों का सा पदविन्यास और कवित्त आदि छंद भी पाए जाते हैं। पुछ पद्य बिल्कुल खड़ी बोली गें हैं। आत्मबोध, वैराग्य, प्रेम आदि पर इनकी बानी बड़ी मनोहर है।

अतः विकल्प (D) सही है।

125. माधवानल-कामकन्दला की कथा मध्यकालीन प्रेमाख्यानों की परम्परा में बहुत लोकप्रिय रही है। यही कारण है कि इसे अनेक कवियों ने अपना वर्ण्य-विषय बनाया।

अतः विकल्प (D) सही है।

Q.1 निम्नलिखित में से कौन सा वाक्य अशुद्ध है?
A. यह पठित लोगों का समाज है।
B. मैं शिक्षित व्यक्ति हूँ।
C. इस समाज में शिक्षितों की कमी है।
D. शिक्षित व्यक्ति अपेक्षाकृत समझदार होता है।

Q.2 'हल्दी' शब्द का तत्सम रूप है:
A. हरद्रिका   B. हरीदा   C. हरिद्रा   D. हलिद्रा

Q.3 इनमें कौन-सा शब्द तद्भव है?
A. मधुप   B. भ्रमर   C. मधुकर   D. भँवरा

Q.4 निम्न में से "बद" उपसर्ग से बना शब्द नहीं है:
A. बदतमीज   B. बदबू   C. बाकायदा   D. बददिमाग

Q.5 "इंसानियत" शब्द में निम्न में से कौन-सा प्रत्यय होगा?
A. नियत   B. यत   C. इयत   D. त

Q.6 "तरनि तनूजा तट तमाल तरूवर बहु छाए" वाक्य में कौन-सा अलंकार है?
A. अनुप्रास   B. यमक   C. उत्प्रेक्षा   D. उपमा

Q.7 किस रस को 'रसराज' कहा जाता है?
A. श्रृंगार रस   B. वीर रस
C. हास्य रस   D. इनमें से कोई नहीं

Q.8 निम्नलिखित में से महाप्राण व्यंजन कौन-से हैं?
A. क, च, ट, त, प   B. ख, छ, ठ, थ, फ
C. ग, ज, ड, द, ब   D. य, र, ल, व

Q.9 'जो व्याकरण जानता है' वाक्यांश के लिए एक शब्द है:
A. वैज्ञानिक   B. वैयाकरण   C. बहुज्ञ   D. शास्त्रज्ञ

Q.10 निम्नलिखित में से विदेशी शब्द नहीं है:
A. चाकू   B. पपीता   C. गमला   D. खिड़की

Q.11 भारोपीय भाषा परिवार किस भाषा परिवार का विभाजन है?
A. अफ्रीकी-एशियाई भाषा परिवार
B. हिन्द-आर्य भाषा परिवार
C. द्रविड़ भाषा परिवार
D. अंडमानी भाषा परिवार

Q.12 निम्न विकल्पों में से कौन सी हिंदी की बोली नहीं है?
A. नेपाली   B. भोजपुरी   C. अवधी   D. जापानी

Q.13 निम्न विकल्पों में से कौन सा खड़ी बोली हिंदी का प्रयोग क्षेत्र नहीं है?
A. झाँसी   B. मेरठ
C. रामपुर   D. मुज्जफरनगर

Q.14 हिन्द-यूरोपीय भाषा-परिवार की राभी भाषाओं की एकगात्र प्राचीन जननी कौन सी भाषा मानी जाती है?
A. आदिम-हिन्द-यूरोपीय भाषा
B. आदिम-हिन्द-जापानी भाषा
C. मध्यकालीन-हिन्दी-यूरोपीय भाषा
D. आदिम-हिन्द-नेपली भाषा

Q.15 भाषा लिखने किए लिए प्रयुक्त चिह्नों के व्यवस्थित रूप को क्या कहते हैं?
A. लिपि   B. भाषाशास्त्र   C. बोली   D. वर्णमाला

Q.16 निम्न में से कौन सी बोली पूर्वी हिंदी के अंतर्गत नहीं आती ?
A. अवधी   B. बघेली   C. बुन्देली   D. छत्तीसगढ़ी

Q.17 पश्चिमी हिंदी के अंतर्गत आने वाली बोली हैं:
A. हरियाणवी   B. खड़ी बोली
C. ब्रजभाषा   D. उपरोक्त सभी

Q.18 पश्चिमी और पूर्वी हिंदी में अंतर का आधार है:
A. क्षेत्र   B. व्युत्पत्ति
C. भाषाशास्त्रीय अर्थ   D. उपरोक्त सभी

Q.19 हिंदी भाषी क्षेत्र को कितने भागों में विभाजित किया गया है?
A. 5   B. 8   C. 3   D. 10

Q.20 हिन्दुस्तानी भाषा की व्युत्पत्ति हुई है:
A. पुरानी हिंदी, उर्दू और अंग्रेजी के मिश्रण से
B. उर्दू और फारसी के मिश्रण से
C. अंग्रेजी, स्पेनिश और अरबी के मिश्रण से
D. नई हिंदी और उर्दू के मिश्रण से

Q.21 'नमक का दरोगा' कहानी के लेखक का नाम है-
A. यशपाल   B. भीष्म साहनी
C. अमरकांत   D. प्रेमचंद

Q.22 'ललितललाम' के रचनाकार है:
A. मतिराम   B. जायसी   C. केशव   D. भूषण

Q.23 'सत्य हरीश्चन्द्र' नाटक के नाटककार का नाम है:
A. जयशंकर प्रसाद
B. राजा शिवप्रसाद 'सितारेहिन्द'
C. भारतेन्दु हरिश्चन्द्र
D. माखनलाल चतुर्वेदी

Q.24 'झूठा सच' उपन्यास की रचना किसने की?
A. प्रेमचंद   B. भीष्म साहनी
C. अमरकांत   D. यशपाल

Q.25 'चाँद का मुँह टेढ़ा' के रचयिता हैं:
A. गजानंद माधव मुक्तिबोध   B. शिवप्रसाद सितारेहिंद
C. केदारनाथ अग्रवाल   D. फणीश्वर नाथ 'रेणु'

Q.26 'ढाई घर' उपन्यास के उपन्यासकार का नाम बताएं-
A. मोहन राकेश   B. गिरिराज किशोर
C. फनीश्वरनाथ रेणु   D. श्रीलाल शुक्ल

Q.27 बघेली बोली किस भाषाई क्षेत्र में बोली जाती है?
A. तमिलनाडु   B. छत्तीसगढ़   C. रीवा   D. पंजाब

Q.28 'नेपाली' किस भाषा परिवार की भाषा है?
A. द्रविड़   B. अफ्रीकी-एशियाई
C. चीनी-तिब्बती   D. भारोपीय

Q.29 निम्न में से कौन-सा वर्ण स्पर्श संघर्षी है?

A. झ   **B.** श   **C.** ट   **D.** ह

Q.30 वे शब्द जो लिंग, वचन, कारक के आधार पर परिवर्तित नहीं होते हैं वे कौन से शब्द होते हैं?

A. संज्ञा   **B.** सर्वनाम   **C.** क्रिया   **D.** अव्यय

Q.31 खड़ी बोली का अन्य नाम है-

A. कौरवी बोली   **B.** कन्नौजी बोली
C. भोजपुरी बोली   **D.** मालवी बोली

Q.32 देवनागरी लिपि की उत्पत्ति हुई है-

A. ब्राह्मी लिपि से   **B.** गुप्त लिपि से
C. रोमन लिपि से   **D.** खरोष्ठी लिपि से

Q.33 'हिमतरंगिनी' की रचना किसने की?

A. सूर्यकान्त त्रिपाठी 'निराला'
B. केदारनाथ अग्रवाल
C. जयशंकर प्रसाद
D. माखनलाल चतुर्वेदी

Q.34 'अकाल में सारस' कविता के कवि हैं:

A. केदारनाथ सिंह
B. सूर्यकांत त्रिपाठी 'निराला'
C. केदारनाथ अग्रवाल
D. फनीश्वरनाथ रेणु

Q.35 'राग - दरबारी' उपन्यास के रचनाकार का नाम है:

A. सुमित्रानंदन पन्त
B. सूर्यकान्त त्रिपाठी 'निराला'
C. श्रीलाल शुक्ल
D. फनीश्वरनाथ रेणु

Q.36 'आधे - अधूरे' नाटक को किसने लिखा?

A. मोहन राकेश   **B.** जयशंकर प्रसाद
C. भारतेंदु हरिश्चन्द्र   **D.** भीष्म साहनी

Q.37 'छत्रसाल दशक' के रचनाकार है -

A. भूषण   **B.** जायसी   **C.** केशवदास   **D.** मतिराम

Q.38 'राजा भोज का सपना' कहानी के कहानीकार है-

A. प्रेमचंद   **B.** मोहन राकेश
C. शिवप्रसाद सितारेहिंद   **D.** भारतेंदु हरिश्चंद्र

Q.39 'हल्दीघाटी' के रचयिता हैं-

A. श्यामनारायण पाण्डेय   **B.** तुलसीदास
C. अकबर   **D.** मालिक मुहम्मद जायसी

Q.40 'पंच - परमेश्वर' कहानी के लेखक का नाम है:

A. यशपाल   **B.** भीष्म साहनी
C. अमरकांत   **D.** प्रेमचंद

Q.41 'कामायनी' उपन्यास के रचनाकार हैं-

A. जयशंकर प्रसाद   **B.** प्रेमचंद
C. भीष्म साहनी   **D.** मोहन राकेश

Q.42 निम्न विकल्पों में से कौन सा शब्द समानार्थी नहीं है?

A. मदन   **B.** मनोज   **C.** रतिनाथ   **D.** केशव

Q.43 'अनुपम' का उचित पर्यायवाची शब्द समूह है-

A. अनोखा, अतुल   **B.** आग, पावक
C. अजित, अपराजित   **D.** पीयूष, सोम

Q.44 निम्न विकल्पों में से कौन सा शब्द 'पर्वत' का पर्यायवाची नहीं है?

A. गिरी   **B.** शैल   **C.** अंशु   **D.** नग

Q.45 निम्न में से कौन सा विकल्प सही विलोम शब्द युग्म नहीं है?

A. उदित - अस्त   **B.** उदात्त – अदात्त
C. उपचार – अपचार   **D.** उतीर्ण – अनुत्तीर्ण

Q.46 'एकल' का सही विलोम शब्द कौन सा है?

A. बहुत   **B.** बहुल   **C.** अनेक   **D.** असंख्य

Ques (47-48): दिए गए समश्रुत भिन्नार्थक शब्द का उचित अर्थ ज्ञात कीजिए।

Q.47 कटक - कंटक

A. कटु - मधु   **B.** सेना का समूह - काँटा
C. सेना का समूह - कटु   **D.** कड़ुआ - सैन्य

Q.48 गुरु- गुर

A. आचार्य - उपाय   **B.** आचार्य - अनुज
C. बड़ा - मीठा   **D.** दीर्घ - मीठा

Q.49 निम्न विकल्पों में से 'अम्बर' के लिए उचित अनेकार्थी शब्द समूह का चयन करें:

A. तुच्छ, ओठ, अन्तरिक्ष   **B.** पिता, आँख, ताँबा
C. बादल, वस्त्र, कपास   **D.** सूर्य, हीरा, राक्षस

Q.50 'बहन बच्चे को सुला रही है।' इसमें कौन सा कारक होगा?

A. संप्रदान कारक   **B.** कर्म कारक
C. संबंध कारक   **D.** सम्बोधन कारक

Q.51 जिसके लिए क्रिया की जाए, वहाँ कौन सा कारक होगा?

A. कारण कारक   **B.** संप्रदान कारक
C. अपादान कारक   **D.** अधिकरण कारक

Q.52 दिए गए विकल्पों में कौन सा परसर्ग सम्बोधन कारक का है?

A. से   **B.** री   **C.** पर   **D.** अरे

Q.53 अपादान कारक में 'से' चिह्न किस अर्थ के लिए प्रयुक्त होता है?

A. जुड़ने के लिए   **B.** अलग होने के लिए
C. पसंद करने के लिए   **D.** साथ के लिए

Q.54 'के लिए' किस कारक की विभक्ति है?

A. संबोधन कारक   **B.** सम्प्रदान कारक
C. अधिकरण कारक   **D.** करण कारक

Q.55 इनमें से एकवचन शब्द की पहचान कीजिए।

A. पुस्तकें   **B.** भक्तजन   **C.** मंत्रिमंडल   **D.** अधिकारी

Q.56 कौन-सा शब्द हमेशा एकवचन में प्रयुक्त होता है?

A. अश्रु   **B.** बारिश   **C.** बाल   **D.** होश

Q.57 दिए गए विकल्पों में से उचित बहुवचन रूप की पहचान कीजिए।

A. आप लोग   **B.** आप   **C.** आपको   **D.** सभी

Q.58 कौन सा युग्म सुमेलित नहीं है?

A. नारी – नारियाँ   **B.** दिल्ली – दिल्लीयां
C. मित्र – मित्रगण   **D.** चिड़िया – चिड़ियाँ

Q.59 नीचे दिए गए विकल्पों में कौन सा शब्द एकवचन का उदाहरण है?

A. वह   **B.** थे   **C.** हैं   **D.** ये

Q.60 निम्नलिखित प्रश्न में, चार विकल्पों में से, उस विकल्प का चयन करें, जो सही पुल्लिंग वाला विकल्प है:

A. सफाई	**B.** विदुषी	**C.** नाई	**D.** भीलनी

Q.61 निम्नलिखित प्रश्न में, चार विकल्पों में से, उस विकल्प का चयन करें, जो सही पुल्लिंग वाला विकल्प है:

A. सुता   **B.** दास   **C.** बालिका   **D.** भवानी

Q.62 निम्नलिखित शब्दों में पुल्लिंग शब्द की पहचान कीजिए:

A. एकादशी   **B.** आशा   **C.** नीति   **D.** लोहा

Q.63 इनमें से कौन सा शब्द स्त्रीलिंग नहीं है?

A. अनुजा   **B.** माली   **C.** श्रीमती   **D.** दात्री

Q.64 इनमें से कौन सा शब्द स्त्रीलिंग है?

A. मधुरता   **B.** चन्द्रमा   **C.** वर्ष   **D.** हिमालय

Q.65 'किसी वाक्य में जब अर्थ की स्पष्टता हेतु थोड़ा रुकना पड़े' वहाँ किस विराम की आवश्यकता होती है?

A. अर्द्ध विराम   **B.** पूर्ण विराम
C. अल्पविराम   **D.** उपविराम

Q.66 किस वाक्य में विराम चिन्ह सही रूप में प्रयोग किए गए हैं?

A. रोको मत जाने, दो।   **B.** रोको, मत जाने दो:
C. रोको मत। जाने दो।   **D.** रोको मत, जाने दो।

Q.67 कई वस्तुओं को अलग-अलग दर्शाने हेतु किस विराम चिन्ह का प्रयोग किया जाता है?

A. अर्द्ध विराम   **B.** अल्पविराम
C. योजक चिन्ह   **D.** लोप चिन्ह

Q.68 उपविराम चिन्ह को किस प्रकार व्यक्त किया जाता है?

A. ;   **B.** :   **C.** ""   **D.** ।

Q.69 सूचीवार प्रस्तुति देने के लिए किस चिन्ह का प्रयोग होता है?

A. लोप चिन्ह   **B.** उपविराम
C. विवरण चिन्ह   **D.** रेखांकन चिन्ह

Q.70 जब कोई वाक्य अलग होते हुए भी जब कहीं न कहीं एक दूसरे से संबंध रखते हों, वहाँ किस विराम चिन्ह का प्रयोग होता है?

A. अर्द्ध विराम   **B.** पूर्ण विराम
C. अल्पविराम   **D.** उपविराम

Q.71 किस वाक्य में विराम चिन्ह सही रूप में प्रयोग किए गए हैं?

A. सब, ईश्वर की माया है   **B.** सब ईश्वर: की माया है
C. सब ईश्वर की माया है।   **D.** सब ईश्वर की, माया है

Q.72 किसी प्रसिद्ध व्यक्ति का नाम आदि को संक्षेप में लिखने के लिए उसका पहला अक्षर लिखकर उसके बाद किस विराम चिन्ह का प्रयोग होता है?

A. अर्द्ध विराम   **B.** पूर्ण विराम
C. लाघव चिन्ह   **D.** उपविराम

Q.73 पुनुरुक्ति शब्दों के बीच में किस चिन्ह का प्रयोग होता है?

A. लोप चिन्ह   **B.** उपविराम
C. विवरण चिन्ह   **D.** योजक चिन्ह

Q.74 'तीन बेर खाती थी वे तीन बेर खाती है' इस पंक्ति में कौन सा अलंकार है?

A. उपमा अलंकार   **B.** उत्प्रेक्षा अलंकार
C. रूपक अलंकार   **D.** यमक अलंकार

Q.75 'चरण-कमल बंदौं हरि राई!' किस अलंकार का उदाहरण है?

A. उपमा अलंकार   **B.** अनुप्रास अलंकार

C. रूपक अलंकार   **D.** यमक अलंकार

Q.76 'संदेसनि मधुवन-कूप भरे' इस काव्य पंक्ति में कौन-सा अलंकार है?

A. उपमा अलंकार   **B.** उत्प्रेक्षा अलंकार
C. रूपक अलंकार   **D.** अतिश्योक्ति अलंकार

Q.77 काव्य पंक्ति और अलंकार के गलत युग्म को पहचानिए।

A. चरर मरर खुल गए अरर रवफुटों से – अनुप्रास अलंकार
B. खग कुल-कुल सा बोल रहा – यमक अलंकार
C. सजना है मुझे सजना के लिए – अतिश्योक्ति अलंकार
D. पनि गए न ऊबरे, मोती मानुष चून - श्लेष अलंकार

Q.78 'संतो भाई आई ज्ञान की आंधी रे' में कौन-सा अलंकार होगा?

A. अनुप्रास अलंकार   **B.** उपमा अलंकार
C. उत्प्रेक्षा अलंकार   **D.** रूपक अलंकार

Q.79 'मंगल भवन अमंगल हारी, द्रवहु सुदसरथ अजिर बिहारी।'
ऊपर दी गई काव्य पंक्ति में कौन सा छंद है?

A. दोहा   **B.** चौपाई   **C.** सोरठा   **D.** रोला

Q.80 निम्नलिखित काव्य पंक्ति में कौन सा छंद होगा?
निज भाषा उन्नति अहै, सब उन्नति को मूल, बिनु निज भाषा-ज्ञान के, मिटत न हिय को सूल।

A. चौपाई   **B.** सोरठा   **C.** दोहा   **D.** रोला

Q.81 निम्नलिखित पंक्तियाँ किस छंद का उदाहरण हैं?
कारज धीरे होतु है, काहे होत अधीर। समय पाय तरुवर फलै, केतक सींचौ नीर।

A. चौपाई   **B.** सोरठा   **C.** दोहा   **D.** बरवै

Q.82 'सुनु सिय सत्य असीस हमारी, पूजिहि मन कामना तुम्हारी।' यह काव्य पंक्ति किस छंद का उचित उदाहरण है?

A. सोरठा   **B.** दोहा   **C.** चौपाई   **D.** बरवै

Q.83 निम्नलिखित काव्य पंक्ति किस छंद का उदाहरण है?
सीस-मुकुट कटि-काछनी, कर-मुरली उर-माल। इहिं बानक मो मन, बसो सदा बिहारीलाल।

A. बरवै   **B.** दोहा   **C.** चौपाई   **D.** सवैया

Q.84 शांत रस का स्थायी भाव क्या है?

[MP Jail Prahari, 2018]

A. क्रोध   **B.** जुगुप्सा   **C.** शोक   **D.** निर्वेद

Q.85 निम्नलिखित काव्य पंक्ति में कौन-सा स्थायी भाव है?
'प्रिय-पति वह मेरा प्राण प्यारा कहाँ है। दुःख-जलनिधि डूबी का सहारा कहाँ है।'

A. क्रोध   **B.** जुगुप्सा   **C.** शोक   **D.** निर्वेद

Q.86 'मेरे तो गिरधर गोपाल दूसरों न कोई। जाके सिर मोर मुकुट मेरो पति सोई।' इसमें कौन-सा रस है?

A. श्रृंगार रस   **B.** वीर रस
C. हास्य रस   **D.** भयानक रस

Q.87 हास्य रस का स्थायी भाव क्या है?

A. उत्साह   **B.** विस्मय   **C.** हास   **D.** रति

Q.88 निम्नलिखित काव्य पंक्ति में कौन-सा रस है?
बरतस लालच लाल की मुरली धरी लुकाय, सौंह करें, भौंहनि हँसै, देन कहे नटि जाए।

A. श्रृंगार रस   **B.** वीर रस

C. हास्य रस   **D.** भयानक रस

Q.89 निम्नलिखित में से कौन सा वाक्य अशुद्ध है?
A. हम जाता हूँ।   **B.** मैं पढता हूँ।
C. तुम बोलते हो।   **D.** तुम मेरे यार हो।

Q.90 निम्नलिखित में से कौन सा वाक्य शुद्ध है?
A. हम जाता है।   **B.** मैं पढ़ते है।
C. तुम बहुत बोलता है।   **D.** मैं खाना खाता हूँ।

Q.91 निम्नलिखित वाक्य के किस भाग में अशुद्धि है? 'बुरा से बुरा आदमी भी सम्मान चाहता है।'
A. बुरा से बुरा आदमी   **B.** आदमी भी
C. सम्मान चाहता है   **D.** कोई अशुद्धि नहीं

Q.92 अभिधर्मकोश नामक रचना के रचनाकार है?
A. वसुबंधु   **B.** भटि्ट   **C.** बिल्हण   **D.** सुबंधु

Q.93 वृहत शब्देन्दुशेखर किसके द्वारा रचित है?
A. नागेश भट्ट   **B.** क्षेमेंद्र   **C.** पद्म गुप्त   **D.** सुबंधु

Q.94 शिशुपाल वध नामक रचना के रचनाकार है?
A. भरवि   **B.** शूद्रक   **C.** भरवि   **D.** माघ

Q.95 निम्नलिखित विकल्पों में से वाक्य का शुद्ध रूप क्या है?
A. सीता की चरित्र अच्छा है।
B. सीता का चरित्र अच्छा है।
C. सीता का चरित्र अच्छी है।
D. सीता की चरित्र अच्छी है।

Q.96 निम्नलिखित विकल्पों में से वाक्य का शुद्ध रूप क्या है?
A. भारत में अनेक जाति है।
B. भारत में अनेकों जाति हैं।
C. भारत में अनेक जातियाँ हैं।
D. भारत में अनेकों जातियाँ हैं।

Q.97 निम्नलिखित में से कौन सा वाक्य शुद्ध है?
A. सभी भोजन खाएँगे।   **B.** ये अच्छा लड़के हैं।
C. चोर दौड़ खड़ा हुआ।   **D.** बड़ी मुश्किल हो गई।

Q.98 निम्नलिखित वाक्य भाग में त्रुटि है? 'राम की आंख से आँसू बहता है।'
A. राम की   **B.** आंख से   **C.** आँसू   **D.** बहता है

Q.99 निम्नलिखित विकल्पों में से वाक्य का अशुद्ध रूप क्या है?
A. इत्र महक रहा है।
B. इत्र महकता है।
C. इत्र के द्वारा महका जाता है।
D. इत्र महक रही है।

Q.100 निम्नलिखित में से कौन सा वाक्य शुद्ध है?
A. मैं जाऊँगा दिल्ली।   **B.** क्यों तुम नहीं जाते वहाँ?
C. बैठो और पढ़ो पुस्तक।   **D.** हमें चलना चाहिए।

Q.101 खड़ी बोली गद्य की पहली रचना है-
A. चंद छंद बरनन की महिमा
B. गोरा बादल की कथा
C. कुतुबशतक
D. भाषायोग वसिष्ठ

Q.102 'सन् नौ से सैंतालिस अहै। कथा अरंभ बैन कवि कहै।।" किस रचना की पंक्ति है?

A. पद्मावत   **B.** मधुमालती
C. मृगावती   **D.** माधवानल-कामकन्दला

Q.103 'सुरतिय, नरतिय, नागतिय, सबके मन अस होय।' किसकी पंक्ति है?
A. रहीम   **B.** गंग   **C.** नरहरि   **D.** तुलसी

Q.104 रामानुजाचार्य के शिष्य का नाम बताएं:
A. कबीर   **B.** चंडीदास   **C.** रामानन्द   **D.** हरिदास

Q.105 नामदेव का संबंध किस प्रवृत्ति से है?
A. सगुणवाद   **B.** निर्गुणवाद
C. नाथपंथ   **D.** सगुण-निर्गुणवाद

Q.106 भक्ति का प्रस्थान ग्रंथ किसे कहा गया?
A. रामायण   **B.** श्रीमद्भगवद्गीता
C. छान्दोग्य उपनिषद्   **D.** विष्णुपुराण

Q.107 रामानंद ने किसकी उपासना पर जोर दिया?
A. कृष्ण   **B.** इन्द्र   **C.** ब्रह्मा   **D.** राम

Q.108 निम्नलिखित वाक्य के किस भागों में अशुद्धि है? 'आत्मा में परमात्मा निवास करती है।'
A. आत्मा में   **B.** परमात्मा निवास
C. करती है   **D.** कोई अशुद्धि नहीं

Q.109 निम्नलिखित में से कौन सा वाक्य अशुद्ध है?
A. मेरा स्वास्थ ठीक है।
B. क्या आप जाएंगे?
C. राम नित्य योग करता है।
D. कोयल उड़ गई।

Q.110 निम्नलिखित विकल्पों में से वाक्य का अशुद्ध रूप क्या है?
A. गांधीजी चरखा कातते थे।
B. गाँधी जी चरखा चलाते थे।
C. गाँधी जी द्वारा चरखा चलाया जाता था।
D. इनमें से कोई नही।

Q.111 निम्नलिखित में से कौन सा वाक्य अशुद्ध है?वे तीन बहने हैं।
A. वे तीन बहने हैं।   **B.** भौरे गुनगुना रहे हैं।
C. वृक्षों पर बंदर बैठा है।   **D.** कबीर संत थे।

Q.112 निम्नलिखित वाक्य के किस भाग में अशुद्धि है? 'जब मैं दिल्ली गया तब मेरे पास केवल दस रुपये मात्र थे।'
A. जब मैं दिल्ली गया   **B.** तब मेरे पास
C. केवल दस रुपए मात्र थे   **D.** इनमें से कोई नहीं

Q.113 'सूर्यग्रहण अगले साल होगा' इस वाक्य में कौन सा काल है?
A. पूर्ण वर्तमान काल   **B.** संदिग्ध भूत काल
C. पूर्ण भूत काल   **D.** भविष्यत काल

Q.114 'वह कल मेघालय जाएगा।' इस वाक्य में कौन सा काल है?
A. संभाव्य भविष्यकाल   **B.** हेतुहेतुमद भविष्यकाल
C. सामान्य भविष्यकाल   **D.** इनमें से कोई नहीं

Q.115 'वह आए तो मैं जाऊँ'- इस वाक्य में कौन सा काल है?
A. भविष्यत् काल   **B.** हेतुहेतुमद् भूत
C. वर्तमान काल   **D.** हेतुहेतुमद्भविष्य काल

Q.116 'रोहन कविता पढ़ेगा।' इस वाक्य में कौन सा काल है?
A. सामान्य भविष्यकाल   **B.** हेतुहेतुमद भविष्यकाल
C. संभाव्य भविष्यकाल   **D.** इनमें से कोई नहीं

Q.117 'यदि बारिश होगी तो भीग जाऊंगा।' में कौन सा काल है?
A. सामान्य भविष्यतकाल   **B.** संभाव्य भविष्यतकाल
C. हेतुहेतुमद भविष्यतकाल   **D.** इनमें से कोई नहीं

Q.118 'शायद वह कल नहीं जाएगा' इस वाक्य में प्रयुक्त काल को पहचानें।
A. भूतकाल   **B.** अपूर्ण वर्तमान काल
C. वर्तमान काल   **D.** संभाव्य भविष्य काल

Q.119 'कल शायद ये मौका न मिले' में कौन सा काल है?
A. भूतकाल   **B.** संभाव्य भविष्यत काल
C. भविष्य काल   **D.** वर्तमान काल

Q.120 'हो सकता है कि कल मैं मंदिर जाऊँ।' इस वाक्य में कौन सा काल है?
A. सामान्य भविष्यकाल   **B.** संभाव्य भविष्यकाल
C. हेतुहेतुमद भविष्यकाल   **D.** इनमें से कोई नहीं

Q.121 'आन' प्रत्यय से बनने वाला शब्द कौन-सा है?
A. मिलान   **B.** पालन   **C.** तुलना   **D.** चरण

Q.122 'व्यथित' शब्द में निम्नलिखित में से कौन-सा प्रत्यय होगा?
A. थित   **B.** अथित   **C.** इत   **D.** व्या

Q.123 'आई' प्रत्यय से बनने वाला शब्द निम्नलिखित में से कौन-सा है?
A. चतुराई   **B.** ठकुराइन   **C.** सेठानी   **D.** भवदीग

Q.124 'मुखिया, दुखिया, रसिया' में प्रत्यय है?
A. ईया   **B.** आ   **C.** या   **D.** इया

Q.125 'जब बीज डालोगे तब पौधे उगेंगे'- इस वाक्य में कौन सा काल है?
A. सामान्य भविष्यकाल   **B.** संभाव्य भविष्य काल
C. हेतुहेतुमद्भविष्य काल   **D.** अपूर्ण वर्तमान काल

// स्मार्ट उत्तर पुस्तिका //

सही उत्तर उन छात्रों के प्रतिशत को इंगित करता है जिन्होंने प्रश्नों का सही उत्तर दिया था।

छोड़ दिया उन छात्रों के प्रतिशत को इंगित करता है जिन्होंने प्रश्नों को छोड़ दिया था।

प्रश्न संख्या	उत्तर	सही उत्तर / छोड़ दिया	प्रश्न संख्या	उत्तर	सही उत्तर / छोड़ दिया	प्रश्न संख्या	उत्तर	सही उत्तर / छोड़ दिया	प्रश्न संख्या	उत्तर	सही उत्तर / छोड़ दिया	प्रश्न संख्या	उत्तर	सही उत्तर / छोड़ दिया
1	A	66.01 % / 1.46 %	17	D	56.03 % / 1.23 %	33	D	56.65 % / 1.21 %	49	C	45.85 % / 1.84 %	65	C	50.13 % / 1.38 %
2	C	60.33 % / 1.08 %	18	D	41.6 % / 1.84 %	34	A	60.82 % / 1.77 %	50	B	42.52 % / 1.86 %	66	D	58.75 % / 1.29 %
3	D	47.48 % / 1.57 %	19	A	42.65 % / 1.36 %	35	C	13.2 % / 3.14 %	51	B	47.49 % / 1.55 %	67	B	41.13 % / 1.81 %
4	C	62.05 % / 1.67 %	20	A	65.85 % / 1.07 %	36	A	41.31 % / 1.82 %	52	D	65.49 % / 1.91 %	68	B	43.73 % / 1.36 %
5	C	64.39 % / 1.1 %	21	D	41.45 % / 1.52 %	37	A	21.02 % / 4.31 %	53	B	46.83 % / 1.08 %	69	C	12.26 % / 4.86 %
6	A	62.39 % / 1.75 %	22	A	57.54 % / 1.49 %	38	C	61.02 % / 1.82 %	54	B	44.13 % / 1.0 %	70	A	40.08 % / 1.46 %
7	A	46.18 % / 1.32 %	23	C	63.38 % / 1.95 %	39	A	59.89 % / 1.85 %	55	D	59.83 % / 1.01 %	71	C	43.51 % / 1.33 %
8	B	66.77 % / 1.8 %	24	D	49.97 % / 1.4 %	40	D	40.21 % / 1.21 %	56	B	53.65 % / 1.09 %	72	C	69.11 % / 1.99 %
9	B	43.8 % / 1.34 %	25	A	48.94 % / 1.73 %	41	A	43.6 % / 1.41 %	57	A	61.28 % / 1.79 %	73	D	49.15 % / 1.94 %
10	D	57.77 % / 1.58 %	26	B	68.28 % / 1.26 %	42	D	59.58 % / 1.4 %	58	B	63.13 % / 1.64 %	74	D	41.68 % / 1.36 %
11	B	61.45 % / 1.36 %	27	C	56.18 % / 1.75 %	43	A	48.67 % / 1.19 %	59	A	44.5 % / 1.56 %	75	C	51.34 % / 1.95 %
12	D	49.66 % / 1.88 %	28	D	48.38 % / 1.44 %	44	C	43.8 % / 1.99 %	60	C	54.66 % / 1.5 %	76	D	60.94 % / 1.55 %
13	A	62.79 % / 1.6 %	29	A	48.5 % / 1.26 %	45	B	42.72 % / 1.13 %	61	B	56.27 % / 1.95 %	77	C	45.35 % / 1.26 %
14	A	40.86 % / 1.45 %	30	D	50.19 % / 1.29 %	46	B	42.1 % / 1.74 %	62	D	63.82 % / 1.85 %	78	D	28.23 % / 4.63 %
15	A	62.18 % / 1.21 %	31	A	64.41 % / 1.74 %	47	B	65.81 % / 1.33 %	63	B	53.93 % / 1.18 %	79	B	69.77 % / 1.47 %
16	C	68.49 % / 1.52 %	32	A	62.75 % / 1.05 %	48	A	47.93 % / 1.59 %	64	A	47.35 % / 1.99 %	80	C	23.3 % / 3.51 %

प्रश्न संख्या	उत्तर	सही उत्तर / छोड़ दिया
81	C	65.81 % / 1.37 %
82	C	26.47 % / 4.39 %
83	B	17.22 % / 4.49 %
84	D	55.15 % / 1.46 %
85	C	67.54 % / 1.26 %
86	A	55.3 % / 1.57 %
87	C	53.41 % / 1.69 %
88	A	18.16 % / 3.03 %
89	A	53.87 % / 1.23 %

प्रश्न संख्या	उत्तर	सही उत्तर / छोड़ दिया
90	D	52.98 % / 1.18 %
91	A	57.63 % / 1.64 %
92	A	65.12 % / 1.15 %
93	A	45.46 % / 1.54 %
94	D	62.03 % / 1.28 %
95	B	41.82 % / 1.07 %
96	C	41.51 % / 1.6 %
97	D	67.34 % / 1.67 %
98	D	45.61 % / 1.11 %

प्रश्न संख्या	उत्तर	सही उत्तर / छोड़ दिया
99	D	55.1 % / 1.57 %
100	D	59.29 % / 1.72 %
101	A	18.45 % / 3.59 %
102	A	57.73 % / 1.7 %
103	D	32.6 % / 4.82 %
104	C	46.12 % / 1.9 %
105	D	30.24 % / 4.67 %
106	B	29.65 % / 4.87 %
107	D	16.18 % / 3.5 %

प्रश्न संख्या	उत्तर	सही उत्तर / छोड़ दिया
108	C	61.53 % / 1.93 %
109	A	54.66 % / 1.02 %
110	A	49.97 % / 1.65 %
111	C	41.85 % / 1.2 %
112	C	49.75 % / 1.56 %
113	D	66.32 % / 1.96 %
114	C	19.34 % / 4.93 %
115	D	47.95 % / 1.01 %
116	C	42.5 % / 1.59 %

प्रश्न संख्या	उत्तर	सही उत्तर / छोड़ दिया
117	C	50.15 % / 1.53 %
118	D	42.71 % / 1.79 %
119	B	46.44 % / 1.01 %
120	B	51.57 % / 1.46 %
121	A	47.21 % / 1.56 %
122	C	45.81 % / 1.51 %
123	A	58.26 % / 1.98 %
124	D	52.23 % / 1.27 %
125	C	25.58 % / 3.14 %

कार्य विश्लेषण	
औसत अंक (%)	**43.29%**
टॉपर्स स्कोर (%)	**60.94%**
आपका स्कोर	

//संकेत और समाधान//

1. 'यह पठित लोगों का समाज है।' अशुद्ध वाक्य है क्योंकि इसमें विशेषण संबंधी त्रुटि है।

वाक्य में 'पठित लोगों' के स्थान पर उचित विशेषण का प्रयोग नहीं है, उसके स्थान पर 'शिक्षित लोगो' विशेषण प्रयुक्त होगा।

अतः विकल्प (A) सही है।

2. तत्सम शब्द - तत्सम दो शब्दों से मिलकर बना है – तत +सम , जिसका अर्थ होता है ज्यों का त्यों। जिन शब्दों को संस्कृत से बिना किसी परिवर्तन के ले लिया जाता है उन्हें तत्सम शब्द कहते हैं।

'हल्दी' शब्द का तत्सम रूप 'हरिद्रा' है।

अतः विकल्प (C) सही है।

3. तद्भव शब्द:-संस्कृत भाषा के वे शब्द जिनमे थोड़ा बहुत परिवर्तन करके हिंदी भाषा में प्रयुक्त किया जाता हैं उन्हें तद्भव शब्द कहते है ।

भँवरा एक तद्भव शब्द है। इसका तत्सम रूप भ्रमर होता है। संस्कृत भाषा के वे शब्द जिनमे थोड़ा बहुत परिवर्तन करके हिंदी भाषा में प्रयुक्त किया जाता हैं उन्हें तद्भव शब्द कहते है।

अतः विकल्प (D) सही है।

4. बदतमीज – बद + तमीज

बदबू– बद + बू

बाकायदा – बा + कायदा

बदिदमाग – बद + दिमाग

अतः विकल्प (D) सही है।

5. मूल शब्द के अंत में जुड़ने वाले शब्द प्रत्यय कहलाते है – इंसान मूल शब्द है और इयत प्रत्यय।

प्रत्यय वे शब्द हैं जो दूसरे शब्दों के अन्त में जुड़कर, अपनी प्रकृति के अनुसार, शब्द के अर्थ में परिवर्तन कर देते हैं। प्रत्यय शब्द दो शब्दों से मिलकर बना है – प्रति + अय।

अतः विकल्प (C) सही है।

6. अलंकार - काव्यों की सुंदरता बढ़ाने वाले यंत्रों को ही अलंकार कहते हैं। जिस प्रकार मनुष्य अपनी सुंदरता बढ़ाने के लिए विभिन्न आभूषणों का प्रयोग करते हैं उसी तरह काव्यों की सुंदरता बढ़ाने के लिए अलंकारों का उपयोग किया जाता है।

अनुप्रास अलंकार - जहाँ समान वर्ण की अनेक बार पुनरावृत्ति हो, वहीं अनुप्रास अलंकार होता है। अतः यह एक अनुप्रास अलंकार है।

जैसे: 1. तरनि तनूजा तट तमाल तरूवर बहु छाए

2. चारु चन्द्र की चंचल किरणे, खेल रहीं थीं जल-थल में।

अतः विकल्प (A) सही है।

7. श्रृंगार रस को रसराज कहा गया है और इसी रस को या रसपति भी कहते है। मुख्यत: श्रृंगार रस को संयोग तथा वियोग रस के नाम से दो भागों में विभाजित किया जाता है।

उदाहरण - बसों मेरे नैनन में नन्दलाल

मोर मुकुट मकराकृत कुंडल, अरुण तिलक दिये भाल

अतः विकल्प (A) सही है।

8. महाप्राण व्यंजन -

ऐसे व्यंजन जिनको बोलते समय मुख से अधिक वायु निकलती है। उन्हें महाप्राण व्यंजन कहते हैं।

क वर्ण का दूसरा, चौथा अक्षर

च वर्ण का दूसरा, चौथा अक्षर

ट वर्ण का दूसरा, चौथा अक्षर

त वर्ण का दूसरा, चौथा अक्षर

प वर्ण का दूसरा, चौथा अक्षर

चारों उष्म व्यंजन - श ष स ह

एक उच्छिप्त व्यंजन - ढ

अतः विकल्प (B) सही है।

9. जो व्याकरण जानता है वाक्य के लिए एक शब्द वैयाकरण है।

अन्य के लिए वाक्यांश–

वैज्ञानिक – जो विज्ञान जानता है

शास्त्रज्ञ – जो शास्त्र जानता है

बहुज्ञ – जो बहुत जानता है

अतः विकल्प (B) सही है।

10. अरबी, फारसी, अंग्रजी या अन्य किसी भी दूसरे देश की भाषा के शब्द जिनका हिन्दी भाषा में प्रयोग कर लिया जाता है उन्हें विदेशी शब्द कहते हैं। जैसे -इरादा, इशारा, हलवाई, दीदार, चश्मा, डॉक्टर, हॉस्पिटल, इलाज, बम।

जो शब्द क्षेत्रीय प्रभाव के कारण परिस्थिति व आवश्यकतानुसार बनकर प्रचलित हो गए हैं वे देशज कहलाते हैं। जैसे- खिड़की, गाड़ी, थैला, पेट, खटखटाना आदि। अतः खिड़की एक देशज शब्द है।

अतः विकल्प (D) सही है।

11. हिन्द -आर्य भाषा परिवार भारत का सबसे बड़ा भाषाई परिवार है। इसका विभाजन 'इन्डो-युरोपीय' (हिन्द यूरोपीय) भाषा परिवार से हुआ है, इसकी दूसरी शाखा 'इन्डो-इरानी' भाषा परिवार है जिसकी प्रमुख भाषायें फारसी, ईरानी, पश्तो, बलूची इत्यादि हैं।

भारत की दो तिहाई से अधिक आबादी हिन्द आर्य भाषा परिवार की कोई न कोई भाषा विभिन्न स्तरों पर प्रयोग करती है। जिसमें संस्कृत समेत मुख्यत: उत्तर भारत में बोली जानेवाली अन्य भाषायें जैसे: हिन्दी, उर्दू, मराठी, नेपाली, बांग्ला, गुजराती, कश्मीरी, डोगरी, पंजाबी, उड़िया, असमिया, मैथिली, भोजपुरी, मारवाड़ी, गढ़वाली, कोंकणी इत्यादि भाषायें शामिल हैं।

अतः विकल्प (B) सही है।

12. हिन्दी की अनेक बोलियाँ (उपभाषाएँ) हैं, भारत में कुल 18 बोलियाँ हैं, जिनमें अवधी, ब्रजभाषा, कन्नौजी, बुंदेली, बघेली, हड़ौती,भोजपुरी, हरियाणवी, राजस्थानी, छत्तीसगढ़ी, मालवी, नागपुरी, खोरठा, पंचपरगनिया, कुमाउँनी, मगही आदि प्रमुख हैं।

नेपाली - नेपाली, भारतीय संविधान की 8वीं अनुसूची में सम्मिलित भाषाओं में से एक है। यह भारत के सिक्किम, पश्चिम बंगाल, उत्तर-पूर्वी राज्यों (आसाम, मणिपुर, अरुणाचल प्रदेश, मेघालय) तथा उत्तराखण्ड के अनेक भारतीय लोगों की मातृभाषा है।

भोजपुरी - भोजपुरी शब्द का निर्माण बिहार का प्राचीन जिला भोजपुर के आधार पर पड़ा। जहाँ के राजा "राजा भोज" ने इस जिले का नामकरण किया था।भाषाई परिवार के स्तर पर भोजपुरी एक आर्य भाषा है और मुख्य रूप से पश्चिम बिहार और पूर्वी उत्तर प्रदेश के क्षेत्र में बोली जाती है। आधिकारिक और व्यवहारिक रूप से भोजपुरी हिन्दी की एक उपभाषा या बोली है। भोजपुरी भाषा प्रधानतया पश्चिमी बिहार, पूर्वी उत्तर प्रदेश तथा उत्तरी झारखण्ड के क्षेत्रों

में बोली जाती है। इन क्षेत्रों के अलावा भोजपुरी विदेशों में भी बोली जाती है। भोजपुरी भाषा फिजी और नेपाल की संवैधानिक भाषाओं में से एक है। इसे मॉरीशस, फिजी, गयाना, सूरीनाम, सिंगापुर, उत्तर अमरीका और लैटिन अमेरिका में भी बोला जाता है।

अवधी - अवधी हिंदी क्षेत्र की एक उपभाषा है। यह उत्तर प्रदेश के "अवध क्षेत्र" (लखनऊ, रायबरेली, सुल्तानपुर, बाराबंकी, उन्नाव, हरदोई, सीतापुर, लखीमपुर, अयोध्या, जौनपुर, प्रतापगढ़, प्रयागराज, कौशाम्बी, अम्बेडकर नगर, गोंडा,बस्ती, बहराइच,बलरामपुर, सिद्धार्थनगर, श्रावस्ती तथा फतेहपुर में बोली जाती है। इसके अतिरिक्त इसकी एक शाखा बघेलखंड में बघेली नाम से प्रचलित है। 'अवध' शब्द की व्युत्पत्ति "अयोध्या" से है। इस नाम का एक सूबा के राज्यकाल में था। तुलसीदास ने अपने "मानस" में अयोध्या को 'अवधपुरी' कहा है। इसी क्षेत्र का पुराना नाम 'कोसल' भी था जिसकी महत्ता प्राचीन काल से चली आ रही है।

अतः विकल्प (D) सही है।

13. झाँसी बुंदेलखंड क्षेत्र में आता है इसीलिए वहाँ बुन्देलखंडी बोली जाती है।

खड़ी बोली निम्नलिखित स्थानों के ग्रामीण क्षेत्रों में बोली जाती है- मेरठ, बिजनौर, मुजफ्फरनगर, सहारनपुर, देहरादून के मैदानी भाग, अम्बाला, कलसिया और पटियाला के पूर्वी भाग, रामपुर और मुरादाबाद।

खड़ी बोली क्षेत्र के पूर्व में ब्रजभाषा, दक्षिण-पूर्व में मेवाती, दक्षिण-पश्चिम में पश्चिमी राजस्थानी, पश्चिम में पूर्वी पंजाबी और उत्तर में पहाड़ी बोलियों का क्षेत्र है। मेरठ की खड़ी बोली आदर्श खड़ी बोली मानी जाती है जिससे आधुनिक हिंदी भाषा का जन्म हुआ, वही दूसरी और मुजफ्फरनगर व सहारनपुर बागपत में खड़ी बोली में हरयाणवी की झलक देखने को मिलती है।

बाँगरू, जाटकी या हरियाणवी एक प्रकार से पंजाबी और राजस्थानी मिश्रित खड़ी बोली ही हैं जो दिल्ली, करनाल, रोहतक, हिसार और पटियाला, नाभा, झींद के ग्रामीण क्षेत्रों में बोली जाती है।

खड़ी से 'खरी' का अर्थ भी लगाया जाता है, अर्थात शुद्ध अथवा ठेठ हिन्दी बोली।

अतः विकल्प (A) सही है।

14. आदिम-हिन्द-यूरोपीय भाषा, जिसे प्रोटो-इंडो-यूरोपियन भाषा भी कहा जाता है, भाषावैज्ञानिकों द्वारा पूरे हिन्द-यूरोपीय भाषा-परिवार की सभी भाषाओं की एकमात्र प्राचीन जननी भाषा मानी जाती है।

माना जाता है के इसे प्राचीन काल में आदिम-हिन्द-यूरोपीय लोग बोला करते थे, लेकिन यह भाषा हज़ारों वर्ष पूर्व ही पूरी तरह से लुप्त हो चुकी थी। बहुत सी हिन्द-यूरोपीय भाषाओं के सजातीय शब्दों की एक-दुसरे से तुलना के बाद भाषावैज्ञानिकों ने इस लुप्त भाषा का पुनर्निर्माण किया है जिस से इस के शब्दों का अनुमान लगाया जा सकता है।

इस भाषा को बोलने वाले आदिम-हिन्द-यूरोपीय लोग पूर्वी यूरोप और पश्चिमी एशिया के कुछ हिस्सों में फैले हुए पोंटिक-कैस्पियाई स्टेपी के क्षेत्र में रहते थे।

आधुनिक युग में विलियम जोन्स पहले विद्वान् थे जिन्होंने प्राचीन संस्कृत, प्राचीन यूनानी, प्राचीन फारसी और लातिन भाषाओं में समानताएँ देखकर यह दावा किया था के ये सारी एक ही आदिम-हिन्द-यूरोपीय भाषा से उपजी भाषाएँ हैं।

अतः विकल्प (A) सही है।

15. भाषा लिखने किए लिए प्रयुक्त चिह्नों के व्यवस्थित रूप को लिपि कहते हैं।

लिपि गा लेखन प्रणाली का अर्थ होता है किसी भी भाषा की लिखावट या लिखने का ढंग।

ध्वनियों को लिखने के लिए जिन चिह्नों का प्रयोग किया जाता है, वही लिपि कहलाती है।

लिपि और भाषा दो अलग अलग चीज़ें होती हैं। भाषा वो चीज़ होती है जो बोली जाती है, लिखने को तो उसे किसी भी लिपि में लिख सकते हैं। किसी एक भाषा

को उसकी सामान्य लिपि से दूसरी लिपि में लिखना, इस तरह कि वास्तविक अनुवाद न हुआ हो, इसे लिप्यन्तरण कहते हैं।

अतः विकल्प (A) सही है।

16. बुन्देली पश्चिमी हिंदी के अंतर्गत आती है।

पूर्वी हिंदी की तीन शाखाएँ हैं - अवधी, बघेली और छत्तीसगढ़ी।

अवधी अर्धमागधी प्राकृत की परंपरा में है। यह अवध में बोली जाती है। इसके दो भेद हैं - पूर्वी अवधी और पश्चिमी अवधी। अवधी को बैसवाड़ी भी कहते हैं। तुलसी के रामचरितमानस में अधिकांशत: पश्चिमी अवधी मिलती हैं और जायसी के पदमावत में पूर्वी अवधी। बघेली बघेलखंड में प्रचलित है। यह अवधी का ही एक दक्षिणी रूप है।

बघेली या बाघेली बोली, हिन्दी की एक बोली है जो भारत के बघेलखण्ड क्षेत्र में बोली जाती है। बघेले राजपूतों के आधार पर रीवा तथा आसपास का क्षेत्र बघेलखंड कहलाता है और वहाँ की बोली को बघेलखंडी या बघेली कहलाती हैं। इसके अन्य नाम मन्ऴाडी, रिवाई, गंगाई, मंडल, केवोत, केवाती बोली, केवानी और नागपुरी हैं।

छत्तीसगढ़ी पलामू (झारखण्ड) की सीमा से लेकर दक्षिण में बस्तर तक और पश्चिम में बघेलखंड की सीमा से उड़ीसा की सीमा तक फैले हुए भूभाग की बोली है। इसमें प्राचीन साहित्य नहीं मिलता। वर्तमान काल में कुछ लोकसाहित्य रचा गया है। बिहारी, राजस्थानी बिहारी हिंदी के अंतर्गत मगही,भोजपुरी,आदि बोलियां आती हैं।

अतः विकल्प (C) सही है।

17. पश्चिमी हिंदी के अंतर्गत 5 बोलियाँ आती है – खड़ी बोली, हरियाणवी, ब्रज, कन्नुजी और बुन्देली।

पश्चिमी और पूर्वी शाखाओं को अलग करके भाषाशास्त्री हिंदी के क्षेत्र को सीमित करते हैं पश्चिमी हिंदी का क्षेत्र मध्य देश है, जिस कारण से यह सम्पूर्ण देश में बोली जाती है।

खड़ी बोली अपने मूल रूप में मेरठ, बिजनौर के आसपास बोली जाती है। इसी के आधार पर आधुनिक हिन्दी और उर्दू का रूप खड़ा हुआ है।

बांगरू को 'जाटू' या 'हरियाणवी' भी कहते हैं। यह पंजाब के दक्षिण पूर्व भाग में विशेषतौर पर बोली जाती है। कुछ विद्वानों के अनुसार बांगरू खड़ी बोली का ही एक रूप है, जिसमें पंजाबी और राजस्थानी का मिश्रण है।

ब्रजभाषा मथुरा के आसपास ब्रजमंडल में बोली जाती है। हिन्दी साहित्य के मध्ययुग में ब्रजभाषा में उच्च कोटि का काव्य निर्मित हुआ था। इसलिए इसे बोली न कहकर आदरपूर्वक 'भाषा' कहा गया।

मध्य काल में ब्रज बोली संपूर्ण हिन्दी प्रदेश की साहित्यिक भाषा के रूप में मान्य हो गई थी, किन्तु साहित्यिक ब्रजभाषा में ब्रज के ठेठ शब्दों के साथ अन्य प्रांतों के शब्दों और प्रयोगों का भी ग्रहण है।

कन्नौजी गंगा के मध्य दोआब में बोली जाने वाली बोली है। इसके एक ओर ब्रजमंडल है और दूसरी ओर अवधी का क्षेत्र। यह ब्रजभाषा से इतनी मिलती जुलती है कि इसमें रचा गया जो थोड़ा बहुत साहित्य, वह ब्रजभाषा का ही माना जाता है।

बुंदेली बुंदेलखंड की उपभाषा है। बुंदेलखंड में समय-समय ब्रजभाषा के कई अच्छे कवि हुए, जिनकी काव्यभाषा पर बुंदेली भाषा का प्रभाव साफ देखा जाता है।

अतः विकल्प (D) राती है।

18. पश्चिमी और पूर्वी हिंदी में अंतर के कई आधार है – जिसमें क्षेत्र, व्युत्पत्ति, भाषाशास्त्रीय अर्थ आदि शामिल है।

पश्चिमी हिंदी का विकास शौरसेनी अपभ्रंश से हुआ और पूर्वी हिंदी प्राकृत की परंपरा में है।

पश्चिमी हिंदी के अंतर्गत 5 बोलियाँ आती है – खड़ी बोली, हरियाणवी, ब्रज, कन्नौजी और बुन्देली, जबकि पूर्वी हिंदी की तीन शाखाएँ हैं – अवधि, बघेली और छत्तीसगढ़ी।

पश्चिमी और पूर्वी शाखाओं को अलग करके भाषाशास्त्री हिंदी के क्षेत्र को सीमित करते हैं पश्चिमी हिंदी का क्षेत्र मध्य देश है, जिस कारण से यह सम्पूर्ण देश में बोली जाती है।

अतः विकल्प (D) सही है।

19. हिंदी भाषी क्षेत्र में 6 राज्य आते हैं – उत्तर प्रदेश, बिहार, मध्य प्रदेश, राजस्थान, हरियाणा और हिमाचल प्रदेश

हिंदी प्रदेश को 5 वर्गों में बांटा जाता है, इन्हें उपभाषा कहा जाता है-

1. राजस्थानी
2. पश्चिमी
3. पूर्वी
4. बिहारी
5. पहाड़ी

अतः विकल्प (A) सही है।

20. हिन्दुस्तानी भाषा की व्युत्पत्ति पुरानी हिंदी, उर्दू और अंग्रेजी के मिश्रण से हुई है।

हिन्दुस्तानी भाषा हिन्दी और उर्दू का एकीकृत रूप है। ये हिन्दी और उर्दू, दोनो के बोलचाल की भाषा है। इसमें संस्कृत के तत्सम शब्द और अरबी-फ़ारसी के उधार लिये गये शब्द, दोनों कम होते हैं। यही हिन्दी और उर्दू का वह रूप है जो भारत की जनता रोज़मर्रा के जीवन में उपयोग करती है और हिन्दी सिनेमा इसी पर आधारित है। ये हिन्द यूरोपीय भाषा परिवार की हिन्द आर्य शाखा में आती है। ये देवनागरी या फ़ारसी-अरबी, किसी भी लिपि में लिखी जा सकती है।

अतः विकल्प (A) सही है।

21. नमक का दरोगा प्रेमचंद द्वारा रचित लघु कथा है। इसमें एक ईमानदार नमक निरीक्षक की कहानी को बताया गया है जिसने कालाबाजारी के विरुद्ध आवाज उठाई। यह कहानी धन के ऊपर धर्म की जीत की है। कहानी में मानव मूल्यों का आदर्श रूप दिखाया गया है और उसे सम्मानित भी किया गया है। सत्यनिष्ठा, धर्मनिष्ठा और कर्मपरायणता को विश्व के दुर्लभ गुणों में बताया गया है। अन्त में यह शिक्षा दी गयी है कि एक बेईमान स्वामी को भी एक ईमानदार कर्मचारी की तलाश रहती है। यह प्रेमचन्द की सामाजिक कहानी। यह कहानी समाज की यथार्थ स्थिति का उल्लेख करती है।

अतः विकल्प (D) सही है।

22. ललितललाम रीति काल के प्रसिद्ध कवि मतिराम द्वारा रचित ग्रंथ है। मतिराम बूँदी, राजस्थान के महाराव भावसिंह के यहाँ बहुत समय तक रहे और उन्हीं के आश्रय में अपना 'ललित ललाम' नामक अलंकार ग्रंथ संवत 1716 और 1745 के बीच किसी समय रचा। 'रसराज' और 'ललित ललाम' मतिराम के ये दो ग्रंथ बहुत प्रसिद्ध हैं, क्योंकि रस और अलंकार की शिक्षा में इनका उपयोग होता आया है। अपने विषय के ये अनुपम ग्रंथ हैं। 'ललित ललाम' मतिराम जी का तीसरा ग्रंथ है। इस ग्रंथ में लक्षण चंद्रालोक, कुवलयानंद नामक संस्कृत ग्रंथों के आधार पर हैं, पर उदाहरण अपने हैं। इसमें रसराज के भी कुछ छंद आए हैं।

अतः विकल्प (A) सही है।

23. सत्य हरिश्चंद्र भारतेन्दु हरिश्चन्द्र द्वारा लिखित चार अंकों का नाटक है। काशी पत्रिका नामक पाक्षिक हिन्दी पत्र में प्रकाशित यह नाटक पहली बार बनारस न्यू मेडिकल हाल प्रेस में पुस्तक के रूप में प्रकाशित किया गया। इसमें सूर्यवंश के राजा हरिश्चंद्र की कथा है।

अतः विकल्प (C) सही है।

24. झूठा सच (1958-60) हिन्दी के सुप्रसिद्ध कथाकार यशपाल का सर्वोत्कृष्ट एवं वृहद्काय उपन्यास है।

'वतन और देश' तथा 'देश का भविष्य' नाम से दो भागों में विभाजित इस महाकाय उपन्यास में विभाजन के समय देश में होने वाले भीषण रक्तपात एवं भीषण अव्यवस्था तथा स्वतन्त्रता के उपरान्त चारित्रिक स्खलन एवं विविध विडम्बनाओं का व्यापक फलक पर कलात्मक चित्र उकेरा गया है।

यह उपन्यास हिन्दी साहित्य के सर्वोत्तम उपन्यासों में परिगण्य माना गया है।

झूठा सच भारत विभाजन (1947) की पृष्ठभूमि पर केंद्रित वृहत्तर एवं बहुआयामी फलक वाला उपन्यास है। इसमें विभाजन के पहले से लेकर विभाजन के बाद तक के समय का बारीक चित्रांकन किया गया है।

अतः विकल्प (D) सही है।

25. 'चाँद का मुँह टेढ़ा' गजानंद माधव मुक्तिबोध द्वारा रचित लम्बी कविता है।

गजानन माधव 'मुक्तिबोध' (जन्म: 13 नवंबर, 1917 - मृत्यु: 11 सितंबर, 1964) की प्रसिद्धि प्रगतिशील कवि के रूप में है। मुक्तिबोध हिन्दी साहित्य की स्वातंत्र्योत्तर प्रगतिशील काव्यधारा के शीर्ष व्यक्तित्व थे। हिन्दी साहित्य में सर्वाधिक चर्चा के केन्द्र में रहने वाले मुक्तिबोध कहानीकार भी थे और समीक्षक भी। उन्हें प्रगतिशील कविता और नयी कविता के बीच का एक सेतु भी माना जाता है। मुक्तिबोध मूलत: कवि हैं। उनकी आलोचना उनके कवि व्यक्तित्व से ही नि:सृत और परिभाषित है। वही उसकी शक्ति और सीमा है।

अतः विकल्प (A) सही है।

26. ढाई घर हिन्दी के विख्यात साहित्यकार गिरिराज किशोर द्वारा रचित एक उपन्यास है जिसके लिये उन्हें सन् 1992 में साहित्य अकादमी पुरस्कार से सम्मानित किया गया।

गिरिराज किशोर (8 जुलाई 1937 - 9 फरवरी 2020) हिन्दी के प्रसिद्ध उपन्यासकार होने के साथ-साथ एक सशक्त कथाकार, नाटककार और आलोचक थे। इनके सम-सामयिक विषयों पर विचारोत्तेजक निबंध विभिन्न पत्र-पत्रिकाओं के माध्यम से प्रकाशित होते रहे हैं। इनका उपन्यास ढाई घर अत्यन्त लोकप्रिय हुआ था। वर्ष 1991 में प्रकाशित इस कृति को 1992 में ही साहित्य अकादमी पुरस्कार से सम्मानित कर दिया गया था।

अतः विकल्प (B) सही है।

27. बघेली या बाघेली बोली, हिन्दी की एक बोली है जो भारत के बघेलखण्ड क्षेत्र में बोली जाती है। बघेले राजपूतों के आधार पर रीवा तथा आसपास का क्षेत्र बघेलखंड कहलाता है और वहाँ की बोली को बघेलखंडी या बघेली कहलाती हैं। इसके अन्य नाम मन्त्राडी, रिवाई, गंगाई, मंडल, केवोत, केवाती बोली, केवानी और नागपुरी हैं।

बघेली बोली का उद्भव अर्ध मागधी अपभ्रंश के ही एक क्षेत्रीय रूप से हुआ है। यद्यपि जनमत इसे अलग बोली मानता है, किंतु भाषा वैज्ञानिक स्तर पर पर यह अवधी की ही उपबोली ज्ञात होती है और इसे दक्षिणी अवधी भी कह सकते हैं।

बघेली बोली के क्षेत्र के अंतर्गत रीवाँ अथवा रीवा, नागोद, शहडोल, सतना, मैहर तथा आसपास का क्षेत्र आता है। इसके अतिरिक्त बघेली बोली महाराष्ट्र, उत्तर प्रदेश और नेपाल में भी बोली जाती है। भारत में इसके बोलने वालों की संख्या 3,96,000 है।

अतः विकल्प (C) सही है।

28. 'नेपाली' भारोपीय परिवार की भाषा है। हिन्द-यूरोपीय (या भारोपीय) भाषा-परिवार संसार का सबसे बड़ा भाषा परिवार (यानी कि सम्बन्धित भाषाओं का समूह) हैं। हिन्द-यूरोपीय (या भारोपीय) भाषा परिवार में विश्व की सैकड़ों भाषाएँ और बोलियाँ सम्मिलित हैं। आधुनिक हिन्द यूरोपीय भाषाओं में से कुछ हैं: हिन्दी, उर्दू, अंग्रेज़ी, फ़्रांसिसी, जर्मन, पुर्तगाली, स्पैनिश, डच, फ़ारसी, बांग्ला, पंजाबी, रूसी, इत्यादि। ये सभी भाषाएँ एक ही आदिम भाषा से निकली है, उसे आदिम-हिन्द-यूरोपीय भाषा का नाम दे सकता है। यह संस्कृत से बहुत मिलती-जुलती थी, जैसे कि वह संस्कृत का ही आदिम रूप हो।

अतः विकल्प (D) सही है।

29. जिन व्यंजनों के उच्चारण में स्पर्श का समय अपेक्षाकृत अधिक होता है और उच्चारण के बाद वाला भाग संघर्षी हो जाता है, वे स्पर्श संघर्षी कहलाते हैं।

च, छ, ज और झ स्पर्श-संघर्षी व्यंजन हैं।

अतः विकल्प (A) सही है।

30. अव्यय का शाब्दिक अर्थ होता है – जो व्यय न हो। जिनके रूप में लिंग , वचन , पुरुष , कारक , काल आदि की वजह से कोई परिवर्तन नहीं होता उसे अव्यय शब्द कहते हैं।

अव्यय का मूल रूप स्थिर रहता है,कभी बदलता नहीं है। जैसे – आज, काल, किन्तु, परन्तु

अव्यय के भेद :-

1) क्रिया-विशेषण अव्यय – धीरे – धीरे, प्रतिदिन

2) संबंधबोधक अव्यय – आगे, पीछे

3) समुच्चयबोधक अव्यय – और, जो ...तो, यदि...तो

4) विस्मयादिबोधक अव्यय – वाह!, आह!

अतः विकल्प (D) सही है।

31. खड़ी बोली का अन्य नाम कौरवी बोली है।

बोली वह भाषा है जो मोटे तौर पर आज की मानक हिन्दी का एक पूर्वरूप है। भाषाविज्ञान की दृष्टि से इसे आदर्श (स्टैंडर्ड) हिंदी, उर्दू तथा हिंदुस्तानी की आधार स्वरूप बोली होने का गौरव प्राप्त है। यह निम्नलिखित स्थानों के ग्रामीण क्षेत्रों में बोली जाती है- मेरठ, बिजनौर, मुजफ्फरनगर, सहारनपुर, देहरादून के मैदानी भाग, अम्बाला, कलसिया और पटियाला के पूर्वी भाग, रामपुर और मुरादाबाद।

खड़ी बोली क्षेत्र के पूर्व में ब्रजभाषा, दक्षिण-पूर्व में मेवाती, दक्षिण-पश्चिम में पश्चिमी राजस्थानी, पश्चिम में पूर्वी पंजाबी और उत्तर में पहाड़ी बोलियों का क्षेत्र है। मेरठ की खड़ी बोली आदर्श खड़ी बोली मानी जाती है जिससे आधुनिक हिंदी भाषा का जन्म हुआ, वही दूसरी और मुजफ्फरनगर व सहारनपुर बागपत में खड़ी बोली में हरयाणवी की झलक देखने को मिलती है। बाँगरू, जाटकी या हरियाणवी एक प्रकार से पंजाबी और राजस्थानी मिश्रित खड़ी बोली ही हैं जो दिल्ली, करनाल, रोहतक, हिसार और पटियाला, नाभा, झींद के ग्रामीण क्षेत्रों में बोली जाती है।

अतः विकल्प (A) सही है।

32. देवनागरी लिपि की उत्पत्ति ब्राह्मी लिपि से हुई है।

जैनों के 'प्रज्ञापनासूत्र' में लिखा है कि 'अर्धमागधी' भाषा जिस लिपि में प्रकाशित की जाती है वह ब्राह्मी लिपि है'। अर्धमागधी भाषा मथुरा और पाटलिपुत्र के बीच के प्रदेश की भाषा है जिससे हिंदी निकली है। अतः ब्राह्मी लिपि मध्य आर्यावर्त की लिपि है जिससे क्रमशः उस लिपि का विकास हुआ जो पीछे 'नागरी' कहलाई।

अतः विकल्प (A) सही है।

33. हिमतरंगिनी हिन्दी के विख्यात साहित्यकार माखनलाल चतुर्वेदी द्वारा रचित एक कविता–संग्रह है जिसके लिये उन्हें सन् 1955 में साहित्य अकादमी पुरस्कार से सम्मानित किया गया।

माखनलाल चतुर्वेदी भारत के ख्यातिप्राप्त कवि, लेखक और पत्रकार थे जिनकी रचनाएँ अत्यंत लोकप्रिय हुईं। सरल भाषा और ओजपूर्ण भावनाओं के वे अनूठे हिंदी रचनाकार थे। प्रभा और कर्मवीर जैसे प्रतिष्ठत पत्रों के संपादक के रूप में उन्होंने ब्रिटिश शासन के खिलाफ जोरदार प्रचार किया और नई पीढ़ी का आह्वान किया कि वह गुलामी की जंजीरों को तोड़ कर बाहर आए। इसके लिये उन्हें अनेक बार ब्रिटिश साम्राज्य का कोपभाजन बनना पड़ा।

34. केदारनाथ सिंह की कविताओं का संग्रह 'अकाल में सारस' आज की हिंदी कविता को एक सर्वथा नया मोड़ देने की सार्थक कोशिश है।

इस संग्रह के साथ यह उम्मीद बनी रहेगी कि कविता अपनी जड़ों में ही फैलती है और उसी से प्राप्त ऊर्जा के बल पर वह अपने समय, परिवेश, आदमी के संघर्ष, प्रकृति में धडकती हुई जिजीविषा को उपयुक्त शब्द देने में कामयाब होती है।

'अकाल में सारस' में जनपदीय चेतना में रची-बसी भाषा की ऐन्द्रिकता, अर्थध्वनि, मूर्तता, गूँज और व्याप्ति को पहचानना उतना ही सहज है जितना साँस लेना। पर इस सहज पहचान में बहुत कुछ है जो उसी के जरिए जीवन की छिपी हुई या अधिक गहरी सच्चाइयों के प्रति उत्सुक बनाता है।

एक तरह से देखें तो इन कविताओं की सरलता उस विडम्बनापूर्ण सरलता का उदाहरण है जो वस्तुओं में छिपे जीवन-मर्म को भेदकर देखने की अनोखी हिकमत कही जा सकती है।

अतः विकल्प (A) सही है।

35. रागदरबारी विख्यात हिन्दी साहित्यकार श्रीलाल शुक्ल की प्रसिद्ध व्यंग्य रचना है जिसके लिये उन्हें सन् 1969 में साहित्य अकादमी पुरस्कार से सम्मानित किया गया। यह ऐसा उपन्यास है जो गाँव की कथा के माध्यम से आधुनिक भारतीय जीवन की मूल्यहीनता को सहजता और निर्ममता से अनावृत करता है। शुरू से अन्त तक इतने निस्संग और सोद्देश्य व्यंग्य के साथ लिखा गया हिंदी का शायद यह पहला वृहत् उपन्यास है।

'राग दरबारी' का लेखन 1964 के अन्त में शुरू हुआ और अपने अन्तिम रूप में 1967 में समाप्त हुआ। 1968 में इसका प्रकाशन हुआ और 1969 में इस पर श्रीलाल शुक्ल को साहित्य अकादमी का पुरस्कार मिला। 1986 में एक दूरदर्शन-धारावाहिक के रूप में इसे लाखों दर्शकों की सराहना प्राप्त हुई।

अतः विकल्प (C) सही है।

36. 'आधे - अधूरे' मोहन राकेश द्वारा लिखित हिंदी का प्रसिद्ध नाटक है। यह मध्यवर्गीय जीवन पर आधारित नाटक है। इसमें तीन स्री पात्र हैं तथा पाँच पुरुष पात्र। इनमें से चार पुरुषों की भूमिका एक ही पुरुष पात्र निभाता है। हिंदी नाटक में यह अलग ढंग का प्रयोग है। यह पूर्णता की तलाश का नाटक है। इस नाटक को मिल का पत्थर भी कहा जाता है। नाटक में कहानी एक परिवार के इर्द गिर्द घूमती नजर आती है जिसमे सावित्री जो कि काम काजी औरत की भूमिका में नजर आती है उसका पति महेंद्रनाथ जो कि बहुत दिन से काम काज नही कर रहा और बहुत दिन से यूही निठल्ला पड़ा रहता है बस अपनी कमाई कमाई से घर का कुछ सामान खरीद के बहुत दिन बैठा है , घर की बड़ी लड़की बिन्नी है जो शादी शुदा है जिसने मनोज के साथ भाग कर शादी कर ली थी , छोटी लड़की किन्री है और घर का सब से आलसी पुरुष अशोक-घर का लड़का।

अतः विकल्प (A) सही है।

37. छत्रसाल दशक महाकवि भूषन द्वारा रचित प्रशस्तिपरक काव्य है। छत्रसाल दशक में केवल दस कविताओं के अन्दर बुन्देला वीर छत्रसाल के शौर्य का वर्णन किया गया है। इनकी सम्पूर्ण कविता वीर रस और ओज गुण से ओतप्रोत है जिसके नायक छत्रपति शिवाजी महाराज हैं और खलनायक औरंगजेब। औरंगजेब के प्रति उनका जातीय वैमनस्य न होकर शासक के रूप में उसकी अनीतियों के विरुद्ध है।

अतः विकल्प (A) सही है।

38. 'राजा भोज का सपना' कहानी 1905 में प्रकाशित हुई थी। इस कहानी में राजा भोज के उस सपने की चर्चा हुई है, जिसके बाद उनकी ज़िन्दगी बदल गई और उन्होंने अच्छे कार्य किए।

राजा शिवप्रसाद 'सितारेहिन्द' हिन्दी के उन्नायक एवं साहित्यकार थे। वे शिक्षा-विभाग में कार्यरत थे। उनके प्रयत्नों से स्कूलों में हिन्दी को प्रवेश मिला। उस समय हिन्दी की पाठ्यपुस्तकों का बहुत अभाव था। उन्होंने स्वयं इस दिशा में

प्रयत्न किया और दूसरों से भी लिखवाया। आपने 'बनारस अखबार(1845)' नामक एक हिन्दी पत्र निकाला और इसके माध्यम से हिन्दी का प्रचार-प्रसार किया। तथा यह पत्रिका साप्ताहिक थी। इनकी भाषा में फारसी-अरबी के शब्दों का अधिक प्रयोग होता था।

अतः विकल्प (C) सही है।

39. हल्दीघाटी हिन्दी का वीर रस का खण्डकाव्य है जो श्यामनारायण पाण्डेय की रचना है। लेकिन यह बहुत कम लोग जानते हैं कि हल्दीघाटी युद्ध का आंखों देखा हाल बदायूं के अब्दुल कादिर बदायूनी ने लिखा है। यह युद्ध 18 जून 1576 ईस्वीं में मेवाड़ और मुगलों के बीच हुआ था। इसमें मेवाड़ की सेना का नेतृत्व महाराणा प्रताप ने किया था। हल्दीघाटी भारतीय इतिहास में प्रसिद्ध राजस्थान का वह ऐतिहासिक स्थान है, जहाँ महाराणा प्रताप ने अपनी मातृभूमि की लाज बचाये रखने के लिए असंख्य युद्ध लड़े और शौर्य का प्रदर्शन किया।

अतः विकल्प (A) सही है।

40. पंच परमेश्वर प्रेमचंद की हिन्दी में पहली प्रकाशित कहानी थी। यह सन 1916 में प्रकाशित हुई थी। इसके पहले उनका एक रहस्य उपन्यास धारावाहिक रूप से 1903 में प्रकाशित हुआ था लेकिन वह पूरा प्रकाशित नहीं हो सका था उसको रोक देना पड़ा था।

अतः विकल्प (D) सही है।

41. कामायनी हिंदी भाषा का एक महाकाव्य है। इसके रचयिता जयशंकर प्रसाद हैं। यह आधुनिक छायावादी युग का सर्वोत्तम और प्रतिनिधि हिंदी महाकाव्य है। 'प्रसाद' जी की यह अंतिम काव्य रचना 1936 ई. में प्रकाशित हुई, परंतु इसका प्रणयन प्रायः 7-8 वर्ष पूर्व ही प्रारंभ हो गया था। 'चिंता' से प्रारंभ कर 'आनंद' तक 15 सर्गों के इस महाकाव्य में मानव मन की विविध अंतर्वृत्तियों का क्रमिक उन्मीलन इस कौशल से किया गया है कि मानव सृष्टि के आदि से अब तक के जीवन के मनोवैज्ञानिक और सांस्कृतिक विकास का इतिहास भी स्पष्ट हो जाता है।

अतः विकल्प (A) सही है।

42. 'केशव' भिन्न अर्थ वाला शब्द है।

मदन, मनोज, रतिनाथ तीनों पर्यायवाची शब्द हैं।

इनके पर्यायवाची शब्द हैं - मन्मथ, मार, कंदर्प, अनंग, मनसिज, कामदेव आदि।

अतः विकल्प (D) सही है।

43. 'अनुपम' का सही पर्यायवाची शब्द समूह है - अनोखा, अतुल

'अनुपम' के अन्य पर्यायवाची शब्द हैं - अपूर्व, अनूठा आदि।

अतः विकल्प (A) सही है।

44. 'पर्वत' का पर्यायवाची 'अंशु' नहीं है।

पर्वत के पर्यायवाची शब्द हैं - गिरि, शैल, नग।

'पर्वत' के अन्य पर्यायवाची शब्द हैं - भूधर, पहाड़ आदि।

अतः विकल्प (C) सही है।

45. उदात्त का सही विलोम शब्द है - अनुदात्त

उदात्त का अर्थ – ऊँचा, महान

अनुदात्त का अर्थ – धीमा, नीचा

अतः विकल्प (B) सही है।

46. 'एकल' का सही विलोम शब्द 'बहुल' है।

एकल का अर्थ – अकेला

बहुल का अर्थ – अधिक, बहुत

अतः विकल्प (B) सही है।

47. कटक का अर्थ - सेना का समूह

कंटक का अर्थ - काँटा

कुछ शब्द ऐसे होते हैं जिनमें स्वर, मात्रा अथवा व्यंजन में थोड़ा-सा अन्तर होता है। वे बोलचाल में लगभग एक जैसे लगते हैं, परन्तु उनके अर्थ में भिन्नता होती है। ऐसे शब्द 'समश्रुत/श्रुतिसम भिन्नार्थक शब्द' कहलाते हैं।

अतः विकल्प (B) सही है।

48. गुरु का अर्थ - आचार्य

गुर का अर्थ - उपाय

कुछ शब्द ऐसे होते हैं जिनमें स्वर, मात्रा अथवा व्यंजन में थोड़ा-सा अन्तर होता है। वे बोलचाल में लगभग एक जैसे लगते हैं, परन्तु उनके अर्थ में भिन्नता होती है। ऐसे शब्द 'समश्रुत/श्रुतिसम भिन्नार्थक शब्द' कहलाते हैं।

अतः विकल्प (A) सही है।

49. 'बादल, वस्त्र, कपास' शब्द 'अम्बर' के अनेकार्थी शब्द हैं।

'अम्बर' के अन्य अनेकार्थी शब्द हैं- अभ्रक, आकाश आदि।

जिन शब्दों के एक से अधिक अर्थ होते हैं, उन्हें 'अनेकार्थी शब्द' कहते है।

अतः विकल्प (C) सही है।

50. 'बहन बच्चे को सुला रही है।' इस वाक्य में सुलाने की क्रिया का प्रभाव बच्चे पर पड़ रहा है, इसलिए इसका सही उत्तर विकल्प 'कर्म कारक' होगा।

वाक्य में क्रिया का फल जिस शब्द पर पड़ता है, उसे कर्म कारक कहते है।

अतः विकल्प (B) सही है।

51. जिसके लिए क्रिया की जाए, वहाँ संप्रदान कारक होता है। इसलिए इसका सही उत्तर 'संप्रदान कारक' है। दिये गए अन्य विकल्प इसके अनुचित उत्तर होंगे।

कर्ता से कुछ देता है अथवा जिसके लिए क्रिया करता है उसे संप्रदान कारक कहते हैं।

अतः विकल्प (B) सही है।

52. 'अरे' परसर्ग सम्बोधन कारक का चिह्न है। इसलिए इसका सही उत्तर 'अरे' होगा। दिये गए अन्य विकल्प इसके त्रुटिपूर्ण उत्तर होंगे।

संज्ञा या सर्वनाम का वह रूप जिससे किसी को बुलाने, पुकारने या बोलने का बोध होता है, तो वह सम्बोधन कारक कहलाता है।

अतः विकल्प (D) सही है।

53. अपादान कारक में 'से' चिह्न अलगाव के लिए प्रयुक्त होता है। इसलिए इसका उचित उत्तर 'अलग होने के लिए' होगा।

अपादान कारक का चिह्न 'से' है जो किसी चीज के अलग होने की क्रिया से संबन्धित है।

अतः विकल्प (B) सही है।

54. 'के लिए' सम्प्रदान कारक के चिह्न होते हैं।

सम्प्रदान का अर्थ 'देना' होता है। जब वाक्य में किसी को कुछ दिया जाए या किसी के लिए कुछ किया जाए तो वहां पर सम्प्रदान कारक होता है। सम्प्रदान कारक के विभक्ति चिन्ह 'के लिए' या 'को' हैं।

अतः विकल्प (B) सही है।

55. 'अधिकारी' शब्द एकवचन है। अन्य सभी बहुवचन रूप में हैं।

संज्ञा के जिस रूप से एक वस्तु, प्राणी या पदार्थ आदि का पता चलता है।

अतः विकल्प (D) सही है।

56. 'बारिश' शब्द एकवचन है।

जैसे -

धीरे-धीरे बारिश ने तुफानी सूरत अख्तियार की। – यहाँ 'बारिशों ने तुफानी सूरत' उपयुक्त नहीं होगा, अतः माल शब्द एकवचन है।

अतः विकल्प (B) सही है।

57. 'आप लोग' शब्द बहुवचन रूप में हैं।

संज्ञा के जिस रूप से एक से अधिक वस्तु, प्राणी या पदार्थ आदि का पता चलता है।

अतः विकल्प (A) सही है।

58. 'दिल्ली – दिल्लीयां' सुमेलित नहीं है क्योंकि किसी स्थान का नाम जैसा होता है वैसा ही लिखा जाता है उन्मने कोई परिवर्तन नहीं किया जा सकता। इसलिए 'दिल्ली' एकवचन शब्द है और वह इसी रूप में प्रयुक्त होगा।

अतः विकल्प (B) सही है।

59. वह शब्द एकवचन का उदाहरण है। दिए गए अन्य सभी विकल्प बहुवचन रूप में होने के कारण असंगत उत्तर हैं।

संज्ञा के जिस रूप से एक वस्तु, प्राणी या पदार्थ आदि का पता चलता है।

अतः विकल्प (A) सही है।

60. 'नाई' शब्द पुल्लिंग है जिसका स्त्रीलिंग शब्द 'नाइन' या 'नाउँन' होगा।

जिन संज्ञा शब्दों से पुरुष जाति का पता चलता है, पुल्लिंग होते हैं।

उदाहरण- लड़का, आदमी, मकान आदि।

अतः विकल्प (C) सही है।

61. 'दास' है जिसका स्त्रीलिंग 'दासी' होगा। अन्य विकल्प इसके स्त्रीलिंग रूप हैं।

जिन संज्ञा शब्दों से पुरुष जाति का पता चलता है, पुल्लिंग होते हैं।

उदाहरण- लड़का, आदमी, मकान आदि।

अतः विकल्प (B) सही है।

62. 'लोहा' शब्द पुल्लिंग है। दिए गए अन्य सभी विकल्प स्त्रीलिंग के उदाहरण हैं।

जिन संज्ञा शब्दों से पुरुष जाति का पता चलता है, पुल्लिंग होते हैं।

उदाहरण- लड़का, आदमी, मकान आदि।

अतः विकल्प (D) सही है।

63. 'माली' शब्द स्त्रीलिंग लिंग नहीं बल्कि पुल्लिंग शब्द है। इसका स्त्रीलिंग शब्द 'मलिन' होगा।

जिन संज्ञा शब्दों से स्त्री जाति का पता चलता है, स्त्रीलिंग होते हैं।

उदाहरण - लड़की, गाय, आदत आदि।

अतः विकल्प (B) सही है।

64. 'मधुरता' शब्द भाववाचक स्त्रीलिंग है।

जिन संज्ञा शब्दों से स्त्री जाति का पता चलता है, स्त्रीलिंग होते हैं।

उदाहरण - लड़की, गाय, आदत आदि।

अतः विकल्प (A) सही है।

65. अल्प विराम (,)- वाक्य को कहते या लिखते समय जब उसके अर्थ की स्पष्टता हेतु थोड़ी देर का विराम या ठहरना पड़े तो वहाँ पर अल्प विराम का उपयोग किया जाता है। इनका प्रयोग एक से अधिक वस्तुओं, व्यक्तियों या अन्य को अलग-अलग दर्शाने के लिए भी किया जाता है।

अल्पविराम को हम वाक्य में अर्थ को अधिक स्पष्ट करने के लिए उपयोग करते हैं।

जैसे-

वाक्य के अर्थ को अधिक स्पष्ट करने के लिए अल्प विराम का प्रयोग-

- कभी भी जरूरत पड़े, आ जाना।
- नहीं, मैं नहीं जाऊंगा।

एक से अधिक व्यक्तियों, वस्तुओं या अन्य को अलग-अलग दर्शाने हेतु अल्प विराम का प्रयोग-

- जयंत के साथ फ़ौजान, दीपक, रमेश और फ़ाहिम भी थे।
- लड्डू, मिठाई, बूंदी और समोसा लगभग सभी लोग पसंद करते हैं।

अतः विकल्प (C) सही है।

66. किसी बात को कहने एवं उसके अर्थ को स्पष्ट रूप से कहने के लिए हम विराम लेते हैं जो लिखते समय चिन्हों के रूप में दर्शाया जाता है, ये ही विराम चिन्ह कहलाते हैं।

जब हम लिखित रूप में वात्य को अधिक स्पष्ट रूप से समझने के लिए कभी पहले, बीच में, अंत में या फिर अन्य रूपों में ठहरते हैं तो वो विराम कहलाता है और जब हम इसे किसी चिन्ह के माध्यम से दर्शाति हैं तो ये विराम चिन्ह कहलाते हैं।

जैसे-

अल्प विराम (,) , पूर्ण विराम (।) आदि।

वाक्य प्रयोग- पहले रुको, फिर जाओ।

अतः विकल्प (D) सही है।

67. अल्प विराम (,)- वाक्य को कहते या लिखते समय जब उसके अर्थ की स्पष्टता हेतु थोड़ी देर का विराम या ठहरना पड़े तो वहाँ पर अल्प विराम का उपयोग किया जाता है। इनका प्रयोग एक से अधिक वस्तुओं, व्यक्तियों या अन्य को अलग-अलग दर्शाने के लिए भी किया जाता है। अल्पविराम को हम वाक्य में अर्थ को अधिक स्पष्ट करने के लिए उपयोग करते हैं।

अतः विकल्प (B) सही है।

68. उप विराम (:)- जब किसी कही गयी बात के बारे में और अधिक विस्तार से प्रदर्शित करना हो तो उप विराम चिन्ह का प्रयोग किया जाता है। अर्थात जब भी किसी के बारे में कुछ ज्यादा जानकारी एक वाक्य में देनी हो तो इसका उपयोग किया जाता है।

जैसे-

- अनुवाद: साहित्यिक, मशीनी और तकनीकी
- कंप्यूटर: एक वरदान या अभिशाप
- सूरदास: एक विवेचनात्मक अध्ययन

अतः विकल्प (B) सही है।

69. विवरण या आदेश चिह्न (:-)- वाक्य या वाक्यांश में किसी तस्तु या विषय आदि की सूची, निर्देश आदि का विवरण देना होता है तो इस चिन्ह का प्रयोग किया जाता है।

जैसे-

- दैनिक वस्तुओं की सूची:- आटा, दाल, चावल, नमक आदि।

* हाईस्कूल में छह विषय होते हैं, जैसेः- हिन्दी, अंग्रेजी, गणित, सामाजिक विज्ञान, विज्ञान, कला आदि।

अतः विकल्प (C) सही है।

70. अर्द्ध विराम (;)- जब किसी वाक्य को एक दूसरे से संबन्धित बताना हो अर्थात वाक्य अलग होते हुए भी जब कहीं न कहीं एक दूसरे से संबंध रखते हों तब इनका उपयोग किया जाता है या अल्प विराम से थोड़ा अधिक रुकना हो तो वहाँ पर अर्द्ध विराम का उपयोग किया जाता है।

जैसे-

* कभी तो कुछ अच्छा होगा; आज नहीं है तो क्या हुआ।
* जब आप मेहनत करेंगे; तो सब मिलेगा।

अतः विकल्प (A) सही है।

71. किसी बात को कहने एवं उसके अर्थ को स्पष्ट रूप से कहने के लिए हम विराम लेते हैं जो लिखते समय चिन्हों के रूप में दर्शाया जाता है, ये ही विराम चिन्ह कहलाते हैं।

जब हम लिखित रूप में वाक्य को अधिक स्पष्ट रूप से समझने के लिए कभी पहले, बीच में, अंत में या फिर अन्य रूपों में ठहरते हैं तो वो विराम कहलाता है और जब हम इसे किसी चिन्ह के माध्यम से दर्शाते हैं तो ये विराम चिन्ह कहलाते हैं।

जैसे-

अल्प विराम (,) , पूर्ण विराम (।) आदि।

अतः विकल्प (C) सही है।

72. लाघव चिह्न (० या .)- किसी शब्द जो बड़ा हो या प्रसिद्ध हो या फिर किसी कंपनी, संस्थान, किसी प्रसिद्ध व्यक्ति का नाम आदि को संक्षेप में लिखने के लिए उसका पहला अक्षर लिखकर उसके बाद लाघव चिन्ह (० या .) का प्रयोग किया जाता है। आजकल (.) का इस्तेमाल प्रमुखता से किया जाता है।

जैसे-

एम. एम. फरुखी

डॉ. रोहित

प्रो. नीलम सिंह

अतः विकल्प (C) सही है।

73. योजक चिह्न (-)- दो शब्दों के परस्पर संबंध बताने या उन्हें एक दूसरे के पूरक बताने के लिए इस चिन्ह का उपयोग किया जाता है।

* जैसे-
* दिन-रात सिर्फ बैठे रहने से कुछ नहीं होगा।
* रात-रात भर जाग कर मेहनत की है।
* सुबह-सुबह कौन इतना चिल्लाता है भाई?

अतः विकल्प (D) सही है।

74. 'तीन बेर खाती थी वे तीन बेर खाती हैं' ये 'यमक अलंकार का भेद है। यहां पर 'तीन बेर' का प्रथम अर्थ 'तीन समय' और दूसरा अर्थ 'तीन बेर' (फल) से है। जब शब्द की एक से ज्यादा बार आवृति होती है एवं विभिन्न अर्थ निकलते हैं तो वहाँ यमक अलंकार होता है।

अतः विकल्प (D) सही है।

75. 'चरण-कमल बंदौ हरि राई!' यहाँ रूपक अलंकार है। यहां श्रीकृष्ण के चरणों को कमल रूपी बताया गया है अर्थात उपमेय उपमान के रूप में प्रदर्शित किया गया है। जहां उपमेय को उपमान के रूप में बताया जाए वहां रूपक अलंकार होता है।

अतः विकल्प (C) सही है।

76. 'संदेसनि मधुवन-कूप भरे' इस काव्य पंक्ति में 'अतिशयोक्ति अलंकार' है। संदेश इतने थे कि सारे मधुबन के कुएँ भर गए हैं। यह वरन बहुत बढ़ा-चढ़ा कर है। जब किसी वस्तु का बहुत अधिक बढ़ा-चढ़ाकर वर्णन किया जाये तो वहां पर अतिशयोक्ति अलंकार होता है।

अतः विकल्प (D) सही है।

77. 'सजना है मुझे सजना के लिए' इस पंक्ति में यमक अलंकार है। इसमें 'सजना' शब्द दो बार आया है पर एक का अर्थ 'श्रृंगार' और दूसरे का अर्थ 'नायक' होगा। जहां एक शब्द एक से अधिक बार आए और उसका अर्थ भिन्न हो, वहाँ यमक अलंकार होता है।

अतः विकल्प (C) सही है।

78. 'संतो भाई आई ज्ञान की आंधी रे' में रूपक अलंकार है। यहाँ ज्ञान के आगमन को आँधी का रूप प्रदान किया गया है। जहाँ गुण की अत्यंत समानता के कारण उपमेय में ही उपमान का अभेद आरोप कर दिया हो, वहाँ रूपक अलंकार होता है।

अतः विकल्प (D) सही है।

79. 'मंगल भवन अमंगल हारी, द्रवहु सुदसरथ अजिर बिहारी।' यह चौपाई छंद का उदाहरण है। चौपाई मात्रिक छंद है। इसके प्रत्येक चरण में 16 मात्राएं होती हैं। यति प्रत्येक चरण के अंत में होती है।

अतः विकल्प (B) सही है।

80. उपरोक्त काव्य पंक्ति दोहा छंद का उदाहरण है।

यह मात्रिक अर्द्धसम छंद है।

दोहा छंद में पहले और तीसरे चरण में 13–13 मात्राएँ तथा दूसरे और चौथे चरण में 11–11 मात्राएँ होती हैं। दूसरे व चौथे चरण के अन्त में 1 लघु अवश्य होना चाहिए।

अतः विकल्प (C) सही है।

81. उपरोक्त काव्य पंक्ति दोहा छंद का उदाहरण है। यह मात्रिक अर्द्धसम छंद है।

दोहा छंद में पहले और तीसरे चरण में 13–13 मात्राएँ तथा दूसरे और चौथे चरण में 11–11 मात्राएँ होती हैं। दूसरे व चौथे चरण के अन्त में 1 लघु अवश्य होना चाहिए।

अतः विकल्प (C) सही है।

82. 'सुनु सिय सत्य असीस हमारी, पूजिहि मन कामना तुम्हारी।' यह चौपाई छंद का उदाहरण है। चौपाई मात्रिक सम छन्द है। इसके प्रत्येक चरण में 16 मात्राएं होती हैं। यति प्रत्येक चरण के अंत में होती है।

अतः विकल्प (C) सही है।

83. उपरोक्त काव्य पंक्ति दोहा छंद का उदाहरण है।

दोहा छंद में पहले और तीसरे चरण में 13–13 मात्राएँ तथा दूसरे और चौथे चरण में 11–11 मात्राएँ होती हैं। दूसरे व चौथे चरण के अन्त में 1 लघु अवश्य होना चाहिए।

अतः विकल्प (B) सही है।

84. 'शांत' रस का स्थायी भाव 'निर्वेद' है। हृदय की इस वैराग्य भावना को 'निर्वेद' कहते हैं।

काव्य को पढ़ने, सुनने से उत्पन्न होने वाले आनंद की अनुभूति को साहित्य के अंतर्गत रस कहा जाता है। हिंदी में 'स्थायी भाव' के आधार पर काव्य में 'नौ' रस बताए गए हैं।

अतः विकल्प (D) सही है।

85. उपरोक्त काव्य पंक्ति में करुण रस है।

प्रिय वस्तु तथा व्यक्ति के नाश या अनिष्ट से हृदय में उत्पन्न क्षोभ से 'शोक' उत्पन्न होता है। यही शोक नामक स्थायी भाव जब विभाव, अनुभाव तथा संचारी भाव से पुष्ट हो जाता है तब 'करुण रस' दशा को प्राप्त होता है।

अतः विकल्प (C) सही है।

86. उपरोक्त काव्य पंक्ति इन पंक्तियों में श्रृंगार रस' की प्रतीत होती है क्योंकि इस पद में मीरा कृष्ण के प्रेम में मग्न हैं, उन्होंने कृष्ण को ही अपना सर्वस्व मान लिया है। वो कृष्ण के प्रति प्रेम व्यक्त करने में स्वयं को धन्य मानती हैं और वह कृष्ण के प्रति प्रेम के आनंद में निमग्न हो जाती हैं।

अतः विकल्प (A) सही है।

87. हास्य रस का स्थायी भाव 'हास' है।

किसी वस्तु या व्यक्ति का विचित्र (असंगत) आकार अजीव ढंग की वेशभूषा, बातचीत और ऊटपटांग आभूषणों आदि को देखकर हृदय में जो विनोदपूर्ण भाव उत्पन्न हो जाता है, उसे हास कहते हैं।

अतः विकल्प (C) सही है।

88. दी गई काव्य पंक्ति में श्रृंगार रस के भाव-अनुभावों का मनोहारी चित्रण हुआ है। अत: यह 'संयोग श्रृंगार' का उदाहरण है।

जहां काव्य में 'रति' नामक स्थायी भाव, विभाव, अनुभाव और संचारी भावों से पुष्ट होकर रस में परिणत होता है वहां श्रृंगार रस होता है।

अतः विकल्प (A) सही है।

89. 'हम जाता हूँ।' अशुद्ध वाक्य रूप है।

'हम जाता हूँ' अशुद्ध वाक्य है क्योंकि इसमें सर्वनाम संबंधी त्रुटि है।

वाक्य में 'हम' के स्थान पर उचित सर्वनाम का प्रयोग नहीं है, उसके स्थान पर 'मैं' सर्वनाम प्रयुक्त होगा क्योंकि 'जाता हूँ' एकवचन क्रिया है और उसी के अनुसार एकवचन सर्वनाम का प्रयोग करना चाहिए।

अतः विकल्प (A) सही है।

90. 'मैं खाना खाता हूँ' शुद्ध वाक्यरूप है।

'मैं खाना खाता हूँ' शुद्ध वाक्य है। क्योंकि इसमें कोई त्रुटि नहीं है। अन्य विकल्पों में अशुद्धियां हैं।

'हम जाता हूँ।' वाक्य में सर्वनाम संबंधी त्रुटि है। यहाँ पर 'हम' के स्थान पर 'मैं' सर्वनाम उचित है।

'मैं पढ़ते हैं।' में सर्वनाम संबंधी त्रुटि है। यहा पर 'मैं' के स्थान पर 'हम' होगा।

'तुम बहुत बोलता है।' में क्रिया संबंधी त्रुटि है। यहाँ पर 'बोलता है' के स्थान पर 'बोलते हो' होगा।

अतः विकल्प (D) सही है।

91. 'बुरा से बुरा आदमी' वाला भाग अशुद्ध है।

'बुरा से बुरा आदमी भी सम्मान चाहता है।' अशुद्ध वाक्य है क्योंकि इसमें वचन संबंधी त्रुटि है।

वाक्य में 'बुरा से बुरा' के भाग में उचित वचन का प्रयोग नहीं है, उसके स्थान पर 'बुरे से बुरा आदमी' होगा।

अतः विकल्प (A) सही है।

92. वसुबंधु एक प्रभावशाली बौद्ध भिक्षु और गांधार के विद्वान थे। वह एक दार्शनिक थे जिन्होंने सर्वधर्म और सौत्रान्तिक विद्यालयों के दृष्टिकोण से अभिधर्म पर भाष्य लिखा था।

जीवन के प्रारम्भिक काल में वसुबंधु सर्वास्तिवादी थे। आचार्य संघभद्र के प्रभाव से ये 'कश्मीर-वैभाषिक' हो गए और उसी समय इन्होंने 'अभिधर्मकोश' का

प्रणयन किया। इस ग्रन्थ का विद्वत्समाज में बड़ा आदर था। महाकवि बाणभट्ट ने अपने हर्षचरित ग्रन्थ में अभिधर्मकोश का उल्लेख किया है।

अतः विकल्प (A) सही है।

93. वृहत शब्देन्दुशेखर नागेश भट्ट द्वारा रचित है। नागेश भट्ट (1730–1810) संस्कृत के नव्य वैयाकरणों में सर्वश्रेष्ठ है। इनकी रचनाएँ आज भी भारत के कोने-कोने में पढ़ाई जाती हैं। ये महाराष्ट्र के ब्राह्मण थे। इनके पिता का नाम शिव भट्ट और माता का नाम सतीदेवी था।

अतः विकल्प (A) सही है।

94. शिशुपाल वध महाकवि माघ द्वारा रचित संस्कृत काव्य है। 20 सर्गों तथा 1800 अलंकारिक छन्दों में रचित यह ग्रन्थ संस्कृत के छः महाकाव्यों में गिना जाता है। इसमें कृष्ण द्वारा शिशुपाल के वध की कथा का वर्णन है।माघ, मारवाड़ के प्राचीनतम महाकाव्य 'शिशुपालवध' के रचियता थे। '

अतः विकल्प (D) सही है।

95. 'सीता का चरित्र अच्छा है।' शुद्ध वाक्य है क्योंकि इसमें कोई त्रुटि नहीं है।

'सीता की चरित्र अच्छा है।' में शब्द कारक संबंधी अशुद्धि है। यहाँ 'की' के स्थान पर 'का' कारक का प्रयोग होगा।

'सीता की चरित्र अच्छी है।' वाक्य में कारक और विशेषण दोनों में अशुद्धि है। 'की/अच्छी' के स्थान पर 'का/अच्छा' का प्रयोग होना चाहिए।

'सीता का चरित्र अच्छी है।' वाक्य में विशेषण प्रयोग उचित नहीं है। 'अच्छी' के स्थान पर 'अच्छा' होना चाहिए।

अतः विकल्प (B) सही है।

96. 'भारत में अनेक जातियाँ हैं।' शुद्ध वाक्य है क्योंकि इसमें कोई त्रुटि नहीं है।

'भारत में अनेक जाति है।' में वचन संबंधी अशुद्धि है। 'जाति' के स्थान पर 'जातियाँ' होना चाहिए।

'भारत में अनेकों जाति है।' वाक्य में शब्द अज्ञान और वचन संबंधी अशुद्धि है। 'अनेकों जाति' के स्थान पर 'अनेक जातियाँ' का प्रयोग होना चाहिए।

'भारत में अनेकों जातियाँ हैं।' में शब्द अज्ञान संबंधी अशुद्धि है। 'अनेकों' के स्थान पर 'अनेक' होना चाहिए।

अतः विकल्प (C) सही है।

97. 'बड़ी मुश्किल हो गई' शुद्ध वाक्य है क्योंकि अन्य विकल्पों में निजवाचक सर्वनाम संबंधी त्रुटियां हैं।

'सभी भोजन खाएँगे' वाक्य में 'खाने' के स्थान पर 'करेंगे' क्रियापद उचित है।

'ये अच्छा लड़के हैं' वाक्य में 'अच्छा' के स्थान पर 'अच्छे' वचन का प्रयोग उचित है।

'चोर दौड़ खड़ा हुआ' वाक्य में 'दौड़' के स्थान पर 'भाग' संयुक्त क्रिया का प्रयोग उचित है।

अतः विकल्प (D) सही है।

98. 'राम की आंख से आँसू बहता है।' अशुद्ध वाक्य है। इसमें वचन संबंधी त्रुटि है।

वाक्य में 'बहता है' के भाग में उचित वचन का प्रयोग नहीं है, उसके स्थान पर 'बहते हैं' वचन प्रयुक्त होगा।

अतः विकल्प (D) सही है।

99. 'इत्र महक रही है।' अशुद्ध वाक्य है क्योंकि इसमें उचित लिंग का प्रयोग नहीं है। 'रही है' स्थान पर 'रहा है' का प्रयोग होना चाहिए। क्योंकि 'इत्र' पुल्लिंग शब्द है।

अतः विकल्प (D) सही है।

100. 'हमें चलना चाहिए।' शुद्ध वाक्य है क्योंकि अन्य विकल्पों में त्रुटियां हैं।

'मैं जाऊंगा दिल्ली' वाक्य में पदक्रम सम्बन्धी त्रुटि है।'मैं जाऊंगा दिल्ली' के स्थान पर 'मैं दिल्ली जाऊंगा' उचित होगा।

'क्यों तुम नहीं जाते वहां?' वाक्य में पदक्रम सम्बन्धी त्रुटि है। 'तुम क्यों नहीं जाते वहाँ?' उचित वाक्य होगा।

'बैठो और पढ़ो पुस्तक।' वाक्य में पदक्रम सम्बन्धी त्रुटि है।'बैठो और पुस्तक पढ़ो' उचित वाक्य होगा।

अतः विकल्प (D) सही है।

101. खड़ी बोली गद्य की प्रथम रचना चंद छंद बरनन की महिमा है।

इसके लेखक गंग कवि है।

गंग कवि अकबर के दरबार के हिंदी कवि थे। इनका जन्म और निधन-तिथि तथा जन्मस्थान विवादास्पद है। गंग अकबर के दरबारी कवि थे और रहीम खानखाना इन्हें बहुत मानते थे।

चंद छंद बरनन की महिमा नामक खड़ी बोली का एक ग्रंथ भी इनका लिखा बताया जाता है पर इसमें अनेक विद्वानों को संदेह है , क्योंकि जहाँगीर इनकी इसकी रचना से अत्यंत रुष्ट हुए और उन्हें हाथी से कुचलवा कर मार डालने का दंड दिया।

अतः विकल्प (A) सही है।

102. जायस के रहने वाले कवि मलिक मुहम्मद जायसी ने 947 हिजरी में पद्मावत लिखा था। जायसी के ही शब्दों में-

सन् नौ से सैंतालिस अहै।

कथा अरंभ बैन कवि कहै।।

और जायस नगर धरम अस्थानू।

तहवां यह कवि कीन्ह बखानू।।

पद्मावत की रचना तिथि के बारे में विचार करते हुए डॉक्टर वासुदेवशरण अग्रवाल ने 927 हिजरी में रचना का प्रारम्भ काल माना है। उन्होंने हिंदी परिषद पत्रिका के 1962 के एक अंक में पद्मावत का रचना काल सन् 927 या 947 शीर्षक एक निबन्ध लिखा था, जिसमें उन्होंने 927 हिजरी काव्य के प्रारंभ करने की तिथि तथा शेरशाह की राज्य काल की किसी तिथि को उसकी पूर्ण होने की तिथि मानी है।

अतः विकल्प (A) सही है।

103. तुलसीदास जी ने उस व्यक्ति को एक कागज़ पर एक पंक्ति लिखकर दी और कहा कि यह लेकर आप रहीम जी के पास चले जाओ, वे आपकी सहयता करेंगे। उस कागज़ पर तुलसीदास जी ने लिखा था- 'सुरतिय, नरतिय, नागतिय- सबके मन अस होय', जिसका आशय है कि चाहे देवताओं की पत्नियां हों, चाहे महिलाएं हों या नागवंश में भी, नागिन हों- उन सभी को धन-संपत्ति, जेवर, मणि आदि अच्छे लगते हैं, उनकी आवश्यकता होती है।

अतः विकल्प (D) सही है।

104. वैष्णव आचार्यों में प्रमुख रामानुजाचार्य की शिष्य परम्परा में ही रामानन्द हुए जिनके शिष्य कबीर, रैदास और सूरदास थे।

रामानन्दी सम्प्रदाय (बैरागी सम्प्रदाय) के प्रवर्तक रामानन्दाचार्य का जन्म सम्वत् 1236 में हुआ था। जन्म के समय और स्थान के बारे में ठीक-ठीक जानकारी उपलब्ध नहीं है। शोधकर्ताओं ने जो जानकारी जुटाई है उसके अनुसार रामानन्द जी के पिता का नाम पुण्यसदन और माता का नाम सुशीला देवी था। उनकी माता नित्य वेणीमाधव भगवान की पूजा किया करती थीं। एक दिन वे मन्दिर में दर्शन करने गईं तो उन्हें दिव्योणी सुनाई दी - हे माता पुत्रवती हो।

उनके आँचल में एक माला और दाहिनार्त शंख प्रकट हुआ। वह प्रसाद पाकर बहुत खुश हुईं और पतिदेव को सारी बात बताई।

अतः विकल्प (C) सही है।

105. बिसोवा खेचर से दीक्षा लेने के पूर्व तक ये सगुणोपासक थे। पंढरपुर के विट्ठल (विठोबा) की उपासना किया करते थे। दीक्षा के उपरांत इनकी विट्ठलभक्ति सर्वव्यापक हो गई। महाराष्ट्रीय संत परंपरा के अनुसार इनकी निर्गुण भक्ति थी, जिसमें सगुण निर्गुण का कोई भेदभाव नहीं था। उन्होंने मराठी में कई सौ अभंग और हिंदी में सौ के लगभग पद रचे हैं। इनके पदों में हठयोग की कुंडलिनी-योग-साधना और प्रेमाभक्ति की (अपने "राम" से मिलने की) "तालाबेली" (विह्वलभावना) दोनों हैं। निर्गुणी कबीर के समान नामदेव में भी व्रत, तीर्थ आदि बाह्याडंबर के प्रति उपेक्षा तथा भगवन्नाम एवं सतगुरु के प्रति आदर भाव विद्यमान है। कबीर के पदों में यतत्र नामदेव की भावछाया दृष्टिगोचर होती है। कबीर के पूर्व नामदेव ने उत्तर भारत में निर्गुण भक्ति का प्रचार किया, जो निर्विवाद है।

अतः विकल्प (D) सही है।

106. श्रीमद्भगवद्गीता, ब्रह्मसूत्र तथा उपनिषदों को सामूहिक रूप से प्रस्थानत्रयी कहा जाता है जिनमें प्रवृत्ति और निवृत्ति दोनों मार्गों का तात्त्विक विवेचन है। ये वेदान्त के तीन मुख्य स्तम्भ माने जाते हैं। इनमें उपनिषदों को श्रुति प्रस्थान, भगवद्गीता को स्मृति प्रस्थान और ब्रह्मसूत्रों को न्याय प्रस्थान कहते हैं। प्राचीन काल में भारतवर्ष में जब कोई गुरू अथवा आचार्य अपने मत का प्रतिपादन एवं उसकी प्रतिष्ठा करना चाहता था तो उसके लिये सर्वप्रथम वह इन तीनों पर भाष्य लिखता था। निम्बार्काचार्य, आदि शंकराचार्य, रामानुजाचार्य, मध्वाचार्य आदि बड़े-बड़े गुरुओं ने ऐसा कर के ही अपने मत का प्रतिपादन किया।

अतः विकल्प (B) सही है।

107. भक्ति आंदोलन के नेता रामानंद ने राम को भगवान के रूप में लेकर इसे केन्द्रित किया। रामानंद ने उत्तर भारत में जो किया वही रामानुज ने दक्षिण भारत में किया. उन्होंने रूढ़िवादी कुविचार की बढ़ती औपचारिकता के विरुद्ध आवाज उठाई और प्रेम और समर्पण की नींव पर आधारित वैष्णव विचाराधारा के नए सम्प्रदायक की स्थापना की।

अतः विकल्प (D) सही है।

108. 'आत्मा में परमात्मा निवास करती है।' अशुद्ध वाक्य है क्योंकि इसमें लिंग संबंधी त्रुटि है।

वाक्य में 'करती है' के भाग में उचित लिंग का प्रयोग नहीं है, उसके स्थान पर 'करता है' का प्रयोग उचित होगा। क्योंकि 'परमात्मा' पुल्लिंग शब्द है।

अतः विकल्प (C) सही है।

109. 'मेरा स्वास्थ ठीक है।' अशुद्ध वाक्य है क्योंकि इसमें वर्तनी संबंधी त्रुटि है।

वाक्य में 'स्वास्थ' के स्थान पर 'स्वास्थ्य' शब्द प्रयुक्त होगा।

अतः विकल्प (A) सही है।

110. 'गांधीजी चरखा कातते थे।' अशुद्ध वाक्य है क्योंकि इसमें क्रियापद सम्बन्धी त्रुटि है।

इस वाक्य में 'कातते थे' के स्थान पर 'चलाते थे' क्रियापद का प्रयोग उचित होगा।

अतः विकल्प (A) सही है।

111. 'वृक्षों पर बंदर बैठा है।' अशुद्ध वाक्य है क्योंकि इसमें वचन संबंधी त्रुटि है।

वाक्य में 'वृक्षों' के स्थान पर उचित वचन का प्रयोग नहीं है, उसके स्थान पर 'वृक्ष' का प्रयोग उचित होगा।

अतः विकल्प (C) सही है।

112. 'जब मैं दिल्ली गया तब मेरे पास केवल दस रुपये मात्र थे।' अशुद्ध वाक्य है क्योंकि इसमें द्विरुक्ति संबंधी त्रुटि है।

वाक्य में 'केवल दस रुपए मात्र थे' के भाग में 'केवल- मात्र' दोनों शब्दों का प्रयोग नहीं किया जा सकता। सही प्रयोग होगा- 'केवल दस रुपए थे' या 'दस रुपए मात्र थे'।

अतः विकल्प (C) सही है।

113. 'सूर्यग्रहण अगले साल होगा'- वाक्य में 'भविष्यत काल' है।

भविष्यतकाल- क्रिया के जिस रूप से भविष्य में होने वाली क्रिया का पता चले उसे भविष्यतकाल की क्रिया कहते है।

जैसे - वह सब उठा ले जाएगा।

कल उसका बोरिया-बिस्तर यहाँ से उठ जाएगा।

अतः विकल्प (D) सही है।

114. 'वह कल मेघालय जाएगा।' इस वाक्य में सामान्य भविष्यकाल है।

भविष्यतकाल- क्रिया के जिस रूप से भविष्य में होने वाली क्रिया का पता चले उसे भविष्यतकाल की क्रिया कहते है।

जैसे - वह सब उठा ले जाएगा।

कल उसका बोरिया-बिस्तर यहाँ से उठ जाएगा।

वाक्य 'वह कल मेघालय जाएगा।' इसमें 'सामान्य भविष्यकाल' है।

क्योंकि यहाँ कार्य के सामान्य रूप से होने का पता चल रहा है।

अतः विकल्प (C) सही है।

115. 'वह आए तो मैं जाऊँ' वाक्य में 'हेतुहेतुमद्भविष्य काल' है।

हेतुहेतुमद्भविष्य काल - क्रिया के जिस रूप से एक कार्य के सम्पूर्ण होना दूसरी क्रिया पर निर्भर हो।

जैसे - वह खाएगा तो ठीक हो जाएगा।

अतः विकल्प (D) सही है।

116. 'रोहन कविता पढ़ेगा।' इस वाक्य में संभाव्य भविष्यकाल है।

संभाव्य भविष्यकाल - इस काल के वाक्यों में भविष्य में कुछ होने की संभावना होती है।

जैसे - मीरा नाचेगी।

'रोहन कविता पढ़ेगा।' इस वाक्य में 'संभाव्य भविष्यकाल' है क्योंकि यहाँ 'कविता पढ़ने की' संभावना व्यक्त की जा रही है।

अतः विकल्प (C) सही है।

117. 'यदि बारिश होगी तो भीग जाऊंगा।' में हेतुहेतुमद भविष्यतकाल होगा।

हेतुहेतुमद भविष्यतकाल - क्रिया के जिस रूप से एक कार्य का पूरा होना दूसरी आने वाले समय की क्रिया पर निर्भर हो, उसे हेतुहेतुमद भविष्यतकाल कहते हैं।

जैसे-जो कमाए सो खाए।

'यदि बारिश होगी तो भीग जाऊंगा।' इसमें 'भीग जाना' क्रिया 'बारिश' के होने पर निर्भर है। इसलिए यहाँ पर 'हेतुहेतुमद भविष्यत काल' होगा।

अतः विकल्प (C) सही है।

118. 'शायद वह कल नहीं जाएगा'- वाक्य में 'संभाव्य भविष्य काल' है।

संभाव्य भविष्य काल- क्रिया के जिस रूप से उसके भविष्य में होने का बोध हो वहाँ संभाव्य भविष्य काल होता है। जैसे - हो सकता है कि तुम्हें आना पड़े। जैसे - शायद यही वो लड़का है।

अतः विकल्प (D) सही है।

119. 'कल शायद ये मौका न मिले' में संभाव्य भविष्यत काल होगा।

'कल शायद ये मौका न मिले' वाक्य में 'संभाव्य भविष्यत काल' का उदाहरण है क्योंकि इसमें किसी कार्य के करने या होने की संभावना व्यक्त की जा रही है। इसलिए दिए गए अन्य सभी विकल्प इसके असंगत उत्तर होंगे। 'संभाव्य भविष्यत काल' इसका सही उत्तर है।

संभाव्य भविष्यत काल- जिस में किसी कार्य के होने की संभावना हो वह संभाव्य भविष्यत कल कहलाता है। जैसे- हो सकता है की कल वो आ जाए। आदि।

अतः विकल्प (B) सही है।

120. उपरोक्त वाक्य 'हो सकता है कि कल मैं मंदिर जाऊँ।' इसमें 'संभाव्य भविष्यकाल' है क्योंकि यहाँ 'हो सकता है कि' से संभावना व्यक्त हो रही है।

संभाव्य भविष्यत काल- जिस में किसी कार्य के होने की संभावना हो वह संभाव्य भविष्यत कल कहलाता है। जैसे- हो सकता है की कल वो आ जाए। आदि।

अतः विकल्प (B) सही है।

121. 'आन' प्रत्यय से बना शब्द 'मिलान' है।

मिलान का अर्थ मिलने की क्रिया होगा। जैसे- लिखावट का मिलान, रूपयों का मिलान आदि।

आन प्रत्यय से बने अन्य शब्द होंगे- थकान, पठान, चढ़ान आदि।

अन्य विकल्प- पाल+न=पालन, तुल+ना=तुलना, चर+ण=चरण आदि।

अतः विकल्प (A) सही है।

122. 'व्यथा' शब्द में 'इति प्रत्यय के योग से 'व्यथित' प्रत्यय का निर्माण हुआ है।

यह विशेषण बनाने वाला तद्धित प्रत्यय है।

संज्ञा सर्वनाम और विशेषण के अन्त में लगने वाले प्रत्यय को 'तद्धित' कहा जाता है

'इति' प्रत्यय से बने अन्य शब्द हैं- फलित, आनंदित, खंडित, सामाजिक आदि।

अतः विकल्प (C) सही है।

123. 'आई' प्रत्यय से बन शब्द 'चतुर+आई=चतुराई' है।

ठाकुर+आइन=ठकुराइन, सेठ+आनी=सेठानी, भवत्+ईय=भवदीय आदि हैं।

'चतुराई' भाववाचक तद्धित प्रत्यय का उदाहरण है।

संज्ञा सर्वनाम और विशेषण के अन्त में लगने वाले प्रत्यय को 'तद्धित' कहा जाता है और उनके मेल से बने शब्द को 'तद्धितान्त'।

अतः विकल्प (A) सही है।

124. 'इया' प्रत्यय है। मुख+इया=मुखिया, दुख+इया=दुखिया, रस+इया=रसिया।

यहाँ कर्तृवाचक कृदंत प्रत्यय है।

कर्तृवाचक कृदंत- क्रिया के अंत में आक, वाला, वैया, तृ, उक, अन, अंकू, आऊ, आना, आड़ी, आलू, इया, इयल, एरा, ऐत, ओड़, ओड़ा, आकू, अक्कड़, वन, वैया, सार, हार, हारा, इत्यादि प्रत्ययों के योग से कर्तृवाचक कृदंत संज्ञाएँ बनती हैं।

अतः विकल्प (D) सही है।

125. 'जब बीज डालोगे तब पौधे उगेंगे'- वाक्य में 'हेतुहेतुमद्भविष्य काल' है।

हेतुहेतुमद्भविष्य काल - क्रिया के जिस रूप से एक कार्य का पूरा होना दूसरी आने वाले समय की क्रिया पर निर्भर हो उसे हेतुहेतुमद्भविष्य भविष्य काल होता है।

जैसे - जो करे सो भरे

अतः विकल्प (C) सही है।

// टिप्पणियाँ //